房地产经营管理丛书

房地产经营与管理

FANGDICHAN JINGYING YU GUANLI

（第四版）

谭术魁　主　编
李红波　副主编

首都经济贸易大学出版社
Capital University of Economics and Business Press
·北京·

图书在版编目(CIP)数据

房地产经营与管理/谭术魁主编．--4版．--北京：首都经济贸易大学出版社,2020.9

ISBN 978-7-5638-3107-4

Ⅰ.①房… Ⅱ.①谭… Ⅲ.①房地产业—经济管理 Ⅳ.①F293.34

中国版本图书馆CIP数据核字(2020)第131613号

房地产经营与管理(第四版)

谭术魁 主 编 李红波 副主编

责任编辑 彭伽佳

封面设计 风得信·阿东 FondesyDesign

出版发行 首都经济贸易大学出版社

地　　址 北京市朝阳区红庙(邮编100026)

电　　话 (010)65976483 65065761 65071505(传真)

网　　址 http://www.sjmcb.com

E-mail publish@cueb.edu.cn

经　　销 全国新华书店

照　　排 北京砚祥志远激光照排技术有限公司

印　　刷 北京市泰锐印刷有限责任公司

成品尺寸 170毫米×240毫米 1/16

字　　数 457千字

印　　张 26

版　　次 2009年10月第1版 2013年3月第2版
2016年7月第3版 **2020年9月第4版**
2024年1月总第13次印刷

书　　号 ISBN 978-7-5638-3107-4

定　　价 45.00元

前言

PREFACE

《房地产经营与管理》是首都经济贸易大学出版社“房地产经营管理丛书”新近列入出版计划的一本书，目的是让房地产经营与管理专业、房地产开发与管理专业、工程管理专业（房地产经济与管理方向）、土地资源管理专业（房地产管理方向）的学生在系统学习专业课程之前，对房地产经营与管理专业（方向）和房地产经营、管理行业所涉及的方方面面有一个全面、宏观的认识，从而为深度学习和职业规划奠定基础。本书也可供房地产开发、房地产管理、物业管理、工程项目管理、国土管理、城市规划管理等部门的从业人员参阅。

本书依据房地产全过程来组织章节内容，包括：绪论—市场调研—设计方案—投资分析—资金筹集—建设管理—销售运营—房产交易—产权登记—物业管理—信息化手段—宏观调控，共有十二章。在第3版基础上，依据新形势发展，第一章绪论部分更新了房地产业发展里程，第八章房地产交易更新了市场数据和销售合同范本，第十二章房地产宏观调控增添最新的宏观调控政策。

本书各章节编写分工如下：第一、二章由谭术魁编写，第三、七章由江奇编写，第四、五章由孙玉梅编写，第六、九、十一章由李红波编写，第八、十二章由刘玲编写，第十章由杨承志编写。

本书由华中科技大学公共管理学院谭术魁教授、华中农业大学公共管理学院李红波教授完成统稿。编者水平有限，书中难免有疏误之处，恳请广大读者批评指正，以便今后进一步修订、完善。

谭术魁　李红波

2020年8月于武汉

目 录

房地产经营与管理

CONENTS

DI YI ZHANG 第一章 绪论

第一节 房地产概述

一、房地产的概念

房地产是房产和地产的合称，是指在一定社会意识形态下受一定所有权支配的土地财产和房屋财产，本质上主要是指土地及其地上的建筑物和构筑物以及各种权益。在物质形态上，土地是房屋的载体；在经济形态上，土地和房屋的经济价值与运行机制具有内在联系。房产和地产二者在物质形态上紧密结合、不可分割，在经济形态上二者的经济内容和运动过程也具有内在的整体性和统一性。因此，二者合称为房地产。房地产是房屋建筑和建筑地块的有机整体，是人类物质生活中的一种稀缺资源和重要生产要素。在市场经济活动中，房地产是人们最重视、最珍惜、最具体的财产形式之一，而且它是一种商品，被人们称为良好的投资对象。

房地产包括土地和建筑物两部分，但这并不意味着只有土地与建筑物合成一体时才称为房地产。单纯的土地或单纯的建筑物都属于房地产，是房地产的一种存在形态。其中，土地包括地上空间和地下空间，前者是从地表向上扩展一定高度的天空空间，后者是从地表的土地边界呈锥形延伸到地心的地下空间（见图 1－1）。

实际上拥有一块土地，其使用、支配要受到多方面制约，如政府对建筑高度的限制和建筑容积率的限制；另外，地下矿藏、埋藏物等是否自动地归属于土地所有者，世界上各个国家和地区的规定有差别。在欧洲许多国家，土地所有权和地下资源所有权是分开的，国家规定地下资源属于政府，地主开采地下资源要向政府购买或将出售的收益与政府分成。北美一些国家的土地所有权的规定不同于欧

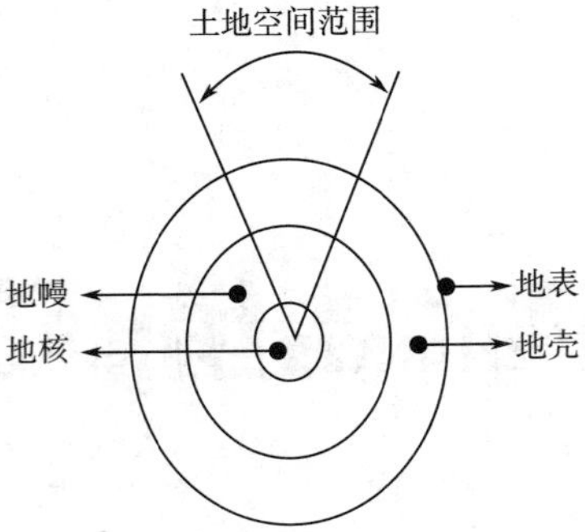

图 1－1　土地存在的形态范围

洲国家。如在美国，土地所有者同时拥有地下的一切财富，地主可以自由开采地下资源，或者出售地下分割资源。在加拿大，土地上面一定高度的空间已不再被承认为地产的一部分，地下的矿藏（在有些省如安大略、魁北克等）也构成单独的产权，不自动附属于地产。根据我国法律的规定，土地为国家所有，公民、企业和事业单位均可以依法取得土地使用权，但取得的土地使用权中不包括地下资源、埋藏物和市政设施。

建筑物是人工建造而成，包括房屋和构筑物两大类。房屋是指能够遮风避雨并供人居住、生产、储藏物品或进行其他活动的工程建筑，一般由地下基础、墙体、梁、柱、门、窗和天花板等主要构件组成；构筑物则是指除房屋以外的工程建筑，人们一般不直接在构筑物内进行生产和生活活动，如道路、桥梁、水井、隧道、水坝、烟囱、水塔等。对房地产而言，建筑物的建筑结构是按建筑主要承重结构所用的主要材料进行划分，一般可分为钢结构、钢筋混凝土结构、砖混结构、砖木结构和其他结构五类。

房地产由于其位置固定、不可移动，通常也称为不动产。所谓不动产，是指不能移动或移动后会引起性质、形状改变，损失其经济价值的物及其财产权利，它包括土地、土地改良物（建筑物及建筑附着物、生长着的树木、农作物、已经播撒于土地中的种子等）、与土地及其改良物有关的财产权利。各国对不动产的认识存在一定的差异。

在美国，不动产概念包括两个层次：一是把土地和房屋、构筑物等附着物当作一个整体来看待；二是把土地及房屋、构筑物及其附带的各种权利合在一起，广义地被视为一个整体。

在日本，不动产是指土地及其定着物。土地的定着物是指存续期间定着于土地，在不容易分离的状态下使用的物体，如房屋、道路、桥梁、大坝等均属于不动产。种植的树木、农作物也是土地定着物，但属暂种物体，是动产。通常认为与土地分离而使土地发生变更，或因分离而需要花费相当的劳力费用的，被称为定着物。

在意大利,对动产与不动产的划分是:凡是能用外力推动或自行能够移动,且又不改变其性质和价值的物,如家禽、家具、器皿之类,称为动产;反之,如土地、房屋等物,称为不动产。

我国香港地区通常使用"物业"一词,在物业管理上就是不动产,仅称谓不同而已。"物业"一词现广泛用于我国内地,一个住宅单位是一物业,一个工厂楼宇是一物业,一个农庄也是一物业。物业可大可小,大物业可分割为小物业,物业其实是单元性房地产。

总之,房地产与不动产是既有区别又有联系的概念(见图1-2)。

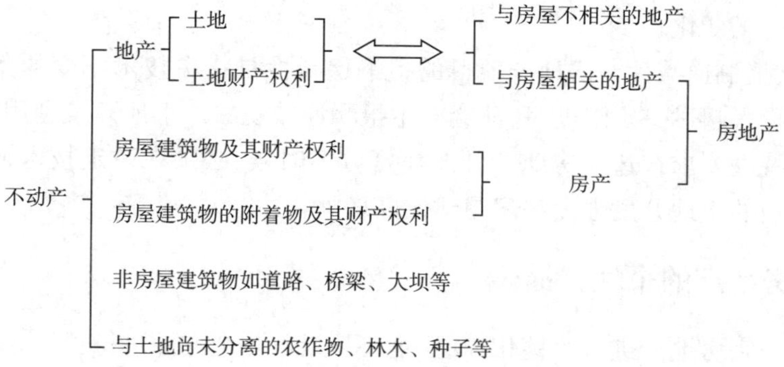

图1-2　房地产、地产、不动产之间的关系

二、房地产的特征

房地产与其他商品或财产相比,具有鲜明的个性特征,具体表现为:

第一,不可移动性。房地产属于不动产,它的地理位置是固定的、不可移动。房地产的不可移动性决定了房地产市场是区域性市场,房地产商品不能像其他商品一样,通过运输来供应一个区域的房地产需求,或调剂不同地区之间的余缺,这使得某宗房地产的质量、功能及交易价格的分析要基于其所在区位的环境条件。

第二,耐久性。土地在正常使用条件下可以永久使用。房屋建成后也可使用数十年。因此,房地产是具有耐久性的商品。房地产的耐久性使其使用权和所有权可以分离,也为房地产交易的多样性提供了可能。

第三,差异性。已建成的任何两宗房地产都存在差异,比如位置不同、建筑面积不等、建筑风格差异、新旧程度不同、产权性质不同……在房地产市场上不可能存在两宗完全一样的房地产,即使两者可能在外观设计上一样,但在朝向、楼层等方面可能存在差异。

第四,稀缺性。因为土地的有限性,使房地产的供给是有限的。一宗土地可以有多种用途,但该土地投入某项用途之后,要变更土地用途往往会造成巨大经济损失。同一宗建筑物变更用途也存在一定困难,这与建筑物的设计、结构布局有关。正是由于房地产具有稀缺性,决定了房地产商品具有保值增值性。

第五,多重效用性。房地产具有效用价值,是能够满足人们居住、娱乐、学习、社交和生产需要的场所,也是人们的生存资料、享受资料和发展资料,因此,房地产具有使用价值。

第六,外部性。房地产总是与一定的空间位置相结合,房地产的开发和利用必然影响其所在区域的自然生态环境、经济环境和社会环境。例如,城市土地开发中增值收益的分配、利用相邻不动产时的干扰、居住区的环境污染等,使当事人的私人收益(成本)与社会收益(成本)不一致,房地产的开发和利用导致其正负外部性发生了变化。

第七,报酬递减性。房地产项目的报酬递减性是指在技术不变的条件下,对房地产的投入超过一定限度时,就会产生报酬递减现象。土地开发利用就相当典型。这一特性要求在选择房地产开发投资方案时候,必须在一定技术、经济条件下选择恰当的土地开发强度和房屋建设高度。

三、房地产的个性化描述

对某一宗房地产进行个性化描述,主要从以下几个方面进行:

第一,位置、四至、形状。位置是指某一宗房地产所处的区域和具体地点,可以国家、地区、城市、邻里、地点、楼房号、门牌号这样的顺序来表述;四至是指土地的四至界限范围;形状则以宗地图来表示。

第二,面积。某一宗房地产的面积大小是指房地产产权产籍行政管理部门依法确认的面积,包括土地面积、建筑物的建筑面积和使用面积、居住面积或营业面积。

第三,建筑物层数和高度。房屋建筑按照层数和高度可分为低层建筑、多层建筑、中高层建筑、高层建筑、超高层建筑。住宅 1 ~ 3 层为低层建筑,4 ~ 6 层为多层建筑,7 ~ 9 层为中高层建筑,10 层以上为高层建筑,30 层以上为超高层建筑。公共建筑大于 24 米为高层建筑,所有房屋建筑檐高超过 100 米的均为超高层建筑。

第四,建筑结构。建筑结构是指建筑物中由基础、墙、柱、梁、屋架、支撑、屋面板等承重构件组成的体系。按照建筑物的主要承重构建所用的建筑材料,可以将建筑结构划分为:钢结构、钢筋混凝土结构、砖混结构、砖木结构及其他结构类型。常见的建筑构造形式有以下几类:

①单层厂房结构,常见的是排架结构和刚架结构。排架结构是由屋盖、柱及基础等构成的单层框架结构,按承重构件所用材料不同则有钢筋混凝土排架结

构、钢屋架与钢筋混凝土柱组成的排架结构、木屋架或轻钢屋架与砖柱组成的排架结构。刚架结构是由梁和柱钢接而成的框架结构。

②多层房屋结构。包括以砖、石等砌筑墙体,以钢筋混凝土结构为楼盖的砌体结构;以梁柱组成承重体系的框架结构,广泛用于工业厂房、仓库、公共建筑;由楼板和柱组成承重体系的板柱结构,多用于工厂、仓库、公共建筑、住宅;以墙和楼板组成承重体系的墙板式结构,多用于住宅、公寓、办公楼、学校等。

③高层建筑结构。主要有框架—剪力结构、剪力墙结构、由剪力墙结构发展而来的筒体结构,如摩天大楼。剪力墙结构是指其墙体和楼板均为现浇或预制的钢筋混凝土结构。

④大跨度结构。主要用于大型体育场馆、交通站点的大型候车厅、候机楼等建筑物。

第五,建筑装修、附属设备。建筑装修包括装修的标准、程度、所用材料、质量等;附属设备包括给排水、照明、卫生、通风、供暖、供气、空调、电梯、消防、通信等。

第六,建筑物的建成年月、建筑质量、维护保养状况、采光、通风、隔音、隔热等。

第七,建筑外观及平面格局,以外观图、平面图等形式进行表述。

第八,利用现状及规划设计要求,包括土地用途、建筑容积率、建筑覆盖率等要素的现状和规划要求。

第九,房地产产权状况,包括产权归属、土地使用权类型、房屋产权状况、是否设定有抵押权等限制。

第十,土地的地质基础状况、地上基础设施改良状况等。

四、房地产的分类

1. 按房地产存在的形态划分。从房地产存在的自然形态来看,主要分为两大类:土地和建成后的房屋。

(1)土地。土地是房地产最重要的一个组成部分。土地分为建设用地和非建设用地。

(2)建成后的房屋。建成后的房屋是指已建成并投入使用的建筑物及其附属设备设施和相关场地。按照建筑物用途的不同,这类房地产可以分为居住、商业、工业、特殊用途等多种形式。

2. 按用途划分。

(1)居住房地产,是指专供人们生活居住的房地产,包括普通住宅、高级公寓、别墅等。

(2)商业房地产,是指用于商业经营活动的房地产,包括商务办公楼(写字楼)、旅馆(宾馆、饭店、酒店、招待所等)、商店(商场、购物中心、商铺等)、餐馆、影剧院等。

(3)休闲房地产,是指用于休闲、度假、娱乐的房地产,包括公园、风景名胜、历史古迹、度假区等休闲场所。

(4)工业房地产,是指用于工业生产活动的房地产,包括厂房、仓库、码头等。

(5)农业房地产,是指用于农业生产活动的房地产,包括农场、林场、茶场、果园等。

(6)特殊目的房地产,是指用于公共活动等特定目的活动的房地产,包括政府办公楼、学校、教堂、博物馆、寺庙、墓地等。

3. 按是否存在收益性,可划分为收益性房地产和非收益性房地产。

第二节 房地产业

一、房地产业的含义

(一)房地产业的概念

房地产业是从事房地产开发组织、经营管理、买卖和租赁经营,以及中介、咨询、评价等服务的产业,包括土地的开发,房屋的建设、维修、管理,土地使用权的有偿划拨、转让,房屋所有权的买卖、租赁,房地产的抵押贷款,以及由此形成的房地产市场。

(二)房地产业的业务范围

联合国在1986年修订的《全部经济活动产业分类》国际标准中,把房地产业列为第八类,由四个部分组成:出租和经营房地产(非住宅建筑、公寓建筑、住宅建筑);进行土地功能分区和房地产开发;不动产出租人;通过合同或收费方式经营的租赁、买卖、管理、评估房地产的代理人、经纪人和管理者。在美国的产业分类标准中,房地产业列为第七类,包括五个子行业:房地产经营(除去开发商)和租赁房屋经纪人;拍卖商品和管理者;房地产产权服务公司;小区规划分类和开发;自建自卖的建筑商(以出售为目的)。我国《国民经济行业分类和代码》(国家标准GB/T4754—94)将房地产业列为J类,包括三大行业:房地产开发与经营业(J7200经营、交易、租赁)、房地产管理业(J7300住宅发展管理、土地批租经营管理、其他房屋管理)、房地产经纪与代理业(J7400)。通过产业分类介绍可知,房地产业属于服务部门,其性质为第三产业。房地产业的业务形态分为如下几类:

(1)房地产开发组织业。它是以组织城市的开发、再开发为目的的大规模房地产经济活动。从事这类业务的主要是房地产开发公司。

(2)房地产经营业。包括房地产买卖、交换、租赁、抵押、典当等活动。

(3)房地产中介、咨询及评估服务业。

(4)物业管理业。包括楼宇管理、住宅小区综合管理等社会服务活动。

（5）房地产行政管理。包括房地产产权产籍管理、宏观调控、相关法律法规实施等。

（三）房地产业的特点

房地产业作为国民经济的一个重要产业部门，由于其产品具有不可移动性、耐久性、稀缺性等特点，与其他产业相比，房地产业具有如下特征：

1. 房地产业的先导性和关联性。

房地产是一种重要的生产生活资料，不仅为国民经济各行业的发展提供地基和蔽护场所，也为人们提供栖身之地。进行国民经济建设，首先要有房地产开发和经营提供生产和生活空间，也就是说，房地产业的发展需要超前于国民经济其他行业的发展，具有先导性。同时，房地产项目的开发建设与建筑、建材、冶金、纺织、化工、机械等50多个物质生产部门紧密相关，房地产业的发展直接影响自来水供应业、交通业、邮电业、煤气供应业、家电业、家具、装修装饰产品以及旅游、金融和服务等行业的发展。因此，在一定时期，房地产业是国民经济建设中先导性和关联性很强的行业。

2. 房地产业的投资风险性和投机性。

房地产业是资金密集型产业，其产品建设周期长，且具有高附加值，这些特点给房地产业带来了一定的投资风险。对开发商而言，面临信用风险、市场风险、通货风险、内部风险甚至政策风险，这些风险为开发商带来了丰厚的利润；另一方面也可能造成重大投资损失。风险与收益并存，房地产商品的保值、增值特性和功能的耐久性，为房地产投机提供了基础和可能。房地产商品的囤积、快速买入快速卖出等异常交易都属于房地产投机行为。但是，适度投机有助于促进房地产市场的活跃。

3. 房地产业的地域性。

房地产的位置固定性决定了房地产业从生产、流通到消费全过程都具有地域性。具体表现为房地产市场的地域性、房地产价格的地域差异性、房地产业发育及发展因素的差异性、房地产政策法规的地域差异性等方面。地域性表现最典型是一个地区与另一个地区的房地产商品余缺不能相互调剂。

4. 房与地交易的不可分割性。

房因地而存，地随房走，房与地两者融为一体。考察初级市场行为，一般是进行单一的土地交易。土地交易完成之后，在土地上建造起房屋，土地便失去了独立性。房屋的交易必须连带其所分摊的土地一起交易，而土地交易也要连带宗地上的房屋一起交易，房与地的交易不可分割。

5. 房地产业发展的周期性。

房地产业在长期发展过程中呈现出周期波动的特征。房地产业的波动周期可以分为发展、繁荣、危机、萧条四个阶段。一个国家和地区的经济周期引起和决定了房地产业的周期波动,同时经济周期也受房地产业周期波动的影响。

6. 房地产业发展的政策、法规的约束性。

房地产经营活动,从土地的出让、转让、抵押到房产的买卖、租赁、抵押等各个交易环节,不同于一般可移动商品在交易当事人双方交付之后就结束,而要靠法律、法规和契约对交易进行确认。由于房地产产权的复杂性和价格的巨额性,房地产交易需要通过法律、法规上的权利关系来界定和规范,并到房地产管理部门进行登记以取得法律保护。随着房地产业的发展和成熟,我国先后出台了《城市规划法》《城市房地产管理法》《建筑法》《土地增值税条例实施细则》《房地产评估师职业资格考试实施办法》等几十项法律、法规,以规范、协调、调整各个经济主体之间的权利关系,保证和促进房地产业的健康发展。

二、我国房地产业的发展历程

中华人民共和国成立以来,我国房地产业的发展经历了一个曲折的发展过程,特别是改革开放以来,随着住宅商品化、土地有偿使用等一些重大政策的实施,房地产业的发展进入了一个前所未有的高潮期,房地产业的地位日益显现出来。

中华人民共和国成立初期,国家对房地产市场逐步实行接管、没收和整顿。首先,接管了外国列强在华的房地产,没收了官僚资本的房地产。其次,制定有关政策,承认城市私有房产的私人所有权,保护产权所有制人合法经营,但对高租或掮客进行了限制和打击,整顿了房地产市场的秩序。

1956 年,随着社会主义改造的进行,国家对房地产业采取"国家经租"的改造形式,即国家付给私有房产租金,赎买房产权,使大部分私人房产变成了公有制的房产,房地产的买卖、租赁受到严格限制。1966 年后,公开的房地产买卖、租赁基本被取消。同时,城市土地使用权实行无偿划拨。国家财政统一投资建设住房,实行福利性的、低租金的住房制度,导致投入产出的恶性循环。总之,这一时期的中国房地产市场基本上处于一种"休眠"状态,没有得到发展。

党的十一届三中全会以后,我国开始实行改革开放政策,房地产业也随之复苏和发展。1980 年 4 月,邓小平同志发表关于建筑业和住宅问题的讲话,提出住宅可以买卖和租赁。随后,全国掀起了对城镇住房体制改革(简称"房改")的探索,并在柳州、蚌埠等城市开始试点。伴随"房改"的进行,1980 年,"全国城市规划会议"提出征收土地使用费的设想。1982 年,深圳、广州、抚顺等城市开始收取城市土地使用费的试点。1983 年底,深圳、佛山等沿海城市首先开展了房地产经营业务,初步建立了房地产市场。1984 年 5 月的政府工作报告中指出:城市建设要进一步推行商品化试点,开展房地产经营业务,允许按照土地位置及其使用价值征收使用费税;实行土地有偿使用。1987 年,党的十三大报告明确指出,房地产市场是社会主义市场体系的重要组成部分。房地产投资开发、买卖和租赁业务因此迅速发展，深圳率先开始试行土地使用权招标有偿出让。1988年4月，全国人大常委会相继修改了《中华人民共和国宪法》和《中华人民共和国土地管理法》，土地出让作为一种基本的土地使用制度开始在全国推行，从而使房地产业的发展有了法律保障。

20世纪90年代以来，随着社会主义市场经济体制的确立和完善，城镇住房体制改革进一步深化，房地产业迅猛发展。“八五”期间奠定了房地产市场化的基础，“九五”期间基本实现了房地产市场化。

（一）“八五”期间的房地产业

“八五”期间，我国房地产业发展成效显著，主要表现在如下几个方面：

1. 房地产法制建设不断完善。

1994年7月，全国人大通过颁布的《中华人民共和国城市房地产管理法》，标志着中国的房地产管理走上了法制的轨道。为配合房地产法的贯彻执行，建设部颁布了《城市房地产开发管理暂行办法》《城市商品房预售管理办法》《城市房屋租赁管理办法》《城市房地产转让管理规定》等法规。同时，房地产产权保障制度建设不断完善。1991年，全国房屋总登记工作结束，摸清了房地产家底，实行了房地产产权产籍登记发证制度，以科学的确权程序、准确的测量权界、完整的产籍资料及产权产籍计算机管理信息系统的开发和推广为标志，建立了我国房地产产权保障体系。

2. 住房建设持续稳定发展。

“八五”期间，住房建设年完成投资平均增长速度17%，住房“解困”“解危”工作成绩显著，大城市基本完成了人均居住面积2平方米以下的住房特困户的解困任务。各大中城市积极开展住宅小区建设试点，56个城市的65个试点小区的1 000万平方米住宅以试点效应带动了住宅建设水平的提高。另外，在规划设计、节地节能、改善住宅使用功能与外观造型、提高施工质量、改善居住环境、实行配套建设和推广住宅科技成果等方面取得了较大突破。

3. 物业管理新体制的建立。

在总结广州、深圳物业管理经验的基础上，结合我国的实际情况，走出了一条适合我国国情，适应社会主义市场经济体制的社会化、专业化、企业化、经营型的物业管理之路，建设部1994年发布的《城市新建住宅小区管理办法》（第33号令）标志着我国物业管理新体制的建立。

4. 房地产服务体系加快建立，中介、咨询、代理业加快发展。

5. 房地产市场新问题出现。①房地产法律、法规建设滞后，土地批租市场尚不规范，国有土地资产流失严重；②投资结构不合理，高档宾馆、写字楼、花园别墅发展过快，普通住宅开发较缓；③有关房地产项目开发收费不合理、房价居高不下,空房率较高;④房地产开发吸收了大量资金,特别是银行资金,一方面难以保证国家重点建设项目的投资;另一方面,在一定程度上也导致了通货膨胀。

(二)"九五"期间的房地产业

"九五"期间,我国基本实现了房地产市场化。主要体现在以下几个方面:

1. 市场管控能力得到加强。

1996 年是我国实行"九五"计划和 2010 年远景目标纲要的第一年,在国家适度从紧的宏观政策调控下,房地产过热现象得到了有效控制,反映房地产业发展的各项指标明显回落。受东南亚金融危机以及国内需求不足的影响,1997 年、1998 年我国房地产业步入低迷阶段,1998 年,我国开始施行积极的财政货币政策,为房地产业走出低谷、步入健康发展道路提供了良好的契机。

2. 房地产项目投资持续增大。

2000 年,我国房地产业开始升温,全国房地产新开工面积为 2.83 亿平方米,同比增长 30.6%,增长幅度比上年高出 5.4 个百分点。受国家"西部大开发"战略思想的鼓舞与支持,西部新开工项目大幅度增长,贵州、甘肃、新疆分别增长 3 倍、1.3 倍和 1.2 倍,房地产投资与全社会固定投资 4 901.3 亿元,其中,商品住宅投资达到 3 318.7 亿元,同比增加 25.8%,全国共完成土地开发面积 1.03 亿平方米,全年完成商品房竣工面积 2.3 亿平方米,同比增长 16.4%。

3. 住房分配货币化步伐加快。

1999 年 7 月,重庆市正式出台住房货币分配方案。之后,全国各大、中城市市级机关及事业单位住房货币化分配、区县(市)住房货币化方案陆续出台实施,企业单位住房货币化分配也开始试点。住房货币化分配的推行激活了房地产二、三级市场,众多城市的住房交易创历史最高水平,甚至出现销售面积大于竣工面积的好势头,居民的居住条件得到明显改善。截至 2000 年底,大庆市已建成职工住宅 2 437.52 万平方米,人均居住面积达到 13.6 平方米。住房分配货币化使得住房所有者成为市场交易主体,建立了房地产市场化的前提。

4. 廉租住房供应体制确立。

廉租住房的房源主要有三个渠道:发放租金补贴,由廉租对象直接到市场上去租房;政府出资收购符合廉租住房标准的旧的普通住房;接受社会捐赠和其他渠道筹集的符合廉租住房标准的住房。廉租住房的配租包括租金补贴和实物配租。

5. 房地产管理部门办公自动化水平得到提高。

这主要体现为:房地产信息网先后在一些城市创建,实现了对房地产市场从土地到建设与销售的全程动态管理,互联网技术的发展与运行促成电子信访服务的实行和网上预售审批系统的建立,房地产开发企业、中介机构也开始走上信息化管理轨道。

6. 房管所改制。

对房管所进行产权改造，使运转企业真正成为"自主经营、自负盈亏、自我发展、自我约束"的市场竞争主体，使经营管理者责、权、利一致，有利于增强经营管理者的责任心，职工们带资入股，成为企业股东，职工按持股比例分享企业的经营成果，职工的积极性与创造性得到提高。

(三)"十五"时期的房地产业

"十五"时期，全国房地产市场繁荣活跃，一、二级市场联动发展，开发力度加大，投资规模扩大，市场房价飙升，运行态势良好，房地产业得到长足发展，产业作用日益显现，地位日趋增强，成为推动投资的着力点，扩大内需、促进消费的新亮点，拉动经济的新增长点。

1. 产业地位提升。

"十五"期间，房地产业承载着国民经济再次腾飞的厚望。房地产价格、增加值、经济地位均得以上升。"十五"期间，全国大中城市商品房均价以年均两位数(百分比)的速度快速增长，房地产业增加值年均增长20%左右，2005年占GDP的比重已超过金融业，成为国民经济的支柱产业之一。

2. 居民住房得到改善。

"十五"期间，随着商品房的不断建设交付，居民的居住条件大为改观，居住环境不断优化。2005年底，全国城镇居民人均住房使用面积接近27平方米，比2000年增长了20%。

3. 城镇化步伐加快。

"十五"期间，全国大中城市进行了大规模的城建改造和城市化建设，城市地域不断扩张、城中村不断拆迁、还建动迁，与此同时，大量农民进城安居乐业、投资创业，使全国的城市化水平不断提升，"十五"期末，全国城镇化率平均达到45%左右。城镇化水平的不断提高促进了城镇住宅刚性需求的产生和基础设施大规模建设。

4. 房地产市场秩序得到规范。

"十五"期间，政府针对房地产市场存在的各种问题，加强对商品房进行售前审查和销售管理，对预售房的竣工期限、投资额度、资本金状况、回迁房建设情况和配套设施完成情况加以限制，建立公平、公正的竞争环境，规范了房地产市场秩序，保护了广大购房消费者的利益。

"十五"期间，全国房地产市场总体呈现健康、良好的发展态势，房地产业的发展对改善居民的居住条件，提高居民的生活水平，改善城市面貌，促进国民经济发展发挥了重要作用。

(四)"十一五"时期的房地产业

"十一五"头两年，即2006、2007年，全国房地产市场延续了2005年的高速增长态势，市场交易活跃，房地产的投资性和投机性日渐显现，开发规模继续加大，投资量仍然高速增长，房价不断飙升，但小户型和中低价位住房的数量所占市场比重太低，有效需求和有效供给不能同时满足，房地产供需结构失衡，房地产市场运行状况备受争议。2008 年 1 ~ 10 月份，国际金融危机、国民经济衰退、国家宏观调控政策的频频出台和房价收入比不断加大等多种综合因素，使得房地产业进入了调整期，全国房地产景气指数几乎呈直线下降（见图 1 - 3）。

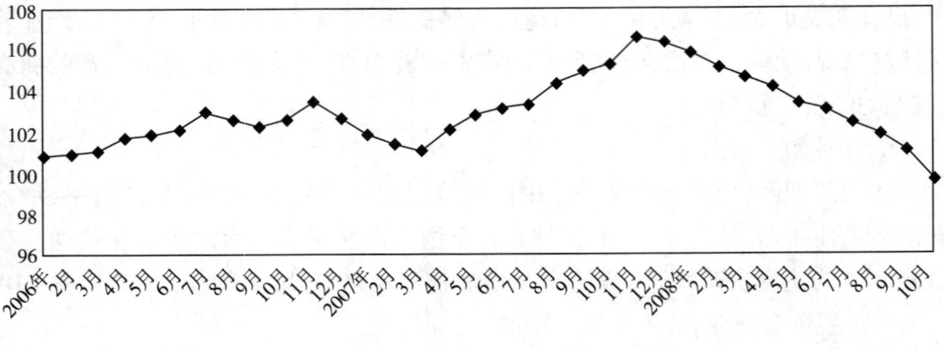

图 1 - 3　2006—2008 年全国房地产景气指数趋势

数据来源：国家统计局网站。

国家统计局 2008 年 12 月 12 日公布的信息显示，截至 11 月份，70 个大中城市的房价连续四个月下跌，且降幅有扩大趋势，全国房地产开发景气指数在 11 月份继续下滑至 98.46%，比 10 月回落 1.22 个百分点。与此同时，1 ~ 11 月份商品房销售面积与销售额同比双双下降 18% 以上，其中，商品住宅销售额降幅达到 20.6%。以内地房地产龙头企业万科为例，截至 11 月，万科销售连续 6 月下滑，全国总平均销售单价已连续 8 个月下滑，其中 11 月份销售均价较去年同期的峰值下降 19%。在 2008 年 10 月份各地市住房秋交会上，深圳、广州、北京等地房产商均在暗中降价，深圳市新房成交均价较年初累计下降 39%，成交量却大幅萎缩。

可见，房地产市场化程度越高，房地产业的运行就越容易受到外部环境的影响，我国房地产业的发展取决于房地产业自身健康状况和国内外经济、金融环境等多重力量的共同推动。

（五）“十二五”期间的房地产业

“十二五”期间（2011—2015 年），中国房地产行业营业收入累计达 373 062.99 亿元，资产总计达 2 377 267.71 亿元，法人单位数 592 063 个，税收 69 671.89 亿元，利润总额 37 839.67 亿元。“十二五”期间，房地产业生产总值共计 172 573 亿元，年均增速 11.86%，2013 年增速较为明显，为 28.63%，2014 年增速最低，为

2.30%,2015 年基本上与 2011 年增速持平。

“十二五”期间,房地产业设施规模不断扩大,物业管理业增长明显。“十二五”期间,房地产业固定资产投资逐年增加,累计达 279 687.01 亿元,年均增速 12.74%,房地产开发经营业、物业管理业和其他房地产业基础设施得到明显改善。“十二五”期间,房地产开发经营业固定资产投资额共计 182 177 亿元,物业管理业固定资产投资额共计 1 711 亿元,房地产中介服务业固定资产投资额共计 19 880 亿元,自有房地产经营活动业固定资产投资额共计 10 275 亿元,其他房地产业固定资产投资额共计 85 326 亿元。

“十二五”规划实施期间,宏观经济刚刚从 2008 年全球性经济危机中企稳复苏,受限于保增长压力,房地产调控政策始终在“稳房价”和“保增长”之间寻求平衡。在此过程中,房地产调控政策重心在不同阶段体现出明显变化:2012—2013 年房价上涨迅速时,调控措施趋严趋紧,政策重心在于抑制房价过快上涨;2014 年房价持续回落、房地产市场活跃程度降低时,政策又逐渐放松,重心转向保增长。

(六)“十三五”期间的房地产业

房地产宏观调控从 2015 年“去杠杆、去库存”,到 2016 年 9 月全面开启限购,再到 2017 年初中央层面落实土地“有供有限”,支持发展住房租赁市场。2017 年,各地方政府对房地产市场普遍实行严厉监管措施:绝大部分城市实施预售监管与价格监管,监管力度整体对比 2016 年再有加强;部分城市实施的价格管控进一步精细化;重点城市普遍实施定期市场情况(销售现场)督查;部分城市出台“售房摇号”政策。房地产市场开启调控热潮,相继出台限制性政策,“限购、限售、限价、限贷,限商”成为本轮房地产调控最大的“亮点”。整个“十三五”期间,中央对房地产业的政策保持“房住不炒”主基调不变,房地产业发展趋于理性,投机刺激需求入市的边际效应减弱。与此同时,城镇化进程的不断推进、改善型需求的持续释放对市场规模仍有较大支撑,销售面积整体调整幅度有限,从 2016—2018 年的数据来看,销售面积依然平稳增长,商品房销售额和年度完成投资额持续增加,房地产业与紧密相关的建筑业两者的增加值及其所占当年 GDP 的比重也逐年增加。

经过 2016 年的大涨以及 2017—2018 年史上最严格的调控政策后,我国房地产市场的发展更加成熟,经济发展规律依然存在,在市场供需结构发生变化的环境下,房地产业已经从扩张式高增长进入到高质量转型发展阶段(参考图 1-4 和图 1-5)。未来十年,随着国内城镇化进程的区域发展演变,城市更新升级、人口结构变化、住房高品质和居住环境改善需求等,房地产业的发展基础仍然健在,房地产业仍具有广阔和长远的发展空间。

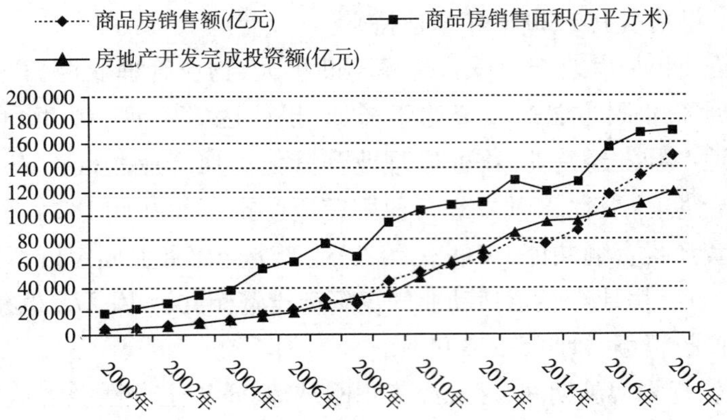

图 1－4　2000—2018 年全国商品房销售和投资趋势

数据来源:国家统计局网站。

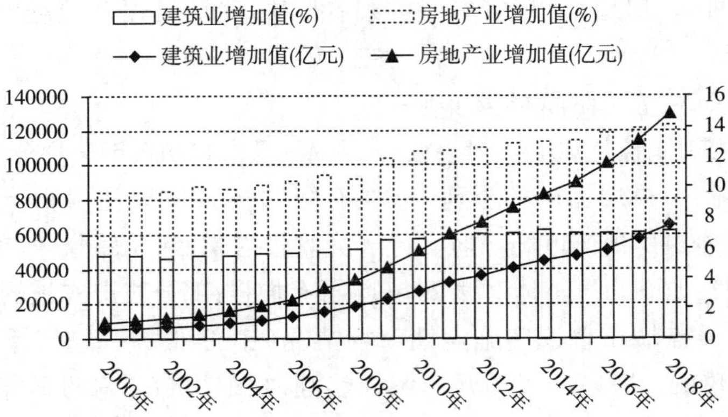

图 1－5　2000—2018 年全国房地产业和建筑业增加值趋势

数据来源:国家统计局网站。

第三节　房地产业的社会贡献

一、房地产业的发展是城市经济发展的基础和前提

任何产业的发展都离不开土地开发,离不开基础设施的建设,离不开土地与建筑物构建的生活与工作环境。房地产业是一切社会生产与生活的基本载体:开工厂要有场地、厂房,办学校要有地块与校舍,发展旅游业要有宾馆、饭店,城市的建设与发展首先是房地产业的兴起和发展。房地产是树立城市形象、形成城市特色的重要构件:土地建筑物的规划设计构成城市的基本空间布局与城市基本功能,房屋、桥梁等建筑物的风格形成城市的种种特色与标志。房地产业的发展能

改善投资环境和投资结构,完善市场体系,实现土地资源优化配置与利用,促进居民消费结构的调整,是吸引投资的重要条件。城市房地产业发展的规模、结构、布局和水平决定着城市经济发展的规模、结构、布局与水平,因此,要充分发挥房地产业在城市建设中的基础作用,并与整个城市的发展相协调。

二、房地产业的发展促进和带动相关产业的兴起与发展

在房地产生产与再生产过程中,需要大量的资金和物资,联系着一大批相关产业,涉及面广,产业关联效应强,因而房地产业的发展能够促进和带动相关产业的发展。据统计,房地产业的产值每增加 1%,就能带动相关产业的产值增加 1.5% ~2%,房地产开发建设中所需要的建筑材料涉及 23 个大类,1 600 个左右的品种。房地产业的发展能促进建筑、建材、建筑机械设备、冶金、化工、仪表等第二产业的发展,也能带动家用电器、家具等民用工业以及旅游、园林、商业、金融、中介服务等第三产业的兴起与繁荣。

三、房地产业是国家财政收入的重要来源

房地产是经济体重要的社会财富,房地产业的发展能够为国家带来可观的财政收入。一方面,通过征税方式直接增加财政收入,西方国家房地产税收包括房地产财产税、房地产增值税、房地产契税以及土地闲置税等,我国主要有房产税、营业税、土地增值税、契税和耕地占用费等;另一方面,房地产业能带动众多关联产业的发展,间接创造大量的财政收入。目前,房地产税收收入可占发达国家政府财政收入的 15% ~40%。在我国,特别是发达地区,房地产税收收入已经成为当地政府财政收入的重要组成部分。此外,通过出让土地使用权,政府能获得大量的财政收入。

四、房地产业的发展创造了大量的就业机会

我国房地产业的迅猛发展不但在扩大内需、刺激经济增长方面成效显著,也增加了我国待业人口的就业机会,它对劳动力具有很大的虹吸效应,可以吸纳大量的劳动人口。房地产业的迅速发展给建筑业带来了巨大的发展空间。随着建筑市场的日益壮大,就业人数增长也较快,房地产业已经成为吸纳城镇化进程中流动人口就业的主力军,成为吸纳农村富余劳动力的主力军。房地产业和建筑业领域直接从业人在 2004 年达到 974.4 万人,2005 年为 1 073.1 万人,2006 年增加到 1 142.6 万人。另外,随着物业管理的不断发展,也在服务领域提供了大量就业机会,连同房地产开发、房地产代理以及经纪业,成为吸纳劳动力发展较快的行业之一,为吸纳农村剩余劳动力、解决下岗职工再就业、提高城乡居民收入水平、加快城镇化进程发挥了越来越重要的作用。同时,房地产业的发展引致相关产业

(比如,建筑、建材、冶金、家电、家具、装饰、金融、商业、服务业等)的长足发展,从而间接创造了大量的就业机会。

五、房地产业的发展使居民改善居住条件成为可能

随着人们收入水平的提高以及房地产业的发展,居民的居住条件有了较大改善,城镇居民人均居住面积从1985年的5.6平方米增加到2006年的29.7平方米,增加了24.1平方米,年均增长1.15平方米。1991年至2006年房地产投资与人均居住面积之间的相关系数高达0.9363,说明房地产投资或房地产业的发展与居民居住条件的改善具有显著的相关关系。

第四节 房地产经营与管理的概念和内容

一、房地产经营的概念与内容

(一)房地产经营的含义与内容

"经营"有谋划、筹划之意,现多指企业围绕商品按价值规律所进行的有预测、有组织、有目的的经济活动。房地产经营是指房地产经营者对房屋的建造、买卖、租赁、信托、交换、维修、装饰以及土地使用权的出让、转让等按一定目标,遵循价值规律所进行预测、决策、组织、实施的经济活动。房地产经营可以分为两大方面:房产经营和地产经营。

房产经营的主体一般是房地产企业。房地产业的经营目标是组织好房屋的流通,实现房屋的价值,积累房屋扩大再生产的资金,发挥房屋的最大效用,最大限度地满足人们的居住要求和社会需要,为此所进行的房屋建造、买卖、租赁、信托、交换、维修、装饰等各项经济活动,都是房地产经营活动的内容。房屋包括住宅和非住宅用房。非住宅用房包括厂房、仓库、商业、旅游服务、文化教育、体育卫生、办公等用房。住宅是个人消费资料,用以满足个人生活消费的要求。非住宅用房有的是生活资料,用以满足生活消费的需求;有的是生产资料,用以满足生产消费的需求;有的是公共消费资料,用以满足公共生活消费的需要。因此,房产包括个人消费用房、生产消费用房和公共消费用房。

地产经营是指土地使用权的经营,包括土地使用权的出让、转让。在我国,地产经营的主体一般是政府指定的专营机构或由授权经营的房地产企业进行。我国政府指定的专营机构和房地产企业进行地产经营的目标是,有计划、有步骤地开发城市土地,积累城市建设资金,组织好城市土地流通与合理利用,促进城市建设和经济的可持续发展。目前,各城市成立的一级土地开发企业、土地整理(储备)中心等为政府性质的地产开发公司。

（二）房地产经营的经济形式和经营方式

1. 房地产经营的经济形式。

目前，我国房地产经营的经济形式包括国有经营、集体经营、个体经营、合资经营、合作经营以及涉外经营等多种。

（1）国有（全民所有制经济）经营。主要包括以下几种：①由城市政府房产主管部门（含建设委员会和房产管理局）按政企分开原则组建的房产经营公司、房地产开发公司、房产信托公司（含物业公司——从事代理经营综合服务的企业）。房产经营公司的主要业务是，接受政府委托，负责直管房产的经租、维修和管理。②由城市政府其他主管部门组建的房地产开发公司。市级房地产开发公司多以开发新区、出售商品房为主；区级的房地产开发公司多以改造旧城、出售商品房为主。③工业企业组建的住宅经营公司和房地产开发公司。住宅经营公司主要是为本企业职工住房服务。房地产开发公司既为本企业职工住房服务，也在社会上出售商品房。④商业企业的团体，有的经国家批准，组建成房地产开发公司。

（2）集体（集体所有制经济）经营。主要包括两种形式：①城市集体经济经营，是由城市民间集资组建的开发、经营房产的集体企业，其经营范围包括：营建住宅、公寓、办公楼、贸易楼、宾馆；代建、合建各类房屋；承托房屋经租、维修、拆除工程，代办房产买卖经租等。②农民集体经济经营，在城市郊区，农村集体经济利用其土地和劳动力优势，按照国家有关政策规定，兴建住宅、宾馆、商业楼，用于出售、出租或自办第三产业。

（3）个体经营（个体经济）。主要包括两种形式：①私人房产出租或者入股。一些住房较多的居民出租私房或以房入股合办第三产业。②个人承包经营公房。这是房产经营企业在改革中，为调动小修养护人员的积极性，提高小修及时率、小修质量、降低小修成本而采取的一项措施。这种个人承包和纯个人经营还是有区别的：他们仍属于全民所有制职工，医疗依然享受公费，但工资、福利等与个体一样。

（4）合资、合作与集团经营。合资是共同所有制经济，合资经营是指资金合在一起，成立一个企业，共同经营，共享利润，共担亏损。合作经营，可以成立一个独立企业，也可不成立一个独立企业，合作各方相互提供便利条件。集团经营是指由多方组成大的有较雄厚经济实力的团体经营，集团内部相互协作，取长补短。

（5）涉外经营。①国内经营。一般分两种情况：第一种是中外合资、合作经营。在一些对外开放城市，引进外资（包括港、澳、台资金），通过中外合资、合作的办法经营房地产。具体方法是：我方提供土地，外商提供资金，建成商品楼出租后，利润按比例分成，若干年后房屋产权归我方所有；我方提供土地，把应收的土地费用折成货币资本，与外商的货币资本共同投资，经营盈亏按投资比例分成;我方提供土地,外商提供无息的全部建设资金,利润按比例分成,亏损我方不承担补偿等。第二种是外商独资经营。一般是我方将土地出让或转让给外商建造商品房。我方收取土地使用权出让金或转让金,房地产经营盈亏全归外商;也有我方出资开发房地产,然后将房产及设施售给外商经营。②国外经营。我国对外开放城市的一些房地产企业已经开始到国外经营房地产业,并以创汇为主,实行一业为主、多种经营。经营范围有承包国外房地产项目的设计、兴建,如中国园林、古建筑和室内装修;在国外投资,进行房地产项目的综合开发、利用和经营;在国外建立中外合资企业经营项目;提供劳务合作和其他可创汇的经营项目等。

2. 房地产经营方式。

我国房地产经营的方式包括地产经营和房产经营两种。地产经营主要是指取得土地使用后的开发转让及出租等,房产经营则有房屋出售、出租、信托代管、房屋互换和以房入股经营工商服务业。

二、房地产管理的概念与内容

房地产管理包括两个部分:房地产行政管理与房地产经营管理,二者既相互联系,又相互区别。房地产行政管理以房地产经营主体为管理对象,包括产权产籍管理及行业管理等。它属于房地产制度政策的范畴。房地产经营管理是指房地产企业以国家和地方房地产行政管理机关制定的法律法规和规划要求为指导,对按照房地产市场规律进行管理和经营房地产产品,是自主决策经营、自负盈亏的行为。它属于房地产经营活动的一个重要组成部分,和房地产经营活动有着密不可分的联系。

(一)房地产管理的含义与目的

房地产管理是指房地产经营与管理部门、房地产企业和物业管理公司,对国家授权、单位法人和公民个人委托管理的房地产进行的房屋出售、土地使用权转让、房地产出租、抵押、房屋修缮和房地产再开发及售后服务等各项经营和物业管理活动的总称。房地产经营与管理的目的是,为实现经营与管理目标,对上述经营活动所进行的计划、指挥、协调、督促、检查等组织管理工作。其重点是房地产产业管理和物业管理。

(二)房地产管理的内容

1. 房地产产业管理。

房地产产业管理是指房地产经营单位对其所拥有的房屋和土地及其附属设备等各项产业所进行的管理。它是房地产经营管理的一项重要任务,也是房地产经营管理的基础性工作。

房地产产业管理的内容主要有以下几项：

(1)建立房地产接管、撤管登记制度，搞好房地产产业数量管理。

(2)建立房地产等级评定制度，搞好房地产产业质量管理。

(3)建立房地产价值评估制度，搞好房地产资产管理。

(4)建立房地产使用单位检查制度，做好房地产业的保护管理。

(5)建立房地产产业资料保管制度，做好房地产产业档案管理。

2. 物业管理。

物业管理泛指一切有关房地产开发、租赁、销售及售后的服务。狭义的物业管理包括房屋的保养、维修、清洁、绿化、管理等。广义的物业管理的主要任务是楼宇的维修，其次是管好机电设备和公共设施，也包括治安保卫、分送信报、传呼电话、卫生保洁等。总之，物业管理就是充分合理地使用房屋和设施，发挥房屋和设施的功能和作用，保证物业功能和价值的发挥。物业管理有两大类型，委托服务型和自主经营型。其中，委托服务型物业管理，即房地产开发企业将开发建成的房屋分层、分单位出售给用户，一次性收回投资和利润，并组建物业管理公司对房屋进行日常管理，完善其售后服务；或者是多家产权单位将集中于一个小区或地域的房产委托给房地产经营企业管理。自主经营型物业管理，即开发企业建成房屋后并不出售，而交由属下的物业管理公司或为该物业专门组成从事出租经营的物业管理企业，通过收取租金收回投资。

思考题与练习题

1. 房地产的含义及其特征是什么？
2. 如何描述某一宗房地产？
3. 按用途划分，房地产包括哪些类型？
4. 如何理解房地产业的含义及其特点？
5. 房地产业对社会有哪些贡献？
6. 房地产经营与房地产管理的差别是什么？

DI 第二章 ZHANG 房地产市场调查

第一节　房地产市场调查的内容与途径

一、房地产市场的概念

房地产市场是指特定的商品——房地产在市场参与者之间进行交换或因交换所产生的各种关系的总和。由于房地产的特殊性,使房地产在其生产和交换的过程中衍生出各种流通形态,如转让、租赁、信托、抵押和典当等。

在房地产市场活动中,根据市场主体分类,房地产市场包括如下三个因素。

(一)参与房地产交易的当事者

这是房地产市场的主体。作为经济实体,房地产交换的当事者可以是经济组织,也可以是经济个体。与其他市场主体一样,房地产市场主体性要素包括所有者、开发者、经营者和使用者。从当前我国房地产市场的经济运行情况来看,主要的供给主体是国家、开发企业及承包商;主要的需求主体是需要房地产的单位和个人;房地产市场上的中介组织,是为房地产交易服务的中介者。

(二)一定数量的房地产商品

土地、地产(熟地)、房屋相关的设备和设施是房地产市场的客体,它是房地产市场的交易对象,是物质基础。由于房地产商品具有地理位置上的不可移动性,在流通过程中,流通或转移的不是商品自身,而是房地产的产权证书,因此,房地产产权制度及房地产产权在市场中的运行变换就构成了房地产市场的客体。

房地产市场上有一定量的用户和购买力,为房地产商品的交易提供了可能,这种房地产的有效需求是房地产发育的动力。

(三)交易组织机构

房地产交易组织机构是指为房地产交易各方进行房地产交易活动所提供的

固定场所。房地产市场是一个有形市场。

二、房地产市场的特征

房地产市场的特征是由房地产商品的特殊性决定的。房地产商品不同于一般商品,一般商品同类同质,可以互相代替,但房地产产品具有不可替代性;一般商品有统一的国家行业标准和规格,市场信息充分,各品牌可以互相比较,信息传播畅通,但房地产市场信息复杂、隐蔽,房地产权益被各种政策法规所约束,一般消费者难以区别。因此,房地产市场是一个特殊的市场,房地产市场具有以下特征。

(一)房地产市场是房地产产权交易市场

与一般商品不同,在房地产市场上交易的是相关房地产的权益,而不是房地产实物本身。这些权益包括房屋所有权、土地使用权或与其相关的他项权益,如占有权、使用权、收益权和处分权等。这些权益具有明确界定,有一定的排他性,单项权益或多项权益组合形成了不同性质的复杂的交易行为,从而形成各种不同内容的房地产市场,如转让市场或买卖市场、租赁市场等。

(二)房地产市场有强烈的地域性

一般商品尽管在一定程度上存在市场的地域性,但随着交通的发达、运输费率的提高和运输成本的减少,相距遥远的地区也会形成统一的市场供需圈,形成全国性乃至世界性的市场。然而在房地产市场上,由于房地产商品自身的不可移动性,不同供需圈的房地产难以互相替代,不易形成统一的市场竞争和价格。

(三)房地产市场供求关系的特殊性

房地产是特殊的商品,土地资源具有不可再生性,是稀缺资源。从总体上看,房地产的自然供给完全没有弹性,其经济供给由于自然供给限制,弹性也有限。因此,房地产价格主要取决于市场需求。需求增加,地价上涨;需求减少,地价下跌。当然,在特殊情况下,地价变动和市场供求关系会出现异常,这时房地产市场遵循的一种特殊的供求规律。

(四)房地产市场具有不完全开放性

首先,地产资源的相对稀缺性及其必须由国家经营,是决定房地产市场有限开放的基本原因。土地是非再生资源,其相对稀缺和人类社会对房地产需求的增长是房地产供应的基本矛盾,这一矛盾决定了从总体上看,房地产资源始终处于短缺状态和价格上升趋势。其次,城镇房地产的开发、流通受国家计划、政策和城市规划的严格约束,影响了房地产市场的自由度。市场经济主要通过价格机制、竞争机制和供求机制等配置社会资源,而且随着土地有偿使用和房屋商品化进程的深化,国家对房地产市场的管理将逐步加大指导性,减少指令性,放宽政策以活跃市场,但城镇房地产的开发、经营活动必须符合城市总体规划的要求,房地产商品的流通也受到城市规划制约。最后,房地产资金影响房地产市场开放度。房地产开发投资量大,资金是制约房地产开发及市场流通的重要因素。

(五)房地产市场交易形式的多样性

一般商品的市场交易以买卖为主,但房地产市场伴随着相应的权益产生了多种多样的交易形式。如土地使用权转让、抵押,房地产的买卖、租赁、调换以及派生出的房屋抵押、典当、信托等。

(六)房地产市场变化的周期性

房地产业和国民经济一样也具有周期性,要经历繁荣—衰退—萧条—复苏四个阶段。房地产市场繁荣时空置率低,租金和价格上升,开工面积、销售面积、土地出让面积增加,市场供应不断增加,市场需求也相应增加,房地产企业利润提高。但由于房地产开发周期长,随着市场需求的降低,市场供应不断增加,供过于求的状况必将产生,空置率上升,从而导致租金和价格下调,房地产市场进入萧条期。之后开发面积减少,市场进入调整期。随着开发量的减少、价格下调,需求将被刺激起来,吸引许多投资者(包括投机者)及大众消费者入市,消化市场供应,房地产调整期结束,开始进入复苏期和繁荣期。

三、房地产市场的分类

房地产市场从不同的角度,可以分为不同的类型。

(一)按用途划分

房地产市场按用途可以分为住宅市场、工业厂房及仓储市场、写字楼市场、商场及店铺市场、特殊用途房地产市场及土地市场等。每一类又可以进一步细分,如住宅市场可以细分为普通住宅市场、高级公寓市场、别墅市场等;工业厂房及仓储市场可以细分为标准工业厂房市场、仓储用房市场等;写字楼市场可以细分为甲级写字楼市场、乙级写字楼市场、丙级写字楼市场等。进行房地产开发,需要决定进入哪种用途的房地产市场,清晰的市场划分表现其各自的特征,有利于企业做出决策。

(二)按照市场层次(或存量增量)划分

房地产市场按照层次可分为:房地产一级市场,即土地使用权出让市场;房地产二级市场,即土地转让、新建商品房租售市场;房地产三级市场,主要指存量房地产交易市场。有时还提到房地产四级市场,主要指房地产相关的证券、保险等市场。

按照增量存量的方式,还可以将土地市场分为:土地一级市场,即土地使用权出让市场;土地二级市场,即土地使用权转让市场。

需要注意的是,住房或房屋市场的细分不应与房地产市场的细分混淆。住房或房屋市场可细分为:一级房屋(住房)市场,主要指增量市场或一手房市场;二级房屋(住房)市场,主要指存量市场或二手房市场。

存量市场与增量市场具有互动关系,存量市场活跃,有利于促进增量市场的发展。

(三)按照交易形式划分

房地产交易形式可以分为房地产买卖市场、租赁市场、抵押市场、典当市场、保险市场等,随着房地产行业的发展及相关金融等的发展,房地产交易的形式会越来越多,演化的市场类型也多种多样。

(四)按照影响范围(区域范围)划分

房地产市场按影响范围可以分为国际性房地产市场、全国性房地产市场、区域性房地产市场、地方性房地产市场等。通常,不同类型的房地产影响范围是有差别的,房地产档次越高,影响的市场空间范围就越大。例如,香港的高档房地产市场需求具有国际性;国内一些大城市的高档房地产市场,其需求具有全国性;有的城市房地产市场影响涉及周边几个省,有的仅作用在本城市。从这一点来看,进行房地产开发,对不同地区、不同档次、不同类型的房地产市场范围要认识清楚,以便进行宣传推广。

四、房地产市场调查的内容

(一)投资环境的调查

投资环境的调查是指所在投资国家、地区、城市或街道等区域内在一定时期内所具有的能决定和制约项目投资的各种外部环境和条件的总和。

按投资环境各要素存在范围的大小,投资环境可细分为:宏观投资环境,一般是指国家的投资环境,如政治制度、经济制度等;中观投资环境,一般是指拟投资地区或行业的投资环境,如当地的经济发展水平等;微观投资环境,一般是指进行投资具体场所的自然、经济及社会等方面条件,如开发地块的地质水文条件等。

按投资环境各要素存在的物质形态,投资环境可细分为硬投资环境和软投资环境。

按投资环境各要素的不同内容,投资环境可细分为政治环境、法律环境、经济环境、社会环境、文化环境、自然环境、基础设施环境等。

房地产投资环境调查主要包括以下几个方面:

1. 政治法律环境调查。

政治法律环境调查主要由政治体制和政权、政治局势、政策及战争风险等要素构成,政治环境调查一般研究一个国家的政治制度、政局稳定性及政策延续性和执法公正性。

房地产政治法律环境调查的主要内容有:①各级政府制定的有关房地产的政策,如房地产开发经营政策等;②各级政府制定的有关国民经济社会发展规划、土地利用总体规划、区域规划及城市规划等;③各级政府制定的相关法律法规,如房地产管理法、土地管理法等;④各级政府制定的产业政策、金融政策、税收政策、财政政策等相关政策;⑤国家或地区的政权政局变动等。

2. 经济环境调查。

经济环境是影响项目投资决策的重要基本因素,经济环境调查主要了解财政、金融、经济发展状况及趋势等。通过经济环境调查,应该把握拟投资国家和地区的总的经济发展前景。

一般情况下,经济环境调查的主要内容有:①国家和地区国民经济状况指标,如国民生产总值、国民收入总值、国民经济增长率等;②国家经济产业结构和主导产业;③社会消费水平和消费能力指标,如消费总额、消费结构、居民收入、存款余额、物价指数等;④项目地区的经济结构、人口和就业状况、就学条件和基础设施状况等;⑤项目地区对外开放程度及国际经济合作程度等;⑥项目地区人力资源、土地资源及能源等方面的状况。

3. 社会环境与文化环境调查。

社会环境对投资保障是非常重要的,社会环境调查主要包括:社会制度、社会秩序、社会信誉和社会服务等方面的调查。社会制度是指投资项目所在国家和地区的社会政治制度和社会管理制度,如行政管理的透明度、政府对经济的干预程度、政府官员的廉洁性等;社会秩序是指投资项目所在国家和地区的社会政治秩序和社会经济秩序,如社会稳定性和安全性等;社会信誉是投资项目所在国家或地区的合同履约信誉、社会承诺信誉及政府所提供的服务设施及服务效率等,如金融服务、交通服务、行政服务和信息服务等,营销中的服务概念侧重于在一定物质文明基础上,一个社会或一个群体的不同成员一再重复的情感模式、思维模式和行为模式。

文化环境主要反映了居民的生活习惯、生活方式、消费观念、消费心理以及对生活的态度和对人生的价值取向等。文化环境直接决定消费心理需求的形式和内容,直接影响项目开发和经营整个过程,因此制约着项目开发方案和经营决策。文化环境调查主要包括:①地区人员的职业构成、教育程度及文化水平等;②地区人员的生活习惯、价值取向等;③家庭人口的规模及主要构成;④地区人员的民族宗教信仰;⑤地区社会风俗等。

4. 自然与基础设施环境调查。

自然环境调查是指对项目所在国家或地区的自然条件和风景地理特征进行调查,主要包括地理位置、地形、地质、地貌、自然风光及气温气候等方面的调查。

基础设施环境是项目投资的重要硬环境,对投资决策具有非常重要的影响。基础环境调查主要是对项目投资国家或地区的交通、能源、通信、给排水、排污等进行调查,主要包括交通干线的分布、交通方便程度、电力、煤气、天然气供应、通信电缆布置、自来水管网分布、排水排污状况等方面的调查。

5. 社区环境调查。

社区环境调查是对房地产投资开发项目的具体社区或片区进行总和调查。前面提到房地产投资环境调查的几个方面是针对投资项目所处的国家和城市的有关情况来调查,而房地产市场的地区性特点决定了社区环境对项目具有重要的影响。社区环境直接影响房地产产品价格,优良的社区环境可以提高房地产的使用价值和经济效益。

一般而言,社区环境调查主要包括以下几个方面:①社区经济繁荣程度;②社区文化氛围、安全保障程度及居民素质等;③社区购物条件、通信条件、电力条件、卫生条件、给排水条件及交通教育的便利性等;④社区空气质量、水源质量及景观等自然条件。

(二)房地产市场需求调查

房地产市场需求由购买者、购买欲望和购买能力组成。进行房地产市场需求调查,必须了解消费者(广义的消费者包括所有购买者)的构成、消费动机和消费行为特征。

1. 消费者构成调查。

消费者构成调查的主要内容包括:①消费者是哪些人,即某类房地产现实与潜在消费者的数量与特征,如消费者人口数量、性别比例、年龄分布、职业分布、教育程度、社会阶层、宗教信仰、谁是使用者、谁是购买者(指谁是决策人)等;②消费者在哪里住;③消费者经济来源和收入水平;④消费者实际支付能力;⑤消费者实际需要什么产品,如小区规划、建筑造型、套型面积、周边环境、价格付款方式等偏好;⑥消费者对某类房地产的总需求量。

2. 消费动机调查。

消费动机是购买房地产商品的内在原因,是吸引消费者购买房地产商品的愿望和意念,主要包括消费者购买动机类型、影响购买房地产商品的动机因素及购买意向等。真正的消费动机,有时消费者不愿据实回答,有时消费者本人自己也没有充分认识到,所以一般的询问调查法收效甚微。目前,常用的动机调查法有连句实验法、深度面谈法、集体面谈法、主题知觉实验法等。通常,房地产商品的一般消费动机有:为了子女入学、投资收益、为了改善居住条件、投机收益、为了靠近上班单位等。

3. 消费行为调查。

消费行为是房地产购买者在实际房地产购买过程中的具体表现。进行消费行为调查,就是为了了解一般房地产消费者的购买模式和购买习惯,为项目策划和开发服务。房地产消费行为调查的主要内容有:①消费者购买房地产商品的数量;②消费者购买房地产的类型和种类;③消费者购买过程中对价格、质量、地段、配套、户型等的要求和注重程度;④消费者的购买时间或时机;⑤广告及推广对购买行为的影响等。

(三)房地产市场供给调查

房地产市场供给调查主要包括以下几个方面:土地供应及规划等方面的调查、存量市场状况及供应调查、增量市场供应及规划调查等。

1. 土地供应及规划等方面的调查。

土地供应及规划等方面调查的主要内容包括:①各类型用地出让计划、数量、方式等;②各类型用地转让数量;③城市基准地价水平;④土地市场交易地面地价、楼面地价等;⑤土地开发成本状况及交易税费;⑥土地开发的规划条件与限制等。

2. 存量市场状况及供应调查。

存量市场状况及供应调查的主要内容包括:①存量房地产总量;②存量房地产拆除或改变用途数量;③存量房地产的物理状况;④存量房地产均价:⑤存量房地产租金水平等。

3. 增量市场供应调查。

增量市场供应调查的主要内容包括:①新开发房地产供应量,如计划开工面积、新开工面积、施工面积、竣工面积等;②供给结构(各类型房地产供给的比例关系)及供给变化趋势;③房地产开发成本及成本指数;④房地产市场销售价格及价格指数、销售率、销售潜力等;⑤房地产产品市场生命周期及空白市场;⑥房地产产品科技含量及新技术、新工艺、新材料的应用;⑦房地产市场的创新产品;⑧现房业主对房地产产品的意见建议和满意度;⑨建筑施工单位的施工质量等;⑩建筑设计单位设计水平等。

(四)房地产价格调查

第一,影响房地产价格变化的因素,特别是政府价格政策对房地产企业定价的影响。

第二,房地产市场供求情况的变化趋势。

第三,开发商各种不同的价格策略和定价方法对房地产租售量的影响。

第四,房地产商品价格供求弹性和供给弹性的大小。

第五,开发个案所在城市及街区房地产市场价格。

第六,价格变动后消费者和开发商的反应。

第七,国际、国内相关房地产市场价格。

(五)房地产促销调查

第一,房地产广告的时空分布及广告效果测定。

第二,房地产广告预算与代理实用情况调查。

第三,房地产广告媒体使用情况调查。

第四,各种公关活动对租售效果的影响。

第五，各种营业推广活动的租售绩效。

第六，人员促销的绩效。

（六）房地产市场竞争情况调查

市场竞争对房地产企业制定市场营销策略有着重要影响。企业在制定各种重大的市场营销决策之前，必须认真调查和研究竞争对手可能做出的种种反应，并时刻注意竞争对手的各种动向。房地产市场竞争情况的调查内容如下：

第一，竞争者及潜在竞争者的实力和经营管理优劣势调查。

第二，对竞争者的商品房室内布局、设计、建材及附属设备选择、服务优缺点的调查与分析。

第三，对竞争者广告的监视和广告费用、广告策略的研究。

第四，对竞争者商品房价格的调查和定价情况的研究。

第五，对未来竞争情况的分析与估计等。

第六，对竞争者销售渠道使用情况的调查和分析。

第七，竞争性新产品的投入时机和租售绩效及其发展方向。

第八，整个城市，尤其是同类街区同类型产品的供给量和在市场上的销售量，本企业和竞争者的市场占有率。

（七）房地产营销渠道调查

第一，房地产营销渠道的选择、控制与调整情况。

第二，房地产市场营销方式的采用情况、发展趋势及其原因。

第三，租售代理商的数量、素质及其租售代理情况。

第四，房地产租售客户对租售代理商的平价。

（八）房地产产品的调查

第一，房地产市场现有产品的数量、质量、结构、性能、市场生命周期。

第二，现有房地产租售客户和业主对房地产的环境、功能、格局、售后服务的意见及对某种房地产产品的接受程度。

第三，新技术、新材料、新产品、新工艺的出现及其在房地产产品上的应用情况。

第四，本企业产品的销售潜力及市场占有率。

第五，建筑设计及施工企业的有关情况。

（九）房地产开发项目自身调查

进行房地产项目开发，还需要对项目自身因素进行调查。通过项目自身因素调查，可以使项目策划和开发从项目实际出发，发挥优势，更好地实现项目目标。项目自身调查一般包括两个方面：开发企业调查和开发项目调查。

开发企业调查的主要内容包括：①企业基本状况；②企业经营思想和经营目标；③企业资金状况；④企业人力资源状况；⑤企业经营管理水平等。企业的经营思想决定着开发项目的运作方式,经营目标决定着对开发项目的具体指标要求,资金、人才、管理水平对开发项目也具有重要影响,因此,开发企业自身调查是十分必要的。

开发项目调查的主要内容包括:①由经营目标所确定的项目目标及具体指标;②项目地块或意向地块的状况,如场地现状、地块形状、地质、水文、土地等级、土地权属、临街状况、基础设施配套等;③项目成本收益;④项目的资金要求及获得的可能性;⑤项目的政策符合性及审批通过的可能性等。

五、房地产市场调查的途径

房地产市场调查需要搜集大量的信息资料,其中有些资料需要经常不断地搜集,有些需要定期搜集,大多数是需要时才进行搜集。房地产市场调查资料的获取途径主要有以下八种。

(一)交易双方当事人

访问市场上曾经发生过交易行为的买方或卖方,应着重查访成交标的物的位置、面积、交易价格、交易当时的状况和其他条件等。在访问中应尽量了解其交易进行时的状况,并从其提供的资料中尽可能引导出其他市场的交易线索。访问者可以询问交易当事人,为什么会接受与其当初的报价方案不同的成交结果,其做决策依据的理由有哪些。据此可掌握更多地方的市场交易资料,并有助于了解交易内容有无其他附加条件。

(二)促成房地产交易行为的中间商

房地产市场上的中间商具有促进交易行为的作用,在房地产市场上十分活跃。一般而言,它们不但参与许多交易行为,而且对地方市场具有相当程度的了解,经常提供资料给买卖双方参考,以促成交易。因此,市场调查人员可以利用其提供的资料,增加市场调查的深度和广度。

(三)熟悉房地产市场的人士

如房地产估价师,可向其探询交易资料作为进一步查证的依据。这种查证方式较费功夫,但不失为有效的交易资料探询方法。调查时忌讳仅以肤浅的见闻不加查证即作为依据,并需要注意地方人士提供与实际大有出入的地价和房地产交易价格资料,不但不利于市场调查作业,反而会造成混淆事实。

(四)房地产公司公开推出的各种销售或出租广告

房地产公司公开推出销售或出租个案之前都要先做好市场调查工作,因此其在报刊、售楼书、邮寄广告等各类广告中公开推出的销售或出租的报价具有很大的参考价值。一个成功的租售个案更能代表市场的接受力,具有代表性和参考价值,这种资料可靠程度更高。但应该注意其中的销售和租赁条件,如当事人双方的关系、付款方式、附属设备、折扣、销售或租赁标的物的状况等基本条件。

(五)准交易材料的收集

交易材料一般必须是买卖双方达成协议和发生房地产交易行为的资料。所谓准交易材料,是当事人拟出售(购买)房地产的单方面意愿报价资料,凡处于未成为供、需双方一致愿意阶段的资料,都称为"准交易材料"。供、需双方对价格都有一致立场的市场交易资料固然极具使用性,但这些资料往往事过境迁,而且资料经过迂回的传递,收集起来也较为困难(除非列在计划性的日常工作中)。地方市场上的准交易材料能够及时反映市场行情,因为准交易行为者拟定价格前必须预先到该地方市场了解情况,参考当时的成交价格后才能初步决定价格。这种价格与完成交易时的价格可能尚存有差距,但是已能大致估计出不动产市场的基本行情。如果能利用准交易资料配合环境因素的比较分析,并运用房地产专业知识进行判断,必能使它成为具有很好利用价值的资料。

(六)同行业间资料的交流

房地产业间若能秉持合作的态度,以经整理分析的次级资料进行交流,则大有裨益。但这种方式很难为开发商接受,因为他们往往会视此种交流与自己的业务有利害关系。只有在互惠互利的情况下,房地产同业间的资料交流才能顺利进行。房地产业有关协会、学会应该在促进同行业间的资料交流中发挥积极作用。

(七)各类次级资料

主要有政府各类统计资料中有关房地产的数据和分析材料,与房地产业相关的银行、消费者协会、咨询机构以及新闻媒体所提供的资料,来自上级主管部门和行业管理机构、行业协调机构的资料,一些专业和非专业研究机构提供的相关资料以及来自本企业各部门的数据材料。

(八)其他途径

比如向房地产租售经办人员讨教,参加房地产交易展示会、展览会、换房大会,了解各类信息、行情,索取有关资料。

第二节　房地产市场调查的类型、方法和步骤

一、市场调查的类型

市场调查是企业经营活动的基础,贯穿于企业经营活动的全过程。根据目的、用途和性质的不同,市场调查可以分为多种类型。

(一)探索性调查

探索性调查是指对企业扩展的方向和规模所进行的调查研究,或为了弄清楚某一问题而进行的调查研究。后者又称为诊断性调查。如近几个月,企业的销售

业绩不佳,但原因不清。遇到此种情形便可采用探索性调查来寻求答案,究竟是外部原因还是企业自身原因造成的?是产品质量原因还是价格偏高?还是市场上出现了新的竞争对手?从调查中可以找出问题症结。

(二)描述性调查

这是使用最多的一种市场调查,主要特点是针对已找出的问题或对假设存在的有关问题进行描述,说明其"是什么""什么时候""什么地方""什么原因"等问题。

与探索性市场调查相比,描述性市场调查的设计要严密得多。探索性调查往往没有正式设计,弹性较大。描述性市场调查由于需要对特定情况进行完整和精确的描述,因此要求完备的正式设计。描述性市场调查所取得的市场信息资料十分重要,是进行市场分析、市场预测和决策的重要依据。

(三)因果性调查

因果性调查的目的是找出问题的原因与结果,它是专门回答为什么的问题。描述性调查是描述问题中各要素的关联现象,而因果性调查则要找出形成这类关系原因。因果关系调查的目的在于了解某些变量对某一个变量的关系,同时还应进一步弄清在许多变化因素中,哪种是决定性因素。

(四)预测性调查

预测性调查是指对市场进行预测的一种调研方式,它依据过去和现在的市场信息,运用科学的预测方法,对未来市场发展变化趋势进行估量。

二、房地产市场调查

房地产市场调查是贯穿于房地产经营全过程的一项重要活动,根据目的和用途的不同,它可以分为以下几种类型。

(一)服务于房地产投资方向决策的市场调研

这一阶段市场调研的成果主要应用于公司的投资决策。具体而言,主要用于指导开发商的地皮投资以及项目的初步定位。另外,品牌管理公司日常的经营项目同样需要相应的市场调研作为参考依据。此阶段涉及的方向相对比较宏观,主要有:

1. 宏观环境调查研究。

宏观环境包括政策法规、房地产经济指数、城市规划、区域人口特征、基础设施等基本状况等。通过对宏观市场信息的调查分析,了解房地产市场的现状及动态。相关市场信息包括金融市场、业界动态等与房地产有直接和潜在关系的信息,以预测房地产市场的发展前景。

2. 房地产产品调查研究。

在售楼盘资料统计——现有住宅项目的供应量、价格、户型特点、装修情况、新技术、新工艺、新材料的使用情况等各方面的统计分析。

区域市场分析——对特定区域市场进行定量分析，研究典型个案，对区域市场特点进行分析。

新盘汇总分析——对新盘进行阶段性调查分析，追踪市场发展方向。

3. 职业消费需求趋势调查研究。

这主要是针对消费者对某类房地产的总量需求以及房地产需求的发展趋势的研究。主要包括需求动机、购买行为以及需求影响因素研究，这些研究将作为开发商把握需求动态的依据，并以此开发出新的产品。

4. 品牌调查研究。

品牌形象的塑造为产品销售带来了积极的促进作用。随着房地产市场的逐步规范，房地产开发商日益重视品牌建设，而不是仅针对某一特定楼盘项目。

（二）服务于房地产项目运作的市场调研

开发商在购置土地之后需要进行相应的项目开发。此阶段开发商的工作主要包括：具体的项目定位、项目规划设计、项目建设、项目推广与销售。

该阶段的市场调查研究工作在结合宏观研究资料的基础上，需要进行有针对性的、相对微观的区域市场研究，以解决以下主要问题：实现楼盘项目供应与消费者需求的无缝链接，通过适当的途径将有效的信息传达给潜在消费者，并借助适当的方式或手段促使该人群实现消费。该阶段的研究成果将会对楼盘项目的定位、产品的推广与诉求提供有效的支持。

1. 项目市场定位调查研究。

这是房地产市场调查研究中最基础也最重要的一种类型。它主要是针对具体楼盘项目所处的区域，通过对职业消费需求的研究，结合周边竞争项目的研究和区位特征研究，对特定区域内的将建楼盘进行准确定位。

2. 产品测试调查研究

在项目定位之后，目标消费人群趋于明朗，该阶段的市场调查应当侧重于项目细节方面的研究，并针对将建楼盘，依据设计结果对楼盘的各指标分别进行测试。具体的测试内容主要包括：社区配套设施与功能需求测试；建筑类型与容积率之间的匹配关系；房屋格局、面积与功能区的分隔；对精装修的意见与个性化实验；朝向、采光与居室功能之间的关系；特定需求的价格定位研究等。

（三）服务于市场推广与销售的市场调研

作为大宗消费品，消费者需要了解更多有关产品的信息，除了从媒体、朋友、同事等方面获取信息之外，消费者最终会到销售现场进行实地探访。因此，媒体与销售现场作为促进消费者认知产品甚至购买产品的手段就显得十分重要，如何提高这些手段的有效性也就成为开发商十分关注的问题。

房地产的开发与销售具有一定的周期性，在此期间，开发商有机会对其媒体的投放、产品的推广方式等方面做出更适合目标消费者的调整,而调整的依据则来源于市场调查研究得到的客观数据。

1. 楼盘媒体宣传分析。

对在售项目主要媒体的广告投放量进行统计,可进行楼盘卖点、营销策划活动等市场营销方面的资料收集,可根据资料进行媒体投放及营销分析,同时作为市场竞争研究的有力补充。

2. 销售现场调查。

该调查主要实现市场推广手段=效果的评价研究。在楼盘的预售与公开发售阶段,将会有数量众多的、不同性质的消费者到销售现场关注开发商的产品。通过对现场拟购房人群的调查,对销售阶段的媒体策略、销售策略、调整提供参考依据。其主要内容有:特定楼盘信息的来源以及最主要的影响渠道;看房人所处的购房阶段,以及看房行为与习惯;楼盘评价以及与竞争产品对比;对销售中心以及销售人员的评价;看房满意度研究;等等。

3. 业主满意度调查

已入住业主的居住状况一定程度上会影响到具体楼盘以及开发商的声誉,因此,提高已入住业主的居住满意度,有助于开发商塑造良好的品牌形象,提升消费者美誉度与忠诚度,并带来间接的、有效的销售业绩。其主要内容是:了解签署合同的消费者与入住消费者对开发商、特定楼盘以及物业等方面的满意程度。

三、市场调查的方法

市场调查有许多方法,企业市场调查人员可根据具体情况选择不同的方法。市场调查方法可分为两大类:第一类是按对选择调查对象的方法来划分,有全面普查、重点调查、典型调查、随机抽样调查、非随机抽样调查等;第二类是按调查对象所采用的具体方法来划分,有访问法、观察法、实验法等。房地产市场调查方法多种多样,而且新的方法层出不穷。许多新的方法能结合项目特点,同时符合流行趋势及消费者心理,往往事半功倍,出奇制胜。创新方法是基本方法在具体个案中的应用和发挥,它需要建立在以上数种基本方法的基础上。

(一)按调查对象划分

1. 全面普查。

全面普查是指对调整对象总体所包含的全部个体进行调查。普查是对市场进行全面普查,可能获得非常全面的数据,能正确反映客观实际的情况,效果明显。对一个城市的人口、年龄、家庭结构、职业、收入分布情况进行系统调查了解后,对房地产开发将十分有利。全面普查工作量巨大,要耗费大量的人力、物力、财力,一般房地产市场调查中很少采用或只在局部小范围内进行。通常房地产市场调查可以借助国家权威部门的有关调查结果。例如,可以借用全国人口普查、经济普查等所得到的有关数据资料。

2. 重点调查。

重点调查是以总体中有代表性的单位或消费者作为调查对象,进而推断出一般结论。采用这种调查方式,由于被调查对象数量不多,企业可以用较少的人力、物力、财力,在很短的时间内完成。如调查高档住宅需求情况,可选择购买商品住宅需求量的绝大多数,从而推断出整个市场对高档住宅的需求量。当然,由于所选择对象并非全部,调查结果难免有一定的误差,市场调查人员应引起高度重视,特别是当外部环境发上较大变化时,所选择的重点调查对象可能就不具有代表性了。

3. 典型调查。

典型调查是指从调查对象的全部单位中选取一个或少数几个具有代表性的典型单位进行全面深入的调查。这里,典型单位是在总体所有单位中最能体现总体共性的单位。例如,在了解现业主对房地产产品使用情况的反应时,可对不同档次、不同套型、不同阶层的典型业主进行调查。

4. 随机抽样调查。

随机抽样调查是在总体中随机任意抽取个体作为样本进行调查,根据样本推断出一定概率下总体的情况。随机抽样在市场调查中占有很重要地位,在实际工作中应用很广泛。

随机抽样最主要的特征是从母体中任意抽取个体作为样本,每一个样本都有相等的机会,即事件发生的概率是相等的,这样可以根据调查样本空间的结果来推断母体的情况。具体可以分为以下三种:①简单随机抽样,即整体中所有个体都有相等的机会被选择作为样本。②分层抽样是将总体按某种特征(如年龄、性别、职业等)分组(分层),然后从各组中随机抽取一定数量的样本。③分群随机抽样,即将总体按一定的特征分成若干个不同群体,随机抽取其中一部分作为样本。

分群抽样与分层抽样是有区别的:分群抽样是将样本总体划分为若干个不同群体,这些群体间的性质相同,然后将每个群体进行随机抽样,这样每个群体内部都存在性质不同的样本;分层抽样是将样本总体划分为几大类,这几大类间是有差别的,而且每一类都是由性质相同的样本所构成。

5. 非随机抽样法。

非随机抽样法是市场调查人员在选取样本时并不是随机选取,而是先确定某个标准,然后再选取样本数,这样每个样本被选择的机会是不相等的。非随机抽样也分为三种具体方法。

(1)判断抽样,即市场调查人员根据自己以往的经验来判断由哪些个体作为样本的一种方法。当样本数目不多,样本间差异又较为明显时,采用此方法能起到一定效果。

(2)配额抽样,即市场调查人员通过一些控制特征,对样本空间进行分类,然后由调查人员从各组中任意抽取一定数量的样本。

(3)就便抽样,也称为随意抽样调查法,即市场调查人员根据最方便的时间、地点任意选择样本,如在街头任意找一些人询问其对某产品的看法和印象。就便抽样在商圈调查中是常用的方法。

(二)按调查方式划分

1. 访问法。

这是一种最基本、最常用的调查方法,是指调查者采用访问的方式向被调查者了解市场情况的方法。采用访问法时,通常要将所调查了解的问题事先印在调查表中,按调查表的内容进行询问,所以又称为调查表法。其特点是通过直接或间接的问答方式来了解被调查者的看法和意见,目的在于了解投资者或购买者的消费需求、消费心理、消费态度、消费习惯,以及对物业质量、价格、类型、服务、管理等方面的意见和建议等。根据调查者与被调查者之间接触方式的不同,访问法可分为面谈、邮寄、电话、留置问卷等,如表2-1所示。

表2-1 访问法基本形式

项目	种类			
	面谈访问	邮寄访问	电话访问	留置问卷
调查范围	较窄	广	较窄	较广
调查对象	可以控制和选择	有一定的控制和选择,难以估计代表性	可以控制和选择	可以控制和选择
影响回答的因素	能了解、控制和判断	难以了解、控制和判断	无法了解、控制和判断	有一定的了解、控制和判断
回复率	高	较低	较高	较高
回答质量	较高	较低	较高	高
投入人力	较多	较少	较少	较少
费用	高	较低	低	较低
时间	长	较长	较短	较长

(1)面谈调查。这是指调查者与被调查者面对面交谈,直接询问有关情况和问题的调查方式。它既可以由调查者按调查表顺序发问,也可以按照某些话题自由交谈;既可以针对个别人进行访问,也可以集体座谈或讨论;既可以进行一次面谈,也可以安排多次面谈。一般宜选用自由回答、倾向偏差询问、强制选择等方法。

①自由回答。其特点是被调查者能够不受限制地回答问题。例如:"你觉

得＊＊住宅小区的户型适合您吗?”等,被调查者自由回答问题,有利于在交谈中发现建设性的意见。

②倾向偏差询问。通过询问了解购买者或用户倾向于某一类房屋的某种样式、位置、价格等差别程度。例如:“您为什么购买这种样式的房屋?”等。通过倾向偏差询问,可以判断应在哪些方面进行调整才会吸引更多人购买。

③强制选择。这是指调查表中同时并列说明某一同方向特征的多个句子,使被调查者不得不从中选择出接近自己看法的答案。

面谈调查具有较强的灵活性,调查对象、时间、人数、形式等可以由调查者灵活掌握,而且交换的信息量较大,具有全面、真实、深刻、回收率高等优点。但面谈调查也具有费用高、时间长、对调查者要求高、调查结果主观倾向性较大等缺点。

(2)邮寄调查。这是指调查者把预先拟定好的调查表(一般宜采用对比法、图表法、项目核对法等)邮寄给被调查人,被调查人按要求填写后寄回的方法。随着电脑的普及和网络的发展,E-mail 逐渐成为人们的主要通信工具之一,调查人员可以通过 E-mail 在网上进行访问调查。这种方法的优点是调查区域较广,调查成本较低,被调查者有充分的时间考虑,而且不要求被调查者署名,调查结果可靠性高;其缺点是回收率较低,回收时间较长,调查者难以控制回答过程,出现模糊答案也无法当面澄清。

(3)电话调查。这是指调查人员通过电话向被调查者询问了解有关问题的一种市场调查方法。这种方法的优点是取得信息速度快、时间短、回答率高;缺点是不能看到对方的表情、姿态等非语言交流信息,交谈时间不宜过长,不宜收集深层信息。

采用电话调查可以以电话用户为基础进行随机抽样。为了不使通话时间过长,大多采用二项选择法向被调查者进行询问。

(4)留置调查。这是指调查人员将调查表送给被调查者自行填写,再由调查人员定期回收调查表的一种调查方法。其优点是回收率高,被调查者的意见可以不受调查人员的影响,也可以避免被调查对象过于集中,调查范围偏窄,被调查者之间互相影响,使回答失真;以及可能出现的请人代答等现象。

2. 观察法。

观察法是指通过调查人员用肉眼或机器观察与记录调查对象的行为以及相关反应来收集信息资料的方法。例如,在房地产交易会上调查消费者流量,消费者对住宅地段、套型、面积、价位等的选择与态度等。

这种调查方法的优点是被调查者没有意识到自己正在接受调查,处于自然状态,结果比较客观;缺点是调查人员只能观察,不能提问或让消费者回答问题,只能观察消费者的外在行为,无法预知其内在的反应变化,花费也比较多。

具体运用观察法时又有以下三种形式:①纵向观察。在一定的时间范围内,在不同的时间点观察同一被调查对象(或事物),取得一连串的记录,并保持时序性，以供分析研究之用。如做房地产广告调查。②横向观察。在某一特定时间内，观察同类事物之实况，取得横断面的记录，以供分析研究之用。如做消费者购买行为调查。③纵横结合观察，即上述两种形式的结合。这种观察方法做起来比较麻烦，但更容易了解被调查对象的真实情况。如做品牌、企业形象对消费者影响力的调查。

要提高观察法获取信息资料的准确性，关键在于提高调查人员自身的素质，不仅要求调查人员具有敏锐的观察力、良好的记忆力和应用现代化设备的能力，还要求调查人员掌握消费心理学，避免在观察过程中做出片面、错误的判断。

3. 实验法。

实验法是指通过实验对比取得市场第一手资料的方法。例如，欲确定设计、内部设施、价格、销售广告等改变时对市场行情产生什么影响，可先在一个小规模市场范围内进行实验，观察记录用户的反应和市场行情的变化，再决定是否推广。实验法通常有以下几种方法：

(1)实验组事前事后对比实验。这种方法适用于被实验客体单一的情况。首先测量正常情况下的各种指标，即事前测量。以后再将变化因素引入被实验客体，导致客体的某些指标发生改变，测量客体相应的变化后的指标，即事后测量。通过事先和事后两组指标的对比来了解实验变数的效果。

$$实验变数 = x_2(事后测量) - x_1(事前测量)$$

(2)控制组同实验组对比实验。这是采用实验组对照设计，也就是选择一组实验对象做实验组时，再选择一批与实验组相同或类似的实验对象做控制组，在同一实验时期内，努力使实验组和控制组同时处于类似实验环境中，对实验组引入实验变量变化，而控制组不变化，观察对比两种实验结果而得出结论。

$$实验变数效果 = x_2(实验组事后测定值) - y_2(控制组事后测定值)$$

这种方法的优点是实验单位和控制单位可以在同一时间内进行对比，可以排除因时间不同而可能引起的外来变数的影响，但应注意实验单位与控制单位的可比性。

(3)有控制与实验的事先事后对比。这是指控制组事先事后同实验组事先事后之间进行对比的一种调查方法。采用这种方法必须分别对实验组和控制组进行事先事后测量，再进行对比，控制与实验的事先事后对比调查如表 2－2 所示。

表 2－2　控制与实验的事先事后对比调查

组别	事先测量	事后测量	变动	实验效果
实验组	X_1	X_2	X_2-X_1	$(X_2-X_1)-(Y_2-Y_1)$
控制组	Y_1	Y_2	Y_2-Y_1	

4. 报告法。

报告法就是按统一规定的时间和要求，以报表形式或电函形式取得所需市场资料的方法。报告法适用于上级主管部门对下属单位进行调查，下级向上级报告调查资料；或适用于有一定合同或协议的平级单位双方。

四、房地产市场调查的步骤

市场调查一般可分为以下四个阶段八个步骤：①提出问题；②确定目标；③确定研究设计；④制订进度计划；⑤调查；⑥整理分析和总结；⑦撰写市场调查报告；⑧追踪调查。房地产市场调查步骤如图 2－1 所示。

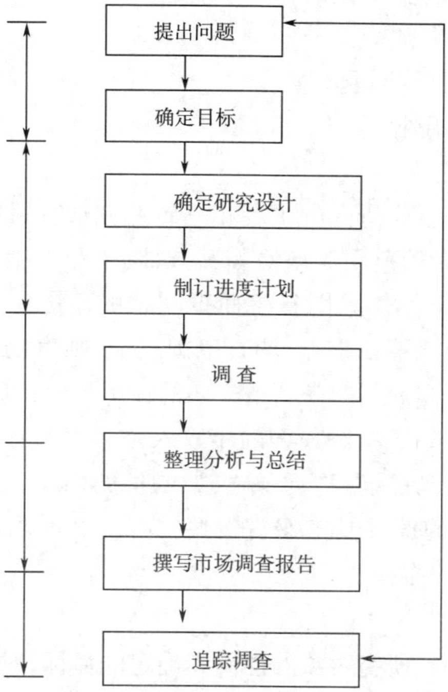

图 2－1　房地产市场调查步骤

（一）准备阶段

1. 提出问题。

房地产开发及营销公司所提出的问题虽然比较明确，但并不具体，往往只是一个带有方向性的问题。例如，涉及公司未来发展方向，从而需要了解市场的规模和结构、有关住房的新的设计方案（套型、面积、功能……）、新产品的需求量、市场潜力和发展前景等；开发营销中出现的困难，如某些商品房屋空置率高，导致资金积压，需要找出产生问题的原因和解决问题的方法；掌握竞争对手的情况，为了保住和扩大市场，就必须了解竞争对手的各种情况，通过对市场上各种竞争力量的分析与对比来寻找市场缝隙,抓住时机,从而在竞争中获胜。根据公司所提出的带有方向性的问题,市场调查人员要进一步明确调查研究的意图和主题。

提出问题是调查研究过程中最重要也是较困难的事情。如果调查人员对房地产开发、营销决策的问题理解不清或对问题的结果没有充分的准备,就会出现难以指导的情况,对调查的结果也会感到无所适从,不知道关键问题在哪里。

2. 确定目标。

为了保证调查结果的可靠性和实用性,必须先将调查目标与范围确定下来,对调查目标的确定必须先搞清楚以下几个问题:

(1)为什么要做此项调查?

(2)调查中要了解哪些问题?

(3)调查结果有何用处?

(4)谁要知道结果?

从而使调查目标与所要研究的主题相一致。在根据目标确定所要调查研究的问题时,要求研究问题的范围应该恰如其分,既不能因担心漏掉哪个方面而把问题的范围定得太宽,也不能只图省事而把问题的范围定得太窄。调查范围过宽,浪费人力物力,甚至抓不住重点;调查范围过窄,则市场太小,没有经济价值。如果公司确定其调查研究的问题是新婚夫妇的住房需求,调查研究的目标可以是全市一年有多少新婚夫妇?新婚夫妇的年收入是多少?有多少新婚夫妇与父母共用一套房?有多少自己已购房?新婚夫妇购房的面积、设计、功能、价位如何?对现有市场,新婚夫妇的偏好及抱怨有哪些?有什么需求没被满足?市场有多大,定出的质量与价位为多少?

(二)策划阶段

调研策划是根据调查研究对象的性质和确定的目标,对调研的各个方面和各个环节进行通盘考虑和安排,其结果表现为进度计划表。这里讲的各方面是指调研对象的各个组成部分,是横的方面;各个环节是指调研工作实际进行的各个环节,是纵的方面。对纵横两个方面做出通盘的考虑和安排,是调研协调、有序、顺利进行的必要条件,也是保证调研工作质量的重要前提。调研策划包括确定研究设计、制订进度计划两个环节。

3. 确定研究设计

“研究设计”是为了取得必要的信息所设计的方法及程序,它的选择取决于调查研究者对所研究问题的相关知识的多少。研究设计主要有下列三种方式:

(1)探讨性研究:通常适用于公司对所研究问题相当陌生或了解有限的情况。

探讨性研究典型的使用背景是:想要对一个问题或观念做深度的了解或澄

清;发展研究的基本设计;寻找研究方向的优先顺序;作为其他研究的先驱,以增加对某一问题的熟悉程度。例如,对未来商品房发展的趋势研究;造成商品房空置的缘由及对策,现有房地产市场中还有哪些需求尚未满足等问题,就属于探讨性研究。

尤其是在以下三种情况下,更需要采用探讨性研究:①开发商对拟开发的项目没有或很少有相关的经验;②开发商拟开发项目要持续几年时间,在这段时间内,市场环境可能发生较大的变化;③开发商拟进入一个特殊的市场,该市场上没有前人的经验可供借鉴。

常见的探讨性研究有下列几种:①研究文献:分析公司内外相关资料;②经验调查:访问一些对所研究问题有亲身体验或特别知识的人;③小组讨论:寻找一小群有关的个人,将他们聚集在一起,依照固定的规则展开讨论;④案例分析:通过相关或类似的案例,分析了解问题的性质及变化。

(2)叙述性研究:在研究者对问题有一定程度的了解时,使用叙述性研究比较合适。研究的主要目的是描述某些群体特征,估计某目标市场占有量的百分比,使用已有资料做出预测。例如:消费者对经济适用房、普通住宅的购买数量;消费者对某市已开发的住宅小区、地段的偏好;各开发公司普通住宅的市场占有率;某市明年房地产开发量的增长率。

叙述性研究设计又分为以下几种:①交叉分析:调查在某一特定时间内的特征与行为。例如,调查研究消费者是否看好最近某市依山花园的商品房信息。②长期分析:对某一固定群体反复调查其在不同时间的特征与行为。此类分析通常会做前后时间的特征或行为比较。例如,长期分析可以调查消费者对某市新创立开发公司广告的记忆。例如,产期分析分别设定在第一周、第五周、第二月、第六月对同一消费者做调查,要求其诉说该房地产广告的内容,测试其记忆力。

(3)因果性研究:主要探讨各营销变量的因果关系。例如:公司想了解"到底有多少商品房销售是来自房地产经纪人努力的结果""如果房价调高10%,会对销售产生什么影响"等问题。因果性研究通常采用实验设计的方式来决定因果关系及大小。

因果性研究有实验室实验和现场实验两种:①实验室实验:通过计算机模拟,探讨变量之间的因果关系。②现场实验:选定一个真实的现场,如房地产交易会等,对某些变量加以控制(如房价),让其他因素尽量接近一般的自然状态,然后以操纵方式观察一个变量(如房价)对另一个变量(如销售量)的影响。

确定研究设计的方式之后,就需要对市场调查做进一步的策划,为此要考虑以下几个问题:

第一,确定调查项目。调查项目是为了获得统计资料而设立的,它必须根据调查目标进行设置，影响调查目标的因素很多，它们都可以成为调查项目之一，但调查项目的增加会使调查工作量和统计量也相应地增加，所以要对所有的相关因素进行取舍。对此，需对有关项目的重要性做比较，只选择那些与调查目标相关度较高的项目；要求设置的项目意义明确，便于回答；要根据经费的多少、统计力量和研究设计的方式确定调查项目。

第二，确定信息来源。调查项目确定以后，调查人员应考虑下列问题：需要哪些资料？从何处可以获得资料？通过何种方式获取资料？调查对象是谁？信息资料可分为一手资料与二手资料。一手资料是通过调查人员直接收集的方式获取的资料；二手资料是收集现成的资料。

调查地点受制于房地产市场的地区特点，要有针对性地选择，是站在省级角度调研还是站在市级角度调研，调查范围会大不相同；

调查方式可根据需要分别采用观察法、调查法或实验法；关于调查对象，由于房地产这种商品的特殊性，对不同家庭、不同年龄、住房状况不同的人而言，关心程度是大不相同的。例如，未成年人一般不大关心购房，调查人员要学会选择调查对象，注意房地产潜在消费者的调查，尤其是要掌握其“需求、欲望及其价值系统和观念”。

第三，估算调查费用。调查费用因调查目标的不同会有很大差异。消费者调查、物业调查、销售调查等的费用支出都不一样，此外，调查方式、规模时间、项目的多少也直接影响费用的支出。但不论什么样的调查，调查费用都应包含表 2－3 所列的内容。

表 2－3　调查费用估算单

申请人：		调查项目：		
调查地点：		调查时间：		
项目	数量	单价	金额	备注
资料费 文件费 差旅费 统计费 交际费 调查费 劳务费 杂费 其他				
合计				

调查费用的估算对调查效果的影响很大,对市场调查部门而言,每次调查的费用当然是越多越好;但是房地产开发公司及营销公司只能支付有限费用,不可能任由调查部门提出过高的费用开支。因此,在提出消费估算时,调查人员必须提交费用估算单,供公司主管领导审阅。调查费用估算单如表2-3所示。

在调查费用估算和开支上,必须做到不拖延调查时间,以免造成费用开支增加;也不缩减必要的调查费用,以免无法维持正常的调查,达不到预期的目标,给房地产开发及营销公司造成损失。

第四,调查项目建议书。通过对研究设计的方式以及对调查项目信息来源、经费估算等内容的确定,调查人员可按如下项目向公司提交调查项目建议书,对调查过程进行简要说明,供公司决策层审阅。建议书的内容应简明扼要,以便于有关领导审批(见表2-4)。

表2-4 调查项目建议书

调查题目: 调查单位: 调查人员: 调查主持人: 日期:
(1)问题及背景 (2)调查内容 (3)调查目的 (4)研究设计方式 (5)调查对象 (6)调查地区 (7)经费估算 负责人审批意见申请人: 财务审批意见申请日期:

4. 制订进度计划。

进度计划主要包括:

(1)编制说明。明确调查目的、步骤、方式和方法,整理技术与组织人员安排,时间限制等具体内容,对应该注意的事项加以说明。

(2)确定调查单位。

(3)查询文字材料。

(4)确定整理和分析的起止时间、相互连接关系等。

(5)确定完成市场调查报告初稿、修改和定稿的时间、人员及费用等。

(三)实施阶段

实施是指按照调研计划展开实际的调研工作。实施也可以在正式调研前进行试验性调查，以点带面，由局部推向全面。实施阶段包括调查、整理分析与总结和撰写市场调查报告三个环节。

5. 调查。

即查找文字资料，进行实地调查。调查公司使用的资料可分为一手资料和二手资料。一手资料由观察法、调查法、实验法获得；二手资料可在现成的资料中寻找。调查者必须选择适当的调查工具，做好问题格式设计。

(1)"一手资料"是指调查人员为了某特定目的，直接收集的原始资料。优点是：能直接配合调查者的要求。缺点是：耗费较多的时间及成本。调查人员在收集资料时，必须经过：访问测试→筛选调整→再设计较为完整的正式调查方法及研究工具。

通常收集的一手资料包括：人口、社会、经济、心理、生活方式；态度、意见、认知、意图、动机及行为。

(2)"二手资料"是指利用公司内部及外界已经由别人收集整理好的现成资料。一般调查人员大多从现成的二手资料开始找起，希望能直接找到可使用的资料。其优点是：方便，节省时间及成本。缺点是：由于原收集者对这类资料的单位、分类、定义及期间的整理不同，并不一定适用，或无法配合调查需求。

常见的二手资料有：公司内部的销售、会计、人事、生产资料；外部政府的统计资料、公报；一般性的期刊、报纸及商业性资料。

6. 整理分析与总结。

首先对调查资料进行审核，审核其完整性、准确性、及时性；其次，对次级资料进行甄别，判断资料的可靠程度和平价资料的可利用程度，再次，确定整理的组织形式和方法；最后整理出系统化的、条理化的综合资料。

房地产开发企业采用定性和定量分析相结合、动态与静态分析相结合、经济分析与统计分析相结合，最后通过推理判断，得出正确结论，编写调研报告初稿，经过修改定稿。

7. 撰写市场调查报告。

在完成适当的调查之后，必须提出调查报告，以供决策参考。调查报告一般有两种形式，一种是结果报告，内容简单明了，主要介绍项目概况、调查概况及调查结论；另一种是技术报告，内容详尽明确，包括整个调查活动的目的分析、初步分析、初步调查、调查方案、调查执行中资料的获取及管理过程、详细的数据分析、结论等。根据不同情况，有时调查人员需要同时提交结果报告和技术报告，有时仅提供结果报告。市场调查报告的一般格式为：封面、说明、摘要、正文、附表、附图、附件。

通过了解房地产市场调查程序，应该认识到，科学的市场调查是一个由粗到细、逐渐明确、最终经过印证调研和科学分析的过程。

（四）追踪调查阶段

8. 追踪调查。

追踪调查阶段主要是了解调查报告中所提出的建议在实践中是否符合实际，是否正确、合理，对企业的适用性以及考虑调研工作的有效性等。

第三节 房地产的市场定位

一、目标市场细分

（一）房地产市场细分的概念

房地产市场细分是指在目标市场营销观念的指导下，依据消费者的需要和欲望、购买行为和购买习惯，以及一定的细分变数，将房地产市场整体分为若干个具有相似需求和欲望的房地产消费者群的市场分类过程，其中每个消费者群即为一个细分市场。房地产市场细分是房地产消费需求日益多样化在房地产企业营销策略上的反映。房地产市场细分源于房地产消费需求的异质性。随着科学技术和社会经济的发展，人们的生活水平日益提高，房地产需求的差异化日益扩大。为满足人们对房地产的不同消费需求，房地产开发企业必须对房地产市场进行细分。房地产市场细分具体包括如下三层含义：

第一，房地产市场细分与目标市场营销观念是一脉相承的。事实上，房地产市场细分是房地产开发企业实行目标市场营销战略的基础环节和必要前提。

第二，房地产市场细分的依据是反映房地产消费者或购买者现实需求、欲望的一系列细分变数。

第三，通过房地产市场细分，最终要把房地产市场中的买方总体划分为一个个需求欲望相似的消费者或购买群。房地产市场细分对买方总体而言，是“分”，即买方总体分为需求欲望不同的若干群；对消费者而言，是“合”，即将需求欲望相同的消费者组合起来。

房地产市场细分不同于一般的房地产市场分类。如前所述，房地产市场按物品形态分为地产市场和房产市场等，按流通方式分为销售市场和租赁市场等，按流通方式的层次结构分为房地产一级、二级和三级市场等，按使用性质分为住房市场和经营用房市场等。上述房地产市场的分类都不是从消费者或购买者出发，而是按照他们需求欲望的差别来划分的，都不属于房地产市场细分的范畴。

（二）房地产市场细分的作用

在制订战略性的房地产市场营销计划时，房地产开发企业的基本任务是发现和了解它的市场机会，然后制定与执行有效的营销方案，而房地产市场细分正是完成这一任务的关键和基础。

1. 房地产市场细分有利于房地产开发企业发现新的市场营销机会，开拓与占领新市场。

市场营销机会是指客观存在于市场但尚未得到满足的潜在需求。房地产市场是一个容量大、品种多、配套服务强、需求标准多的市场，任何一个房地产开发企业都不可能独立满足整个房地产市场的需求，这就需要通过房地产市场细分，掌握市场上的现实购买量、潜在购买量、购买者的满足程度及竞争状况等，以发现尚未满足的市场需求，并从中寻找适合本企业开发的需求，从而抓住市场机会，使企业赢得市场主动权，抢占、拓展并占领目标市场。

2. 房地产市场细分有利于房地产开发企业提高经济效益，有效地与竞争对手相抗衡。

一个房地产开发企业的市场营销能力总是有限的，通过房地产市场细分，把自己的优势力量集中在目标市场上，做到有的放矢，就能够取得更大的经济效益。

3. 房地产市场细分有利于房地产开发企业有针对性地制定营销决策。

市场细分后，每个市场都变得小而具体，房地产开发企业就可以了解和把握消费者需求，增强市场调研的针对性，从而把有限的资源集中投入目标市场，根据消费者的需求，以需定产，开创出适合自身企业的、有特色的房地产开发经营之路，提高企业知名度和市场占有率。

二、房地产市场细分变数

房地产市场细分变数是指房地产市场中的购买者或租赁者对房地产商品的不同欲望和需要。比如，有的喜欢经济实惠的廉价房，有的需要设备齐全、装潢豪华的高级公寓，有的喜爱怡情脱俗的自然景观，也有的追求车水马龙的都市风情等。购买者或租赁者对房地产商品的这些不同的欲望和需求，就是房地产开发企业据以进行市场细分的变数。根据不同的分类标准，房地产市场的细分变数的分类也不相同，大致可概括为：家庭人口变数、居民心理变数、居民行为变数、地理空间变数等。

（一）家庭人口变数

住宅需求与家庭人口关系密切。家庭人口变数主要包括家庭人口组成和家庭收入等内容。

1. 家庭人口组成。

根据我国现阶段家庭人口组成的实际状况，通常有两种基本类型：

（1）由 2~3 人组成的“夫妻型”或“两代型”家庭，住宅需求一般在一室半至两室一厅的水平上。

（2）由 4~5 人组成的“三代型”家庭，住宅需求一般在二室至三室一厅的水平上。

2. 家庭收入。

住宅作为一种高价值生活消费品,它的需求量和建筑标准主要取决于家庭收入水平的高低。随着人们生活水平的提高,住宅需求的类型将会经历从"生存型"——>"文明型"——>"富裕型"——>"豪华型"的发展。生存型住宅需要的是一个只满足一人一个床位的基本生活需要的室内空间;文明型住宅又称小康型住宅,需要的是每户拥有一套功能齐全的住宅;富裕型和豪华型住宅需要的是每人有一个房间,宽敞舒适、功能齐全、设备高档、装潢精美、材料华丽昂贵,外部环境幽雅安静,物业管理系统健全的住宅。

面对住宅多种类型的需求选择,主要取决于政府的住宅分配政策、职工所在单位的经济实力和职工收入水平。家庭收入水平一般分为最低收入、低收入、中等偏下收入、中等收入、中等偏上收入、高收入、最高收入七类。在住宅市场细分中,应调查和分析与这七类收入水平相适应的住宅需求特征,从而有针对性地开发适销对路的住宅,并制定符合实际的营销策略。

(二)居民心理变数

居民心理变数包括居民购买住宅的动机、生活方式及家庭生活特性等。

1. 购买住宅的动机。

居民购买住房的动机是多样的,购买住宅或是为了满足自身的居住需要;或是为了保值增值,显示其经济实力;或是满足动迁用房的需要。购买房屋的动机是为实现某一行动目标的原因,而不同原因表现出在需求目标选择上的差异。例如,自购自用住宅要着眼于住宅的使用价值;投资保值增值住宅要着眼于住宅的价值和获利可能性;作为福利解困安置的住宅主要着眼于住宅的实际使用面积等。

2. 生活方式。

生活方式是指人们对消费、工作和娱乐的特定习惯与倾向性的方式。居民的家庭生活影响着他们对住宅需求的兴趣,而他们所消费的住宅状况也在一定程度上反映了他们的生活方式。无论从历史或社会的角度,人们的生活方式与住宅需求确实存在着十分密切的关系,人们在生活方式上的差异,客观上需要有各类与之相适应的住宅条件加以满足。例如,作家需要书房,书法家、画家需要工作间,年轻人需要娱乐、社交场所等。可以说,住宅是人们生活方式的外壳,而人们对某种住宅的需求往往体现了他们改变现存生活方式的欲望,以及对某种更感兴趣的生活方式的追求。

3. 家庭生活特性。

每个家庭对住宅的需求都不相同,在住宅需求上都会有自己的个性。住宅需求的家庭个性主要表现在他们对住宅样式、室内平面布置、设施、装潢、色彩、灯光照明、绿化环境和邻里关系等方面心理喜好。其中,突出反映在室内平面布置、设施和装修上。有些房地产公司根据住户的不同需求,所出售的住宅仅是一个可供人们任意分隔、装修的大房间,给家庭个性的实现和发挥留下了充分的可塑余地,很受一部分购房者的青睐。

(三)居民行为变数

居民行为变数是指人们对住宅产品的使用态度或反应,主要包括使用时机和追求利益两个方面。

1. 使用时机。

抓住人们对住宅的使用时机,及时提供与需求相适应的各类住宅商品及其管理服务,是房地产开发经营企业开拓和占领新住宅市场的有效策略。例如,某些沿海开放城市的崛起,海内外大量投资,吸引了大量劳动者来落户,为这些地方带来了住宅市场扩大的机会;在旧城区大规模改造的情况下,动迁安置用房建设和供应相对紧张,这也是一种扩大住宅市场的机会。房地产开发经营企业应捕捉一切有利时机,发现人们新的住宅需求,为人们特定的居住生活需要服务。

2. 追求利益。

购买者对住宅产品追求不同利益,例如,有的追求购物方便的临接闹市地段,有的追求视野开阔、赏心悦目的周边环境,有的追求大客厅、大厨房、大卫生间、小居室、储藏间空间多的布局,有的追求具有良好物业服务系统的住房。因此,房地产开发企业必须以自己住宅的某些最吸引人的特性来最大限度地吸引某个或某几个住宅消费群。

(四)地理空间变数

住宅具有地理位置固定的特点,住宅市场也是一个区域性市场。因此,地理空间也是房地产市场细分变数,人们对住宅在地理空间方面的需求主要体现在楼房层次、房间朝向与视野、室外环境配套三个方面。

1. 楼房层次。

对住宅开发经营者来说,不好出售且租价最低的一般是底层和顶层住宅。顶层住宅的主要问题是漏雨和保温性差;底层住宅的弊端是潮湿、视野不开阔、室内光线较差。针对这些问题,有些开发公司通过改进设计和施工,以及采用新材料,消除了顶层和底层住宅在使用性能上的通病,从而推出没有"顶层"和"底层"弊病、层层优质的新型住宅。

2. 房间朝向与视野。

住宅房间的朝向一般与光照及冷热有关,同时也与居住环境是否安静有关。一般来说,卧室以南向为佳,东向次之,西向再次之,北向最差。人们对房间朝向的选择还与该地区所处的纬度高低有直接的关系。纬度越高,人们越注重选择房间的朝向;纬度越低,由于冬季日照时间比较长,人们越不讲究选择房间朝向。

在一些大城市,尤其是高楼林立的市区,由于建筑密度大,楼房之间距离很近，人们往往更注重视野是否开阔、是否有美丽的景色等因素。如果站在窗台能看到一望无际的大海或绵绵起伏的群山，这种楼房往往会受到人们的欢迎。由于人们越来越重视私密活动，因此，最不受欢迎的是坐在客厅中便能与对面住宅单元的人双目相对的楼房。总之，人们越来越注重楼房前面的景观，尤其是令人心旷神怡的自然风景。

3. 室外环境配套。

住宅品质的优劣必须与室外环境联系起来衡量，室外环境配套是指楼房所在地区的交通及相应的基础设施，包括周围的百货商店、商场、粮店、菜店、医院、幼儿园、托儿所、中小学、公园、公共娱乐设施等。通常这些设施越完善，楼房也越受人人们的喜爱。此外还应该考虑到政府在该住宅区域内将要实施的计划，它会使住宅环境变好还是变差。总之，细分住宅消费市场是一个调查研究的分析过程，用上述变数细分住宅市场，在实践上是可行的。因为住宅市场可以循序渐进，越分越细，而每一次细分可以只取其中两个或几个变数作为分析依据。

三、房地产市场细分的方法

对房地产市场进行细分的方法主要有单一变量因素法、综合变量因素法和系列变量因素法三种。

（一）单一变量因素法

单一变量因素法是根据影响购房者需求的某一项重要因素划分房地产市场。比如，通过用途、业主购买力、地域和销售方式等不同因素划分市场。如按价格细分房地产市场、按用途细分市场、按不同要素进行细分，具体见表2－5、表2－6和表2－7。

表2－5 按价格细分房地产市场

细分市场名称	细分市场1	细分市场2	细分市场3
划分依据（每套价格）	30万元以下	30万～50万	50万元以上

表2－6 按用途细分房地产市场

细分市场	
	低档楼盘、中档楼盘、高档楼盘、别墅
住宅	一室户、一室一厅、二室一厅、二室两厅、三室一厅、三室两厅等
商业写字楼	商店、餐厅、宾馆、超市
写字楼	甲级、乙级、丙级
厂房	标准厂房、专用厂房
其他	综合楼等

表 2-7 根据不同要素对房地产市场进行细分

社会及人口因素	
收入(每月)	1 600 元以下、1 600~2 500 元、2 500~3 500 元、3 500~5 000 元、5 000~10 000 元、10 000 元以上
文化程度	小学、初中、高中、大专、本科、硕士、博士及以上
职业	会计师、律师、医生、企业高级主管、政府高级官员、技术人员、普通工人等
国籍	本国人、外国人
年龄	18 岁以下、18~36 岁、37~49 岁、50~60 岁、65 岁以上
性别	男性、女性
家庭规模	1 人、2~3 人、4~5 人、6 人以上
家庭状况	年轻、单身、年轻、结婚、尚无子女,已婚、年老、有子女,已婚、年老、子女已独立,年老、单身
个性及心理因素	
自发性	独立消费者、依赖性强的消费者
领导欲	主导型、服从型
个性	外向、内向
思想	保守型、自由型、激进型
职业心理	经济型、理智型、地位型
地理因素	
居住区	乡村、近郊、都市
区域	北、南、中、东、西部
对营销组合的反应	
不同营销组合因素的敏感程度	品质、特性、用途、利益、代替品
价格	高价、中价、低价,价格弹性大小
营销渠道	便利型、选购型
推广	感情型、理智型、冲动型、经济型

(二)综合变量因素法

综合因素变量法就是根据影响购房者需求的两种或两种以上因素对房地产市场进行细分。如房地产开发企业可以根据购房者的家庭规模和购前准备阶段两个因素对房地产市场进行细分。

(三)系列变量因素法

系列变量因素法是根据房地产开发企业的经营特点,并按照影响消费者需求的诸因素,由粗到细进行市场细分。这种方法可以使目标市场更加明确而具体,有利于企业更好地制定相应的营销决策。

房地产开发企业在进行市场细分时,必须注意以下三个问题。

(1)市场细分的标准是动态的。市场细分的各项标准不是一成不变的,而是随着社会生产力及市场状况的变动而不断变化,如年龄、收入、家庭规模、购买动机等都是可变的。

(2)不同的企业在市场细分时应采用不同的标准。由于各企业的生产技术条件、资源、财力以及可提供的产品不同,所采用的标准也应有所区别。

(3)企业在进行市场细分时,可采用一项标准。即可按照单一变量因素细分,也可综合考虑多个变量因素或系列变量因素进行市场细分。

四、房地产市场定位

房地产企业进行市场定位是为了企业自身或者产品在市场上树立一定的特色,塑造良好的企业形象,并争取目标顾客的认同,它需要向目标市场说明,本企业与现有的及潜在的竞争者有什么区别。房地产市场定位是勾画房地产企业形象和所提供的价值的行为,以使目标顾客理解和正确认识本公司有别于其他竞争者的形象。在市场营销过程中,市场定位离不开房地产产品,故又称产品定位。

市场定位有利于采取与之相适应的市场营销策略组合。比如,一家采用"优质、高档"定位的房地产开发企业,必须推出优质产品,制定较高的售价,通过高档次中间商分销以及精美的广告,才能树立持久而令人信服的优质形象。

明确的市场定位还有利于突出企业及其产品的市场特色,树立良好的市场形象,从而在顾客心目中留下深刻印象,形成一种特殊的偏爱,使产品更具吸引力,从而扩大产品的销售。

(一)市场定位的依据

1. 根据产品特色定位。

以房地产产品特色进行定位,如某办公用房强调所处的区域优势和优良的物业管理,住宅小区则突出结构合理、设施配套、功能齐全、环境优雅。

2. 根据利益定位。

这种定位方法强调消费者的利益,如有的房地产产品定位侧重于"经济实惠""物美价廉",有的侧重于"增值快速""坐拥厚利",而有的强调"名流气派""高档享受"。

3. 根据使用者定位。

房地产企业的经营者们常常试图把他们的产品指引给适当的使用者或某一个细分市场,以便根据该市场的看法创建恰当的形象,如有些企业把普通住宅定位于"工薪阶层理想的选择"。

4. 根据竞争需要定位。

如果企业选择的目标市场已有强劲有力的竞争对手，则可以根据竞争需要进行定位，一般有两种策略。

(1)与现有竞争者并存，就是将自己的产品位置确定在现有竞争产品的旁边，从实践来看，一些实力不太雄厚的中小房地产企业大多选用此策略。采用这种策略必须具备两个条件：首先，目标市场区域内有一定量还未得到满足的需求；其次，企业开发的产品要有一定的竞争力，要能与竞争对手相抗衡。

(2)逐步取代现有竞争者，就是将竞争者赶出原有位置并取而代之，占有他们的市场份额。该策略主要为实力雄厚的房地产企业所选用。同样，企业必须做大量的宣传推销工作，以冲淡对原有产品的印象和好感。

事实上，许多房地产企业进行市场定位的依据往往不止一个，而是多个依据结合使用，因为作为市场定位所体现的企业及其产品的形象必须是多维的、丰富立体的。

(二)产品定位与竞争定位

产品定位与竞争定位事实上是同一个事物的两个方面。当一个公司选定目标市场后，接下来便要设计一套具有竞争力的“营销组合”，也叫“竞争定位”。

1. 产品定位。

营销组合的目的是将其房地产产品放在一个最具有竞争优势的市场位置，即“产品定位”。产品定位是平衡市场机会与公司竞争能力的策略性选择，是公司为其产品选定的最具有竞争力的策略性选择。

2. 竞争定位。

竞争优势是由很多方面决定的，如：产品差异(如设计、质量、功能)；服务差异(如物业管理、服务态度)；形象差异(如开发公司的知名度，公司对文化、情感、理念的发掘)；价格差异(如成本、销售价格)；公司资源差异(如财力、人力、物力)。公司策略上的产品定位反映了公司的竞争能力，产品定位是竞争定位的结果。

(三)房地产市场定位的步骤

房地产市场定位按以下三个步骤确定：

1. 识别可能的竞争优势。

(1)选择竞争对手。公司在实施现有项目的时候，应选择与自己项目水平接近或水平较高的竞争对手，必须充分掌握竞争对手的优势和劣势；特别要注意分析潜在的竞争者，了解潜在的竞争项目。营销的关键是扬长避短，通过与竞争对手的比较，做到知己知彼。

(2)分析竞争对手。对竞争对手进行深入细致、全方位的分析，是企业确定自身地位、在不同竞争态势下采取不同市场定位和不同促销手段的需要。分析竞争对手，要着重分析竞争对手在市场中所占的份额，其财务实力、项目的规划进度、设计的特征、价格策略、市场销量及占有率、促销手段、企业与项目的知名度、项目的广告策略与费用、管理结构情况等。

(3)分析自己的竞争优势。房地产企业可以从成本优势(即从设计、管理、风险转移及经营等方面考虑如何降低项目的开发与经营成本)、规模优势(即从项目规模大小考虑如何实现降低成本、聚集人气、造就声势)、差异优势(即从项目的质量、建筑风格、小区环境、人员素质、配套设施、物业管理、社区文化等方面考虑如何形成项目优势)、品牌优势(它在房地产产品交易过程中尤为重要)来分析与构筑企业自身的竞争优势。

2. 选择竞争优势，确定市场定位。

应该指出，企业的每一种竞争优势与潜在的竞争优势，在竞争激烈的房地产市场中并不都是有意义或有价值的。房地产企业必须仔细挑选区别于竞争对手的竞争优势，或者说选择竞争差异。它一般应该是能给目标消费者带来高价值的差异，是竞争对手无法提供的差异；它优越于其他可使消费者获得同样利益的办法，这种差异应能为消费者所感知，是竞争对手无法轻易复制的，是消费者有能力支付的差异，是企业能从中获利的差异。

3. 向消费者传播选定的市场定位。

一旦选择好市场定位，房地产企业就应采取切实的步骤，把选定的市场定位传播给目标消费者。公司的市场营销组合必须围绕这一市场定位来展开，采取一系列行动来展现与支持所选定的市场定位。

思考题与练习题

1. 什么是房地产市场？
2. 房地产市场调查的主要内容是什么？
3. 房地产市场有哪些基本特征？
4. 房地产市场调查的途径有哪些？
5. 房地产市场细分的作用？
6. 房地产市场定位的步骤？
7. 计算题。

如某小区入住者 6 000 户，其中外企工作人员 2 100 户，单位统一购房人员 1 800 户，自由职业者 1 900 户，其他人员 200 户。要从中选取 800 户进行调查。设总体单位数 N，各层单位数 n_i，比例为 R_i，则各层需抽取的比例是多少？

DI SAN ZHANG 第三章 房地产项目规划设计方案及其评价

第一节 住宅项目规划设计及其评价

一、住宅规划设计管理

居住区规划应根据城市详细规划和城市规划定额指标进行设计。房地产开发企业一般委托具有规划设计资格的设计单位进行此项工作。

(一)居住区住宅群体规划布局

居住建筑造型直接影响城市容貌、地块合理使用、建设投资、居民生活方便程度等。因此,要合理选择和确定建筑造型。

1. 居住建筑的类型。

住宅类型较多,如按层数划分,有低层住宅、多层住宅和高层住宅;按形式划分,有花园式住宅(别墅)、公寓式住宅、错层式住宅、退台工住宅、跃层住宅、复式住宅;按平面特点划分,有点式住宅、条式住宅、大进深住宅、大开间住宅;按使用对象划分,有青年公寓、铺面住宅、统合性商住楼;按面积划分,有小套(一室户)、中套(二室户)、大套(三室户、四室户等);按结构划分,有砖混结构、砌块结构、砖石结构、大模结构、大板结构、框架结构等。由于在居住区开发中,有大量的建筑是住宅,因此,住宅选型是规划设计的重要内容,它直接影响到土地的经济利用、住宅需求、建筑造价、景观效果以及施工的难易程度。常用的住宅类型有如下几种:

(1)点式住宅。宽度和长度比较接近的住宅称为点式住宅。普通的点式住宅只有一部楼梯,因而这种点式住宅又称为独立单元式住宅,高层点式住宅则设有电梯。点式住宅在设计上很有特色,如对基地运用性强,可依山地、坡地灵活布置,体型挺拔、景观丰富;四面临空、日照阴影宽度小,因而栋与栋之间的日照间距要求不必像条式住宅那样严格；一梯可安排4～6户，充分发挥电梯和楼梯的服务效益；整体抗震性能好等。当然，点式住宅也有不足之处，如外墙周长较条式住宅大，因而比同位于西北和东北角住宅的朝向不好。

(2)条式住宅。由两个或两个以上的居住单元按直线邻接的住宅称条式住宅。条式住宅在实际中用得最多，具有朝向好、通风好、向阳、外墙暴露少，造价相对点式住宅低，以及施工方便等优点，其不足之处是布置不够灵活，立面造型不如点式住宅生动，阴影大，抗震性能较点式住宅差等。

(3)错层式住宅。在楼梯的休息平台处也设置住户入口的住宅称错层式住宅。平面形状为"风车型"的点式住宅常设计成错层式住宅。此类住宅的设计特点是节约了楼梯间所占面积，住户干扰小。但施工较复杂，由于同层楼板不在同一标高上，抗震性能力较差，因而在地震设防区不宜采用。

(4)跃层式住宅。在每户的室内设置仅供本户用的小楼梯，住户占有上下两层楼面的住宅称为跃层式住宅。此类住宅的特点是住宅内部空间借鉴了欧美小二楼独院的设计手法，卧室、起居室、客厅、卫生间、厨房及其他辅助用房分层布置，功能明确，相互干扰较小，采光通风好。其缺点是户内楼梯要占去一定的使用面积，提高了造价；当发生意外灾害时，由于二层只有一个出入口，不适宜人员疏散。尽管如此，跃层式住宅由于其新颖的建筑形式，颇受高收入消费者的欢迎，在南方的一些高级住宅开发建设中有较多的买主。

(5)复式住宅。复式住宅是在跃层住宅的基础上发展而来的一种经济型住宅。复式住宅的每户室内仍分为两层，但两层层高比跃层式住宅低得多，上层只有1.2米高，实际上是个夹层，供休息睡眠和贮藏用，下层为起居室、厨房、卫生间等，户内设多处入墙式壁柜和楼梯，家具与建筑融为一体。复式住宅最大的特点是经济，即土地利用率较一般住宅高40%，使用面积提高50%～70%，综合造价大大降低。由于复式住宅是一种新型的住宅形式，还存在一些需要解决的问题，如净空低、易使用户产生压抑感、私密性和安全性较差等。

(6)退台式住宅。住宅建筑由下至上逐层退让，退让减少的面积为该层的大平台，住宅建筑逐层退让的整体造型效果类似于台阶，故又称台阶式住宅。这类住宅的特点是户外活动空间大，采光通风好，建筑立面丰富，依山就势布置，可获得丰富的景观效果，是风景旅游度假区常见的中高档住宅。其缺点是：退台，建筑面积逐层减少，因此土地利用率相对低一些。

(7)花园别墅。花园别墅是带有花园草坪的独院式低层高级住宅，建筑密度很低，内部居住功能完备，装修豪华，并富有变化，住宅水、电、暖供给一应俱全，还带有车库甚至游泳池，一般选址在环境幽静的郊外和风景旅游区。花园别墅体现了西方传统建筑艺术和现代建筑技术。常见的别墅形式有西班牙式、德国式、日本式以及其他形式等。花园别墅主要满足高收入家庭、海外华商、港澳台同胞和来华投资的商人的需求。

(8)综合性商住楼。综合性商住楼是将写字楼、商场、旅馆、饭店等不同用途的非居住用房同住宅用房组合在一起的高层建筑。通常综合性商住楼的1~3层用作商场、饭店,4~10层做写字楼用,10~15层为旅馆,15层以上是住宅,停车场设在底层。综合性商住楼最大的特点是功能齐全,融住宅、办公、购物于一体,居住者不出户就可以享受到各种现代化的商业服务,大大节约了居住者的出行时间。综合性商住楼一般选址在市中心的黄金地段,尽管这类建筑价格较同等级的高层住宅昂贵得多,但由于它的地理优势和较强的综合服务功能,使得这类住宅受一些高收入住房需求者的青睐。此外,在一些土地资源紧缺的特大城市,在市郊区地段也建有综合性商住楼,由于市郊区的各种商业服务和文化教育很不发达,建在这里的综合性商住楼的功能更齐全。

在选择上述住宅类型的同时,应结合住宅层楼、进深、面宽、长度、体型、层高、户室比等因素综合考虑。

2. 居住建筑的布置形式。

住宅应布置在居住区内环境条件优越的地段。面街布置的住宅,其出入口应避免直接开向城市道路和居住区道路。住宅间距应以满足日照要求为基础,综合考虑采光、通风、消防、防灾、视觉、卫生等要求确定。居住建筑的平面组合布置有下面五种基本形式。

(1)周边式布置。居住建筑沿街或街坊周围布置,并形成安静、安全、方便的内院式住宅组团。这种布置的特点是住宅组团内外绿化联系密切,住宅组团空间丰富,土地利用率较高,其缺点是约有40%的住房朝向不好。

(2)行列式布置。居住建筑一律朝某一方向(一般是南北方向)成排布置。这种布置方式可以做到每户都有很好的朝向,且施工方便。虽然布置较单调,但可利用住宅间距以及地形高差的变化,合理布置景观来减少单调性。行列式布置在实际中常被采用。

(3)混合式布置。即采用周边式和行列式相结合的布置方式。混合式布置兼顾周边布置方式具有良好朝向的特点。

(4)散点式布置。即将多层点式(墩式)住宅或高层点式(塔式)住宅,围绕住宅组团的中心设施、公共绿地等,有规则地布置。

(5)自由式布置。即结合地形地貌、周围条件,自由灵活地布置,以追求空间的变化和较大的绿化、活动空间。自由式布置有利于取得良好的日照和通风效果。

以上五种居住建筑布置方式各有特点,在居住区规划设计过程中应灵活运用,使住宅组团布置经济合理、日照充分、通风良好、安静整洁、景观优美。

（二）居住区道路与交通规划设计

1. 居住区道路功能。

居住区道路是城市道路系统的组成部分，不仅要满足居住区内部的功能要求，而且要符合城市规划的要求。具体而言，居住区道路内部功能要求包括以下几个方面：

（1）满足居民日常生活方面的交通需要。例如，职工上下班、学生上学、购物及其他生活活动，一般以步行、骑自行车或驾驶私家车为主。

（2）方便市政公用车辆的通行。例如，邮电传递、消防、救护车辆的通行，家具的搬运，垃圾的清除等。

（3）满足货运需要。例如，居住区内公共服务设施的货运交通需要。

2. 居住区道路分级。

（1）居住区级道路。居区级道路是居住区主要道路，用以划分、联系内部各小区，并解决居住区对外的联系，路面宽 20 ~ 30 米。

（2）居住小区道路。居住小区道路主要用以解决居住区内部的交通联系，路面宽 6 ~ 9 米。

（3）居住组团级道路。组团级道路是居住区内的支路，以通行非机动车辆和行人为主，路面宽 3 ~ 5 米。

（4）宅间小路。宅间小路是通往各单元门口的小路，一般宽度为 2.5 ~ 3 米。

3. 居住区道路与交通规划原则。

（1）居住区道路主要为区内服务，不应有过境交通穿越，以保证居住区内居民的安全和安宁。居住区内不应有过多的车道出口通向城市干道。出口间距不小于 150 ~ 200 米。

（2）道路走向应符合人流方向，方便居民出入。住宅与公交车站的距离不宜大于 500 米。

（3）尽端式道路在尽端处应留有回车空间。

（4）住宅单元入口至最近车道之间的距离一般不宜超过 60 米，如超出，宅间小路应放宽到 2.6 米以上。建筑物外墙与行人道边缘距离应小于 1.5 米，与车行道边缘应不小于 3 米。

（5）道路应结合地形布置。

（6）居住区内必须配套设置居民汽车（含通勤车）停车场、停车库。

（三）居住区公共建筑与服务设施的规划设计

1. 居住区公共建筑与服务设施的类型。

公共建筑与服务设施是居住区配套建设设施的总称，简称公建，包括以下八类。

（1）教育。居住区内配置托儿所、幼儿园、小学、中学。

(2)医疗卫生。居住区内配置医院、门诊所、卫生站、护理院。

(3)文化体育。居住区配置文化活动中心(站)、居民运动场馆、居民健身设施。

(4)商业服务。居住区内配置综合食品店、综合百货店、餐饮店、中西药店、书店、便民店等。

(5)金融邮电。居住区内配置银行、储蓄所、电信支局、邮电所。

(6)社区服务。居住区内配置社区服务中心、治安联防站、居委会等。

(7)市政公用。居住区内配置供热站或热交换站、变电室、开闭所、路灯配电室、燃气调压站、高压水泵房、公共厕所、垃圾转运站、垃圾收集点、居民停车场、消防站、燃料供应站等。

(8)行政管理及其他。居住区内配置街道办事处、市政管理机构(所)、派出所、防空地下室等。

随着经济发展和市场经济体制的建立,居住区内公共建筑与服务设施的种类也会发生变化,经营性的公共服务设施的类型和规模应根据市场需求情况确定。

2. 居住区公共建筑与服务设施布置的基本要求。

(1)为了便于居民使用,各级公共建筑应有合理的服务半径,一般居住区级为 800 ~1 000 米,居住小区级为 400 ~500 米,居住组团级为 150 ~200 米。

(2)应设置在交通较方便、人流较集中的地段,符合人流走向。

(3)产品噪声、气味、污染物的公共建筑应和住宅保持适当的距离,使住户有安宁、卫生的居住环境。

(4)在满足居住区内居民需求的同时,兼顾区外服务,提高经济效益。

3. 居住区公共建筑与服务设施的布置方式。

(1)商业服务设施。可在居住区中心或沿街集中布置,也可利用住宅底层布置规模较小的项目,以分散布置为宜,方便居民就近使用的需要。

(2)学校及托幼设施。应选择合适的地段,以保证学生就近上学,儿童就近入托。服务半径尽量缩短,并与住宅保持一定的距离。学校教室及操场有良好的朝向,避免噪声干扰。入学及入托的主要流向应避免穿越城市干道,以保证儿童的交通安全。

(3)自行车棚。要接近住宅、靠近人流线,可利用地下室及管道层存放,也可以在住宅的阴影区内集中设置。

(4)附属工程。例如,锅炉房、热力点、煤气调压站、泵房等公共设施应与住宅隔开,以防干扰,但外界要有方便的交通联系,并保证安全。

(四)居住区绿地与室外环境的规划设计

居住区绿地可以为居民创造安静、舒适、美观、卫生的居住环境,具有改善小气候、净化空气、减少污染、防止噪声等作用。居住区绿化要符合城市规划和要求。

1. 居住区绿地系统。

居住区绿地有公共绿地、宅旁绿地、公共服务设施所属绿地和道路绿地，包括满足当地植树绿化覆土要求、方便居民出入的地下建筑或半地下建筑的屋顶绿地，不包括其他屋顶、晒台的人工绿地。其中，公共绿地是指满足规定的日照要求、供居民共享的集中绿地，包括居住区公园、小游园和组团绿地及块状、带状绿地等。宅旁绿地是指住宅四旁的绿地。公共服务设施所属绿地是指居住区内的幼儿园、中小学、门诊所、储蓄所、居委会等公共服务设施四旁的绿地。道路绿地是指居住区内道路红线内的绿地。

2. 居住区绿地的标准。

衡量居住区绿地状况的指标主要有绿地率和人均公共绿地面积。绿地率是指居住区内各类绿地面积的总和占居住区用地面积的比率(%)。其中，新区建设不应低于30%，旧区改建不宜低于25%。居住区人均公共绿地面积指标：组团绿地不少于0.5平方米/人，小区绿地(含组团)不少于1平方米/人，居住区绿地(含小区和组团)不少于1.5平方米/人。

(五)居住区建筑小品的规划设计

建筑小品与植物一起配置，可以达到和谐优美的景观效果。建筑小品的特征是体量较小、造型丰富、功能多样、富有特色。按照功能来分，建筑小品可分为以下四种类型。

1. 服务小品。

服务小品包括供居民休息、遮阳用的亭、廊架、座椅，为居民服务的电话亭、洗手池等，为保持环境卫生的废物箱等。

2. 装饰小品。

装饰小品包括各类绿地中的雕塑、铺装、景墙、窗、门、栏杆等，有的也兼具其他功能。

3. 展示小品。

展示小品包括各种布告栏、指路标牌等，具有一定的宣传、指示、教育的功能。

4. 照明小品。

照明小品包括以草坪灯、广场灯、庭院灯等为主的小品。

二、住宅规划设计方案的经济因素分析

房地产开发项目设计方案是由开发企业委托规划设计部门编制的，规划设计方案合理与否直接关系到开发企业的投资效益。因此，开发企业应将其开发意图在规划设计方案中充分体现出来，具体途径是，在规划设计前，根据规划管理部门

提出的规划设计要点以及企业的经营需要，提出规划设计要求；在规划设计方案完成后对其进行评价和选择。这就要求开发人员掌握影响规划设计经济效果的一些经济因素及其影响规律。

房地产开发项目规划设计方案的主要经济因素可分为两类，一类是住宅建筑设计方案的经济因素，另一类是整个开发区规划设计方案的综合经济因素。这两类因素不是独立的，它们有着密切的联系，共同影响着开发项目的经济效益。下面仍以居住区规划设计为例，对其分别加以讨论。

（一）住宅建筑设计方案的经济因素分析

在住宅小区开发中，住宅建筑造价占有相当大的比重，合理的住宅建筑设计方案对提高整个开发项目的经济效益有着显著的作用。住宅建筑设计方案的经济因素有外墙周长系数、平面系数、层高、层数以及单元组合，下面分别加以介绍。

1. 外墙周长系数。

外墙周长系数是指每平方米建筑面积所分摊的外墙周长，即：

$$外墙周长系数=\frac{建筑物外墙周长(m)}{建筑物面积(m^2)}$$

在住宅建筑的造价构成中，外墙造价占有较大的比重。例如，砖混结构的墙体一般占建造价的38%，外墙造价占14%～18%。在住宅建筑的层数和层高不变的条件下，外墙周长的大小反映了外墙墙体面积的大小。外墙周长系数是衡量外墙周长大小的参数，外墙周长系数越小，分摊在单位建筑面积上的周长就小，住宅建筑的单位造价就低；反之，外墙周长系数越大，则住宅建筑的单位造价就高。外墙系数还受下列因素影响：

（1）平面形状。一般而言，住宅建筑平面形状简单，它的外墙周长系数就小，单位造价就低；当住宅建筑的平面形状又长又窄，或复杂而不规则时，其外墙周长系数必将增大，伴随而来的是较高的单位造价。此外，不规则的平面形状还会引起室内管线安装费用、放线挖土方费用的增加，同时也不便于施工。

（2）进深和面宽。在建筑面积一定时，合理地加大建筑物的进深可以减少外墙周长或外墙周长系数，从而达到降低造价的目的。建筑物的面宽与进深密切相关，即建筑面积一定，面宽增大，则进深减小；面宽减小，则进深增大。合理的建筑物进深和面宽不仅减少建筑物本身的造价，而且还起着节约用地的作用。以大进深、小面宽的内天井式住宅方案和小进深、大面宽的条形住宅方案为例，在这两类住宅的层高均为2.8米，间距系数为1.94时，它的层数增加与节约用地的关系如表3－1所示。

表 3-1 两种住宅类型节约用地比较

项目		大进深、小面宽住宅方案 1	小进深、大面宽住宅方案 2
进深(米)		13.5	9.2
每户平均面宽(米/户)		4.0	4.9
每户建筑面积(平方米/户)		52.63	54.6
5 层	用地面积(平方米)	2 542.26	2 466.58
	建筑面积(平方米)	3 846.65	3 620.4
	居住户数(户)	82	70
	建筑净密度(平方米/公顷)	16 476.3	12 986.89
	节约用地百分比(%)	21%	0
6 层	用地面积(平方米)	2 850	2 869.78
	建筑面积(平方米)	4 460.23	3 920.06
	居住户数(户)	85	70
	建筑面积净密度(平方米/公顷)	16 245.3	13 568
	节约用地百分比(%)	19%	0

由表 3-1 我们可知,在间距和层数一定时,大进深、小面宽方案比小进深、大面宽方案明显节约用地;且当层数在 6 层以下时,每增加一层,每户基本用地的差别较明显,层数越低差别越大,层数越高差别越小。

当然,进深加大、面宽减小是有限度的。在实际设计中,还必须考虑到建筑物内部的采光应充分,内部布置也要实用。增加房屋进深,则到达室内最深部分的自然采光就会减少,并且可能引起在使用期间人工照明费用增加。一个进深较大的建筑物也可能出现浪费和不适合使用的房间,如窄长的卫生间。因此,设计时应综合考虑各因素。

2. 平面系数。

住宅的建筑面积由居住面积、辅助面积和结构面积组成。居住面积是指居室净面积,辅助面积是指客厅、厨房、卫生间等室内空间的面积,结构面积为墙体和柱等结构所占的面积。居住面积与建筑面积之比为平面系数。其计算公式为:

$$平面系数 = \frac{居住面积}{建筑面积} \times 100\%$$

平面系数可以有效地衡量建筑平面的经济合理性,平面系数越大,说明居住面积占建筑面积的比例越高。一般而言,平面系数要达到 50% 以上,其造价比较合理。但这种认识现在也发生了变化,因为人们希望有较大的家庭公共空间,扩大辅助面积,大客厅、小居室的住宅普遍受到欢迎。

辅助面积一般占建筑面积的25%左右,辅助面积与居住面积之比称为辅助面积系数,即:

$$\text{辅助面积系数}=\frac{\text{辅助面积}}{\text{居住面积}}\times 100\%$$

结构面积也可用结构面积系数来表示:

$$\text{结构面积系数}=\frac{\text{结构面积}}{\text{建筑面积}}=100\%$$

结构面积系数越小,设计方案越经济。不同体系的住宅建筑,结构面积系数不同。一般而言,砖混结构约为19%,外砖内模体系为16%,装配式大板体系为14%,框架结构体系为11%。

3. 层高。

住宅层高的变化对其本身的造价和居住建筑用地有较大的影响。令层高为H,降低层高值为ΔH,墙体造价占住宅建筑物造价比重为k,则层高降低ΔH时的造价降低率为:

$$P=k\cdot \Delta H/H$$

以5层砖混结构住宅为例,当$H=6$米,$k=0.5$,层高降低值$\Delta H=0.1$米时,其住宅造价降低率为:

$$P=k\cdot \Delta H/H=0.5\times 0.1/6=0.0083$$

即造价较原来降低8.3%,并且由于降低层高引起管线工程费用和减轻自重,使基础费用降低未计算在内。降低层高对节约用地有不可忽视的意义。降低层高可以降低建筑物的总高度,从而减小住宅间的建筑间距,以达到节约用地的目的。以6层住宅为例,层高从2.8米降到2.7米,间距系数按1.76~2.04计算,每公顷用地上可多建住宅326~350平方米。对于小面积住宅,适当降低净高能形成良好的空间比例。

降低层高是否影响夏季室内小气候呢?研究表明,当居室形式、通风状况、周围环境等条件完全相同时,层高每差0.5米,居室温度仅差0.5℃。如果室内通风良好,层高略微降低,对夏季室内温度影响不大。

我国住宅层高普遍为3米,净高为2.8米,与国外住宅层高相比相对较高。国外住宅室内平均净高见表3-2。

表3-2 国外住宅室内平均净高

国家	德国	瑞士	英国、法国	瑞典、美国	丹麦	日本	加拿大
室内净高(米)	2.2~2.35	2.5	2.2~2.6	2.4	2.5	2.2~2.6	2.5~2.8

4. 层数。

住宅建筑的层数对住宅的影响比较复杂,并且随着建筑类型、形式和结构而变化。一般而言,住宅建筑在4层以下时,增加楼层不影响其结构形式,根据墙、建筑面积和屋顶间的关系，单位建筑面积的造价可能会降低。如果高度超过4层，结构形式需要改变，把承重墙改为框架结构或加厚承重墙的截面。超过7层时，需要设置电梯，补充建筑设备，增加住宅能使较大的建筑面积获得良好的日照条件，腾出较多的空地布置不同的活动空间和绿化，改善室外空间环境。建多层还是高层是一个复杂的技术经济问题，需要根据具体情况进行分析和论证。提高住宅层数可节约用地，但层数增加到一定时，其效果逐渐降低。以某地区标准住宅设计为例，住宅建筑进深为10.1米，层高为2.8米，长为63.6米，每户平均面宽为5.3米，住宅单元平面不变，按行列式布置时，住宅层数与相应的用地关系如表3-3所示。

表3-3　住宅层数与相应的用地关系

层数	一	二	三	四	五	六	七
每户住宅用地(平方米)	94.2	63.9	53.8	48.8	45.7	43.7	42.3
本类型住宅每户比前一类住宅用地节约(平方米)		30.3	10.1	5.0	3.1	2.0	1.4

由表3-3可以看出，住宅用地节约额并非随层数递增的比率上升，由1层增至4层时，节约用地的效果显著，增至6层以后，基底占地面积在每户建筑面积中所占的比例相对减少，因而增加层数所产生的节约用地的效果下降。

5. 单元组合。

将住宅单元进行组合，组合部位的山墙减少，以致山墙的工程量按房屋长度分摊在单位面积上的数量相应减少，同时变组合前的外山墙为组合后的内山墙，从而降低了住宅单位造价。但住宅单元组合过长时，需要设置沉降缝或伸缩缝，设计成双墙，降低了经济效益，且对抗震不利。因此，住宅单元一般应少于5个。当标准单元的建筑面积相同时，组合后的住宅单位造价可表示如下：

$$R_n=\frac{mnRA-2(n-1)(d+t)y+(n-1)(d+t)y'}{mnA-(n-1)(d+t)mt'}$$

式中，R_n——n个标准住宅单元组合后的单位造价(元/平方米)

R——组合前标准住宅单元造价(元/平方米)；

d——住宅进深(米)；

t——前后檐墙厚度(米)；

m——住宅层数；

n——住宅组合单元数；

A——组合前每个标准住宅单元的标准层的建筑面积(平方米)；

y——组合部位从基础到檐口的外山墙每米造价(元/米)；

y'——组合部位从基础到屋顶内山墙每米造价(元/米)。

6. 结构形式。

住宅建筑的结构和构件对住宅建筑的技术经济效果有较大的影响,如楼板造价一般占总造价的9% ~13%。选择重量轻、强度大的预制楼板,既可满足功能要求,又能缩短工期,降低造价。因此,对基础、墙体、楼板、屋面等部位的构件设计应进行技术经济分析,择优选择方案。

对于结构形式的选择,要因地制宜,对各种结构形式进行分析后确定最佳方案。为此,应掌握各种建筑体系的特点。表3-4列出了几种主要民用建筑体系的特点。

表3-4 主要民用建筑体系的特点

体系	优点	缺点
大模板建筑	1. 工具式模板构造简单、坚固、耐用、装拆方便; 2. 混凝土墙面质量好,表面光洁,可减少抹灰面; 3. 有利于提高建筑施工的组织水平,加快施工速度; 4. 建筑抗震性能好; 5. 可以提高有效面积系数	1. 水泥和钢材用量多; 2. 大模板一次性投资大; 3. 需要大型吊装设备
大板建筑	1. 机械化施工水平高,速度快,工期短,劳动强度比砖混结构大幅降低,用工少; 2. 抗震性能好; 3. 有利于工厂化大生产和提高建筑工业化水平	1. 预制厂一次性投资大; 2. 需大型运输和吊装设备; 3. 水泥、钢材用量大; 4. 布局灵活性小; 5. 施工时安装技术要求高
框架建筑	1. 具有轻质、高强、多功能的特点; 2. 节约材料和运费,降低建筑自重; 3. 建筑物有效面积大,平面布置灵活,提高了面积利用率; 4. 可利用工业废料,机械化程度高,建造速度快	1. 用钢量大; 2. 隔音、隔热性能较差
滑模建筑	1. 节约模板,施工速度快,用工少; 2. 结构整体性好; 3. 不需要大吨位起重机械; 4. 高层建筑较适用	1. 施工技术要求高,施工组织要求严密,需要专用设备; 2. 配筋率高,不利于冬季施工; 3. 水泥用量多
砌块建筑	1. 建筑造价低,经济效果好; 2. 适用性强,生产工艺简单; 3. 施工简易,对施工机具要求不高; 4. 硅酸盐砌块可以消耗大量工业废料	1. 施工机械化程度低,需要手工操作,吊次多; 2. 用工多,工期长; 3. 结构整体性差

(二)住宅开发区规划方案综合经济因素分析

住宅建筑方案直接影响到住宅开发区规划方案的经济效果,除此之外,还必须考虑住宅开发区规划方案的综合经济因素。

1. 用地容积率。

容积率是指住宅开发区内建筑面积与开发用地面积之比,或单位面积用地上所分摊的建筑面积。设开发用地总面积为 S_n,总建筑面积为 S_b,则容积率 NPR 为:

$$NPR = \frac{S_b}{S_n}$$

在规划方面,容积率用来控制土地的使用强度,即开发企业必须在详细规划所要求的或规划管理部门提出的容积率内从事房地产开发,任何开发企业都不得擅自提高容积率,否则作为违章处理。通过控制容积率,从而达到保护城市环境质量、保证基础设施的合理运行的目的。

在管理方面,容积率是地方政府管理部门和土地开发投资者共同的、合理的土地价格核算方法。由于城市中各土地块的容积率不尽相同,而房地产投资者的开发活动是在特定的地块上进行的,从而使不同地块上开发效益因容积率的不同而产生差异。因此,将容积率作为计算土地价格的依据之一,即土地价格随着容积率的增加而增加,以达到调节开发企业的开发行为的目的。

2. 建筑密度。

建筑密度是指在开发用地范围内所有建筑物的基底面积与用地面积之比。设开发用地总面积为 S_n,建筑基底面积 S_j,则建筑密度 MPR 为:

$$MPR = \frac{S_j}{S_n}$$

在居住区规划中,建筑密度通常是指居住建筑密度。它作为一项技术经济指标,可以直接反映出一定用地范围内的空地率和建筑物的密集程度。居住建筑密度指标取决于包括绿地所占的比率,气候、防水、防震、地形条件等对住宅建筑布置的要求以及容积率、建筑层数、层高、建筑间距和排列方式等各项因素。

$$MPR = \frac{NPR}{\overline{m}}$$

由上式可知,当容积率一定时,平均层数越少,则建筑密度越高。开发企业往往希望有较高的建筑密度,这样可以减少平均层数,使住宅建筑调整到经济层数上,从而降低建筑成本。但是,提高建筑密度则减少了空地,降低了建筑环境质量。因此,建筑密度指标是规划管理部门用来控制建筑基地面积、保证空地率的重要规划控制指标。

3. 建筑间距。

建筑间距一般是指前后两排居住建筑之间的水平距离。建筑间距根据所在地区的日照、通风、防止噪声和视线干扰、防火、防震、绿化、管线埋设、建筑布局形式以及节约有地等要求,综合考虑确定。其中,日照要求是确定住宅建筑间距的主要依据。

日照要求用日照量表示，日照量包括日照时间和日照质量两个指标。日照时间以该住宅在规定的某一日内受到的日照时数为计算标准，如北纬地区常以太阳高度角最低的冬至日作规定日。日照质量是指每小时室内地面和墙面阳光照射面积累计的大小以及阳光中紫外线效用的高低。按《城市规划定额指标暂行规定》的要求，新建住宅的日照标准是“在条状建筑呈行列式布置时，原则上按当地冬至日在住宅底层日照时间不小于1小时的要求，计算房屋间距”。

合理确定建筑间距是节约用地不可忽视的因素。一般而言，在任何建筑层数的情况下，减小建筑间距可以提高建筑面积净密度。但过于强调减小间距则会降低居住质量。有的城市采用半窗日照标准是以原则上对居住质量不产生重大影响为前提，所谓半窗日照，是指冬至日，前排建筑阴影线在后排建筑底层窗中间（满窗日照的阴影线则与底层窗台线相齐），冬至日是整个冬季前排建筑遮挡后排建筑最不利的一天，而在冬季的其他日子里，建筑阴影线则全部低于这条遮挡线，且这种遮挡在整个冬季所占时间的比例不太大，不至于严重影响居住质量。此外，采用台阶式住宅，当北向跌落时，建筑物上部的进深缩小，可以明显地减少前排建筑物对后排建筑物的日光遮挡，从而缩小建筑间距，达到节约用地的目的。

4. 户室比。

户室比是指各种户型住宅在总户数中所占的百分比。户室比反映了一定时期，该地区住宅需求的基本趋势和构成。如果户室比确定得不合理，就会出现住房供给与需求不相吻合，一部分住房需求者买不到或租不到自己所需要的房屋，一部分住宅却卖不出去或无人租住，因而严重影响到开发者的投资效益。因此，在开发区规划设计时，科学地确定户室比是非常重要的。

我国各地住宅供需情况不尽相同，但户室比的变化总趋势呈“正态分布”，即两边小（一室户、四室户需求较少），中间大（二室户、三室户需求多），在两端，一室户需求对象主要为等房结婚的未婚青年和婚后无房的青年夫妇；四室户的需求往往是具有较高收入的住房需求者。然而，由于住房需求受经济收入、家庭人口结构、文化、习俗等多种因素的影响，户室比呈“正态分布”的需求模式并非普遍存在。如在南方沿海地区，人们的经济收入水平较高，同时对居住质量的要求也较高，因此，需求者易于接受大面积的户室。

三、住宅规划设计方案的评价及优选方法

（一）开发项目规划设计方案评价的特点

1. 评价主体的多元性。

居住区规划设计方案的评价主体除房地产开发企业外，还涉及未来的使用者、城市规划行政主管部门、设计者的施工者。

选定的规划设计方案要得到城市规划行政主管部门的批准，同时要考虑到未来消费的需要，还要考虑到开发者的经济效益。因此，主要的评价主体是城市规划行政主管部门、开发商及未来的消费者（或使用者）。

2. 评价目标的多样性。

不同的评价主体对规划设计方案的评价目标会有所侧重。

（1）城市规划行政主管部门侧重于综合效益评价，即经济效益、社会效益和环境效益三者的统一。

（2）房地产开发企业侧重经济效益的同时，兼顾社会效益和环境效益，以综合效益作为评价方案的标准。

（3）未来消费者侧重于经济效益和环境效益的评价。

3. 评价价值的不确定性。

居住区规划设计方案评价价值的不确定性包含以下两个方面的含义：

（1）评价指标体系中有很多定性指标，难以定量描述，只能根据主观判断来确定。评价者由于经验、价值观和专业水平存在差异，往往对于同一方案，不同的评价者所得出的评价结论不尽相同。

（2）对居住区规划设计方案的评价，实际上是对方案实施后所取得的效益进行评估。由于设计方案未经实施，因而对未来情况难以准确描述，很难保证这种预测性的判断是非常准确的。

（二）开发项目规划设计方案评价步骤

第一，明确评价目标。

第二，选择评价的指标体系。

第三，选定合适的评价方法。

第四，比较分析并优选方案。

（三）开发项目规划设计方案评价的指标体系

1. 住宅建筑设计方案评价的指标体系。

住宅建筑设计方案评价的指标体系可以从住宅建筑的适用性、安全性、经济性和艺术性四个方面考虑。其中，住宅建筑的适用性是指住宅建筑满足住宅需求者生活和生理需要的程度，一般通过住宅的平面指标、空间布置、物理性能和厨卫布置等指标来评价；住宅建筑的安全性是指住宅建筑满足住宅需求者的生理和心理需要设置的指标，包括私密性、结构安全、安全措施和耐久性等；住宅建筑的经济性是指住宅建设的劳动消耗和劳动所得，反映了开发企业可能投入的资金和住宅需求者的购买水平；住宅建筑的艺术性是对住宅建筑的外观所进行的评价，随着人们生活水平的提高，人们对建筑的美观需求也越来越重视。评价住宅建筑的艺术性是从住宅的室内效果、外观效果和环境效果三方面指标来考虑的。住宅建筑方案设计评价指标体系如图 3－1 所示。

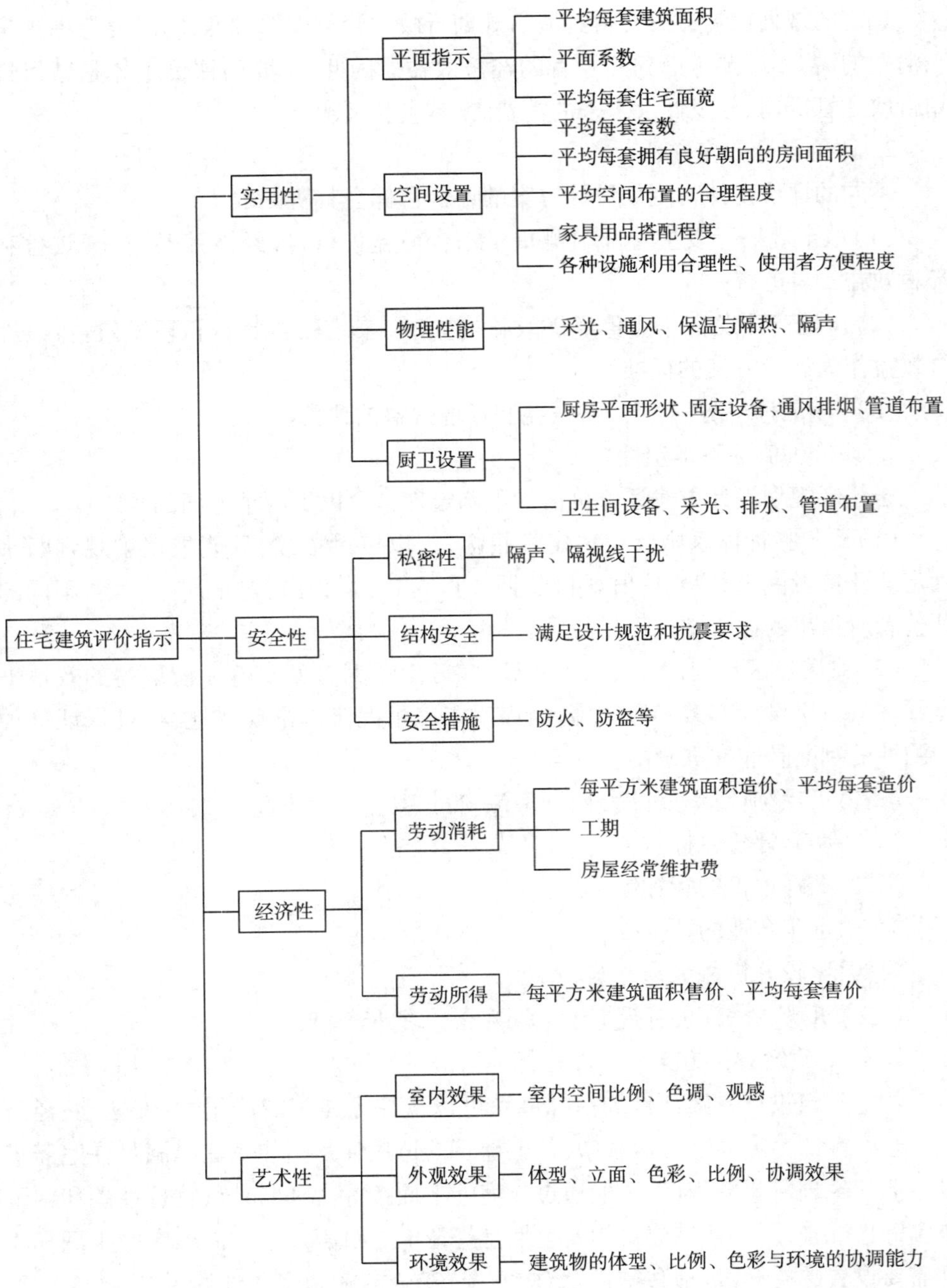

图 3－1　住宅建筑设计方案评价的指标体系

2. 开发区规划设计方案评价的指标体系。

开发区规划设计方案评价指标体系可分为小区用地面积指标、小区的主要技术经济指标和小区综合评价指标。

(1)小区用地面积指标，是指小区中居住建筑、公共建筑、道路和绿化等所占的用地面积。通过小区用地平衡，分析各类用地所占的比重，从而评价土地利用的合理性和经济性。某居住小区用地平衡表如表3-5所示：

表3-5　某小区用地平衡表

项目	面积（公顷）	人均面积（平方米/人）	百分比（%）	国家指标（1992年）（平方米/人）
总用地				
居住用地				
公建用地				
道路用地				
绿化用地				

(2)小区的主要技术经济指标。

①住宅平均层数，是指各种住宅层数的平均值，按各种层数住宅的建筑面积与占地面积之比计算，即：

$$平均层数=\frac{总建筑面积}{总用地面积}$$

②建筑密度，是指建筑基底面积与建筑用地面积之比，即：

$$建筑密度=\frac{建筑基底面积}{建筑用地面积}$$

③居住建筑面积密度，是指单位面积上居住建筑面积占居住用地面积的比例，即：

$$居住建筑面积密度=\frac{居住建筑面积}{居住用地面积}$$

④人口净密度，是指每平方千米居住用地上所容纳的居住人数，即：

$$人口净密度=\frac{居住人数}{居住建筑用地面积}（人/平方千米）$$

人口净密度与平均每人居住建筑面积有关，在相同居住建筑面积密度条件下，平均每人居住建筑面积越高，则人口密度相对越低。

⑤平均每人、每户居住用地面积。

$$平均每人、每户居住用地面积=\frac{居住建筑用地面积}{居住总人口或总户数}（平方米/人或户）$$

⑥建筑面积密度，是指每平方千米开发区用地上建造的建筑面积，即：

$$建筑面积密度=\frac{开发区内总建筑面积}{开发区内总用地面积}$$

⑦住宅层数比例。

⑧绿化覆盖率。

⑨公共建筑面积及其与居住建筑面积之比。

⑩工程造价，包括工程总价以及每户、每平方米建筑面积的综合造价。此外，对旧城区开发项目，还应计算由拆、建、安（拆除旧的、建筑新的、安置原有居民）所决定的增房量、余房量及其相应的造价。

$$\text{增房量}=\text{新建住宅数量}-\text{拆除旧住宅的数量}\times\text{折旧率}(\%)\ (\text{平方米})$$

$$\text{余房量}=\text{新建住宅数量}-\text{安置原有居民用房量}\ (\text{平方米})$$

$$\text{增房量综合单方造价}=\frac{\text{住宅建设总费用}}{\text{住宅建筑总面积}-\text{拆除旧房总面积}\times\text{折旧率}}\ (\text{元/平方米})$$

$$\text{余房量综合单方造价}=\frac{\text{住宅建设总费用}}{\text{住宅总面积}-\text{拆迁安置用房总面积}}\ (\text{元/平方米})$$

（3）小区综合评价指标。小区综合评价指标体系是以追求小区开发的综合效益为目标，从社会、经济和环境等方面考查规划设计的效果而设置的，评价指标除定量指标外，还有定性指标。小区规划设计综合评价考虑的因素较多，且视具体的评价对象不同，评价的侧重点也有差异。因此，很难建立一套统一的、固定的评价指标体系，实践中往往根据具体情况确定评价指标。

（四）开发项目规划设计方案评价方法

对于开发项目规划设计方案的评价，首先，要明确评价目标；其次，将目标分解为相应的准则以及可以明确表述的评价内容或指标，构成结构明确、层次清楚的目标体系；再次，选定合适的评价方法，对方案进行分析和评价；最后，通过比较分析，判断选择方案。

在规划设计方案评价过程中，所涉及的评价标准有两类：相对标准和绝对标准。前者是在不同方案之间进行相互比较；后者是以国家规定的定额指标和规划管理部门提出的规划设计要点作为评价依据。

开发项目规划设计方案评价是一种综合评价，即追求多目标综合效果的评价。这与在可行性研究阶段对开发项目进行评价是有区别的。虽然在可行性研究阶段，对开发项目的评价也考虑多目标因素，但其评价的重点是开发项目在经济上是否可行，财务上是否盈利，并通过一系列指标（如开发项目的性质、总建筑面积、房屋各类的构成比例等）确定开发方案。另外，对开发项目的社会和环境效益也要进行评价。而后者往往是定性判断。为便于对方案进行综合评价，下面介绍一种对定性指标进行量化处理的方法——综合评分法。

综合评分法是对规划设计方案的各项评价指标进行评分，其中，定性指标采取专家打分，定量指标则转化为相应的评分，最后将各项指标的得分累加，求出该方案的综合评分值。

设有 M 个方案，每个方案有 n 个评价指标，V_i^m 为第 m 个方案第 i 个指标的评分，则第 m 个方案的综合评分值为：

$$V^m=\sum_{i=1}^{n}V_i^m,\ m=1,2,\cdots\cdots,M$$

若对评价指标依其重要性赋予不同的权重 $W_i(i=1,2,\cdots\cdots,n)$，则综合评分值为：

$$V^m = \sum_{i=1}^{n} W_i V_i^m, m = 1,2,\cdots\cdots,M$$

综合评价值最大的方案为最优方案。

第二节　写字楼项目规划设计及其评价

在现代社会，产业结构已经从第一、第二产业向第三产业即服务业演进，产业类型和业务活动方式的变化使人们从田间、工厂向办公楼转移，各类大大小小的公司在办公楼内洽谈、签约以及经营日常业务，各类产品的生产基地退居幕后，越来越多的公司、机构和个人拥入办公楼。办公楼已成为现代社会房地产开发业的一个重要投资领域。随着近些年写字楼的发展，客户对写字楼的规划设计越来越重视，做好写字楼项目规划设计关系着项目的成功与否。

一、写字楼项目规划设计的内容

（一）写字楼项目规划设计的依据

1. 规划设计要求。

这是指政府部门提出的规划要求，主要体现在"建设用地规划许可证"、"规划意见书"、"建筑规划许可证"和"土地使用权出让合同"中，其中，规划意见书是主要的设计依据，它对宗地四至范围、出入口设置、红线、高度、建筑、容积率、密度、绿地率、功能和停车场做了重点规定。

2. 开发商的要求。

受经验、实力、创新能力和资源整合能力的影响，不同的开发商对同一个建筑有不同的期望。例如，一大型商业物业项目，资金实力雄厚的开发商打算自己持有，只对外出租，要求按大空间设计，用性能最好的设备和材料；资金实力弱的开发商则要靠销售回笼资金投入，不得不考虑投资人的心理和能力，则会要求把建筑空间分割划小。有时按照价值最大化原则进行定位时会与开发商的发展战略相冲突。

3. 经济效益目标。

一般而言，投资商在承接项目时都要进行可行性分析，其中，他们要设定系列经济效益目标。例如，投资成本不得超过 3 500 元/平方米，净利润不得低于 10%。建筑设计规划必须围绕目标做文章，有机协调建筑空间、建筑材料、设备、销售价格等因素之间的关系。

4. 市场调查结论。

市场调查的若干结论是建筑设计规划的重要依据，例如，项目的市场定位和功能定位是建筑设计必须表达出来的。再如,经过调查,发现甲级写字楼出租率比较高,租金有上涨的趋势,就应该发展甲级写字楼;如果调查发现附近街区是银行和非银行金融机构密集区,底层功能就应该优先考虑商业银行的分支处或支行的需要;如果调查发现底层商铺供应少,需求大,那么就应优先考虑小商铺。

(二)建筑功能组合规划设计

最低档的写字楼也存在建筑功能组合问题。例如,卫生间在什么地方、经营用房如何布置等,都要由建筑设计师们提出方案。高档的写字楼建筑功能组合更多,组合更复杂,需要我们认真研究,制定系统的设计方案。

1. 商业建筑功能空间类型。

不论是写字楼还是其他的商业建筑,一般都有如下功能空间:

(1)经营主体部分。这也是商业建筑的主要功能空间,是利润的主要来源。例如,写字楼是办公场所,办公室是经营主体部分;而商场的销售场所,买卖双方对话接触的空间(商铺、柜台),是经营主体部分。商业建筑规划设计时要紧紧围绕主功能的价值实现这一目标。

(2)公共部分。顾名思义,就是为公共使用的部分,不同的商业地产项目公共部分差别很大,一般包括:门厅、大堂、电梯厅、值班室、卫生间、餐厅、多功能厅、商店、健身房、商务中心、康乐部分(游泳、台球等)。商业建筑体量越大,公共部分越复杂,内容越丰富。公共部分是经营主体部分的有机补充,也承担着经营任务,是为主要功能服务的,业主对这部分的赢利预期一般不高。

(3)设备和后勤部分。这一部分为经营提供后勤支持,包括各种机房、物业管理用房和管道井、储藏间等。具体而言,设备机房主要有:空调机房、冷冻机房、热交换室、水泵房、变配电房、电梯机房、弱电机房、电话交换机房、消防水池、消防控制室、计算机房等;后勤用房包括:管理用房、库房、开水间、物业办公室、厨房、广播室、洗车处、洗衣房等。

(4)停车部分。停车分为机动车和非机动车两类,随着轿车的迅速普及,机动车的停放问题越来越受到人们的重视,停车位不足甚至成为部分商业建筑的致命伤,即使停车位充足,进出不便也是大弱点。大型商业项目如果没有巨大的停车场,很难吸引到足够的人流。停车部分包括非机动车空间(自行车棚)、地上地下停车场等。

2. 写字楼建筑主体功能空间组合。

经营的主体空间就是实现一栋建筑物主体功能的部分,如写字楼的办公部分,商场对外销售商品的部分,酒店的客房和餐饮的部分,确定建筑主体功能的主要依据的是规划意见书和营销策划定位。为了把握问题的实质,我们还必须深入了解相关的概念。例如,商场有不同类型,如超市、产权式商铺、百货公司、仓储式超市等;写字楼的类型也不少,如核心筒式办公空间、传统的小空间、景观式办公室等。通过明晰概念,准确定位,可以让参与各方处在同一沟通平台上。写字楼空间组合类型如表3-6所示。

表3-6　写字楼空间组合类型一览

办公空间大类	定义	亚类	定义
传统小空间	以走廊联系的小办公空间,进深小,采光充足,但配套低		
核心筒式	中间是核心筒,办公室布置在周边,常见于高层建筑		
牛栏式	把核心筒移到建筑外围,形成大跨度连续空间,形成牛栏式布局,每个员工在狭小的空间内活动		
景观式	按部门或小组划分,灵活可调,阳光、空气充足,用植物分割空间		
个性化办公	激发人的创造性,尊重人性	LOFT	由工业厂房改造而成,宽敞、明亮,是艺术家的天地
		MORE	即 mobile office residential edifice,是指在社区组团里集中提供居住者办公、对外商务活动的资源支持
		STUDIO	工作室,空间不大,但有灵气、个性,以研究、咨询类工作为主
居住办公	居住和办公合二为一的类型	公寓式办公	高层公寓,按家居布置,有厨房和卫生间,适合小公司
		酒店式办公	与酒店类似,配套完善,有独立卫生间
		SOHO	以家居生活为主,办公为辅助

在确定建筑的主体功能后,应考虑功能空间的组合问题。空间的利害关系人有:商业工作人员(售货员、服务员、接待员、办公人员等)、商业场所的管理人员(物业管理人员、后勤人员)和顾客,空间应紧紧围绕他们之间的活动进行组织。

图3-3是写字楼的基本空间组织,办公室是人员、货物、信息的辐辏之地,居于核心地位。与商场不同的是,客户和信息进入渠道与办公工作人员是一致的,

只有货物和部分信息从办公室的后门通过货梯进入办公室。写字楼基本空间设置如图 3－2 所示。

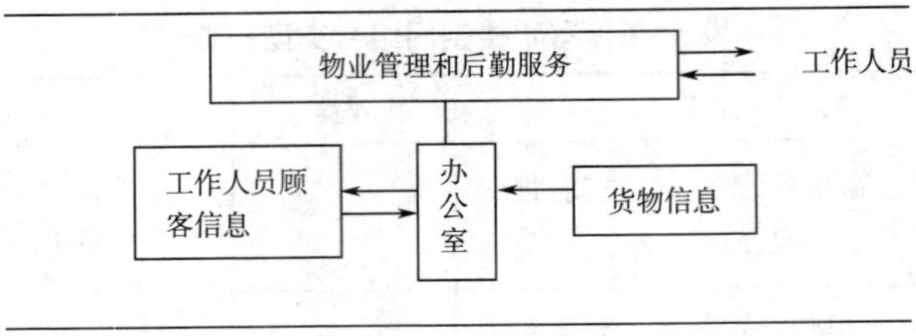

图 3－2　写字楼的基本空间设置

二、写字楼项目规划设计方案的经济因素分析

写字楼项目的规划设计方案要实现经济效益、环境效益和社会效益三方面的全面发展,其中,经济效益是优先考虑的问题。下面我们通过简单的例子说明经济因素评价的步骤和方法。

某商业项目规划已经按照初步设计任务书提交建筑概念性设计方案,除了对方案的功能、布局进行评价外,通过经济技术论证优化功能比例结构尤为重要。如果经济效益不明显,就应调整功能比例结构。为此,我们应采取如下步骤进行系统评价。

(一)计算建筑方案的功能构成和空间参数

空间参数主要是指各功能空间的面积和层高,当层高超过一定高度时,一层的空间可以变更为两层,售价就要相应提高。按照初步设计图纸计算功能构成和空间参数,具体计算方法见表 3－7。

表 3－7　建筑空间参数

功能空间	面积(平方米)	备注
办公部分	85 000	可售,3～20 层
二层	3 000	
其中:商务中心	300	不可售
康乐中心	600	出租
高级餐馆	400	可售
多功能厅	200	出租
会议室	700	出租
双层联体商业用房	800	可售

续表

功能空间	面积(平方米)	备注
一层	3 500	
其中:门厅和大堂、电梯厅	800	分摊
咖啡和茶吧	400	销售
小商店	150	销售
外开门商铺	1 800	可售
银行	350	可售
地下一层	4 000	
其中:车库	2 000	可售
部分设备用房	800	可售(通信)
部分设施用房	2 200	不可售(配套)
地下二层	4 000	
其中:车库	2 500	出租
员工餐厅	1 000	出租
设备用房	500	配套
总计	99 500	

(二)分离可销售/不可销售部分

写字楼、商场和住宅一样,总有一部分功能空间是主功能空间的辅助空间,无法销售,是成本因素。在对建筑策划方案进行论证时,必须把可以销售和不可销售部分分离,才能真实地评价建筑策划方案的优势。这一点与项目可行性论证时的匡算有所不同。在建筑设计方案阶段不能囫囵吞枣,否则得不到有价值的结论。例如,一层大堂、卫生间和走廊列为公摊面积,要分摊到整栋大楼,结果总有一部分面积售价是按写字间价格,而不能按一层商铺价格计算,某楼盘写字间价格是12 000 元/平方米,底商价格达到30 000 元/平方米,两者价格相差一倍多,这一差额几乎就是开发商的纯利润。如果采取概算方法,就有可能忽视这个问题。

要根据建筑面积计算及分摊规则计算可销售和不可销售部分,在计算分摊系数的基础上,按照政府的标准算法进行计算,为此有必要导入专业公司进行测算,测算结果记录在案,我们将得到每个建筑策划方案所对应的功能和规模参数。

(三)估计成本和销售价格

成本估计一般由造价工程师计算,在建筑策划阶段多采取比较法,也就是选择比较相似的项目进行估算,两个项目的相似性越大,成本估算越准确,即使有差别,也可以进行调整。销售价格估计比较复杂。为了保证估计价格的准确性,除采取比较法外，还可采取收益还原法，多方面交叉估计。由于我们对建筑策划方案进行评价，故价格估计应该细致到每个功能空间、每个楼层。只有这样才能显现不同方案之间的价值差别。

（四）按照投入产出方法计算方案成本和收入

为了得到真实准确的结果，建议采用房地产投资分析功能软件，快速便捷。据了解，每个城市都有类似的功能软件，基本参数也是现成的，只要录入项目参数，就能得到结果。

（五）收益比较和方案优化

比较每个方案的经济收益，寻找造成差别的原因，并加以优化。选择最理想的结果所对应的方案，然后评价方案的可实现性。注意，片面地变动一个参数不会得到理想的结果，例如，把底层商业用房的面积尽量扩大而其他参数不变，当然，得到面积最大的方案对应价值最高方案实际上是不可能的，底层商业面积过分扩大会降低写字楼的档次，导致写字楼售价降低。所以，建筑策划方案的参数是相互关联的，牵一发而动全身。利用模型对方案进行优化时，一定要注意参数变化的相关性，这也是建筑整体性设计的价值所在。

三、写字楼项目规划设计方案的评价及优选方法

对房地产项目规划设计方案进行评价常用的有综合因素分析法、层次分析法和模糊评价法。前两种方法是将各个评价值进行加权平均或筛选出一个评分值。这种综合评价者意见的方式具有强制性，掩盖了专家的独特看法，对于具有一定程度模糊性的项目是不适用的。

用模糊评价法评价开发项目规划设计方案的思路是：从规划设计方案具有模糊性这一实际情况出发，应用模糊数学理论，保持评价过程的客观、公正。

模糊评价的解题步骤是：

1. 建立评价目标集合。

$$U=(u_1,u_2,\cdots\cdots,u_n)$$

其中，每个 u_i 包含 K_i 个因素（子目标），即：

$$U_i=(u_{i1},u_{i2},\cdots\cdots,u_{iK_i})\quad i=1,2,\cdots\cdots,n$$

又设向量 A 为各目标的权系数向量，A_i 为各因素的权系数向量，即：

$$A=(a_1,a_2,\cdots\cdots,a_n)$$

$$A=(a_{i1},a_{21},\cdots\cdots,a_{iK_i})\quad i=1,2,\cdots\cdots,n$$

再建立评语集合 V：

$$V=(v_1,v_2,\cdots\cdots,v_m)$$

以及评语等级的量化向量 B：

$$B=(b_1,b_2,\cdots,b_m)$$

2. 按评语集合 V 分别做 u_i 中的 u_{ij} 的模糊评价，得到 u_i 的模糊评价矩阵 R_i（$i=1,2,\cdots\cdots,n$），如表 3-8 所示。

表 3-8　模糊评价矩阵

R_i	V_1	V_2	……	V_m
u_{i1}	r_{11}	r_{12}	……	r_{1m}
u_{i2}	r_{21}	r_{22}	……	r_{2m}
⋮	⋮			⋮
u_{iK_i}	r_{K_i1}	r_{K_i2}	……	r_{K_im}

其中，r_{lj} 表示的因素（子目标）u_{il} 获得评语等级 j 的比例。例如，10 位专家参加评定，其中 2 位专家认为该方案的评价目标 u_{il} 达到评语等级 j，$r_{lj}=2/10=0.2$。

3. 利用模糊运算法则计算方案的复合考核的分数。

先求 u_i 的综合评价 C_i（$i=1,2,\cdots\cdots,n$）：

$$C_i=A_i\cdot R_i=(C_{i1},C_{i2},\cdots\cdots,C_{im})$$

所以得二级模糊综合评价矩阵 C：

$$C=\begin{bmatrix}C_1\\C_2\\M\\C_n\end{bmatrix}=(C_{ij})_{n\times m}$$

则该问题的综合评价结果为：

$$C^*=A\cdot C$$

最后利用评语等级的量化向量 B，对综合评价结果进行讨论，得到综合评分 E：

$$E=C^*\cdot B^T$$

按上述方法求出各方案的 E 值，其中，最大 E 值的方案为最优方案。

【例】用模糊评价法评价某写字楼项目规划设计方案。

解：第一步，建立评价目标（见图 3-3）：

$$A=(0.40,0.25,0.35)$$

$$A_1=(0.1.\ ,0.35,0.05,0.15,0.10,0.10,0.15)$$

$$A_2=(0.20,0.10,0.15,0.25,0.30)$$

$$A_3=(0.20,0.15,0.15,0.15,0.05,0.10,0.200$$

再设评语集分为 6 等：

$$V=(V_1,V_2,V_3,V_4,V_5,V_6)$$

其中：V_i（$i=1,2,\cdots\cdots,6$）按照从差到好依次排列，V_1 为最差的等级，V_6 为最好的等级。

定义最差的等级 V_1 为 50 分，最好的等级 V_6 为 100 分，得评语等级量化向量 $\boldsymbol{B}$：

$$\boldsymbol{B}=(50,60,70,80,90,100)$$

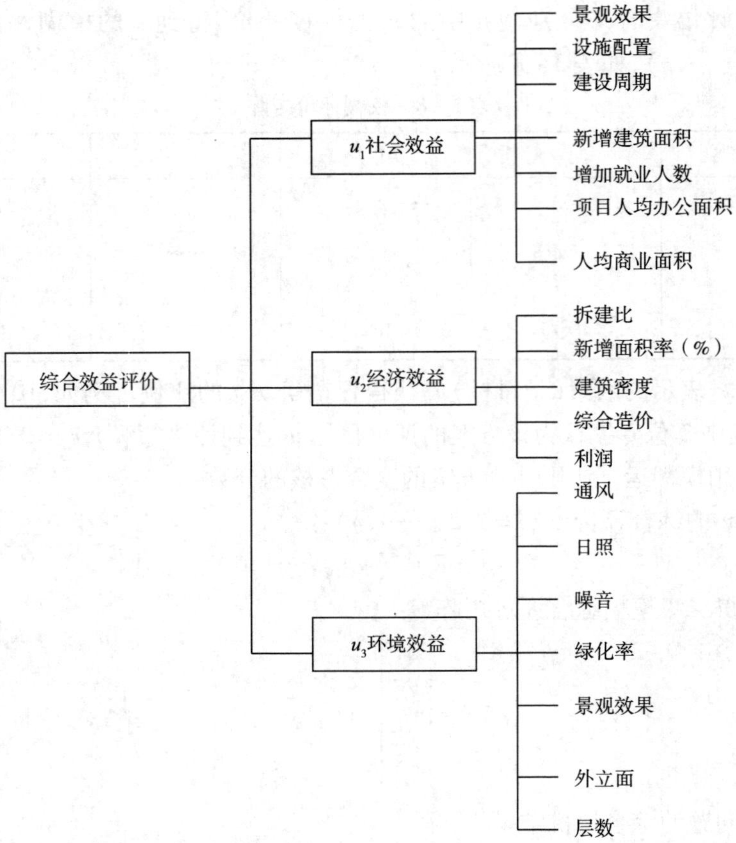

图 3－3　评价目标体系

第二步，建立模糊评价矩阵 R。依评语集所规定的等级由专家评价，然后按数理统计方法对评价数据进行处理，得出相应的隶属度。如有 10 个专家评价"景观效果"指标，打 V_3 和 V_6 等的各有 2 人，打 V_4 和 V_5 等的各有 3 人，则该指标的模糊评价向量为(0.0,0.0,0.2,0.3,0.3,0.2)。

对各指标进行模糊评价，将所得的评价向量按一级指标归类，得到模糊评价矩阵 R_1、R_2 和 R_3。

$$\boldsymbol{R}_1 = \begin{bmatrix} 0.00 & 0.00 & 0.20 & 0.30 & 0.30 & 0.20 \\ 0.00 & 0.10 & 0.20 & 0.20 & 0.40 & 0.10 \\ 0.00 & 0.00 & 0.10 & 0.60 & 0.30 & 0.00 \\ 0.00 & 0.11 & 0.56 & 0.33 & 0.00 & 0.00 \\ 0.00 & 0.00 & 0.00 & 0.28 & 0.40 & 0.32 \\ 0.00 & 0.00 & 0.00 & 0.00 & 0.37 & 0.63 \\ 0.00 & 0.40 & 0.45 & 0.10 & 0.05 & 0.00 \end{bmatrix}$$

$$R_2 = \begin{bmatrix} 0.00 & 0.09 & 0.26 & 0.43 & 0.22 & 0.00 \\ 0.00 & 0.00 & 0.00 & 0.35 & 0.43 & 0.22 \\ 0.12 & 0.18 & 0.59 & 0.11 & 0.00 & 0.00 \\ 0.00 & 0.00 & 0.25 & 0.33 & 0.42 & 0.00 \\ 0.00 & 0.00 & 0.63 & 0.31 & 0.06 & 0.00 \end{bmatrix}$$

$$R_3 = \begin{bmatrix} 0.00 & 0.00 & 0.00 & 0.08 & 0.80 & 0.12 \\ 0.10 & 0.20 & 0.30 & 0.40 & 0.00 & 0.00 \\ 0.25 & 0.42 & 0.33 & 0.00 & 0.00 & 0.00 \\ 0.15 & 0.20 & 0.25 & 0.25 & 0.15 & 0.00 \\ 0.00 & 0.56 & 0.33 & 0.11 & 0.00 & 0.00 \\ 0.00 & 0.13 & 0.62 & 0.25 & 0.00 & 0.00 \\ 0.04 & 0.45 & 0.50 & 0.01 & 0.00 & 0.00 \end{bmatrix}$$

第三步，进行综合评价。

$$C_1 = A_1 \cdot R_1 = (0.00, 0.11, 0.25, 0.22, 0.27, 0.15)$$
$$C_2 = A_2 \cdot R_2 = (0.02, 0.05, 0.39, 0.31, 0.21, 0.02)$$
$$C_3 = A_3 \cdot R_3 = (0.08, 0.25, 0.31, 0.15, 0.18, 0.03)$$

所以，得综合评价矩阵 C：

$$C = \begin{bmatrix} C_1 \\ C_2 \\ C_3 \end{bmatrix} = \begin{bmatrix} 0.00 & 0.11 & 0.25 & 0.22 & 0.27 & 0.15 \\ 0.02 & 0.05 & 0.39 & 0.31 & 0.21 & 0.02 \\ 0.08 & 0.25 & 0.31 & 0.15 & 0.18 & 0.03 \end{bmatrix}$$

综合评价结果 C^*：

$$C^* = A \cdot C = (0.02, 0.15, 0.31, 0.22, 0.22, 0.28)$$

利用评语等级的量化向量 B，对综合评价结果进行讨论，得综合评分 E：

$$E_1 = C_1 \cdot B_T = 85$$
$$E_2 = C_2 \cdot B_T = 79$$
$$E_3 = C_3 \cdot B_T = 74$$
$$E = C^* \cdot B_T = 79$$

所以，该规划设计方案的社会效益得分为 85 分，经济效益得分为 79 分，环境效益得分为 74，综合效益得分为 79 分。

第三节　商铺项目规划设计及其评价

商业房地产的规划设计属于商业房地产前期准备工作的一部分。由于这部分工作对商业房地产开发项目非常重要，是商业房地产开发独具特色的一部分，因此，本节将专门对这一部分内容进行介绍。

在商业房地产的规划设计阶段，主要的参与人是建筑师，他的任务是在地段资料分析的基础上，结合商业房地产已经确定的盈利模式，进行地段和地段周围的规划设计。设计时需要遵循的重要原则是统一性和全面性。在建筑总图的设计上，平面功能分区和交通组织都要从整体上全面考虑，而不能从局部考虑。在建筑上，从建筑形式、空间到颜色和材料，从整体到任何一个细部，包括标牌和标志，都要整体考虑，始终贯彻统一性原则。它带来的是秩序和美观，以及识别的整体形象和舒适的购物或娱乐环境，最终获得良好的经济、环境和社会效益。

一、商铺项目规划设计的内容

（一）总图设计

在总图设计中，建筑师面对多方面的信息、条件和限制，需要处理好各种复杂的功能和交通关系，分配好用地面积，确定功能分区的总体布局。购物中心未来的盈利模式、微观经营主体的组成和分布是进行设计的主要依据。当然，建筑设计的需要也会反作用于盈利模式，对预先确定的方案进行修正。

1. 总图设计的目标。

良好的总图设计需要达到以下目标：

（1）保护周围地区免遭破坏。周围地区对商业房地产的生存至关重要，如果不加以保护，商业房地产在商业上很难成功，或者维持时间不会很长。例如，城市周围居住地区质量恶化，使得城市商业衰退。保护周围地区的有效方法是将其纳入商业房地产的规划设计，最基本的要求是防止汽车穿行居住区，防止商业噪音、遮挡物和不良气味的干扰。

（2）交通安全、舒适和便利。特别要注意人车分离，才能保证各自的方便、舒适和安全。汽车从周围道路或高速公路能够很容易地进出。带停车场的商业房地产，停车场应尽量靠近，使车主容易找到停车位，在停车场和商业房地产之间提供方便舒适的防风、防雨、防晒通道，以方便步行者。

（3）整体统一美观。这是商业房地产建筑设计原则在总图设计过程中的体现。

2. 用地面积分配。

这里的用地面积分配主要以包含停车场的大型商业房地产项目为例，将用地分为建筑用地、交通用地、步行区用地、缓冲区用地、发展预留用地以及其他用地六大类，分别进行介绍。

第一类是建筑用地，包括建筑用地和建筑辅助用地（如建筑间距用地等）。建筑用地包括零售商业建筑用地和服务设施（仓库、卸货台、热力和空调设施等）用地，还有办公楼和娱乐设施用地以及公共设施（社区中心、会议室、展览空间和儿童乐园等）用地。

第二类是汽车交通和停车设施用地。汽车交通包括购物交通、货运交通和公共交通。虽然很多购物者是开车来购物的,但是也可能有不少购物者是乘公共交通来,因此,公共交通车道、公共汽车终点站和出租车车站不可缺少,有条件的还可以建立地铁车站。

停车用地包括购物停车和公共交通汽车站,关键问题是确定购物停车用地的面积。那么,应分配多少面积用于停车设施建设呢?停车面积取决于停车数量,而停车数量又和可出租面积和接待的购物人数有关。一般来说,每辆车约占地4平方米,还要加上停车场的行车道、步行道和照明及绿化植物用地面积。可租面积和停车面积之间存在一定的比例关系,一般为1∶3或1∶4,用这种方法计算停车面积看似科学,实际上忽略了许多具体因素,例如,周围居住区和公共交通带来的购物者、商业房地产的规模因素、商店的性质、购物旺季和高峰对停车需求的差异。决定停车面积的因素非常复杂,涉及商业房地产的类型、区位、周围状况和交通状况以及不同国家的具体国情,需要在充分考虑上述基本要求的基础上,结合具体情况确定。

第三类是步行区用地。室外步行区包括步行街、庭院、步行通道和广场,室内步行区包括公共走廊、室内步行街和中庭。

第四类是发展预留用地。一个成功的商业房地产项目可能会进一步扩建和发展。发展用地虽然可以通过新的用地得到,但是在某些情况下,获取新的用地并不容易,这就需要在最初的规划中预留发展用地。

(二)交通组织

商业房地产项目的主要交通流有三种,即步行人流、购物车流和货运车流。交通组织的任务就是处理好三者之间的关系。

1. 步行人流。

步行人流分为两种:从停车场到商店的运动,它对商业销售没有明显的影响;从商店到商店的运动,购物者比较商品的款式、价格和质量,它对商业活动和商业销售额有直接影响。购物中心本身的布局对人流形式也有重要影响,而一些其他设施,如公共汽车站、出租汽车站、儿童乐园、餐馆以及多层商场的电梯、扶梯等,对步行人流也有一定影响。在规划设计中,重要的是保证从停车场到购物地点的步行路线方便快捷。

2. 汽车交通。

车流包括购物车流、货运车流和公共车流。交通组织的原则是分流,让购物交通和后勤货运交通各行其道,互不干扰。大型的商业房地产项目可设立单独的服务入口和通道,利用隧道、地下通道、架空道和坡道,或通过设立服务庭院的方法,避免与购物车流和人流形成交叉。服务车辆禁止直接穿行停车场,服务入口需要明显标注,防止其他车辆混入。货运车流的线路要方便流畅,符合各种货运车辆的行车规范和要求,并尽量避开购物者的视线。

为公共交通设独立车道和上下车站对购物者非常有利,公共交通包括公共汽车和出租车,上下车站应尽量接近。如果公共汽车站设在城市道路上,购物者需要步行穿过缓冲区和停车场进入商场,必然会增加步行距离,带来不便。公共汽车也要考虑停车问题,以便适应客流高峰特别是下班时点的公共交通需要。

(三)外部空间设计

1. 商业建筑外观设计。

商业建筑外观设计的突出特点的广告化、商业化和大众化,充分表现了其作为公共建筑和经营内容的特征。广告是引导社会审美趋势和提升商品知名度的重要手段。商业建筑以其巨大的广告形象发挥独特的广告效果,起到招揽顾客的作用。

2. 商业建筑外观设计语言要丰富。

商业建筑强调人的参与意识,为增进吸引力创造多样化的娱乐、休憩空间。将历史的建筑造型和细节设计加以提炼抽象,并运用到商业建筑的外观设计中,能够引起人们的美好回忆。在条件许可的范围内,通过建筑比例、色彩、造型、材料的运用创造标新立异、独树一帜的市场效果。商业建筑必须符合时尚标准,顺应流行趋势。

(四)内部空间设计

商业建筑的内部空间组织有如下四种形式:一是以大厅为核心的营业空间组合;二是室内商业步行街线状串并联的组合;三是以中庭为中心组织商业空间的方式;四是多种组合方式并存,各得其所。

室内步行街、中庭、交通厅是最基本的空间要素,是大众交流互动的空间,形成空间组织的网络和骨架。室内步行街的宽度一般要 10~20 米,以购物者能够看到两侧的橱窗和商品陈列为宜。中庭共享空间是比较普遍的空间处理和组合方式。商业建筑营业设计要求和功能布局如表 3-9 所示。

表 3-9 商业建筑营业设计要求和功能布局

层数	设计原则	货品布局
1层	确保客流畅通,配置选择时间短的轻便商品和大件消费品	化妆品、药品、服饰、手提包、鞋、伞、烟等
2~3层	稳重气氛,配备选择时间长、价格高且出售量大的商品	服装、纺织品、日用品、服饰、家用电器等
4~5层	布置多种专业柜台	床上用品、照相机、书籍、文具、运动器械、餐具等
6层以上	布置需要较大存放面积的商品	家庭用品、电器、乐器、工艺美术品、陶瓷、瓷器等
地下室	顾客最后光顾的商品	食品、厨房用品、特产等

二、商铺项目规划设计方案的经济因素分析

（一）地区经济分析

地区经济分析的重点与住宅规划设计方案的经济因素分析有一定的相似之处，通常也要考察地区经济增长率、储蓄水平、行业发展状况、优势产业和劣势产业等指标及其变化趋势。商业用房建成后，要面对一般的消费者，其经营或销售的产品和劳务的类型关系到经营者能否获得足够的收益，而这种经营领域与地区经济的发展和区域的集聚状态之间有着十分密切的关系。通过考察各类地区经济指标的历史、现状及其发展趋势，可以确定待开发的商业用房日后的经营领域，使商业用房本身的租赁或销售有足够的需求支撑。

（二）商业用房产品分析

对于一幢适于商业用途的房屋来说，其产品构成分为内部和外部两个部分。

1. 商业用房的内部构成。

（1）营业面积，是指供商品展示、陈列，以及提供相关的服务、结账等的面积。

（2）仓储面积，是指供商品接收、储藏和流转的面积。

（3）管理办公面积，即指为满足商场的正常运转所需的管理人员、财务人员、行政人员等办公所需的面积。

（4）设备面积，是指为满足商场正常运转所需的中央空调、供水、供电等设备安放的面积。

（5）其他面积，是指为便利顾客购物或吸引顾客逗留所设置的停车场、草坪、小型娱乐设施等所占用的面积。

2. 商业用房的外部构成。

（1）商业用房周边的街道系统，即商场处于街道的具体位置、顾客如何到达本商场、是否便利等。

（2）商业用房周边的交通系统，即商场周边有无方便的交通线路，如公交线、地铁、轻轨，是否处于交通枢纽区等。

（3）商业用房周边的交通流量，如平均交通流量如何、一周和一日中各不同时段的交通流量等。

（三）商业用房经营领域分析

商业用房经营领域分析主要是确定商业用房在经营中所提供的商品和劳务的类型，如何提供这种商品或劳务，以及提供的频率等问题。由于商品和劳务本身的性质和价格水平的差异，不同商品和劳务类型的更新频率、消费者购买形式和市场范围有很大差异，通常在商业经营中，为了获取专业化分工协作的好处以及建立地区性市场声誉，经营相似产品和劳务的经营者会聚集在一个较小的区域内，称之为集聚效应。例如，许多城市出现的轻纺城、汽配一条街、文化街（书店、文具店等）就是

集聚效应的突出表现。这种集聚效应一方面可以看作经营领域的指示器,另一方面也限制了投资者面对的经营领域范围,缩小了投资者可选择的余地。不过,对研究者来说,当某区域存在较强的集聚倾向时,选择经营领域便显得较为容易了,起码有两点比较明确:一是可以选择同样的经营领域,二是可以选择填补本区域空白的经营领域。

(四)商业用房供求关系分析

商业用房市场供求关系也包括两个层次,一个是对所销售商品和劳务的需求和供给的分析,另一个是对商业用房本身的供给和需求的分析。

1. 所销售商品和劳务的供求分析

前面在市场容量分析中主要侧重于确定潜在顾客的基本特征和规模。需求分析侧重于从商品和劳务出发,确定其在一定的价格水平下可能的销售量。不过,这两个问题可以看作是一个问题的两个方面,只是角度略有不同而已;同时也涉及对消费者收入水平、偏好、替代品的价格、信用状况和付款方式等的分析。供给分析则侧重于分析商品的供应商状况,是单一供应商还是多个供应商?供应商的市场地位如何?等等。

2. 商业用房本身的供求分析

对所销售商品和劳务的需求间接确定了消费者对商业用房本身的需求,下面引用了 Neil Carna 在 *Real Estate Market Analysis*:*Techniques and Applications* 一书中总结的零售区位类型,可以从定性的角度了解商业用房需求的特征。

对商业用房供给的分析涉及两个方面,一是现有未出租的商业用房面积的大小,二是在未来一定时间内可能向市场提供的商业用房面积的大小。第一个问题可以通过现状调研来获得,后一个问题则可以通过对区域市场可利用土地状况及政府的相关规划来估算。一般而言,在一个较为成熟的商业区,可供使用的土地极少,未来能向市场提供的商业用房面积较为容易估算。

对商业用房供给和需求的分别分析完成后,再做综合对比分析,即确定供求之间是否平衡,如果不平衡,缺口在什么地方?假如供给小于需求而且幅度足够大时,就为投资商业用房提供了一定的机会。零售区位类型见表 3-10。

表 3-10 零售区位类型

市场范围类型	区位类型	主要区位特征	典型零售租户类型
地区	中央商务区	处于地区街道中心结点,接近商业和居住中心区	百货商店,杂货店,专卖商品和服务,餐饮,娱乐,其他支持性商品和服务
	地区购物中心	处于两个或更多区街道联结处,接近主要居住区和就业区	百货商店,杂货店,专卖商品和服务,餐饮,娱乐和休闲,其他支持性商品和服务
	专业购物中心	依赖于中央商务区或地区中心,处于与地区中心相似的区位	时装,厂家直销市场,餐饮,专卖商品和服务

续表

市场范围类型	区位类型	主要区位特征	典型零售租户类型
社区	社区购物中心	处于主要地区街道上,经常处于连接点,两个或更多的邻近区可以享受其便利性,娱乐和休闲、个人商业和金融服务集中	百货商店,一个或多个折扣店,药店或杂货店,快餐店,其他支持性商品和服务
	折扣店	类似于社区购物中心或专业商店	折扣店,厂家直销市场,personal shopping goods,快餐店,便利店,娱乐和休闲,其他支持性商品和服务
邻近区	邻近区购物中心	位于接近街道接点处,至少与一个邻近区毗邻	超市,便利店,some personal shopping goods,个人商业和金融服务,快餐,娱乐和休闲,汽车服务,其他支持性商品和服务
	便利中心	位于主要或次要街道,与一个邻近区毗邻	便利食品店,便利店,汽车服务中心,个人服务,修理服务
无显著特点区	主干道商业带	位于居住区和就业区中间的主要街道上	Free - standing units,家庭用品商店,便利店,汽车配件和服务,快餐店
	沿高速公路商业带	位于主要高速公路旁,通常位于出入口,但可能类似于街道主干道商业带	临时设施,餐饮,快餐,家庭用品商店,汽车服务和配件,汽车产品,便利店,娱乐和休闲
	重型商业带	位于主要或次要街道,可能类似于沿高速公路商业带和主干道商业带	运输和仓储,建筑材料,重大汽车维修,打捞用品,汽车服务,便利品,餐饮,快餐
	独立结构或用途的商店	位于主要街道,经常处于出入口,占据大量的零星地点,有可能形成一个商业带	礼品,纪念品,家庭用品,批发零售市场,支持性的餐饮和便利商品

三、商铺项目规划设计方案的评价及优选方法

用层次分析法评价开发项目规划设计方案的基本思路是:按照评价问题中各类因素之间的隶属关系,把它们排成从高至低的若干层次,建立不同层次元素之间的相互关系。根据对同一层次元素相对重要性比较的结果,决定层次各元素重要性的先后次序,以此作为决策的依据。

层次分析法的解题步骤如下。

1. 建立评价模型。

将评价问题分为三层:目标层、指标层与方案层(如图 3－4 所示)。

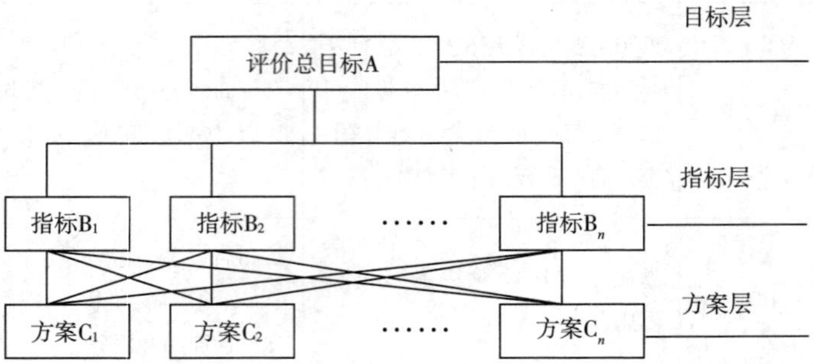

图 3－4　评价模型

2. 构造判断矩阵。

判断矩阵表示同层次元素相对上层次元素的重要程度,以指标层相对于目标层为例,其判断矩阵的形式如表 3－11 所示。

表 3－11　判断矩阵

A	B_1	B_2	…	B_n
B_1 B_2 ⋮ B_n	b_{11} b_{21} ⋮ b_{n1}	b_{12} b_{22} ⋮ b_{n2}	… … ⋮ …	b_{1n} b_{2n} ⋮ b_{nn}

令 $b_{ij}=B_i/b_j$,故 b_{ij} 反映了 B_i 对 B_j 相对重要性的值的表现形式,$b_{ij}=1$,2,……,9,其含义为:1——B_i 与 B_j 一样重要;3——B_i 比 B_j 稍重要;5——B_i 比 B_j 重要;7——B_i 比 B_j 重要很多……显然,$b_{ij}=1/b_{ji}$。

3. 层次单排序。

根据判断矩阵,计算该判断矩阵的特征向量 H_A。H_A 为单排序权数(即指标 B 对目标 A 的重要程度或权重)。指标层相对于目标层的层次单排序。

将判断矩阵每列正规化:

$$b'_i=\frac{b_{ij}}{\sum\limits_{i=1}^{N}b_{ij}},j=1,2,\cdots\cdots,N$$

将每列正规化后判断矩阵按行加总:

$$b''_i=\sum_{j=1}^{N}b'_{ij},i=1,2,\cdots\cdots,N$$

将 b''_i 正规化,则得特征向量 H_A。其中,H_{Ai} 为 H_A 的第 i 个元素:

$$H_{Ai}=\frac{b_i''}{\sum_{i=1}^{N} b_i''},i=1,2,\cdots\cdots,N$$

为了判断矩阵 A 的一致性，还须计算判断矩阵 A 的最大的特征根：

$$\lambda_{\max}^{A} = \sum_{i=1}^{N} \frac{(AH_A)_i}{NH_{Ai}}$$

计算判断矩阵的一致性指标：

$$CI = \frac{\lambda_{\max}^{A} - N}{N-1}$$

判断矩阵随机一致性比例：

$$CR = \frac{CI}{RI}$$

式中：RI 是与判断矩阵 A 同阶的平均随机一致性指标，由表 3－12 可查得。当 $CR<0.1$ 时，判断矩阵具有满意的一致性。1～9 阶矩阵随机一致性指标见表 3－12。

表 3－12　1～9 阶矩阵的随机一致性指标

阶数	1	2	3	4	5	6	7	8	9
RI	0	0	0.58	0.90	1.12	1.24	1.32	1.41	1.45

按上述方法分别构造指标层与方案层的判断矩阵 $B_i(i=1,2,\cdots\cdots,N)$，并计算特征向量 H_{Bi}，最大特征根 $\lambda_{\max}^{B_i}$，检验判断矩阵 B_i的一致性。

4. 方案总排序。

方案总排序是利用同一层次中所有层次单排序的结果，计算针对上一层而言本层次所有元素重要性的权值，即总排序。

(1)方案总排序的计算方法。方案总排序的计算方法见表 3－13，总排序的结果也就是各方案的优先次序。

表 3－13　方案总排序的计算方法

指标 / 方案	B_1	B_2	……	B_N	方案总排序结构 H_{ci}
	H_{A1}	H_{A2}	……	H_{AN}	
C_1	H_{B11}	H_{B21}	……	H_{BN1}	$H_{C1} = \sum \frac{N}{i=1} H_{Ai}H_{Bi1}$
C_2	H_{B12}	H_{B22}	……	H_{BN2}	$H_{C2} = \sum \frac{N}{i=1} H_{Ai}H_{Bi2}$
⋮	⋮	⋮	⋮	⋮	⋮
C_K	H_{B1K}	H_{B2K}	……	H_{BNK}	$H_{CK} = \sum \frac{N}{i=1} H_{Ai}H_{Bik}$

(2)方案总排序计算结果的一致性检验。

$$CI = \sum_{i=1}^{N} H_{Ai} CI_i$$

$$RI = \sum_{i=1}^{N} H_{Ai} RI_i$$

$$CR = \frac{CI}{RI}$$

若 $CR < 0.1$,则方案总排序结果具有满意的一致性。

【例】某市一商业开发项目的规划设计有三个方案:C_1、C_2和 C_3,请根据规划设计方案综合效果,用层次分析法选定最优方案。

解(1)建立评价模型。将项目的规划设计方案综合评价的总目标分解为5个指标,建立如图3-5所示的评价模型。

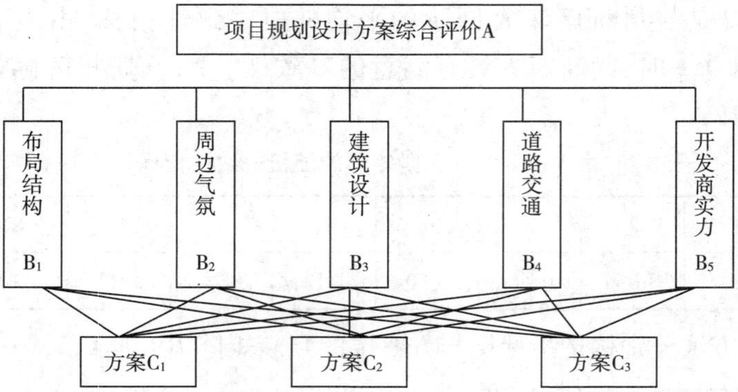

图3-5　项目规划设计方案综合评价

(2)构造判断矩阵。指标层相对于目标层的判断矩阵见表3-14。

表3-14　判断矩阵表

A	B_1	B_2	B_3	B_4	B_5
B_1	1	1	1/3	1/7	1/3
B_2	1	1	1/3	1/7	1/3
B_3	3	3	1	1/4	1
B_4	7	7	4	1	4
B_5	3	3	1	1/4	1

(3)层次单排序。

①指标层相对于目标层的层次单排序。

将判断矩阵 A 每列正规化,

$$b'_{ij} = \frac{b_{ij}}{\sum_{i=1}^{5} b_{ij}}, j = 1,2,\cdots\cdots,5$$

其中，$\sum_{i=1}^{5} b_{i1} = 15$，$\sum_{i=1}^{5} b_{i2} = 15$，$\sum_{i=1}^{5} b_{i3} = 6.6667$，$\sum_{i=1}^{5} b_{i4} = 1.7857$，$\sum_{i=1}^{5} b_{i5} = 6.6667$（见表3－15）。

表3－15 判断矩阵A每列正规化

A	B_1	B_2	B_3	B_4	B_5
B_1	0.0667	0.0667	0.05	0.08	0.05
B_2	0.0667	0.0667	0.05	0.08	0.05
B_3	0.2	0.2	0.15	0.14	0.15
B_4	0.4669	0.4669	0.6	0.56	0.6
B_5	0.2	0.2	0.15	0.14	0.15

将每列正规化后的判断矩阵按行相加，

$$b''_1 = \sum_{j=1}^{5} b'_{1j} = 0.3134, b''_2 = \sum_{j=1}^{5} b'_{2j} = 0.3134, b''_3 = \sum_{j=1}^{5} b'_{3j}$$
$$= 0.84, b''_4 = \sum_{j=1}^{5} b'_{4j} = 2.6938, b''_5 = \sum_{j=1}^{5} b'_{5j} = 0.84,$$

将 b''_i 正规化得特征向量

$$H_{Ai} = \frac{b''_i}{\sum_{i=1}^{5} b''_i}, i = 1,2,\cdots\cdots,5$$

$$\frac{b''_i}{\sum_{i=1}^{5} b''_i} = b''_1 + b''_2 + b''_3 + b''_4 + b''_5 = 5$$

则 $H_{A1} = 0.062, H_{A2} = 0.062, H_{A3} = 0.168, H_{A4} = 0.539, H_{A5} = 0.168$

$$H_A = (0.062, 0.062, 0.168, 0.539, 0.168)^T$$

一致性检验，

$$AH_A = \begin{bmatrix} 1 & 1 & 1/3 & 1/7 & 1/3 \\ 1 & 1 & 1/3 & 1/7 & 1/3 \\ 3 & 3 & 1 & 1/4 & 1 \\ 7 & 7 & 4 & 1 & 4 \\ 3 & 3 & 1 & 1/4 & 1 \end{bmatrix} \begin{bmatrix} 0.062 \\ 0.062 \\ 0.168 \\ 0.539 \\ 0.168 \end{bmatrix} = \begin{bmatrix} 0.313 \\ 0.313 \\ 0.843 \\ 2.751 \\ 0.843 \end{bmatrix}$$

则
$$\lambda^A_{\max} = \sum_{i=1}^{5} \frac{(AH_A)_i}{NH_{Ai}}$$
$$= \frac{0.313}{5 \times 0.062} + \frac{0.313}{5 \times 0.062} + \frac{0.843}{5 \times 0.168} + \frac{2.751}{5 \times 0.539} + \frac{0.843}{5 \times 0.168}$$
$$= 5.126$$

计算判断矩阵的一致性指标：

$$CI = \frac{\lambda^A_{\max} - N}{N - 1} = \frac{5.126 - 5}{5 - 1} = 0.0315$$

判断矩阵随机一致性比例 CR。

查表 $N=5$，所以 $RI=1.12$

则 $CR=\frac{CI}{RI}=\frac{0.0315}{1.12}=0.028<0.1$

所以判断矩阵 A 具有满意的一致性。

②方案层相对于指标层的层次单排序。

按上述方法，分别对方案 C_1、C_2 和 C_3 相对于指标 $B_i(i=1,2,\cdots\cdots,5)$ 层次单排序（见表 3-16 至表 3-20）。

表 3-16　方案 C_1、C_2 和 C_3 相对于指标 B_1 层次的单排序

B_1	C_1	C_2	C_3	H_{B1}
C_1	1	7	9	0.790
C_2	1/7	1	2	0.133
C_3	1/9	1/2	1	0.077

$\lambda_{max}^{B1}=3.022$

$CI=0.011$

$RI=0.58$

$CR=0.019<0.1$

表 3-17　方案 C_1、C_2 和 C_3 相对于指标 B_2 层次的单排序

B_2	C_1	C_2	C_3	H_{B2}
C_1	1	1/3	3	0.249
C_2	3	1	6	0.655
C_3	1/3	1/6	1	0.095

$\lambda_{max}^{B2}=3.018$

$CI=0.009$

$RI=0.58$

$CR=0.016<0.1$

表 3-18　方案 C_1、C_2 和 C_3 相对于指标 B_3 层次的单排序

B_3	C_1	C_2	C_3	H_{B3}
C_1	1	1/7	1/5	0.075
C_2	7	1	2	0.591
C_3	5	1/2	1	0.333

$\lambda_{max}^{B3}=3.014$

$CI=0.007$

$RI=0.58$

$CR=0.012<0.1$

表 3-19　方案 C_1、C_2 和 C_3 相对于指标 B_4 层次的单排序

B_4	C_1	C_2	C_3	H_{B4}
C_1	1	1/3	1/5	0.105
C_2	3	1	1/3	0.258
C_3	5	3	1	0.637

$\lambda_{max}^{B4}=3.038$

$CI=0.019$

$RI=0.58$

$CR=0.033<0.1$

表 3-20　方案 C_1、C_2 和 C_3 相对于指标 B_2 层次的单排序

B_5	C_1	C_2	C_3	H_{B5}
C_1	1	1/3	3	0.249
C_2	3	1	6	0.655
C_3	1/3	1/6	1	0.095

$\lambda_{max}^{B5}=3.018$

$CI=0.009$

$RI=0.58$

$CR=0.016<0.1$

(4)方案总排序(见表3－21)。

表3－21　方案总排序

A	B_1	B_2	B_3	B_4	B_5	总排序比	优先次序
	0.062	0.062	0.168	0.539	0.168		
C_1	0.790	0.249	0.075	0.105	0.249	0.175	3
C_2	0.133	0.655	0.591	0.258	0.655	0.397	2
C_3	0.077	0.095	0.333	0.637	0.095	0.426	1

一致性检验:

$$\mathrm{CI} = \sum_{i=1}^{5} H_{Ai}CI_i = 0.062 \times 0.011 + 0.062 \times 0.009 + 0.168 \times 0.007 + 0.539 \times 0.019 + 0.168 \times 0.009 = 0.014$$

$$RI = \sum_{i=1}^{5} H_{Ai}RI_i = (0.062 + 0.062 + 0.168 + 0.539 + 0.168) \times 0.58 = 0.58$$

$$CR = CI/RI = 0.14/0.58 = 0.024$$

因为0.024<0.1,所以总排序具有一致性。

由总排序及总排序一致性检验结果可知,C_3方案最优,C_2方案次之,C_1方案最差。

思考题与练习题

1. 住宅规划设计的主要内容是什么?
2. 影响住宅建筑设计方案的因素有哪些?
3. 写字楼规划设计的内容有哪些?
4. 商铺规划设计的内容有哪些?
5. 试述项目规划设计过程及其影响因素。
6. 试述房地产项目规划设计的基本原则。
7. 试用层次分析法和模糊分析法分析开发项目的规划设计方案。

DI SI 第四章 ZHANG 房地产项目投资分析

第一节 房地产投资决策方法

一、房地产投资分析与投资决策

（一）房地产投资分析

房地产投资分析是房地产投资机会的选择和项目投资方案的决策，是房地产开发和经营过程中的一个重要阶段，它是指在房地产投资活动前期，投资者运用自己及投资分析人员的知识与能力，全面调查投资项目的制约因素，对所有可能的投资方案进行比较论证，从中选择最佳方案并保证投资有较高收益水平的分析活动。

（二）房地产投资决策

房地产投资决策是房地产投资分析工作的最终目的。一般来说，房地产投资决策是指在房地产投资活动中，以大量的信息和一定的资源条件为前提，通过定性的推理判断和定量的分析计算，为实现投资者的预期目标而优选投资方案的过程。房地产投资决策是在综合分析项目建设可行性的基础上做出的是否可以投资的决定和安排。房地产投资决策行为是由开发商做出的，一般参考项目的可行性研究报告，但可行性研究报告并不能代替投资决策，只是作为投资决策分析的依据之一。

二、房地产投资决策的方法

（一）定性分析法和定量分析法

1. 定性分析法。

定性分析方法主要用于分析具有难以量化的复杂因素的决策问题。由于房地产投资活动特有的复杂性及其所面临的市场环境的复杂性,有许多因素无法用精确的数据进行量化描述,所以,定性分析方法在房地产投资分析中是一种普遍采用的方法。投资决策中常采用的定性方法有:经验判断法和创造工程法。

经验判断法是一种简单的决策方法,其判断依据往往是可以观察到的事实或积累的经验,对投资方案的评价也仅限于一些表面性的方案描述。经验判断法由于缺乏严谨深入的分析,所以只适用于一般决策中。创造工程法是以人的灵感、经验以及形象思维和创新能力为基础的创新技术的总称。如通过召开专家会议,让与会者畅所欲言,发挥联想,相互启发,在短时期内充分调动与会者思维创造能力,并诱发出更多的创造性思维去认识问题、分析问题和解决问题。定性分析方法虽然简便易行,但主观性大,所以要求决策者必须有丰富的行业经验。

2. 定量分析法。

定量分析法是采用数量指标和数学模型进行房地产投资决策的方法。这种方法主要是通过对决策问题进行定量分析和计算,以求得决策问题的最优解,从而做出科学的决策。在决策分析中常用的定量分析法有确定型决策法、风险型决策法和不确定型决策法。定量分析方法有其优势,如果有适当的数据,在对数据进行较为精确的计算和分析后做决策,有利于提高决策的科学性。然而,定量分析法的运用要求掌握大量的关于决策问题的信息,并要求决策者能够准确地量化其中的各个因素、指标,对决策者的素质要求较高。在实际操作中,当决策问题涉及较多的社会因素、心理因素等无法用数据加以描述的变量时,还是要借助定性分析方法。

定性分析和定量分析两种方法各有特点,各有适用性。两种方法并不对立,如果能够结合运用,相互补充,那么决策会更准确、更符合实际。

(二)确定型房地产投资决策的方法

在确定型房地产投资决策中,由于每种方案的运行结果是明确的,可以预先计算出每种方案的投资效果,因此可以直接采用相关的指标作为方案的评价标准,决策时只需按事先选定的评价指标(如投资成本、利润总额、投资回收期、内部收益率等)进行计算分析即可。在实际生活中,当我们进行房地产投资决策的时候,常用的就是针对确定型方案所做的比较和选择。该部分的计算将在第五节中具体讲述,在此不做展开。根据所用的指标的性质,确定型决策方法可以分为两类:数值比较法和比率比较法。

1. 数值比较法。

数值比较法是以房地产投资的效益或费用指标的绝对值大小来评价投资方案可行与否或孰优孰劣的分析方法,主要包括的指标有净收益、净现值、回收期、等额年值、费用现值、等额年费用等。

2. 比率比较法。

比率比较法是运用投资方案收益和费用的比率来评价房地产投资方案可行与否或优劣的分析方法，主要包括的指标有内部收益率、净现值率、效益费用比、差额投资收益率、差额内部收益率等。

（三）风险型房地产投资决策的方法

在房地产投资决策过程中，往往会受到各种因素或状况的影响，从而使决策带有某种风险。当这些因素或状况发生的概念可以根据已掌握的资料进行估计时，就可以按照风险型决策准则进行决策。这种方法要求决策者根据几种不同自然状态可能发生的概率开展决策工作。在房地产开发过程中，大量的决策问题都具有某种潜在的风险，而其风险多数遵循统计规律，也就是说，根据已掌握的资料，对各种情况发生的可能性做出估计。因此，风险型决策准则以同时考虑方案的损益及其发生的概率（所谓期望值）作为决策准则，主要的方法有期望值法和决策树法。

1. 期望值法。

数学期望值反映了随机变量取值的“平均数”，对房地产投资方案进行决策时，可以同时考虑方案的损益（经济效益）及其发生的概率，以期望值较大的方案为优。投资方案的期望值按下式计算：

$$E_i = \sum_{i=1}^{n} X_i P_i$$

［例4－1］某房地产开发公司计划开发建设住宅小区，现有两个备选开发方案。方案A是进行大规模住宅开发，需投资2亿元，方案B是进行小规模开发，需投资8 000万元。两个方案的建设经营期均为5年。根据市场调查和预测，该时期住宅市场需求状况的概率以及两个方案的损益值见表4－1。

表4－1　方案A、B的损益值　（单位：万元）

投资方案	年损益值		期望值
	市场需求大 $P_1=0.8$	市场需求小 $P_2=0.2$	
A	6 000	－2 000	2 000
B	2 500	－500	1 500

解：为了评价两个方案经济效益的好坏，我们可以计算两个方案在5年内的净收益期望值。根据期望值公式得出：

$$E_A = [0.8\times 6\,000 + (-2\,000)\times 0.2]\times 5 - 20\,000 = 2\,000\text{(万元)}$$

$$E_B = [0.8\times 2\,500 + (-500)\times 0.2]\times 5 - 8\,000 = 1\,500\text{(万元)}$$

根据计算结果，得 $E_A > E_B$，所以选择方案A，即大规模开发方案比小规模开发方案获利多。

2. 决策树法。

决策树是一种决策分析工具,决策方案未来发生各种情况的可能性及其可能结果的估计和预测可以用树状图表示出来。运用决策树法的基本步骤是:首先,拟定若干个可行的备选方案,并用决策树的方案枝表示;其次,预测各种可能状态出现的概率以及每一种状态出现后的损益值,用概率分枝和预测结果表示。决策树法特别适合于多层次决策问题。

(四)不确定型房地产投资决策的方法

在风险型投资决策中,未来各种状态的发生概率以及所产生的结果是决策的基本条件。但是在实际工作中,房地产投资项目未来所面临的自然状态往往无法肯定,很难估算发生的概率,只能对发生后的情况有所估计,这就是不确定型投资决策。不确定型投资决策很大程度上与投资者的风险态度有关,所以主观性较大。不确定型决策的基本方法有悲观法、乐观法、折中法、后悔值法以及机会均等法。

1. 悲观法决策。

悲观法决策主张将事物的结果尽量估计得坏一些,然后在坏的情况下找一个结果最好的方案,所以决策的原则是"小中取大"。即为了保险起见,决策者总是按最不利状态做出决策,立足于把损失降到最小,把安全放在首位。具体做法是在每一种投资方案中找出收益最小的(最不利状态下的收益)方案,然后从中选取最小收益值最大的方案为最优方案。

[例4-2]某房地产公司针对某一项目设计了A、B、C三个备选投资方案,这三个方案的损益情况与房地产市场需求状况密切相关,具体数据如表4-2所示。当未来市场需求面临高、中、低三种状态,而这三种状态发生的信息还没掌握,根据"小中取大"原则,选择其中一个方案。

表4-2 方案A、B、C的损益值 (单位:万元)

需求状态 方案	高	中	低
A	2 500	1 500	800
B	2 000	1 200	1 000
C	1 000	800	500

解:(1)求各决策方案中的最小损益值:

A:min{2 500,1 500,800} =850(万元)

B:min{2 000,1 200,1 000} =1 000(万元)

C:min{1 000,800,500} =500(万元)

(2)找出各方案最小收益值中的最大值：

max{800,1 000,500} =1 000(万元)

(3)选择方案：最大值 1 000 所对应的方案 B 便是决策者心中的最优方案。在悲观法决策下，如果该项目无论如何都要投资建设，决策者优先选择最不利情况下将获得最大利益的 B 方案。

悲观法常运用于投资者对投资结果要求稳妥、慎重的情况下，其基本思想是不求大功但求无过，以保险和避免发生较大损失作为效用标准，是一种谨慎、保守的决策方法。其缺点是，虽然可以避免出现较大的实际损失的风险，但也可能是盈利机会损失最大的。

2. 乐观法决策。

乐观法决策与悲观法决策正好相反，决策者对未来总是抱着乐观的态度，坚持“大中取大”的原则，选择一个能够提供最大盈利机会的方案。具体做法是，先从各方案中找出收益最大的方案，然后从中选择最大收益值的方案为最优方案。那些对项目面临的不知状态持乐观态度、喜欢主动冒险的投资者，总是能从所有最好的结果中选择一项最有利的方案。

[例 4－3]以表 4－2 中的数据为例，试用乐观法选择最优方案。

解：(1)求出各方案的最大收益值：

A：max{2 500,1 500,800} =2 500(万元)

B：max{2 000,1 200,1 000} =2 000(万元)

C：max{1 000,800,500} =1 000(万元)

(2)找出各方案最大收益值中的最大值：

max{2 500,2 000,1 000} =2 500(万元)

(3)选择方案：按乐观法判定，最大值 2 500 万元所对应的方案 A 是最优方案。

3. 折中法决策。

折中法又称乐观系数法。因为大部分投资者是介于极端悲观和极端乐观两者之间的，所以可以用乐观系数来平衡一下。所谓乐观系数，就是表示乐观程度的系数。如果每一个方案的最大值发生的概率是 a，则最小值发生的概率是 $(1-a)$，这里的 a 即为乐观系数(a 介于 0 和 1 之间)。折中法的具体做法是，根据事先确定的乐观系数计算出每一种方案的最大收益和最小收益的加权平均值，然后选出最大加权平均值者为最优方案。

4. 后悔值法决策。

当决策者对项目未来面临的自然状态判断错误从而造成损失时，就会为当初错选方案感到后悔，人们总是希望这种“后悔”的程度即错误决策带来的损失越小越好，所以可以用“后悔值”作为评价指标。“后悔值”就是各种状态下的最大收益减去其他方案的收益值之差。后悔值法决策的具体过程是，首先用各种状态下的最大收益减去各方案的收益值,求出各种自然状态下各方案的后悔值,然后列出每一个方案的最大后悔值,并从中选出后悔值最小的方案作为最优方案。后悔值代表人们未能选择最有利的行动而造成的效益损失量。

5. 机会均等法决策。

机会均等法决策又称普拉斯准则。在决策过程中,当决策者不能肯定各种自然状态发生的概率时,便认为它们是等概率的。假如有 n 个自然状态,则每一个自然状态发生的概率是 $1/n$,这样就可以按照风险型决策方法进行决策,即用期望值法进行决策。

第二节　房地产投资经济评价指标与评价方法

一、房地产投资经济评价指标的分类

(一)按是否考虑了资金时间价值进行分类

按是否考虑了资金的时间价值,可分为静态投资经济效益与动态投资经济效益两类(见图 4－1)。

1. 静态评价指标。

进行评价指标计算时,不考虑资金的时间价值,只计现金流量绝对值的评价指标。

2. 动态评价指标。

进行评价指标计算时,考虑资金的时间价值的评价指标。

- 经济评价指标
  - 静态评价指标
    - 成本利润率
    - 投资利润率
    - 投资利税率
    - 资本金利润率
    - 资本金净利润率
    - 静态投资回收期
    - 借款偿还期
    - 还本付息比率
    - 财务比率
      - 资产负债率
      - 流动比率
      - 速动比率
  - 动态评价指标
    - 动态投资回收期
    - 净现值
    - 内部收益率

图 4－1　经济评价指标的第一种划分

(二)按经济效益评价的目的分类

按经济效益评价的目的进行分类,可分为盈利能力指标和清偿能力指标(见

图 4－2）。

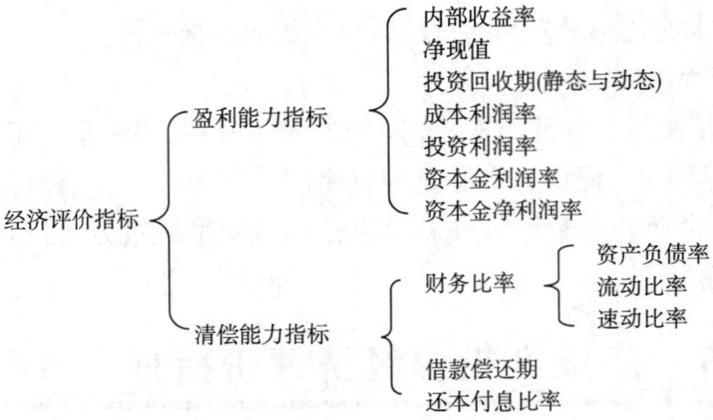

图 4－2　经济评价指标的第二种划分

1. 评价项目盈利能力的指标，主要是对项目投入与产出进行比较分析，是考察项目盈利水平的指标。

2. 评价项目清偿能力的指标主要分析计算项目在计算期内各年的财务状况及偿债能力的指标。

（三）按指标的性质分类

根据指标的性质，可分为比率性指标、价值性指标和时间性指标三大类（如图 4－3 所示）。

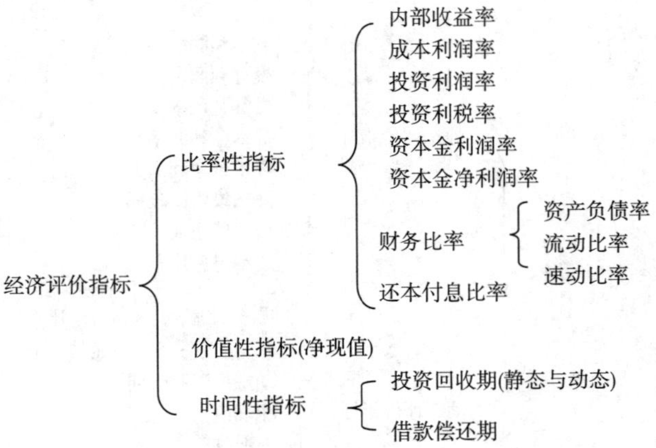

图 4－3　经济评价指标的第三种划分

二、房地产开发投资项目经济评价主要指标的计算及评价方法

房地产开发投资项目经济评价的目的，是考察项目的盈利能力和清偿能力。

在经济评价指标分类中,最常用的分类方式是静态评价指标(不考虑资金的时间价值)和动态评价指标(考虑资金的时间价值)(见图4-4)。

- 房地产开发投资项目经济评价指标
  - 静态评价
    - 成本利润率
    - 投资利润率
    - 资本金利润率
    - 静态投资回收期
    - 借款偿还期
  - 动态评价
    - 净现值
    - 内部收益率
    - 动态投资回收期

图4-4　房地产开发投资项目经济评价主要指标

(一)静态评价指标

1. 成本利润率。

成本利润率是指开发利润占总开发成本的比率,这是初步判断房地产开发项目财务可行性的一个经济评价指标。成本利润率的计算公式如下:

$$成本利润率=\frac{(项目总开发价值-项目总开发成本)}{项目总开发成本}=\frac{开发商利润}{项目总开发成本}$$

计算项目总开发价值时,如果项目全部销售,则等于扣除销售税金后的净销售收入;当项目用于出租时,则为项目在整个持有期内所有净经营收入的现值累计之和。

成本利润率适合用于评价出售经营的房地产项目。通过对不同的利润率指标的计算和比较,可以对开发项目做出初步筛选。其判别准则为:成本利润率超过目标利润率时,则认为项目在经济上是可以接受的。

[例4-4]某开发商以楼面地价1 000元/平方米购入一块普通住宅用地70年的使用权。已知建筑容积率1.6,规划建筑用地面积为40 000平方米,建造成本为1 400元/平方米,专业人员费用为建造成本的8%,管理费用为土地成本、建造成本和专业人员费用之和的5%,年贷款利率为12%,开发建设周期为3年(其中,准备期6个月,建设期为24个月,销售期为6个月),土地成本在项目开始时一次投入,建造成本、专业人员费用和管理费在建设期内均匀投入。如果该项目建成后市场销售价为4 700元/平方米,出售过程中的税费和销售费用分别为6.5%和2.5%,请问开发商的成本利润率是多少?

解:

第一步,求项目总开发价值。

建筑总面积:40 000×1.6=64 000(平方米)=6.4(万平方米)

(1)项目总销售收入:4 700×64 000=300 800 000(元)=30 080(万元)

(2)销售税金:30080×6.5% =1 955.2(万元)

(3)项目总开发价值:30 080 - 1 955.2 =28 124.8(万元)

第二步,求总开发成本。

(1)地价:1 000 ×64 000 =640 000 000(元) =6 400(万元)

(2)建造成本:1400 ×64 000 =89 600 000(元) =8 960(万元)

(3)专业人员费用:8 960 ×8% =716.8(万元)

(4)管理费用:(6 400 +8 960 +716.8) ×5% =803.84(万元)

(5)财务费用:2 591.54 +1 942.03 =4 533.57(万元)

其中:土地费用利息:$6\ 400 \times [(1+12\%)^3 - 1] = 2\ 591.54$(万元)

建造成本、专业人员费用、管理费之和的利息:

$(8\ 960 + 716.8 + 803.84) \times [(1+12\%)^{\frac{2}{2}+0.5} - 1] = 1\ 942.03$(万元)

(6)销售费用:30 080 ×2.5% =752(万元)

(7)开发成本:6 400 +8 960 +716.8 +803.84 +4 533.57 +752 =22 166.21(万元)

第三步,求开发商成本利润率。

开发商利润:28 124.8 - 22 166.21 =5 958.59(万元)

开发商成本利润率:5 958.59 ÷22 166.21 =26.88%

2. 投资利润率。

投资利润率又称为投资收益率或投资效果系数,是指项目经营期内一个正常年份的年利润总额与项目总投资的比率。投资利润率是考察项目单位投资盈利能力的静态指标。其计算公式为:

$$投资利润率 = \frac{年利润总额或年平均利润总额}{项目总投资} \times 100\%$$

投资利润率特别适合用于出租经营的房地产开发项目(如宾馆、商场、办公楼等)的投资分析,对经营期内各年的利润变化幅度较大的项目,应计算经营期内年平均利润总额与项目总投资的比率。其判别准则为:投资利润率超过或相当于行业平均投资利润率时,认为项目在经济上是可以接受的。在房地产开发具体实践中,往往对开发销售型的项目也计算投资利润率,实践中常常这样计算,但是严格地讲,这样的理解是不完全正确的。

3. 资本金利润率。

资本金利润率是指项目经营期内一个正常年份的年利润总额或项目经营期内的年平均利润总额与资本金的比率。它反映了投入项目的资本金的盈利能力。其计算公式为:

$$资本金利润率 = \frac{年利润总额或年平均利润总额}{资本金} \times 100\%$$

资本金利润率可用于开发后出租经营的房地产项目。其判别准则为:资本金利润率大于或等于行业资本金利润率或投资者目标资本金利率时，则可认为项目在经济上是可以接受的。

4. 投资回收期。

投资回收期是指以项目的年净收益来补偿全部投资所需的时间，即项目开发建设投放资金的回收时间，它是反映项目投资回收能力的重要指标。投资回收期自建设开始年算起，也可自建成后开始经营年算起。

（1）静态投资回收期（P_t）（不考虑资金的时间价值的回收期）。表达式为：

$$\sum_{t=0}^{Pt}(CI - CO)_t = 0$$

式中：P_t——静态投资回收期。

①当项目投入经营后，每一年从投资中获得的净收益都是相同的，那么，回收期就可以简单地用总投资除以预期年平均收益计算得出，即投资回收期=项目总投资/年平均收益。

②当项目投入经营后，对于年收益不太平均、相差较大的项目，静态投资回收期可以根据全部投资财务现金流量表中的累计净现金流量求得。当净现金流量累计值到某一时间正好等于项目总投资时，需要累计时间就是静态投资回收期（P_t）。其详细计算公式为：

$$P_t = (\text{累计净现金流量开始出现正值期数} - 1) + \frac{\text{上期累计净现金流量的绝对值}}{\text{当期净现金流量}}$$

投资回收期指标一般用来评价开发后出租经营的房地产项目。投资回收期的判别准则为：投资回收期≤行业的基准投资回收期，表明项目投资能在规定的时间内收回，经济效果好。

（2）动态投资回收期（P_b）（考虑资金的时间价值的回收期）。表达式为：

$$\sum_{t=0}^{P_b}(CI - CO)_t(1 + i_c)^{-t} = 0$$

式中：P_b——动态投资回收期

动态投资回收期也可根据全部投资财务现金流量表中的累计净现金流现值求得，具体计算公式为：

$$P_b = (\text{累计净现金流量现值开始出现正值期数} - 1) + \frac{\text{上期累计净现金流量现值的绝对值}}{\text{当期净现金流量现值}}$$

5. 借款偿还期。

借款偿还期是指项目开发经营期内使用可用作还款的利润、折旧、摊销及其他还款资金偿还项目借款本息所需要的时间。借款偿还期可由资金来源与运用表及国内借款还本付息计算表直接计算。公式为：

$$\text{借款偿还期} = \text{借款偿还后开始出现盈余的年份} - \text{开始借款年份} + \frac{\text{当年偿还借款额}}{\text{当年可用于还款的资金额}}$$

该指标用于评价房地产置业投资项目和房地产开发后进行出租或自营的项目。房地产开发项目用于销售时,不计算借款偿还期。其判别准则是:当借款偿还期满足借款机构要求的期限时,即认为项目是有清偿能力的。

(二)动态评价指标

1. 净现值。

财务净现值是指项目按设定的目标收益率 i_c 或行业的基准收益率 i_0,将项目计算期内各年的净现金流量折算到开发活动起始点的现值之和。净现值反映了项目在计算期内的获利能力。

$$NPV = \sum_{t=0}^{n} (CI - CO)t\,(1 + i_c)^{-t}$$

该指标适用于开发后出售与出租两种经营的项目。其评价标准是:NPV≥O时,方案在经济上可行。

2. 内部收益率。

内部收益率(IRR)是指项目计算期内各年现金流量的净现值累计等于零的贴现率(折现率),即各年现金流入量的总现值与各年现金流出量的总现值相等的贴现率,它反映了项目所占用资金的盈利率。其计算公式为:

$$\sum_{t=0}^{n} (CI - CO)_t\,(1 + IRR)^{-t} = 0$$

内部收益率可以通过内插法求得。内插法公式为:

$$IRR = i_1 + \frac{|NPV_1| \times (i_2 - i_1)}{|NPV_1| + |NPV_2|}$$

式中:i_1——当净现值为接近于零的正值时的折现率;

i_2——当净现值为接近于零的负值时的折现率;

NPV_1——采用低折现率时净现值的正值;

NPV_2——采用高折现率时净现值的负值;

内部收益率表明了项目投资所能支付的最高贷款利率。该指标适用于开发后出售与出租两种经营的项目。其评价标准为:当内部收益率(IRR)≥行业的基准收益率或设定的贴现率时,项目可以接受。

第三节　财务报表与财务评价

一、财务评价概述

(一)财务评价与财务评价报表

房地产项目财务评价是经济评价的核心部分,是在房地产市场调查与预测、项目策划、投资、成本与费用估算、收入估算与资金筹措等基本资料和数据的基础上，通过分析，编制基本财务报表，计算财务评价指标，对房地产项目的财务盈利能力（静态分析与动态分析）、清偿能力和资金平衡能力等进行评价，据此评价和判断投资项目在财务上的可行性。

房地产投资项目的财务评价报表包括基本报表和辅助报表。辅助报表中存储的是一些基础性数据，它们来源于房地产投资项目经济评价的基础数据的分析估算。基本报表是根据辅助报表中的数据填列的，它是计算反映项目盈利能力、清偿能力及资金平衡能力的基础。

（二）财务评价的作用

1. 衡量项目的盈利能力。

盈利能力是反映房地产投资项目财务效益的重要标志。在财务分析中，应当考察拟投资项目的盈利能力是否达到行业平均水平或投资者期望的最低盈利水平，或者是否满足项目可行性的条件。这种衡量主要是通过计算财务内部收益率、财务净现值、投资利润率及资本金利润率等指标来进行。

2. 衡量项目的清偿能力。

拟投资项目的清偿能力包括两个层次：一是项目的财务清偿能力，即项目按期收回全部投资的能力。二是债务清偿能力。如果项目有贷款，就应考察项目资金偿还期限是否符合有关规定，项目是否具备所要求的清偿债务的能力。这种衡量主要是通过计算投资回收期、借款偿还期以及资产负债率和偿债保障系数等指标来进行。

3. 衡量项目的资金平衡能力。

资金平衡主要是指投资项目的各期累计盈余资金不应出现负值（即资金缺口），它是房地产开发经营的必要条件。这种衡量是通过资金来源与运用表进行的。

（三）财务分析及评价指标的对应关系

房地产开发项目财务评价指标是判断项目在财务上是否具有可行性的重要依据，是衡量项目财务经济效果的尺度。根据财务评价指标和财务报表，可以看出它们之间存在一定的对应关系，如表4－3所示。

表4－3　财务指标和财务报表的对应关系

财务分析	财务报表	财务评价指标	
		静态指标	动态指标
盈利能力分析	现金流量表	投资回收期	投资回收期 财务净现值 财务内部收益率
	损益表	投资利润率 投资利税率 资本金利润率	

续表

财务分析	财务报表	财务评价指标	
		静态指标	动态指标
清偿能力分析	借款还本付息表 资金来源与运用表 资产负债表	借款偿还期 还本付息比例 资产负债率 流动比率 速动比率	
资金平衡能力分析	资金来源与运用表		

二、财务评价辅助报表

财务评价所需要的基础数据是制约和影响投资项目经济效益好坏的基本依据。基础数据资料主要通过市场调查、投资分析与预测取得,并在此基础上形成总投资估算表、总成本费用表、销售(或出租)收入与税金及附加估算表、投资计划与资金筹措表、借款还本付息表等一系列辅助报表。

(一)总投资估算表

对于开发销售模式下的房地产项目,所投入的开发建设资金本质上属于流动资金性质,不用再另行估算流动资金。而开发后用于出租或自营的房地产项目,其流动资金与一般的工业项目概念相同。总投资估算表见表4-4。

表4-4 项目总投资估算表 (单位:万元)

序号	项目	总投资	估算说明
1	开发建设投资		
1.1	土地费用		
1.2	前期工程费用		
1.3	基础设施建设费		
1.4	建筑安装工程费		
1.5	公共配套设施建设费		
1.6	开发间接费		
1.7	管理费用		
1.8	销售费用		
1.9	其他费用		
1.10	开发期税费		
1.11	不可预见费		
1.12	建设期利息		
2	经营资金		

续表

序号	项目	总投资	估算说明
3	项目总投资		
3.1	开发建设投资		
3.1.1	开发产品成本		
3.1.2	固定资产投资		
3.2	经营资金		

(二)经营收入和税金及附加表

以下表格为开发后出售经营房地产项目及开发后出租经营房地产项目的经营收入及税金状况(见表4-5和表4-6)。

表4-5 销售收入和销售税金及附加 (单位:万元)

序号	项目	合计	1	2	3	……	*N*
1	销售收入						
1.1	可销售面积						
1.2	单位售价						
1.3	销售比例						
2	销售税金及附加						
2.1	增值税						
2.2	城市维护建设税						
2.3	教育费附加						
2.4	印花税						
2.5	交易手续费						
……	……						

表4-6 出租收入与经营税金及附加估算表 (单位:万元)

序号	项目	合计	1	2	3	……	*N*
1	租金收入						
1.1	可出租面积						
1.2	单位租金						
1.3	出租率						
2	销售税金及附加						
2.1	增值税						
2.2	城市维护建设税						
2.3	教育费附加						
……	……						

续表

序号	项目	合计	1	2	3	……	N
3	净转售收入						
3.1 3.2 3.3	转售价格 转售成本 转售税金						

(三)投资计划与资金筹措表

在总投资估算表的基础上,根据项目的实施进度、各项需要的投资额、资金筹措方案和资金使用计划,可编制投资计划与资金筹措表(见表4－7),该表反映了项目的动态投资过程和各期的融资状况。编制投资计划与资金筹措表时,应注意各期资金筹措数额应等于各期投资额。

表4－7　投资计划与资金筹措表　　(单位:万元)

序号	项目	合计	1	2	3	……	N
1	项目总投资						
1.1	开发建设投资 其中:财务费用						
2	资金筹措						
2.1 2.2 2.3	资本金 借款 净销售收入再投入						

(四)借款还本付息表

若房地产投资项目融资时有向银行借款,就应编制借款还本付息计算表。该表综合反映了项目在各期的借款额、各期的借款利息以及各期还款资金来源与方式,通过该表,可计算项目的借款偿还期等指标,是判断项目偿债能力的依据之一。借款还本付息表资金来源主要有:未分配利润、折旧和摊销等。在开发销售型的房地产项目中,采用的是未分配利润;对于开发后用于出租或自营的房地产项目,投资形成固定资产,还款资金来源中包含折旧和摊销等。

表4－8　借款还本付息表　　(单位:万元)

序号	项目	合计	1	2	3	……	N
1	借款还本付息						
1.1	期初本息累计						
1.2	本期借款						
1.3	本期应计利息						

续表

序号	项目	合计	1	2	3	……	N
1.4	本期还本付息						
1.4.1 1.4.2	本期本金归还 本期利息支付						
1.5	期末借款本息累计						
2	借款还本付息资金来源						
2.1	可用于还贷的投资回收及未分配利润						
3	偿还本金后余额						

三、财务评价基本报表

房地产投资项目所需的基本财务报表包括:现金流量表、资金来源与运用表、损益表(利润表)、资产负债表、主要经济指标表。基本报表是根据辅助报表中的基础数据填列的。

(一)现金流量表

现金流量表是反映房地产项目开发经营期内各期(年、半年或季度、月)的现金流入、现金流出和净现金流量的计算表格。通过现金流量表可以计算各项评价指标,进行房地产项目财务盈利能力分析。现金流量表中的现金流入与现金流出等数据可根据各类财务数据的估算和辅助报得到,所得税数据取自"损益表"。

1. 现金流量表概述。

按照投资来源的不同,现金流量表一般可以分为全部投资现金流量表、资本金现金流量表、投资者各方现金流量表三种。

(1)全部投资现金流量表。该表不分投资资金来源,以全部投资作为计算基础,用以计算全部投资财务内部收益率、财务净现值及投资回收期等评价指标的计算表格。其目的是考察房地产项目全部投资的盈利能力,为各个投资方案进行比较建立共同的基础。其表格形式见表4-9。

表4-9 全部投资现金流量表 (单位:万元)

序号	项目	合计	1	2	3	……	N
1	现金流入						
1.1 1.2 1.3	销售(营业)收入 回收固定资产余值 回收经营资金						

续表

序号	项目	合计	1	2	3	……	N
2	现金流出						
2.1 2.2 2.3 2.4 2.5 2.6 2.7	开发建设投资(不含利息) 经营资金 运营费用 修理费用 经营税金及附加 土地增值税 所得税						
3	净现金流量(1-2)						
4	累计净现金流量						
5	所得税前净现金流量(3+2.6)						
6	所得税前累计净现金流量						

	所得税后	所得税前
计算指标:财务内部收益率(%):		
财务净现值(i_c = %):		
投资回收期(年):		

注意:销售(营业)收入指销售收入、出租收入、自营收入、其他收入、净转售收入等,是根据项目的实际情况,包含以上全部或部分收入。以下同。

(2)资本金现金流量表。资本金是房地产项目投资者自己拥有的资金。该表从投资者整体的角度出发,以投资者的投资额作为计算基础,把借款本金偿还和利息支付视为现金流出,用以计算资本金财务内部收益率、财务净现值等评价指标,考察项目资本金的盈利能力。其表格形式见表4-10。

表4-10 资本金现金流量表 (单位:万元)

序号	项目	合计	1	2	3	……	N
1	现金流入						
1.1 1.2 1.3	销售(营业)收入 回收固定资产余值 回收经营资金						
2	现金流出						
2.1 2.2 2.3 2.4	资本金 经营资金 运营费用 修理费用						

续表

序号	项目	合计	1	2	3	……	N
2.5 2.6 2.7 2.8 2.9	经营税金及附加 土地增值税 所得税 借款本金偿还 借款利息支付						
3	净现金流量(1－2)						
4	累计净现金流量						
计算指标:财务内部收益率(%):			财务净现值(i_c = %):				

(3)投资者各方现金流量表。该表以投资各方的出资额作为计算基础,用以计算投资者各方财务内部收益率、财务净现值等评价指标,反映了投资者各方投入资本的盈利能力。当一个房地产项目有几个投资者进行投资时,可编制投资者各方现金流量表(表略)。

2. 开发后全部出售项目的现金流量表。

房地产投资项目往往有开发后出售项目、开发后出租项目和置业投资项目的区分,我们必须注意到,在具体填报现金流量表时,不仅有全部投资和资金本的区别,还有出售项目与出租、自营项目的区别,这也是房地产投资项目与一般建设项目不同的地方。本部分列出了开发后全部出售项目的现金流量表(见表4－11和表4－12)。

表4－11 全部出售项目全部投资现金流量表 (单位:万元)

序号	项目	合计	1	2	3	……	N
1	现金流入						
1.1	销售收入						
2	现金流出						
2.1 2.2 2.3 2.4	开发建设投资(不含利息) 销售税金及附加 土地增值税 所得税						
3	净现金流量(1－2)						
4	累计净现金流量						
5	所得税前净现金流量(3＋2.6)						
6	所得税前累计净现金流量						

表 4-12　全部出售项目资本金现金流量表　　（单位:万元）

序号	项目	合计	1	2	3	……	N
1	现金流入						
1.1	销售收入						
2	现金流出						
2.1	资本金						
2.2	经营税金及附加						
2.3	所得税						
2.4	土地增值税						
2.5	借款本金偿还						
2.6	借款利息支付						
3	净现金流量(1-2)						
4	累计净现金流量						

(二)资金来源与运用表

1. 资金来源与运用表概述。

资金来源与运用表是反映房地产项目开发经营期各期的资金盈余或短缺情况,用以选择资金筹措方案,制定适宜的借款及偿还计划的报表,它为项目资产负债表及资金平衡分析提供了重要的财务信息,同时还可用于计算借款偿还期。其表格形式见表4-13。

表 4-13　资金来源与运用表　　（单位:万元）

序号	项目	合计	1	2	3	……	N
1	资金来源						
1.1	销售(营业)收入						
1.2	资本金						
1.3	借款						
1.4	回收固定资产余值						
1.5	回收经营资金						
2	资金运用						
2.1	开发建设投资(不含建设期利息)						
2.2	经营资金						
2.3	运营费用						
2.4	修理费用						
2.5	经营税金及附加						
2.6	土地增值税						
2.7	所得税						
2.8	应付利润						
2.9	借款本金偿还						
1.10	借款利息支付						

续表

序号	项目	合计	1	2	3	……	N
3	盈余资金(1－2)						
4	累计盈余资金						
计算指标:财务内部收益率(%): 财务净现值(i_c= %):							

作为项目投资实施的必要条件,每期的累计盈余资金应不小于零。资金来源与运用表可用来进行资金平衡分析。该表给出的盈余资金表示当年资金来源(现金流入)多于资金运用(现金流出)的。当盈余资金为负值时,表示该年的资金短缺数。作为资金的平衡,并不要求每年的盈余资金不出现负值,而要求从投资开始至各年累计的盈余资金大于零或等于零。这要求投资项目在实施过程中任何时刻都有够用的资金。因此,辅助报表中的项目资金筹措方案和借款还本付息计划应能使本表中各年度的累计盈余资金额始终大于或等于零,否则,项目将因资金短缺而不能按计划顺利进行。当某一期累计盈余资金出现负值时,要在此之前或增加借款,或增加自有资金投入,或延缓、减少利润分配,或设法与债务人延缓还款时间。

房地产投资项目资金平衡分析关注的重点是资金来源与运用表的累计盈余资金栏目。有不少房地产投资项目,预期的盈利能力很高,但这类项目往往占用资金较多,投资回收周期较长,一旦出现资金短缺,有些项目不得不降价出让或低价销售,使投资的盈利水平大打折扣,甚至出现破产清算的局面。因此,资金平衡分析对房地产投资项目很重要。

2. 开发后出售房地产项目的资金来源与运用表。

房地产投资项目经常有出售项目和出租项目两种形式,在填列资金来源与运用表时,与现金流量表一样,出售项目和出租项目也会有所不同。当然,二者并无本质的不同,只是根据所需数据的不同增减而已。出售项目资金来源与运用表见表4－14。出租和自营项目的资金来源与运用表与一般建设项目的资金来源与运用表比较相似。

表4－14 出售项目资金来源与运用表 (单位:万元)

序号	项目	合计	1	2	3	……	N
1	资金来源						
1.1 1.2 1.3	销售收入 资本金 借款						
2	资金运用						

序号	项目	合计	1	2	3	……	N
2.1	开发建设投资(不含建设期利息)						
2.2	销售税金及附加						
2.3	所得税						
2.4	土地增值税						
2.5	应付利润						
2.6	借款本金偿还						
2.7	借款利息支付						
3	盈余资金(1-2)						
4	累计盈余资金						

(三)损益表

1. 损益表概述。

损益表有时也称利润表。损益表是反映房地产项目开发经营期内各期的利润总额、所得税及各期税后利润分配情况的财务报表。通过该表提供的投资项目经济效益静态分析的信息资料,可以计算投资利润率、资本金利率、资本金净利润率等评价指标。损益表见表4-15。

表4-15 损益表 (单位:万元)

序号	项目	合计	1	2	3	……	N
1	经营收入						
1.1	销售收入						
1.2	出租收入						
1.3	自营收入						
2	经营成本						
2.1	商品房经营成本						
2.2	出租房经营成本						
3	运营费用						
4	经营税金及附加						
5	土地增值税						
6	利润总额						
7	所得税						
8	税后利润						

续表

序号	项目	合计	1	2	3	……	N
8.1 8.2 8.3	盈余公积金 应付利润 未分配利润						
计算指标:投资利润率(%): 资本金利润率(%):		投资利税率(i_c = %): 资本金净利润率(%):					

注:①经营成本可根据总成本费用和各自产品(出售产品、出租产品)占总成本费用的比例结转各自产品的经营成本。②运营费用(也叫经营费用)主要包括:经营过程中的管理费、维修费、利息支出、房地产税、经营人员工资等。

2. 开发后出售房地产项目的损益表。

由于房地产项目与一般建设项目有较大差异,而且房地产经营方式一般分出售和出租两种,所以,在损益表的编制时往往也会分为两种:出售型房地产项目损益表(见表4-16)和出租型房地产项目损益表。这两种损益表利润总额的计算也会有所不同。

表4-16　全部出售房地产项目的损益表　　（单位:万元）

序号	项目	合计	1	2	3	……	N
1	销售收入						
2	总成本费用(等于开发建设投资)						
3	销售税金及附加						
4	土地增值税						
5	利润总额						
6	所得税						
7	税后利润						
7.1 7.2 7.3	盈余公积金 应付利润 未分配利润						

以出售为主的房地产投资项目与一般建设项目的主要区别在于,一般建设项目计算期包括两部分:一是建设期,主要形成投资;一是生产经营期,主要形成产品的总成本费用,投资则以折旧与摊销的形式在该期内收回。而出售型房地产项目,其投资过程就是房地产产品的生产过程,建设期与经营期无法分开,所以才有总投资 = 总成本费用 = 经营成本。另外,房地产投资项目中还含有土地增值税,这样,以出售为主的房地产项目的利润总额为:利润总额 = 销售收入 - 总成本费

用－经营税金与附加－土地增值税。

（四）资产负债表（表略）

资产负债表综合反映了项目计算期内各年末资产、负债和所有者权益的增减变化及对应关系，以考察项目资产、负债、所有者权益的结构是否合理。

（五）财务外汇平衡表（表略）

财务外汇平衡该表适用于有外汇收支的项目，用以反映项目计算期内各年外汇余缺程度，进行外汇平衡分析。

第四节　利润影响因素与敏感性分析

一、房地产投资项目的利润影响因素

房地产开发投资是一个动态过程，具有周期长、资金投入量大等特点，因此很难在一开始就对整个开发过程中的有关费用和建成后的收益情况做出估计。在房地产项目投资分析中，影响利润的主要因素有以下几个：

第一，土地成本。在评估时房地产开发商还没获得土地使用权，土地成本是一个未知数，需要参照近期土地成交的实例，通过市场比较或其他方法来估算土地成本。而在地块现状较复杂和房地产市场不很健全的情况下，很难估算得比较准确。同时，房地产市场的变化也会导致土地成本的变化，因为土地成本占50%～60%（大城市中心区），或30%（城市郊区），分析其变化很重要。

第二，建造成本。建造成本的估算时间与承包商报价时间相差一年到半年，会由于建筑材料或劳动力价格水平的变化导致建造成本发生变化，导致评估建造成本与签订承包合同时的标价不一致。

第三，租金或售价。租金或售价是主要现金流入，但它是通过与市场上近期成交的类似物业和租金或售价进行比较、修正得出的。房地产开发过程中，政治、经济、社会和环境等因素的变化对租金和售价水平的影响很难定量描述。

第四，开发期（前期、建造期、租售期）。租售期的长短与宏观的社会经济状况、市场供需状况等有直接的关系。租售期的延长会使得购置土地及建筑工程所占用的资金承担更多的利息，而增加整个房地产开发项目总的财务费用。

第五，资本化率。项目总开发价值或物业资本价值的预测值或物业资本价值可用项目建成后年净经营收入除以资本化率得到。资本化率是选取若干个参照项目的实际净租金收入与售价的比值，取其平均值作为评估项目的资本化率。由于不同估价人员的经验、专业知识及手中掌握的市场资料有限，所选择的对照项目可能不同，因此会有不同的结论。另外，由于开发周期内市场行情的改变，以及参照项目与评估项目之间的差异，评估时所选择的资本化率或折现率与将来实际

投资收益率相比，也不可避免地出现误差，使开发商要承担附加风险。

第六，容积率及有关设计参数。当项目用地面积一定时，容积率的大小就决定了项目可建设面积的数量，而建筑面积直接关系到项目的租金或销售收入以及总建造成本。

第七，贷款利率。资金使用成本，即利息支出对开发商最终获利大小的影响极大。

第八，空置率。空置率的变化与宏观经济环境、市场供求关系、使用者支付租金的能力等有关，所以，要估计某类物业的空置率是不容易的。

二、敏感性分析的概念与作用

（一）敏感性分析概念

敏感性分析是指从众多不确定性因素中找出对投资项目经济效益指标有重要影响的敏感性因素，并分析、测算其对项目经济效益指标的影响程度和敏感性程度，进而判断项目承受风险能力的方法。

在项目的整个投资周期会有许多不确定因素对其收益产生影响，敏感性分析就是用来分析投资决策中这些不确定因素影响程度的方案，通过该方法，可以分析各自变量，即不确定因素如何影响项目决策指标。

（二）敏感性分析的作用

敏感性分析的作用有：①对项目经济效益敏感程度进行排队，为项目决策者充分利用有利因素、避免不利因素提供依据；②分析项目可能出现的最有利与最不利的经济效益变动，为决策者勾画了项目的风险程度；③可进行多方案比较，区别敏感性，选择敏感性小的（即风险小的）方案为项目投资方案。

三、敏感性分析的步骤与方法

（一）敏感性分析的步骤

第一，选定需要分析的不确定因素，设定这些因素的变化范围。

影响项目收益的因素很多，选择不确定性因素时要注意：①该因素在可能变动的范围内的变动结果将对项目收益产生较大影响；②因素变动的可能性较大，并且这种变动结果通常对项目收益产生较大的影响。

第二，确定敏感性分析评估指标。

要选择最能反映项目收益情况的评价指标作为分析对象，该指标要与经济分析所用的指标一致，如可用净现值、内部收益率、投资回收期等。敏感性分析可围绕其中一个或若干个最重要的指标进行分析。

第三，计算不确定因素不同幅度的变动所导致的经济效益评估指标的变动，建立一一对应的数量关系。

第四,确定敏感因素,对项目的风险情况做判断。

判断敏感因素的方法有:①假定要分析的各个因素均从其基本数值开始变动,比较在同一变动率下各因素的变动对评估指标因素影响的大小,据此判断项目经济效益对各因素的敏感程度。②设各因素均往对项目不利的方向变动,并分别取其可能出现的最坏值,据此计算评估指标,看其是否达到使项目无法接受的程度,如果该因素的最坏值使方案变得不可接受,则表明它是项目的敏感因素。

(二)敏感性分析的方法

1. 单因素敏感性分析。

假设各个因素之间相互独立,每次只考察一项可变参数,其他因素不变,以考察该变量对经济指标的影响。

2. 多因素敏感性分析。

即同时分析两个或两个以上的变动因素发生变化时对项目评估结果的影响,通过对多个变量的测试找出关键变量的方法。

[例4-5]某开发商拟在其以20万美元购得的一块土地上开发一栋普通写字楼,规划允许建筑面积为2 000平方米,建造成本为200美元/平方米,项目的准备期为3个月,建造期为12个月,第4个月到第15个月投入的建造成本分别占总建筑成本的3.8%、4.7%、5.8%、6.9%、8.6%、10.3%、12.7%、13.5%、11.9%、8.5%、6.8%和6.5%。预计项目投入使用后年租金收入为6万美元,贷款利率为15%。试对项目进行敏感性分析。

解:①单因素敏感性分析。求出原始基准方案利润为118 235美元。先假设各变量之间相互独立,然后每次只考察一项可变参数的变化,其他参数保持不变时,看项目利润的变化情况。从表4-17的计算可以看出,投资收益率、租金、建造成本三个因素较为敏感。

表4-17 开发商利润变动的敏感性分析

变动因素		利润变化分析	
变动因素(原始值)	变化幅度	计算出的利润值(美元)	利润变化幅度(%)
地价(200 000美元)	+10%	88 002	-25.57
	-10%	150 525	+27.31
利率(15%)	+10%	106 482	-9.94
	-10%	130 248	+10.16
建造成本(200美元/平方米)	+10%	61 045	-48.37
	-10%	183 311	+55.04
租金(32.5美元/平方米)	+10%	212 315	+79.57
	-10%	26 709	-77.41

续表

变动因素		利润变化分析	
变动因素(原始值)	变化幅度	计算出的利润值(美元)	利润变化幅度(%)
建筑面积(2 000 平方米)	+10% -10%	148 066 84 053	+25.30 -28.91
专业人员费用(12.5%)	+10% -10%	111 496 125 057	-5.70 +5.77
投资收益率(7%)	+10% -10%	32 787 222 672	-72.27 +88.33
租售代理费(15%)	+10% -10%	117 005 119 382	-1.04 +0.97
广告宣传(5250 美元)	+10% -10%	117 585 118 897	-0.55 +0.56

②多因素敏感性分析。建造价格和租金两个因素同时变化时,项目利润如表 4-18 所示。从表 4-18 的计算可以看出,建造成本减少、租金上涨同时发生时,利润增长最大。

表 4-18　租金、建造成本共同变化对开发商利润变动敏感性分析

	租金(美元/平方米)					
建造成本(美元/平方米)	30	31.5	32.5	35	37.5	40
185	11.09	16.58	20.23	29.34	38.44	47.52
200	5.69	10.91	14.39	23.07	31.76	30.37
215	-0.79	5.77	9.09	17.37	25.64	33.89
230	-3.68	1.09	4.26	12.18	20.08	27.98
250	-9.05	-4.55	-1.55	5.93	13.4	20.86

3. 敏感性分析的“三项预测法”。

敏感性分析的“三项预测法”是多变量敏感性分析方法的一种,它是对房地产开发项目中所涉及的评估变量分别给出三个预测值(估计值),即最乐观预测值、最可能预测值、最悲观预测值,根据各评估变量三个预测值的相互作用来分析、判断开发商利润受影响情况。各变量三项预测值的估计并不是简单的事,有赖于评估人员的专业水平及其所拥有的市场资料的完整性。

[例 4-6]经过对市场的全面调查、研究后,分别给出了各变动因素的三项预测值,如表 4-19 所示。

表 4－19　各变动因素的三项预测值

变量	最乐观情况	最可能情况	最悲观情况
租金增长情况(每年)	7%	5%	3%
投资收益率(年)	6.50%	7%	7.50%
建造成本上涨情况(每年)	6%	7.50%	9%
贷款利率(年)	10%	13%	16%
建造期	12 个月	12 个月	12 个月
租售期	建成即租出	3 个月	6 个月
准备期	3 个月	3 个月	3 个月
土地成本	200 000 美元	200 000 美元	200 000 美元

每个变量有三个估计值，共有 6 561 种组合，在实际工作中可用计算机完成。以下将表 4－19 中 8 个变量按最乐观情况考虑，或全部按最可能情况和最悲观情况考虑，即可得出开发项目最有用的三组结果(见表 4－20)。

表 4－20　不同状态下的评估结果

变量状态	最乐观情况	最可能情况	最悲观情况	原始评估值
开发商利润值(美元)	266 841	199 444	38 539	118 235
占总开发价值的百分比	24.50%	20.00%	4.20%	13.40%
占总开发成本的百分比	33.40%	25.60%	4.50%	15.50%
在原有评估结果基础上的变化	126%	69%	－67%	

结果表明，当变量发生变化时，开发商利润值大约在 38 539～266 841 美元之间变化，最可能的利润值大约为 199 444 美元。

一般说来，评估中所涉及的变量全部为最乐观或最悲观的情况在实际开发过程中是很少见的，除非政府给予某种特别优惠的政策或宏观经济出现全面萧条。但不管怎样，对评估变量进行全面分析，有助于开发商或投资商做出正确的决策。

第五节　可行性分析及投资方案选择

一、可行性分析与投资方案的比选

(一)可行性分析与方案比选

可行性分析是在房地产项目投资决策前，对项目在技术上、经济上、工程上的可行性进行论证、研究、评价的分析过程。可行性分析是投资分析中的一个重要阶段，通过可行性分析，可能找出多个可行方案。由于资源有限，投资分析将帮助投资者在多个可行方案中选择最适合投资者目的的一个。

方案比选要做到合理,需要考虑的因素很多,诸如各方案是否具备可比的基础、不同投资方案的计算期是否相同、资金有无约束条件、投资规模是否相同等。投资者在进行项目的多方案比选时,首先必须分析各项目方案之间的相互关系,选择正确的评价指标,才能以简便的方法做出科学的决策。

(二)投资方案的比选过程是确定型项目决策的过程

在房地产项目投资中,决策的难易程度往往取决于决策信息是否充分,本章第一节主要介绍了按决策性质划分的确定性决策、风险型决策和不确定型决策的方法。在确定型房地产投资决策中,由于每种方案的运行结果明确,可以预先计算出每种方案的投资效果,因此可以直接采用相关指标作为方案的评价标准。在实际生活中,当我们进行房地产项目投资决策的时候,常用的就是针对确定型方案所做的比较和选择,即确定型项目决策的过程就是方案的比选过程。

(三)房地产投资项目的方案类型

房地产投资项目方案类型不同,其选择、判断的尺度也不同,选择的结果也不同。房地产投资项目方案有以下三种类型:

一是互斥方案。即在若干个方案中,选择其中任何一个方案,则其他方案就必须被排斥的一组方案。由于资源有限,投资者经常从众多令人满意的投资项目中进行选择。

二是独立方案。独立方案是指一组相互独立、互不排斥的方案。在独立方案中,选择某一方案并不排斥选择另一方案。独立方案的特点是诸方案之间没有排他性,只要条件(如资金)允许,就可以几个方案共存,直到资源得到充分运用为止。

三是混合方案。即兼有互斥方案和独立方案两种类型的混合情况。具体说来,是在一定条件(如资金条件)制约下,有若干个相互独立的方案,在这些独立方案中又分别包含着几个互斥型方案。

二、互斥方案的比较和选择

互斥方案是在若干个方案中,选择其中任何一个方案,则其他方案就必须被排斥的一组方案。很多房地产投资者都面临着资源有限的境况,比如,自有资金的数量是固定的,接受一个项目意味着要倾其所有,就不可能再接受其他项目。所以,投资者常常面对的境况是虽然有若干令人满意的方案,但是资金或土地是有限的,只能从中进行选择。

(一)项目计算期相同的互斥方案的比较和选择

对项目计算期相同的互斥方案,可以直接用净现值、等额年值指标和差额投资内部收益率进行比选。

[例4-7]某房地产公司现有A、B、C三个互斥方案,各方案的初始投资、每年年末的净经营收益见表4-21。各投资方案的计算期均为10年,10年后无残值。如基准收益率为10%,应选择哪一个方案?

表4-21　互斥方案A、B、C的投资额和年净收益　　(单位:万元)

投资方案	初始投资	年净收益
A	800	200
B	1 100	300
C	1 450	350

解:(1)用净现值法。根据公式:$NPV=\sum_{t=0}^{n}(CI-CO)_t(1+i_c)^{-t}$,求出每一个方案的净现值,分别为:

$$NPV_A=-800+200\times\frac{(1+10\%)^{10}-1}{10\%\times(1+10\%)^{10}}=428.92(\text{万元})$$

$$NPV_B=-1\ 100+300\times\frac{(1+10\%)^{10}-1}{10\%\times(1+10\%)^{10}}=743.38(\text{万元})$$

$$NPV_C=-1\ 450+350\times\frac{(1+10\%)^{10}-1}{10\%\times(1+10\%)^{10}}=700.61(\text{万元})$$

因为NPV_B最大,所以B方案最优。

(2)用等额年值法。根据公式$AW=NPV\frac{i_c(1+i_c)^n}{(1+i_c)^n-1}$,计算各方案的等额年值为:

$$AW_A=428.92\times\frac{10\%(1+10\%)^{10}}{(1+10\%)^{10}-1}=69.8(\text{万元})$$

$$AW_B=743.38\times\frac{10\%(1+10\%)^{10}}{(1+10\%)^{10}-1}=120.98(\text{万元})$$

$$AW_A=700.61\times\frac{10\%(1+10\%)^{10}}{(1+10\%)^{10}-1}=114.02(\text{万元})$$

因为AW_B最大,所以B方案最优。

(3)用差额投资内部收益率法。利用差额投资内部收益率法来比选方案的一般步骤是:

第一步,按照投资规模大小将投资方案由小到大排列顺序:A、B、C。

第二步,计算投资规模最小的方案的内部收益率,如果所求得的内部收益率小于基准收益率或投资者最低可接受的收益率,则淘汰该方案。如果求得的内部收益率大于或等于基准收益率或投资者最低可接受的收益率,则转入下一步。

在本例中,A方案的投资规模最小,利用内插法,求出$IRR=21.43\%>10\%$,所以转入下一步。

第三步,计算投资规模最小的方案与其投资规模相邻的方案的现金流量差额，求出投资增量的内部收益率。如果求得的内部收益率低于基准收益率或投资者最低可接受的收益率，则淘汰投资规模大的方案；反之，则淘汰规模小的方案，转入下一步。

本例中，方案B为A的相邻者，两者的现金流量差额为100万元，投资增量为300万元，根据 $-300+100(P/A,\Delta IRR_{B-A},10)=0$，用内插法求得投资增量的内部收益率 $\Delta IRR_{B-A}=31.14\%>10\%$，所以追加300万元投资是合理的，淘汰投资规模较小的方案，选择B方案。

第四步，计算方案B与C的现金流量差额，求投资增量的内部收益率。两者的现金流量差额为50万元，投资增量为350万元，根据 $-350+50(P/A,\Delta IRR_{B-A},10)=0$，用内插法求得投资增量的内部收益率 $\Delta IRR_{B-A}=7.14\%<10\%$，所以追加50万元投资是不合理的，淘汰投资规模较大的方案，选择B方案。

因此B方案最优。

由以上计算可以看出，对于项目计算期相同的互斥投资方案，用上面三种方法来比选的结果是一致的。

(二)项目计算期不同的互斥方案的比较和选择

对项目计算期不同的互斥方案，一般采用等额年值法进行比选。采用净现值指标或差额投资内部收益率进行比选，必须要对各方案的计算期和计算方法做适当的处理。

1. 用等额年值法进行比选。

[例4-8]某房地产公司有两个互斥方案A和B，各方案的初始投资、年净收益、计算期如表4-22所示。若基准收益率为12%，试进行方案的比选。

表4-22　方案的初始投资、年净收益、计算期　　(单位：万元)

方案	初始投资	年净收益	计算期(年)
A	1 800	800	3
B	2 200	1 000	4

解：①根据公式 $NPV=\sum_{t=0}^{n}(CI-CO)_t(1+i_c)^{-t}$，计算两个方案的净现值如下：

$$NPV_A=-1\,800+800\times\frac{(1+12\%)^3-1}{12\%\times(1+12\%)^3}=121.47(\text{万元})$$

$$NPV_A=-2\,200+1\,000\times\frac{(1+12\%)^4-1}{12\%\times(1+12\%)^4}=837.35(\text{万元})$$

②根据公式 $AW=NPV\dfrac{i_c(1+i_c)^n}{(1+i_c)^n-1}$，计算各方案的等额年值为：

$$AW_A=121.47\times\frac{12\%(1+12\%)^3}{(1+12\%)^3-1}=50.57(\text{万元})$$

$$AW_B = 837.35 \times \frac{12\%\ (1+12\%)^4}{(1+12\%)^4-1} = 275.69(\text{万元})$$

因为 $AW_B > AW_A$，所以，B 方案为最优方案。

2. 用净现值法进行比选。

当各方案的计算期不同时，为了使方案具有可比性，需要对各方案的计算期进行统一处理。理论上有两种方法，一种是方案重复法，也称为最小公倍数法，即将各个方案计算期的最小公倍数作为比较方案的计算期，并假定各个方案均在这样一个共同的期限内重复实施，每次重复时现金流量不变。这种方法适合于最小公倍数较小的情况下使用。另一种方法是最短计算期法，这种方法是直接选取一个适当的分析期作为各个方案共同的计算期，通过比较各个方案在计算期内的净现值大小来进行方案的比选，并以净现值最大的方案为最优方案。这种方法适合于在计算期的最小数较大的情况下使用。

[例 4－9] 以表 4－22 的数据，用净现值法进行方案比选。

解：取三个方案计算期的最小公倍数 12 作为共同计算期，则 A 方案现金流量重复 4 个周期，B 方案现金流量重复 3 个周期。设 NPV_{A12}、NPV_{B12} 为两个方案在 12 年计算期内的净现值。经计算得：

$$\begin{aligned} NPV_{A12} &= -1\,800 - 1\,800(P/F,12\%,3) - 1\,800(P/F,12\%,6) \\ &\quad - 1\,800(P/F,12\%,9) + 800(P/A,12\%,12) = 887.2(\text{万元}) \\ NPV_{B12} &= -2\,200 - 2\,200(P/F,12\%,4) - 2\,200(P/F,12\%,8) \\ &\quad + 1\,000(P/A,12\%,12) = 2\,426(\text{万元}) \end{aligned}$$

因为 $NPV_{B12} > NPV_{A12}$，所以，B 方案为最优方案。

（三）直接用投资利润率等静态指标进行比选

对于计算期较短的出售型房地产项目，可直接用利润总额、投资利润率等静态指标进行比选。选用投资利润率高的方案为最优方案。

三、独立方案的比较和选择

独立方案的选择可能会出现两种情况：一种情况是投资者可利用的资金足够金多，也就是资金没有限制。这种情况下，可以采用单方案的经济评价指标，如净现值或内部收益率等，可以计算出每个方案的净现值或内部收益率，选择所有 $NPV(i_c) \geqslant 0$ 或 $IRR \geqslant i_c$ 的方案即可。另一种情况是投资者可利用的资金是有限制的。若资金不足以分配到全部 $NPV(i_c) \geqslant 0$ 的项目，独立关系就转化为一定程度的互斥关系，即形成在资金约束条件下的优化组合问题。因此，独立方案的比较和选择是指在资金约束条件下，如何选择一级方案组合，使得投资的总体效益最大，即组合 NPV 最大。

一般来说，独立方案的比选有四种方法：一是现值法，二是净现值率排序法，三是收益率分配法，四是互斥组合法。前三种方法是在一定的资金约束下，把能满足基准收益的方案，根据各方案的净现值、净现值率和内部收益率的大小来确定各方优先次序并分配资金，直到资金限额被分配完为止。第四种方法是把独立方案组合成相互排斥的方案，利用互斥方案的比较选择最优组合。

［例 4－10］某房地产公司有三个相互独立的投资方案，各方案投资额与每期期末的净收益见表 4－23，各方案的寿命均为 8 年。假如基准收益率为 12%，可利用的资金总额只有 300 万元时，应怎样选取方案？

表 4－23　独立方案 A、B、C 的投资额和年净收益　　（单位：万元）

方案	投资额	年净收益
A	100	25
B	200	46
C	150	38

由于资金限额为 300 万元，三个方案如同时进行，将使总投资超过限额，因此，可以采用将独立方案转为互斥组合的方法进行决策。即把所有的方案组合列出来，找出其中满足约束条件的组合，再利用互斥方案的经济评价方法选出最优组合。

解：

（1）计算出每种方案的净现值，如表 4－24 所示。

表 4－24　各独立方案的净现值　　（单位：万元）

方案	投资额	年净收益	净现值
A	100	25	24.19
B	200	46	28.51
C	150	38	38.77

从表 4－24 可以看到，三个方案的净现值均大于零，从单个方案的角度，三个方案均可行。但已知资金限额为 300 万元，三个方案同时实施将使总投资为 450 万元，超过了投资限额。

（2）计算各组合的投资总额、年净收益和净现值，如表 4－25

表 4－25 各组合方案的净现值　　（单位：万元）

组合号	方案组合	投资总额	年净收益	净现值
1	A	100	25	24.19
2	B	200	46	28.51
3	C	150	38	38.77
4	AB	300	71	52.70

续表

组合号	方案组合	投资总额	年净收益	净现值
5	AC	250	63	62.96
6	BC	350	84	67.28
7	ABC	450	109	91.47

在表4－25的七个方案中，方案组合6、7的总额超出了资金限制，可不予考虑。在满足资金约束条件的1～5组合中，第5个方案组合的净现值最大，故方案A与方案C的组合为最优投资组合，即投资决策为同时投资方案A与方案C。

思考题与练习题

1. 房地产投资的特性有哪些？

2. 什么是确定型房地产投资决策、风险型房地产投资决策和不确定型房地产投资决策？

3. 房地产投资项目经济评价指标体系主要由哪些具体指标构成？

4. 房地产开发项目财务盈利能力分析主要应采用哪些评价指标？

5. 什么是房地产开发项目财务评价？

6. 房地产开发过程中会面临哪些不确定因素？什么样的因素是敏感性因素？

7. 房地产投资方案的类型分为哪几种？各自的含义是什么？

8. 怎样用差额内部收益率法、等额年值法和年费用比较法进行方案的比选？

DI WU ZHANG 第五章 房地产项目资金筹集

第一节 房地产项目资金筹集概述

一、房地产项目资金构成

投资项目的资金由两大部分组成:股本资金和债务资金,二者的比例形成了一个项目的资本结构(资金结构)。其中,股本金包括股本资金和准股本资金,又称为项目的权益资金;债务资金又称为负债资金。

投资项目要有一个合理的资金结构,要使自有资金和债务资金的比例在一定的范围内。股本资金起到垫底作用,股本金比例越高,银行的贷款风险越小。具有一定的自有资金是房地产项目开发的前提和条件,根据国务院《关于调整部分行业固定资产投资项目资本金比例的通知》(国发〔2004〕3 号文),房地产开发项目(不含经济适用房项目)的资本金比例提高到 35%(原为 20%),经济适用房项目资本金比例为 30%。

房地产投资项目的股本金是投资者对所投资项目投入的资本金,通常来自投资者的自有资金(现金;速动资产,如银行票据、股票、债券;近期内可收回的各种应收账款)、证券市场筹集(如股票、基金)及投资合作;房地产投资项目的债务资金是通过举债得到的资金,通常来自银行贷款和政府财政性投资、发行债券等方式。

二、房地产项目资金筹集的目的

房地产项目投资规模大、周期长、风险也大,保证项目顺利启动和正常运作及开发企业的合理发展,是房地产开发企业或项目的最低资金筹集要求。但是资金筹集不是一种盲目的行为,应该根据项目开发不同时期和不同过程的资金需要和

经营管理目标,遵循一定的资金运作原则,科学合理地实施资金筹集活动。房地产项目资金筹集的主要目的有以下两点:

第一,实现项目投资开发的目标和企业发展目标。房地产开发企业投资开发新的项目往往需要筹集大量资金,尤其是中长期资金,同时项目投资者一般总是希望加快项目的开发速度和进程,这样必须突破现有的资本存量,需要新资本增量。另外,扩张性筹集资金使企业的资产规模也有所扩大,使企业增加了市场竞争能力和收益能力,但由于负债规模也有所增大,带来了更大的投资风险。

第二,偿还债务,改善盈利能力,调整资本结构。企业的资本结构是一个动态指标,为了偿还某些债务而筹集资金(借新债还旧债),一是尽管企业有能力支付到期旧债,但为了调整原有的资本结构,仍然举借新债,从而使资本结构更加合理,充分发挥杠杆效益;二是企业现有支付能力已不足以偿还到期旧债,被迫举借还债,这表明企业的财务状况已经恶化。因此,通过筹集资金,调整资本结构,使企业的权益资本和债务资本保持适当的比例关系,从而改善和提高企业或项目的偿债能力和盈利能力。

三、资金筹集的原则

(一)适度性原则

资金的筹集一定要适应经济活动的实际需要,无论是筹资规模,还是筹资时机、期限、方式,均要适当。企业在筹集资金过程中,必须根据项目的投资时间和投资需要(年度或分期)安排确定适当、合理的筹集时机和规模,避免因取得资金过早而造成资金闲置,或因筹资时间滞后而影响项目的正常运行。

(二)安全性原则

企业在筹集资金的过程中必须全面、合理地衡量项目现在或预期的收益能力和偿债能力,使企业的权益资本和债务资本保持合理的比例,使企业的负债率(企业负债占全部资产的比率)和还债率(企业还债数额占全部收入的比率)控制在一定的范围内,降低企业的财务风险。风险的大小与筹资方案有极大关系。一个好的筹资方案应当尽量将因筹资带来的经营风险和财务风险降到最低限度。

(三)经济性原则

资金筹措的本质是获取一定资金在一段时间内的使用权,而这种使用权的获取是要付出代价的,这种代价便是筹资成本。尽可能使筹资成本极小化是筹资经济性原则的主要内涵。

(四)可行性原则

在筹集资金过程中,除了要考虑企业的筹资能力、偿还能力、盈利能力和经营能力外,还必须考虑政府法律法规、财税制度和筹资动作管理的约束,以及不同筹资方式和筹资渠道的适配。

（五）盈利性原理

在筹集资金过程中，必须充分发挥财务杠杆的作用，提高企业的经营能力和收益能力，通过筹资提高企业的开发实力和市场竞争力。筹资方案所带来的经济利益的大小应当是衡量其经济效益的重要内容，在实际资金筹措活动中，人们一般用杠杆效益来评价筹资方案的经济效果。

四、房地产资金筹集分类与筹集方式

（一）房地产资金筹集分类

房地产开发项目资金筹集的分类方式很多，主要有以下几种。

1. 按不同融资主体分类。

按融资主体的不同，房地产资金筹集可分为房地产企业融资和房地产项目融资。

（1）房地产企业融资。房地产企业融资是指利用企业自身的经济实力或资信进行的融资，在融资中首先要考虑的因素是房地产企业的资信状况。还款来源为房地产企业的所有资产及其收益，一般采用抵押或质押或保证贷款等担保形式，它是将房地产企业作为一个整体，全盘审核资产负债及利润情况，并结合房地产企业的项目综合考虑，但并不限定资金用于哪些具体的房地产开发项目。

（2）房地产项目融资。这主要是针对具体房地产开发项目的融资方式，根据项目自身的现金流是否可以覆盖融资需要，通过选择房地产项目，测算房地产项目的现金流融资成本，设计合理的融资结构，以达到满足房地产开发商具体项目的融资需求。目前，中小房地产公司常采用项目融资模式。在房地产项目中，有BOT融资模式、BT模式等新的融资形式的探索，这种融资模式首先要考虑的是项目本身的经济强度，还款来源为项目投产后的收益及项目本身的资产。

2. 按资金来源方式分类。

按资金来源的不同，房地产资金筹集可分为内源融资和外源融资。

（1）内源融资（自有资金）。内源融资是开发企业的创始资本以及营运中的资本积累所形成，它是企业的权益性资本，包括公司股本金、留存利润积累和折旧基金。内源融资是企业将留存收益和折旧转化为投资的过程。内源融资不需要实际对外支付利息或股息，不会减少企业的现金流量；同时，内源融资成本远低于外源融资，不会发生融资费用，是企业首选的融资方式。内源融资的具体形式有现金、其他速动资产（应收票据；可抵押、贴现而获得现金的股票和债券；其他可以立即售出的建成房地产），以及在基期内可以回收的各种应收款。

（2）外源融资（借入资金）。外源融资是指企业从外部（其他经济主体）获得的资金转化为自己的资本的过程。其中，短期资本通过货币市场筹集，长期资本通过资本市场筹集，包括债券融资和股票融资。外源融资可按照资金的筹集方式，分为直接融资和间接融资。另外，按照资金对企业权益的影响，外源融资又可分为权益融资和债务融资。

3. 按资金筹集方式分类。

根据资金筹集方式的不同，可分为直接融资和间接融资。

（1）直接融资是指不通过金融中介机构而直接由企业面向社会进行融资。其主要形式是商业信用、企业发行股票或公司债券。

（2）间接融资是指通过银行或其他金融中介机构向资本的最初所有者获得资金的融资活动。一般由银行、信托投资公司、证券公司、保险公司等广泛地向社会各界筹集资金，然后有选择地放贷或投资于企业的项目开发。由银行或非银行金融机构发放的贷款、投资、融资租赁等属于间接融资。

对房地产开发企业来说，直接融资受外部环境影响大，对企业素质要求较高；而间接融资，企业所受约束较少。

4. 按资金对企业权益的影响分类。

按资金对企业权益影响的不同，可分为权益融资和债务融资。

（1）权益融资是企业筹集到的资金被转化为所有者权益的过程。所筹得的资金直接构成了企业的权益资本，其性质是项目的自有资金。权益融资通常采用直接融资的方式，如吸收直接投资、发行股票、联营等，它与投资者自有资金一起，形成项目投资的股本金或权益资本。资金供给方与投资者共同承担投资风险，报酬是可分配利润。

（2）债务融资是指企业向债权人吸收的资金，是通过举债方式融资，并按预先规定的利率支付报酬的一种资金融通方式。债务资金的筹集往往采用间接筹集与直接筹集相结合的方式，如银行贷款、发行债券、融资租赁、商业信用等，资金融出方不承担项目投资的风险，所得的报酬是融资协议中所规定的贷款利息和有关费用。

5. 按融资性质分类。

实践中还可根据融资性质，将企业融资分为财政投融资、银行融资、商业融资、证券融资和国际融资五种类型。

（1）财政投融资是一种政策性投资融资，是为需要政府给予扶植或保护的产品或直接由政府控制定价的基础性产品融资。

（2）银行融资是指企业经银行等金融机构获取贷款的资金运作方式。

（3）商业融资是指企业利用商业信用，在销售商品、提供服务的过程中筹集资金的行为，包括收取客户的预付款、押金、订金、开具商业汇票等。如房地产开发企业收取的预售款、零售业中商品销售柜台预收的租赁费、经销商的赊销行为等均属于商业融资。

（4）证券融资是企业借助证券市场的筹资功能融通资金的过程，如发行股票和债券等。资金盈余者可以通过买入证券实现投资;资金短缺者则通过发行证券来融资。

(5)国际融资是指企业经由国际金融市场进行融资活动的总称。常见的国际融资的方式有:国际信贷融资(如国外银行贷款、出口信贷等);国际证券融资(如国际债券融资、国际股票市场融资);国际租赁;国际金融互换(如利率互换、货币互换等)。

6. 其他分类方式。

除上述分类方式外,还有很多融资分类方式,如根据融资时间长短分为短期融资(商业信用和银行短期贷款)、中期融资和长期融资(长期贷款和企业债券);根据融资来源国别的不同,可分为国内融资和国际融资;根据融资来源是否具有政策性,分为政策性融资和商业性融资;根据融资币种不同,分为本币融资和外汇融资;还有按融资渠道不同,分为自有资金融资、银行贷款融资、发行房地产股票、发行房地产证券(包括发行企业债券和资产证券化融资方式)、预收定金、引用外资(包括与外商合资、合作,利用海外基金等方式)。

(二)房地产项目资金筹集的主要方式

房地产开发企业成功与否,不仅取决于土地资源的获取、房地产项目的运作,很大程度上还取决于房地产企业筹集资金和利用资金的能力。房地产开发项目资金筹集的实质是充分发挥房地产的财产功能,为房地产投资筹措资金,以达到尽快开发、提高投资效益的目的。房地产开发资金的筹集过程较为复杂,筹集方式也有多种,通常有以下几种。

1. 企业自筹。

这部分资金为企业自身的积累,它是企业根据财务制度,从产品生产成本和税后留利两个渠道中提取的资金,主要表现为计提折旧形成的临时沉淀资金、生产发展资金、后备基金、闲置资产变现、员工福利基金、未分配利润等。

2. 银行借款。

目前,许多项目从开发资金到建筑企业垫付的工程款以及消费者个人购房的资金,几乎都依赖于银行的信贷资金。银行向房地产开发、经营、流通和消费领域发放的贷款有以下几种主要形式:

(1)房地产开发项目贷款。由开发商向银行申请发放的用于项目开发建设的贷款。这是根据有关部门批准的开发项目计划,为某一特定项目向银行借入的资金。

(2)房地产开发企业流动资金贷款。即银行向为社会提供房地产产品的房地产开发企业发放的用于生产周转的流动资金贷款,主要用于垫付开发项目所需的生产性流动资金。

(3)商品房建筑材料、设备补偿贸易贷款。即房地产开发企业为了解决开发项目季节性的超储备材料,或临时周转需要而向银行申请的临时流动资金贷款。

(4)按揭贷款。由开发商向银行提出申请,贷给购房者个人用于支付购房款的长期贷款,并以所购房产做抵押,分期偿还本息。按揭贷款按规定不高于房款的70%,开发商提供还款担保。

(5)抵押贷款。按《中华人民共和国担保法》规定的抵押方式,以借款人或第三人的房地产或房地产权利作为抵押物发放的贷款。

(6)工程单位流动资金贷款。由施工单位根据施工合同向银行申请,用于购置材料和施工组织。

(7)专项贷款。即国家示范工程、重点工程、经济适用房建设中银行提供的政策性贷款。由财政贴息或根据相关部门立项的指标下达。

另外还有其他分类,如按资金的使用性质,分为固定资产贷款(建设过程贷款)和流动资金贷款(周转使用过程中的贷款);按贷款对象,分为单位贷款和个人贷款;按借款期限,分为短期贷款和中长期贷款,等等。

3. 商品房预租售。

商品房预售是指在商品房未建成前就将其预售出去,用获得的预售资金建设该房地产。通过预售商品房,可获得后续开发建设所需要的资金,是开发商筹集资金的重要途径。我国对房地产预售有严格的规定:

(1)已交付全部土地使用权出让金,取得土地使用权证书;

(2)持有建设工程规划许可证和施工许可证;

(3)按提供预售的商品房计算,投入开发建设的资金达到工程建设总投资的25%以上,并已经确定施工进度和竣工交付日期;

(4)开发商向所在市、县人民政府房地产管理部门预售登记,取得《商品房预售许可证》。

商品房预售可使房地产开发企业筹集必需的建设资金,但将部分市场风险转移给了购房者。

4. 发行股票。

发行股票是股份有限公司筹集长期资金(或资本金)的基本方式,通过发行股票,筹集企业设立时所需的股本金(资本金);或者为扩大经营规模和业务范围以及开发新项目,通过发行股票筹集所需资金;或者为改善资本结构以及配股转增资本金,通过发行股票筹集资金。

5. 发行债券。

债券是企业以某项目开发建设的预期收益和企业的信誉为偿付保证,通过证券公司(投资银行)向投资人发行的证券。发行债券是企业为建设和发展筹集大笔长期资金的一种重要方式。我国企业发行的债券一般称为企业债券,对股份有限公司而言可称为公司债券。由于企业主要以本身的经营利润作为还本付息的保证，因此，企业债券的风险与企业本身的经营情况直接相关，风险较大。目前，我国发行企业债券的限制条件多、审批程序严格。住宅建设债券的审批环节更加复杂，能够申请的企业不多，所以一般的房地产公司较难做到发行企业债券。

6. 合作开发。

通过股权式合营、契约式合营等方式吸收中外企业（内地公司或外资公司）的投资。实践中，可以与当前的土地使用者合作开发；或与有资金实力但没有房地产专营权的企业合作，使有房地产开发专营权但资金少的企业形成优势互补。

7. 其他方式。

（1）内部认购。实践中，开发商常通过内部认购方式来筹集建设资金，以获得部分预售收入。内部认购因没有申领到商品房预售许可证，其行为不受法律保护，但一定程度上解决了开发建设中的资金短缺问题。

（2）承包商垫资。由于建筑市场竞争激烈，房地产项目建设过程中，建筑承包商往往会垫付部分或全部工程款进行工程建设。在我国，承包商垫资受到限制，但它符合国际建筑市场运作规则。在国际建筑市场，通过采用这种筹集方式，开发商要审查承包商的经济实力，而承包商则要求开发商进行反贷款担保。

8. 房地产金融创新。

（1）房地产投资信托基金（REITs）。REITs 是购买、开发、管理和出售房地产资产的公司。房地产投资信托基金选择投资的领域非常广泛，其投资涉及许多地区的各种不同类型的房地产和抵押资产。由于职业投资经营管理，其收益水平高于一般股票收益，因而成为个人投资者及大型机构投资者间接投资于房地产的工具。

（2）房地产抵押支持证券（MBS）。MBS 是将金融机构持有的个人住房抵押贷款债权转化为抵押支持证券（MBS），然后通过证券融通资金。国外抵押证券有 CMBS（商业物业抵押证券）和 RMBS（住宅抵押证券），该证券是由大众掌握，而大众都不希望社会不稳定而使其财产受损，所以这样的融资方式将有利于社会的稳定。目前这种方式在我国还只处于讨论阶段。

第二节　现金流量与资金时间价值估算

一、现金流量

（一）现金流量的概念

1. 现金流量。

现金流量（Cash Flow，CF）是拟建项目在整个计算期内各个时点上实际发生的资金流出或流入。流出系统的资金叫现金流出(Cash Out Flow,CO);流入系统的资金叫现金流入(Cash In Flow,CI)。

2. 净现金流量与累计净现金流量。

净现金流量(NCF)是一定时期各时间点现金流入与现金流出的差额,其计算往往以期为时间单位。具体公式为:

$$NCF = CI - CO$$

累计净现金流量是将各期的净现金流量依次累计而得。

在房地产投资分析中,把某一项投资活动作为一个独立的系统,把一定时期各时间点上实际发生的资金流出或流入叫作现金流量。对房地产开发项目,其现金流入表现为销售收入、出租收入、资产回收、借款等;现金流出表现为土地费用、建造费用、还本付息、经营费用、税金等(投资、经营成本、税、贷款本息偿还等)。

(二)现金流量图与现金流量表

1. 现金流量图。

现金流量图是反映拟建项目在整个计算期内流入和流出的现金活动的简化图示。它是用时间轴和时间轴的垂直线来表示现金流出和现金流入并注明金额的图示(见图5-1)。

现金流量图的几个要素是:①大小;②流向;③时间点。

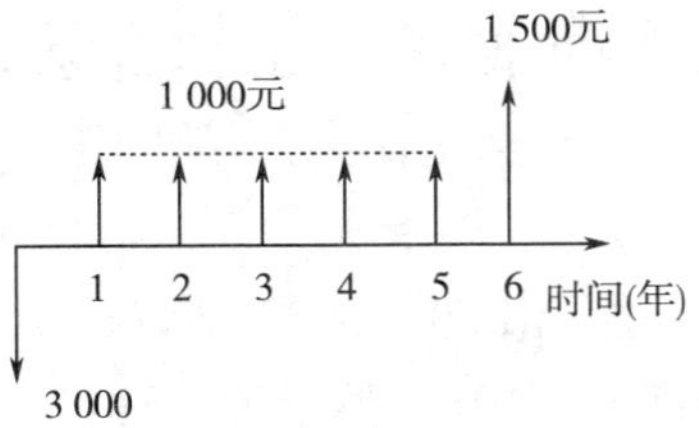

图5-1 现金流量

2. 现金流量表。

现金流量可以用现金流量表加以反映,分为全部投资现金流量表和自有资金现金流量表

二、资金的时间价值

资金的时间价值是指不同时间发生的等额资金在价值上的差别。资金在时间推移中有增值能力,同数额资金不同时间点上有不同的价值,其差额就是资金的时间价值。利率是资金时间价值的标志之一。

由于资金存在时间价值,无法直接比较不同时点上发生的现金流量。因此,要通过一系列换算，在同一时点上进行对比，才符合客观的实际情况。这种考虑了资金时间价值的经济分析方法提高了方案评价与选择的科学性和可靠性。

三、利息与利率

1. 利息。

利息是占用资金所付出的代价（或放弃使用资金所得到的补偿）。利息的计算有单利计息和复利计息两种。

（1）单利计息。单利计息是仅按本金计算利息，利息不再生息。单利计息的利息计算公式为：

$$I_n = P \cdot n \cdot i$$

n 个计息周期后的本利和为：

$$F_n = P(1 + n \cdot i)$$

（2）复利计息。复利计息是本金加上先前计息周期所累计的利息再计息，即利息再生利息。复利计息的利息计算公式为：

$$I_n = P[(1+i)^n - 1]$$

n 个计息周期后的本利和为：

$$F_n = P(1+i)^n$$

我国房地产开发贷款和住房抵押贷款等都是按复利计算的。由于复利计息比较符合资金在社会再生产过程中的实际运动状况，在投资分析中一般采用复利计息。

［例5－1］某房地产开发企业向某银行一次借款100万元，年利率为10%，还款期为5年，如按到期本金利息累计一次付清，则利息为多少？一共要还的本利和为多少？

解：利息：$I_n = P[(1+i)^n - 1] = 100[(1+10\%)^5 - 1] = 61.05$（万元）

本利和为：$F_n = P(1+i)^n = 100(1+10\%)^5 = 161$（万元）

2. 利率。

利率是一个计算周期内的利息与本金之比，是单位本金经一个计息周期后的增值额。

四、名义利率与实际利率

（一）名义利率与实际利率概述

在实际经济活动中，计息周期有年、季度、月、周、日等，于是就出现了不同计息周期的利率换算问题。当利率标明的时间与计算周期不一致时，就出现了名义利率与实际利率的区别。名义利率是指一年内多次复利时的年利率，它等于每期与年内利息次数的乘积。实际利率是指一年内多次复利时，每年末终值比年初的增长率。

名义利率与实际利率的关系式为：

$$i_{实} = \left(1 + \frac{i_{名}}{m}\right)^m - 1$$

其中：m 为计息周期。

(二)名义利率与实际利率的关系

第一，名义利率越大，计息周期越短，实际利率与名义利率的差异就越大。

第二，当每年计息周期数 $m = 1$，名义利率与实际利率相等。

第三，当每年计息周期数 $m > 1$，实际利率大于名义利率。

第四，实际利率比名义利率更能反映资金的时间价值。

五、资金等值计算与复利计算

(一)资金等值计算

不同时间发生的等额资金在价值上是不等的，把一个时点上发生的资金金额折算成另一个时点上的等值金额，称为资金的等值计算。把将来某时点发生的资金金额折算成现在时点上的等值金额，称为“折现”或“贴现”。把将来时点上发生的资金折现后的资金金额称为“现值 P”。把与现值等价的将来某时点上的资金金额称为“将来值”或“终值 F”。资金在某一特定时间序列内连续的等额收入或支出称为“年金 A”；资金在某一时点上的值称为“时值”。

(二)常用的资金等值计算公式

1. 现值与将来值之间的换算。

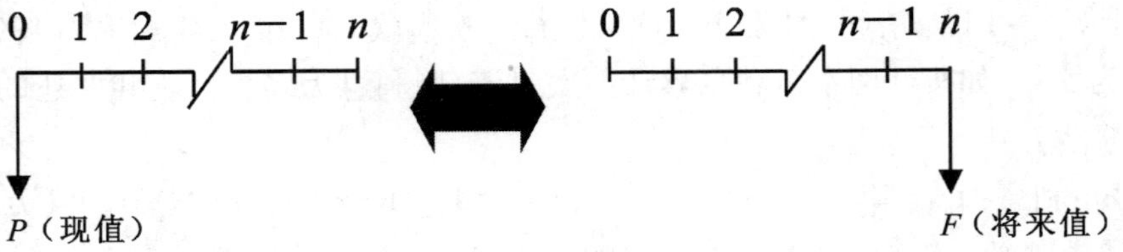

$P = F \times (1+i)^{-n}$　　　　$F = P \times (1+i)^n$

其中，i 是反映资金时间价值的参数，称为“折现率”。以上两式亦可记作：

$$P = F \times (P/F, i, n); \quad F = P \times (F/P, i, n)$$

2. 等额年值与将来值之间的换算。

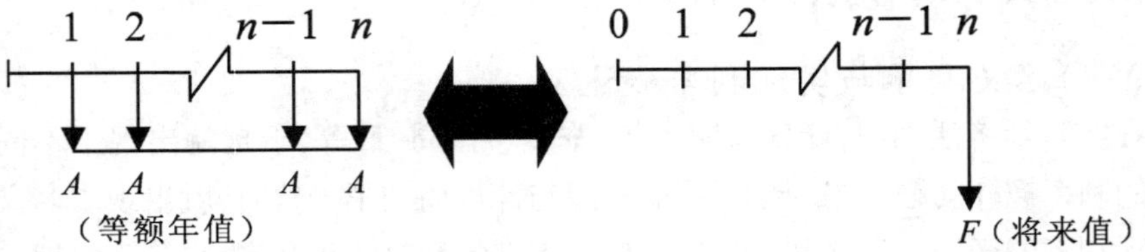

$A = F \times \frac{i}{(1+i)^n - 1}$　　　　$F = A \times \frac{(1+i)^n - 1}{i}$

其中 A 是从第 1 年末至第 n 年末的等额现金流序列,称为“等额年值”。以上两式亦可记作:

$$A = F \times (A/F, i, n); \quad F = A \times (F/A, i, n)$$

3. 等额年值与现值之间的换算。

$$A = P \times \frac{i(1+i)^n}{(1+i)^n - 1} \qquad P = A \times \frac{(1+i)^n - 1}{i(1+i)^n}$$

其中 i 是反映资金时间价值的参数,称为“折现率”。以上两式亦可记作:

$$A = P \times (A/P, i, n) \quad P = A \times (P/A, i, n)$$

[例 5-2]某家庭以 4 000 元/平方米的价格购买了一套建筑面积为 120 平方米的住宅,银行为其提供了 15 年期的住房抵押贷款,该贷款的年利率为 6%,抵押贷款价值比例为 70%。如该家庭在按月等额还款 5 年后,于第 6 年初一次提前偿还了贷款本金 8 万元,问第 6 年开始的抵押贷款月还款额是多少?

解:

(1)已知 $P = 4\ 000 \times 120 \times 70\% = 33.6$(万元);$P' = 8$(万元);$n = 15 \times 12 = 180$(月);

$n' = (15-5) \times 12 = 120$ 月;$i = i' = 6\%/12 = 0.5\%$;

(2)正常情况下抵押贷款的月还款额为:

$$A = P\frac{i(1+i)^n}{(1+i)^n - 1} = 33.6 \times \frac{0.5\%(1+0.5\%)^{180}}{(1+0.5\%)^{180} - 1} = 2835.36(\text{元})$$

(3)第 6 年初一次偿还本金 8 万元后,在第 6 到第 15 年内减少的月还款额为:

$$A' = P\frac{i(1+i)^n}{(1+i)^n - 1} = 8 \times \frac{0.5\%(1+0.5\%)^{120}}{(1+0.5\%)^{120} - 1} = 888.16(\text{元})$$

(4)从第 6 年开始的抵押贷款月还款额是:

$$A - A' = 2\ 835.36 - 888.16 = 1\ 947.20(\text{元})$$

[例 5-3]某家庭以 3 500 元/平方米的价格购买了一套建筑面积为 80 平方米的住宅,银行为其提供了 15 年期的住房抵押贷款,该贷款的年利率为 6%,抵押贷款价值比例为 70%,月还款常数为 0.65%。问抵押贷款到期后,该家庭应向银行偿还的剩余本金金额是多少?

注：月还款常数 = 每月还款额/贷款总额；抵押贷款价值比例 = 抵押贷款额/贷款总额

解：

(1)已知 $P=3\ 500\times80\times70\%=19.6$(万元)；月还款常数 $\alpha=0.65\%$；

$$n=15\times12=180(\text{月});i=i'=6\%/12=0.5\%$$

(2)按月等额偿还抵押贷款本息的月还款额为：

$$A=P\frac{i(1+i)^n}{(1+i)^n-1}=19.6\times\frac{0.5\%(1+0.5\%)^{180}}{(1+0.5\%)^{180}-1}=1\ 653.96(\text{万元})$$

实际每月的月还款额为：$19.6\times0.65\%=1\ 274$(元)

借款人每月欠还的本金：$1\ 653.96-1\ 274=379.96$(元)

(3)抵押贷款到期后，该家庭应向银行偿还的剩余本金为：

$$F=A\frac{(1+i)^n-1}{i}=379.96\times\frac{(1+0.5\%)^{180}-1}{0.5\%}=110\ 499.48(\text{元})$$

第三节　房地产项目资金筹集规划

一、房地产项目资金筹集规划的基本内容

(一)房地产项目资金筹集规划的概念

房地产项目资金筹集规划是根据项目可行性研究估算的总投资需要量和年度投资需要量(或分期投资需要量)，通过资金来源与运用表(或称财务平衡表)，研究、安排资金的来源与运用，为项目寻求适宜的资金筹集方案，选择财务费用最经济的资金筹集方案，并在此基础上估计获得资金的可能性，以适应项目预期的现金流量。

对于房地产开发项目来说，建设资金是项目建设的基本条件，只有在相当明确的资金筹集前景的情况下，才有条件进行项目的可行性研究；如果筹集不到资金，投资方案再合理可行，也不能付诸实施。同时，建设项目的资金需要量(或资金筹集规模)必须在对项目产品市场前景和财务经济分析之后，才能做出较符合实际情况的估算。因此，在分析项目投资方案的基础上进行项目资金筹集方案的研究，对项目的顺利实施具有重要意义。

(二)房地产项目资金筹集规划的主要内容

第一，内外部因素分析。内外部因素分析是对企业或项目的内外部因素进行分析。内部因素包括企业或项目的开发经营状况、筹资能力、财务状况等；外部因素包括社会经济环境、政策法规、资本市场供需状况等。在此基础上，确定企业或项目筹资的基本条件。

第二，确定筹资目标。在房地产项目开发经营目标的指导下，合理确定筹资目标，即筹资活动期望达到的目的和要求。筹资目标一般包括：资金的数量要求

与使用时机要求；资本结构要求，即合理负债与自有资金比例、长期资金与短期资金比例；最低的企业资金综合成本；较低的财务风险。

第三，资金筹集计划编制。研究房地产项目投资计划，确定资金筹集的规模和流量，编制投资估算与资金筹措表，并进行资金平衡分析。资金筹集规模即为项目总筹集需求量。资金筹集的流量是根据项目资金投入和资金偿还要求相适应的不同时间（一般以年为单位）内筹集资金和偿还资金的数量，一般需编制投资估算和资金筹措表以及财务平衡表来进行分析。

第四，资金筹集结构分析。即资金来源、期限、方式等资本结构分析，以及所筹集到的各种属性的资金所占比重的分析。

第五，资金筹集成本分析。在资本结构分析的基础上，合理有效地估算筹集所要求的资金而将付出的、企业或项目能够承受的各种费用和成本。

第六，资金筹集风险分析。即预测资金筹集的风险和可行性。

第七，拟定筹集方案。根据企业或项目的筹资目标，以及关于筹资规模和流量、资本结构、资金资本、筹资风险和可行性等的分析，拟定企业或项目的各种可行的资金筹集方案（规模、时间安排、渠道、具体方式等）。在资金筹集规划中，还应对还本付息方式和来源、期望收益水平及其分配方式、担保和保险等进行分析研究。

以下针对筹集规划中的筹集计划、筹集成本、筹集结构等主要内容进行讲述。

二、房地产项目资金筹集计划的编制

由于房地产投资的资金需要量较大，而投资者自有资金相对有限，能否按期足额投入资金成为保证房地产项目得以顺利实施的基本前提。房地产投资项目应根据投资估算数据、可能的建设进度、将发生的实际付款时间和金额以及筹措情况，按期编制投资计划与资金筹措表。

（一）资金使用计划的编制

要进行资金使用计划的编制，就需要对房地产项目的总投资与总成本费用进行估算，确定项目的建设进度，对项目可能的还款进行估计。

1. 项目成本与费用的估算。

房地产开发项目总投资包括开发建设投资和经营资金。开发建设投资是指在开发期内完成房地产产品开发建设所需投入的各项费用；经营资金是指房地产开发企业用于日常经营的周转资金。其投资构成如图 5－2 所示。

房地产开发项目有建成后出售、建成后出租及建成后自营三种模式，有时也有三者兼而有之的形式，即部分出售、部分出租和自营。对于开发后租售的房地产开发项目，其总投资基本上等于开发建设投资并等于开发产品成本（即总成本费用）。根据房地产开发项目开发地点不同、项目类型不同、经营方式的不同等，其费用构成存在一定的差异，主要包括：

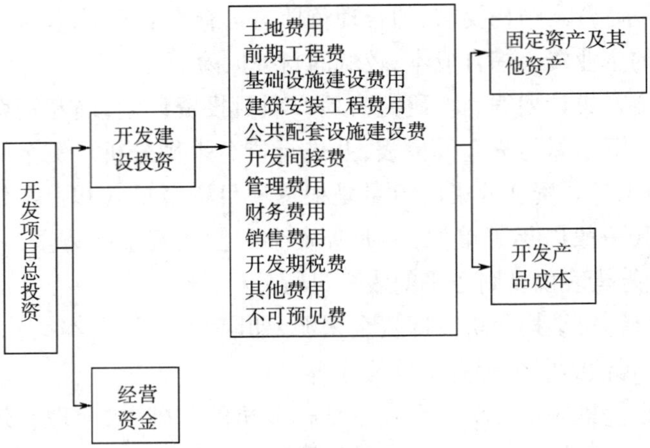

图5-2 房地产开发项目总投资构成

(1)土地费用。由于土地使用权的取得有多种方式,所发生的费用也各不相同。因此对土地费用的估算要依实际情况而定:①划拨用地的土地费用:通过划拨方式取得的土地费用,它不包含土地使用权出让金,但需缴纳土地征用、拆迁补偿安置费、视开发程度而定的土地开发成本(城市基础设施建设费)。它又分为"生地""熟地"两种划拨形式。②出让用地的土地费用:通过出让方式取得的土地费用,包括土地出让金、拆迁补偿费、城市基础设施建设费。它主要包括向政府缴付的土地使用权出让金和根据土地原有开发状况需要支付的拆迁安置补偿费、城市基础设施建设费或征地费用。③转让用地的土地费用,该土地费用主要采用市场价格,实践中常采用市场比较法、假设开发法、收益法等方法进行估价。④合作用地的土地费用:其土地费用估算也主要参考市场价格,需要对土地价格进行评估。这种方式主要通过土地作价入股来合作开发,投资者不需要筹集现金用于支付土地使用权的获取费用。

(2)前期工程费。包括:①规划设计费;②项目策划、可行性研究费;③水文地质勘测;④场地"三通一平"等土地开发工程费(道路费、供水费、供电费、土地平整费)。规划设计费、项目策划、可行性研究等费用可按项目总投资的一个百分比估算;水文地质勘测费、场地"三通一平"等土地开发工程费,可根据估算工程量,参照有关计价指标或结合类似工程经验估算。

(3)基础设施建设费用。基础设施建设费用是指建筑物2米以外和项目用地规划红线以内的管线和道路工程、接口费,包括供电、供水、供气、排污、小区道路、路灯、绿化、环卫工程的建设工程费和接口费。接口费需根据项目需要及项目所在地的具体情况,与当地各部门协商;其他费用可按估算工程量参照有关计价指标或类似工程经验进行估算。

(4)建筑安装工程费用。建筑安装工程费用是指建筑工程费用、设备采购费用及安装工程费用。在投资分析阶段,可采用单元估算法、单位指标估算法、工程量近似匡算法、概算指标估算法、概预算定额法等进行估算,也可以根据类似工程经验进行估算。具体估算方法的选择应视基础资料的可取性和费用支出情况而定。

(5)公共配套设施建设费用,是指居住小区内为居民服务配套建设的各种非营利性的公共配套设施的建设费用,主要包括居委会、派出所、托儿所、幼儿园、公共厕所、停车场等。公共配套设施建设费用可根据估算工程量,参照有关计价指标进行估算;或按规划指标,根据类似工程经验进行估算。

(6)开发间接费用,是在开发现场组织管理所发生的各项费用,主要包括工资、福利费、折旧费、修理费、办公费、水电费、劳动保护费、周转房摊销和其他费用等。开发间接费用可按估算工作量或开发企业管理费的一个百分比进行估算。若房地产开发企业不设立现场机构,所发生的费用可直接计入开发企业的管理费用。

(7)财务费用,是指筹措债务资金时,在建设期内发生并计入项目总投资的利息,包括银行借款和其他债务资金的利息,以及其他融资费用。其他融资费用是指债务融资中发生的手续费、承诺费、管理费、信贷保险费等融资费用,也称为建设期利息。

(8)管理费用,是指房地产开发企业的管理部门组织和管理房地产项目的开发经营活动而发生的各项费用。管理费用主要包括:工资、福利、办公费、差旅费、折旧费、修理费、工会经费、教育经费、劳动保险费、待业保险费、董事会费、咨询费、审计费、诉讼费、排污费、绿化费、房地产税、车船使用税、土地使用税、技术转让费、技术开发费、无形资产摊销、开办费摊销、业务招待费、坏账损失、存货盘亏、毁损和报废损失以及其他管理费用。管理费可按上面(1~5)项的3%左右。

(9)销售费用,是指房地产开发企业在销售房地产产品过程中发生的各项费用,包括销售人员工资、奖金、福利费、差旅费、销售机构的折旧费、修理费、物料消耗、广告费、宣传费、代销手续费、销售服务费及预售许可证申领费等。销售费用约占销售收入的4%~5%。

(10)不可预见费用。不可预见费用是根据项目的复杂程度和前述各项费用估算的准确程度,以上述各项费用之和的2%~5%进行估算。

(11)开发期税费,包括开发期所负担的各种税金和地方政府有关部门征收的费用。具体包括土地使用税、市政管线分摊费、供电贴费、用电权费、绿化建设费、电话初装费、分散建设市政公用设施建设费、固定资产投资方向调节税(目前房地产项目暂按零税率计征)等。开发期税费可根据国家及地方有关规定估算。

(12)其他费用,主要包括临时用地费和临时建设费、工程造价咨询费、总承包管理费、合同公证费、施工执照费、工程质量监督费、工程监理费、竣工图编制费、工程保险费等。这些费用按当地有关部门规定的费率估算,一般约占投资额的2% ~3%。

2. 确定项目建设进度。

在投资分析中,一般编制投资计划都是采用比较粗略的方法。例如,根据各项投资费用要求的时间,或根据工程进度预计的大致用款区间,在用款区间内平均分配投资。如土地费用,土地拍卖或招标规定了土地费用的支付时间;又如:某住宅楼工期9个月,单项工程费用除以9,每个月的用款额就出来了。

更准确的方法是编制工程进度计划,画出横道图或时间网络图,再根据每段时间完成的实物量可投入的人力、物力和财力,计算单位时间(月、季、半年或年)的投资。统计各时段所有单位工程或单项工程的投资,可得到详细编制的投资使用计划。

3. 借款还本付息的估算。

借款还本付息的估算主要是测算借款、还款期的利息和偿还借款的时间,从而观察项目的偿还能力和收益,为财务分析和项目决策提供依据。房地产投资项目借款的还款方式应根据不同来源的贷款资金所要求的还款条件来确定。通常有以下几种还款方式:①按实际能力还款(虽然贷款双方在有关贷款合同或协议中也规定了还款期限,但是在实际操作过程中,主要还是根据项目的还款资金来源情况进行测算,即按实际偿还能力测算,有多少预售收入就还多少的方式);②定期按等额还本,每期付息一次;③定期按等额还本付息;④每期计息并付息一次,不还本金,本金到期一次还清;⑤到期本金利息累计一次付清。

4. 编制资金使用计划。

编制资金使用计划的根据有:①房地产开发项目可能的建设进度;②将会发生的实际付款时间(用款时间),即将项目成本与费用估算值、还本付息值等,按建设进度分配在各个阶段中。在房地产开发项目可行性研究阶段,计算期可取年或半年、季、月,资金使用计划应按期编制。编制资金使用计划应考虑各种投资款项的付款特点,要考虑预售款、欠付款、预付定金及按工程进度中间结算付款等方式对资金使用计划的影响。

(二)资金筹措计划的编制

房地产投资资金的来源有:资本金、预租售收入、借贷资金。资本金按规定不得低于总投资的35%。预售收入再投入是项目预售收入扣除各种税金后,作为开发商自有资金投入到开发建设中,是项目融资的一个重要途径。除了这三种形式，承包商带资承包和使用开发也常被开发商作为筹资的渠道。另外，社会集资（发行股票、发行公司债券）、利用外资等方式也可以成为开发商投资项目的资金的来源渠道或筹集手段。一般说来，资金的使用顺序是：资本金全部用于投资；接下来是使用银行借款，但要与预售收入结合起来，因为很多时候都是用预售收入来偿还银行贷款，余下的可以进行再投资。因此，在进行资金筹措时，首先要对预租售收入进行估算。

1. 估算预租售收入。

项目的预租售收入的估算必须依以下顺序进行：

（1）确定项目租售方案。租售方案是确定租售收入的基础与前提，通过市场分析，在项目策划方案的基础上制订切实可行的出售、出租、自营等计划（简称租售方案），明确出租面积和出售面积的数量及与建筑物的对应关系，在整个租售期内每期（年、半年、季、月）拟销售或出租的物业类型和数量。项目租售方案主要包括以下内容：①房地产的经营形式，即拟建项目是用于销售，还是用于出租，还是租售并举？②可出租、可出售和可分摊面积各自在建筑物中的位置。③出租、出售的时间进度安排和各段时间内的租售面积。④租金、售价水平的确定。⑤收款方式和收款计划的确定。确定收款方式应考虑房地产交易的付款习惯和惯例，以及分期付款的基数和各期付款的比例。

（2）确定租售价格。租售价格的确定受多种因素的影响，房地产项目投资分析应首先把握价格变动的上限与下限，并通过竞争项目的市场比较法估算房地产项目租售价格。其价格变动下限是房地产的成本价，上限是受市场供求影响，市场营销受阻（销售量为零）的价格，或政府有关部门根据项目性质、当地具体情况，颁布的最高限价或租金最高标准。房地产租售价格的确定可采用成本逼近法和市场比较法确定。

成本逼近法的原理是：产品价格 = 产品制造成本 + 应分摊的期间费用 + 流通税费 + 合理利润。而市场比较法是根据市场上同类产品（竞争项目产品）的市场价格，通过综合考虑市场供求变化、消费者对房地产价值的认知程度、消费者心理特征、拟建项目与市场同类项目的特殊差异等因素适当加以修正以后的价格。

（3）计算销售收入和营业税金及附加，包括以下两步：①确定项目的实施计划、销售计划与收款计划。项目实施计划主要考虑项目施工进度计划的安排。销售计划的制订要符合市场情况，可根据竞争项目的销售情况估计。确定收款方式应考虑房地产交易的付款习惯和惯例，以及分期付款的基数和各期付款的比例。②销售收入及营业税金及附加的具体计算。

2. 编制资金筹措计划。

资金筹措由资金平衡条件决定，房地产开发项目与一般工业项目的差别就在于房地产开发项目可以有大量的预收款作为资金来源，资金平衡需要通过利润计算、借款偿还、投资计划与资金筹措等多个报表一起循环才能计算出来，而且需要进行反复试算才能得到最佳方案。因此，资金筹措既是经济评价参数，又是经济评价结果。

资金筹措计划是根据房地产项目对资金的需求及投资、成本与费用使用计划来安排资金来源和相应数量的过程。资金筹措要满足投资计划中对资金的使用要求，为了满足开发项目的资金需求，可优选使用资本金，之后考虑使用可投入的预租售收入，最后仍然无法满足资金需求时，则可安排借贷资金。在资金筹措计划中，还需要考虑资金分年使用计划，分析分年投资额与建设是否一致；分析计划投资额是否与筹资额相平衡。

制订资金筹措计划时应注意以下几点：①严格按资金需要量确定筹资额；②认真选择筹资来源和渠道，分析其可能性、可靠性和筹资成本，还要注意筹资渠道的合法性；③准确把握自有资金与外部筹资的比例，应符合国家规定；④避免利率风险对项目的不利影响。

三、房地产项目资金筹集成本的计算

（一）资金成本概述

1. 资金成本的概念。

资金成本是项目公司为取得和使用资金而支付的各种费用，又称为资本成本。资金成本有个别资金成本、加权平均资金成本、边际资金成本三种形式。资金成本由用资费用（主要部分）和融资费用两部分组成。用资费用是在投资及经营过程中因使用资金而付出的费用，如普通股和优先股股票的股息和红利、银行贷款的利息等。融资费用是指项目公司在筹措资金的过程中，为获得资金而付出的花费，如股票、债券的发行费、评估费用和银行贷款的手续费等。

2. 资金成本的作用。

资金成本是企业筹资和投资决策的主要依据。资金成本分析的作用有：

（1）资金成本是选择资金来源、确定筹资方案的重要依据，企业力求选择资金成本最低的筹资方式。

（2）资金成本是评价投资项目、决定投资取舍的重要标准。国际上通常将资金成本视为项目投资的"最低成本率"，或是否采用投资项目的取舍率，是比较投资方案的主要标准。

（3）资金成本是衡量企业经营成果的尺度，经营利润率应高于资金成本，否则表明业绩不佳。

3. 资金成本的相对值表示。

资金成本的相对值表示是用每年用资费用与筹得的资金净额（融资金额与融

资费用之差)之间的比率来定义,下式中,融资费用率 F 是指融资费用与融资金额的比率。

$$K = \frac{D}{P - f} = \frac{D}{P(1 - F)}$$

式中:K 表示资金成本率;D 表示每年的用资费用;P 表示融资金额;f 表示每年分摊的融资费用;F 表示融资费用率。

(二)个别资金成本的计算

个别资金成本是指各种资金来源的成本。对不同的融资方式和不同的融资渠道所筹集的资金来讲,个别资金成本是不同的。根据资金来源不同,个别资金成本可分为:①债务成本,包括长期借款成本、债券成本;②权益成本,主要有优先股成本、普通股成本、留用利润成本、吸收直接投资的成本。各种权益资金的红利是以所得税后净利支付的,所以不会减少企业应缴的所得税额。

1. 优先股成本计算。

公司发行优先股融资时,需支付发行费用和优先股股利,而优先股股利通常是固定的。测算优先股成本时,优先股融资额就按优先股的发行价格确定。资金成本计算式如下:

$$K_p = \frac{D_p}{P_p(1 - F_p)}$$

式中:K_p 表示优先股成本;D_p 表示优先股年股利;P_p 表示优先股融资额;F_p 表示优先股融资费用率。

[例 5-4]某工程公司发行优先股总面额为 1 000 万元,总发行价为 1 250 万元,融资费用率为 6%,规定年股利率为 14%。请计算优先股成本。

解:优先股成本为 $K_p = \frac{1\,000 \times 14\%}{1\,250 \times (1 - 6\%)} = 11.91\%$

2. 普通股成本计算。

普通股成本就是普通股投资的必要报酬率,用股利折现模型测算时,计算公式如下:

①公司采用固定股利政策:$K_c = \frac{D_c}{P_c(1 - F_c)}$

②公司采用固定增长股利政策,股利固定增长比率为 G 时的计算式如下:

$$K_c = \frac{D_c}{P_c(1 - F_c)} + G$$

上两式中:K_c 表示普通股成本;D_c 表示普通股年股利;P_c 表示普通股融资额;F_c 表示普通股融资费用率;G 表示股利固定增比率。

[例5－5]某工程公司发行普通股总价格为5 000万元，融资费用率为4%，第一年股利率为12%，以后每年增长5%。求普通股成本。

解：普通股成本为 $K_c = \dfrac{5\ 000 \times 12\%}{5\ 000(1 - 4\%)} + 5\% = 17.5\%$

3. 留用利润成本计算。

留用利润是由公司税后净利形成。股东将留用利润用于公司而不作为股利取出投资于他处，总是要求得到与普通股等价的报酬，因此留用利润也有成本，不过是一种机会成本。留用利润的成本确定方法与普通股成本基本相同，只是不考虑融资费用。

$$K_r = \frac{D_1}{P_c} + G$$

式中，K_r 表示留用利润成本；D_1 表示普通股年第一年股利。

4. 长期借款成本。

按国际惯例，债务的利息允许在所得税前支付。因此，项目实际利息为：利息×(1－所得税率)。

$$K_1 = \frac{I_l(1 - T)}{L(1 - F)} = \frac{R_l(1 - T)}{(1 - F)}$$

式中，K_l 表示长期借款成本；I_l 表示长期借款利息；T 表示所得税税率；R_l 表示长期借款利息；L 表示借款融资面额或借款本金；F 表示长期借款融资费用率。

长期借款的融资费用主要是借款手续费，数额很小，可略去不计

[例5－6]某项目公司取得长期借款1 500万元，年利率为10%，期限5年，每年付息一次，到期一次还本。筹措这笔借款的费用率为0.2%，所得税率为33%。求长期借款成本率。

解：长期贷款成本 $K_l = \dfrac{1\ 500 \times 10\% \times (1 - 33\%)}{1\ 500 \times (1 - 0.2\%)} = 6.71\%$

5. 债券成本。

债券成本中的利息应在税前列支，所以实际利息(即用资成本)为：利息×(1－所得税率)。债券利息按面额(即本金)和票面利率确定，但债券的融资额按发行价格计算。实践中，由于债券利率水平高于长期借款，同时债券发行费用较多，因此，债券成本一般高于长期借款成本。债券成本的计算公式为：

$$K_b = \frac{I_b(1 - T)}{B(1 - F_b)}$$

式中，K_b 表示债券成本；I_b 表示债券年利息；T 表示所得税税率；B 表示债券融资额，按发行价格定；F_b 表示债券融资费用率。

[例5－7]某工程公司发行总面额为4 000万元的债券8 000张，总价格为4 500

万元,票面利率12%,发行费用占发行价值的5%,公司所得税税率为33%。求该债券成本。

解:该债券的成本 $K_b = \dfrac{4\ 000 \times 12\%(1-33\%)}{4\ 500 \times (1-5\%)} = 7.52\%$

(三)加权平均资金成本的计算

加权平均资金成本是指项目全部长期资金的总成本,通常是以各种资金占全部资金的比重为权数,对个别资金成本进行加权平均确定,也称为综合资金成本。具体计算公式如下:

$$K_w^{(\text{加权平均资金成本})} = \sum_{j=1}^{n} K_j^{(\text{第}j\text{种个别资金成本})} W_j^{(\text{第}j\text{种个别资金占全部资金的比重,即权数})}$$

式中,K_w 表示加权平均资金成本;K_j 表示第 j 种个别资金成本;W_j 表示第 j 种个别资金占全部资金的比重,即权数。

[例5-8]某项目公司共有长期资金(账面价值)10 000 万元,其中,长期借款1 500 万元、债券 2 000 万元,优先股 1 000 万元、普通股 3 000 万元、留用利润 2 500 万元。其中,成本分别为 5%、6%、10%、14%、15%,求该公司的加权平均资金成本。

解:该公司的加权平均资金成本可分两步分别计算如下:

长期借款:$W_t = 1\ 500 \div 10\ 000 = 0.15$

债券:$W_b = 2\ 000 \div 10\ 000 = 0.20$

优先股:$W_p = 1\ 000 \div 10\ 000 = 0.10$

普通股:$W_c = 3\ 000 \div 10\ 000 = 0.30$

留用利润:$W_r = 2\ 500 \div 10\ 000 = 0.25$

加权平均资金成本:

$$K_w = 5\% \times 0.15 + 6\% \times 0.20 + 10\% \times 0.10 + 14\% \times 0.30 + 15\% \times 0.25 = 10.9\%$$

注意:如果债券和股票的市场价值已脱离账面价值许多,则应按市场价值或项目的目标价值确定为宜。

(四)边际资金成本的计算

边际资金成本是项目公司追加融资的成本。项目追加融资可能采取某种融资方式,但如所筹资金数额较大,需通过多种融资方式的组合来实现,这时,边际资金成本需按加权平均法来计算,其权数必须为市场价值的权数,不应采用账面价值权数。

[例5-9]某公司目标资金结构为:债务 0.2、优先股 0.05、普通股权益(包括普通股和留存收益)0.75。现拟追加融资 3 000 万元,仍按此资金结构来筹资。个别资金成本预计分别为:债务 7.5%、优先股 11.5%、普通股权益 14.5%。按加权平均法计算追加融资 3 000 万元的边际资金成本如表 5-1 所示。

表 5-1 边际成本计算

资金种类	目标资金结构	追加筹资（市场价值）（万元）	个别资金成本（%）（K）	加权平均边际资金成本（%）
债务	0.2	600	7.5%	1.500
优先股	0.05	150	11.5%	0.575
普通股权益	0.75	2 250	14.5%	10.875
合计	1	3 000	—	12.95

四、房地产项目资金筹集结构分析

房地产投资项目筹资结构是指通过什么渠道、采取什么方式融通资金，融通多少资金，以实现项目融资和投资营运中资金效率最大化的问题。这需要根据项目债务责任的分担要求、贷款资金数量上的需求、时间上的需求、筹资费用等来决定筹资方式。房地产投资项目筹资的资金结构设计是投资项目筹资结构的核心内容。

（一）资金结构

资金结构是指项目资金总额（或资本总额）中各种资金来源的构成及其比例关系，又称资本结构（financial structure）。主要是决定项目中股本资金、准股本资金和债务资金的形式、相互间的比例关系及相应的来源。房地产开发企业或项目的资金结构是指企业在取得资金来源时以不同方式所筹集的不同渠道资金的有机搭配以及各渠道所占的比例。

（二）资金结构分类

1. 资金属性结构。

资金属性结构是指项目不同属性资金的价值构成及其比例关系，属性结构是资金结构的主要问题，即一般所说的资金结构概念。资金的属性结构是根据企业或项目的资产负债表中的负债与所有者权益来确定，即指企业或项目的全部资金来源中负债和所有者权益二者各占的比重及其比例关系。由于负债必须到期还款，所有者权益不需偿还，也不许退出企业或项目，属于永久使用资本，该结构反映了资本结构的流动性或还款速度（偿还性）。

2. 资金期限结构。

资金期限结构是指不同期限资金的价值构成及其比例关系，即长期资金、短期资金两类资金的比例关系。按时间长短，它可以将筹资划分为长期筹资和短期筹资。不同期限的资金结构不仅涉及筹资的流动性或偿还速度，也与财务风险相联系，而且与筹资成本高低相关联。

3. 资金方式结构。

资金方式结构是将项目的资产负债表按筹资方式重新组合，一般可分为股票筹资、债券筹资、金融机构借款筹资形成的长短期借款，企业内部筹资形成盈余公积金，未分配利润和从企业收入和费用中提取的未付应付款项。不同筹资方式筹措的资金不仅在带入资金的性质上不同，而且在筹资的成本和风险上也存在较大的差别。

4. 利率结构。

利率结构是指各种债务资金利率的比例关系。利率的形式多种多样，在利率结构分析中，主要是研究债务资金的固定利率、浮动利率以及由浮动利率形式演变出来的其他形式利率的结构关系。

对资金结构的分类和分析，目的是判断其对企业或项目的经营和财务活动中有关成本、风险、功能、适应性的影响，从而提出相应的筹资对策和决策，使企业或项目的筹资结构和效果最优。

(三)资金结构的意义。

第一，合理安排债权资金有利于降低项目资金成本。由于债务利息率通常低于股票股利率，而且债务利息在所得税前利润中扣除，项目可减少所得税，从而使债权资金成本率明显低于权益资金成本率。在一定的限度内合理地提高债权资金的比例，可以降低项目的加权平均资金成本率。

第二，负债融资具有财务杠杆和财务风险作用。

第三，合理安排债权资金比例可增加项目的价值。项目的价值应该等于其债权资金的市场价值与股权资金的市场价值之和。资金结构对项目债权资金的市场价值和股权资金的市场价值产生重要影响，所以项目的总价值与资金结构紧密相关，合理安排债权资金比例有利于增加项目的市场价值。

第四节　房地产项目资金筹集决策

一、筹资方案评估与筹资决策

筹资决策就是筹资方案的评价与选择。无论是房地产公司筹资还是房地产项目筹资，都面临着若干可供选择的方案，需要从多方面对各个方案进行评价。筹资决策就是运用一系列评价指标和评价方法，对这些方案进行综合性分析、比较和判别，并从中优选最好的方案。

(一)筹资方案评估

做出筹资决策时，需要对筹资方案进行分析，比选并挑选资金来源可靠、资金结构合理、融资成本低、融资风险小的方案。主要从以下几个方面进行比选。

1. 资金来源可靠性分析。

分析资金来源是否合理、正当，即筹资能力的可靠性。筹集资金数额满足最低要求，也不闲置。可靠性分析中主要分析项目所需总投资和分年投资能否得到足够的、持续的资金供应(包括资本金和债务资金),应力求使筹措的资金、币种及投入时序与项目开发建设进度和投资使用计划相匹配。

2. 筹资结构分析。

筹资结构分析即资金结构分析,主要是项目资金筹措方案中各种资金来源的构成及其比例关系,主要分析比例是否合理,并分析其实现的条件。

(1)资本金和债务资金的比例。分析其是否满足银行和国家的规定。一般情况下,项目资本金比例过低,将给项目带来潜在的财务风险,因此,应根据项目的特点和开发经营方案,合理确定资本金与债务资金的比例。

(2)股本结构比例。对于发行股票等筹集资金的项目,需要分析股东各方参股的比例结构。它反映了项目股东各方出资额和相应的权益,应根据项目特点和主要股东方的参股意愿,合理确定参股各方的出资比例。

(3)债务结构比例。即分析各种负债筹资方式的筹资金额比例的合理性。债务结构反映了项目债权各方为项目提供的债务资金的比例,应根据债权人提供债务资金的方式、附加条件以及利率、汇率、还款方式的不同,合理确定内债与外债的比例、政策性银行与商业性银行的贷款比例、信贷资金与债券资金的比例。

3. 筹资成本分析。

筹资成本分析即资金成本的分析。在项目筹资成本分析中,需要分析综合资金成本率是否较低。筹资成本高低是判断项目融资方案是否合理的重要因素之一。资金成本的高低是选择资金来源、确定筹资方案的重要依据。在比选筹资方案(规划)时,应分析各种债务资金融资方式的利率水平、计息方式以及宽限期和偿还期,计算综合利率,进行不同方案的比选。

4. 筹资风险分析。

筹资方案的实施经常受到各种风险的影响。为了使筹资方案稳妥可靠,需要对筹资方案实施中可能遇到的各种风险因素进行识别、预测。

(1)资金供应风险,这是指筹资方案在实施过程中发生变化,出现资金不落实,导致开发周期延长、成本增加、影响原定投资效益目标实现的风险。如原定筹资额全部或部分落空,已承诺出资的投资者中途发生变故,不能兑现承诺,各种来源的资金不能按建设进度足额及时到位等。

(2)利率风险,如筹资方案中采用浮动利率计息,应分析利率的可能变动给项目带来的风险和损失。

(3)汇率风险,如果有外汇贷款,还应分析汇率风险。利用外资数额较大的项目必须分析汇率变动对项目造成的风险和损失。

(二)筹资决策

1. 筹资决策需要考虑的主要因素。

影响筹资决策的因素很多,在评估筹资方案时,主要应关注如下因素:

(1)由筹资方案所决定的资金成本和最佳资金结构；

(2)由经营方案和筹资方案决定的资金运用效益（如营业杠杆和财务杠杆）；

(3)由经营方案和资本结构所决定的财务风险(财务比率、标准偏差、变异系数)；

(4)公司（项目）的效益状况及市场营销条件。

2. 筹资决策的步骤。

如上所述，资金筹措方案的决策涉及众多因素，其决策过程是不可能独立进行的，常常要结合公司（项目）的经营计划同时进行，作为公司项目经营方案或投资方案可行性研究的内容之一，进行综合、协调地研究。针对筹集规划中确定的筹资方案，大致按如下步骤进行：

(1)列出资金筹集规划中拟定的筹资备选方案；

(2)计算各筹资方案的资本结构和资金成本率；

(3)选择资金成本率最低的筹资方案为待选方案，确定最佳筹资结构；

(4)进行该资金方案支持下的项目财务分析，计算营业杠杆系数、财务杠杆系数及资金利用效益系数，判断该方案资本的风险程度；

(5)进行该筹资方案支持下的项目财务比率分析、风险分析，计算各有关财务比率和股利标准偏差、变异系数，判断该方案资本结构的风险程度；

(6)综合比较和分析上述计算结果，判断待选方案可行性；

(7)若待选方案的可行性遭到否决，则从余下的方案中选择一个或重新编制另一个筹资方案。

重复上述过程，直到找到一个资金成本率最低，又通过可行性研究的筹资方案，便是决策方案。以下针对筹资决策中的财务杠杆系数及最佳筹资结构的确定方法做具体阐述。

二、财务杠杆及其效应的确定

杠杆效应是指公司利润因扩大销售规模或改变资本结构而发生改变的效应关系。因涉及因素不同，杠杆效可分为营业杠杆和财务杠杆两类，并分别进行研究。

（一）营业杠杆效应

营业杠杆效应是指公司资产对营业收益的影响，即这些资产促进营业收益发生变化的比率超过产品营业规模扩大而促进营业收益发生变化的比率。在一定范围内，因为固定成本不随销售量（额）的变化而变化，当扩大公司销售规模、增加公司营业收入时，单位销售量所负担的固定成本会相对下降，由此带来的额外利润就是营业杠杆效应的收益。

营业杠杆效应用营业杠杆系数（D）来描述，营业杠杆系数是企业营业收益的变动率（税前利润的变动率）与企业销售额变动率之比，其计算公式为：

$$营业杠杆系数D=\frac{营业收益变动率}{销售额变动率}=\frac{税前利润变动率}{销售额变动率}$$

[例5－10]某公司经营损益表和销售额增加10%后的损益表分别如表5－2和表5－3所示。试求该公司的营业杠杆系数。

表5－2　某公司经营损益表　　(单位:万元)

项目	成本总额(C)	其中变动成本(C_v)	其中固定成本(C_f)	收入
销售额				2 400.00
销售成本	1 520.00	1 292.00	228.00	
销售费用	240.00	72.00	168.00	
行政管理费	120.00		120.00	
折旧费	65.00		65.00	
合计	1 945.00	1 364	581.00	2 400.00
税前利润				455.00

表5－3　某公司销售额增长10%后损益表　　(单位:万元)

项目	成本总额(C)	收入
销售额(2 400×1.1)		2 640.00
销售成本(1 292×1.1+228)	1 649.20	
销售费用(72×1.1+168)	247.2	
行政管理费	120.00	
折旧费	65.00	
合计	2 081.4	2 640.00
税前利润		558.60

解:由表5－2和表5－3可知,该公司营业额变动前的税前利润为455万元;变动后的税前利润为558.6万元,则:

$$营业杠杆系数(D)=\frac{税前利润变动率}{销售额变动率}=\frac{(558.6-455)\div 455}{10\%}=\frac{0.23}{0.1}=2.28$$

即该公司在目前的经营状态下,营业杠杆系数为2.28,即在一定范围内,公司销售额每增加1%,税前利润便可增长2.28%,由扩大营业规模带来的额外杠杆收益为(2.28%－1%)=1.28%。

(二)财务杠杆效应

财务杠杆效应是公司资本结构对股息的作用。在公司资本不变的条件下,公司需要从利润中支付的利息、优先股和租赁费是固定的,这样,若增加公司的税前利润,每股普通股所负担的固定利息和租赁费用便会相应减少,由此带来的额外利润便是财务杠杆效应。财务杠杆效应是用财务杠杆系数来描述的。由于固定利息和租赁费并不随税前利润而变化，所以每股普股利润的变动率与公司税前利润的变动率并不相等，于是人们便以这两种利润变动率的比率来描述财务杠杆的大小。这便是所谓财务杠杆系数，其计算公式为：

$$财务杠杆系数=\frac{每股普通股收益变动率百分比}{营业收益的百分比}=\frac{每股普通股利润变动率}{税前利润变动率}$$

［例 5－11］某公司财务资料如表 5－4 和表 5－5 所示，试据此分析该公司的财务杠杆系数。

表 5－4　某公司财务资料

项目	数额	备注
普通股数量	120 万股	10 元/股
债券金额	1 200.00 万元	利率 8%
资本总额	2 400.00 万元	
税前利润	360.00 万元	
支付债券利息	96.00 万元	利率 8%
缴纳所得税	87.12 万元	税率 33%
净利润	176.88 万元	

表 5－5　某公司利润增长后的财务资料

项目	数额	备注
税前利润增长率	20%	
增长后税前利润	432.00 万元	
支付债券利息	96.00 万元	利率 8%
缴纳所得税	110.88 万元	税率 33%
净利润	225.12 万元	

解：(1)求每股普通股利润变动率：

利润增长前每股普通股利润：176.88 ÷ 120 = 1.474(元/股)

利润增长后每股普通股利润：225.12 ÷ 120 = 1.876(元/股)

则每股普通股利润变动率：$\frac{(1.876-1.474)}{1.474}=\frac{0.402}{1.474}=0.2727$

(2)求税前利润变动率：

税前利润变动率：$\frac{432-360}{360}=\frac{72}{360}=0.2$

(3)求财务杠杆系数：

$$财务杠杆系数=\frac{每股普通股利润变动率}{税前利润变动率}=\frac{0.2727}{0.2}=1.364$$

即在一定范围内，税前利润每增加 1%，每股普通股利润便可增长 1.364%。

（三）综合杠杆效应

综合杠杆效应是综合考虑营业杠杆效应与财务杠杆效应结果的分析内容，通常用综合杠杆系数来描述，它等于营业杠杆系数与财务杠杆系数之积。

$$\text{综合杠杆系数}=\text{营业杠杆系数}\times\text{财务杠杆系数}$$
$$=\frac{\text{税前利润变动率}}{\text{销售额变动率}}\times\frac{\text{每股普通股利润变动率}}{\text{税前利润变动率}}$$

例如，某公司综合杠杆系数求得为1.88，则表示该公司销售额每增加1%，则可使其普通股利润增长（1% ×1.88 =）1.88%，由于杠杆作用的结果，使股利多增长（1.88% -1% =）0.88%。

（四）杠杆效应与财务风险

杠杆效应的作用效果并不总是有利的。事实上，营业杠杆效应在市场繁荣、销售量增长时，会扩大利润增长率；在市场疲软、销售不好时，同样会扩大利润下降幅度。人们称前者为正的杠杆效应，后者为负的杠杆效应。财务杠杆效应也具有同样的性质。如果公司经营利润增长，财务杠杆效应作用的结果是使普通股的股息增长率超过利润增长率；反之，若公司利润下降，普通股股息的下降率也将超过利润下降率，股东们将蒙受财务杠杆效应带来的额外损失。

举债经营的结果除了会增加还本付息的负担以及因不能按时还本付息带来的破产危险外，还将引起公司资本结构的改变，由于杠杆作用的负效应，在税前利润下降时，使普通股利润以更快的速度下降。这些因借债而带来的风险统称为财务风险。

财务风险与财务杠杆系数呈正比。财务杠杆系数越大，公司经营的财务风险也越大。因此，公司在制定筹资方案时，常常会在利用财务杠杆正效应、加速效益增长和避免财务杠杆负效应、防止财务风险间处于两难的局面。在进行项目筹资决策时，应当谨慎从事。一个普遍的原则就是：只有当普通股利润增加幅度超过财务风险增加幅度时，才考虑举债。

三、最佳筹资结构的确定

资金成本问题是筹资管理的核心，有关筹资决策均以资金成本为选择标准。不同筹资方案的资金成本和资金结构具有差异，而资金成本和资金结构是决定项目筹资方案的主要因素。一般而言，当项目确定了筹资总额后，将有多种筹资方案可供选择，相对优越的筹资方案应满足以下条件：一是筹资成本相对最小；二是项目价值相对最大；三是收益与风险的关系相对均衡。在做出筹资决策，需要确定一个最佳筹资结构作为筹资决策的主要依据。

（一）最佳筹资结构及其确定方法

不同的筹资结构会给项目带来不同的经济后果。适当利用负债可以降低项目资金成本,但项目负债比率太高时,也会带来较大的财务风险。最佳筹资结构是指在适度财务风险条件下,使其预期的加权平均资金成本率最低,同时使其收益及项目价值最大的资金结构。

最佳筹资结构的确定方法有定量分析法与定性分析法,本书主要介绍用每股利润分析法和比较资金成本法来进行定量分析决策的方法。

(二)每股利润分析法

每股利润分析法是利用每股利润无差别点来进行资金结构方案的决策,通过比较相同息税前利润情况下的每股利润值大小来选择最佳的融资方案。下面举例说明该法。

[例 5-12]某工程公司拥有长期资金 17 000 万元,其资金结构为:长期债务 2 000 万元,普通股 15 000 万元。现准备追加融资 3 000 万元,有三种融资方案可供选择:增发普通股、增加债务、发行优先股,其不同的资金结构如表 5-6 所示。当息税前利润为 3 200 万元,选择该融资方案。没有具体的息税前利润值时,通过比较每股利润无差别点来进行选择。

解:(1)列出资金结构资料表如下,进行三种融资方案比较。

表 5-6　三种融资方案比较

资本种类	目前资本结构		追加融资后的资金结构					
			增发普通股		增加长期债务		发行优先股	
	金额	比例	金额	比例	金额	比例	金额	比例
长期债务	2 000	0.12	2 000	0.10	5 000	0.25	2 000	0.10
优先股							3 000	0.15
普通股	15 000	0.88	18 000	0.90	15 000	0.75	15 000	0.75
资金总额	17 000	1.00	20 000	1.00	20 000	1.00	20 000	1.00
其他资料								
年债务利息额	180		180		540		180	
年优先股股利额							300	
普通股数(万股)	2 000		2 600		2 000		2 000	

(2)当息税前利润为 3 200 万元时,三种融资方案追加融资后每股利润测算表见表 5-7。

表 5-7　三种融资方案的追加融资后每股利润测算

项目	增发普通股	增加长期债务	发行优先股
息税前利润	3 200	3 200	3 200
减:长期债务利息	180	540	180

续表

项目	增发普通股	增加长期债务	发行优先股
所得税前利润	3 020	2 660	3 020
减:公司所得税(40%)	1 208	1 064	1 208
所得税后利润	1 812	1 596	1 812
减:优先股股利			300
普通股可分配利润	1 812	1 596	1 512
普通股股数(万股)	2 600	2 000	2 000
普通股每股利润	0.70	0.80	0.76

结论:当息税前利润为3 200万元时,根据每股利润值大小选择增加长期债务方案。

①增发普通股,则普通股每股利润最低,为每股0.70元;

②增加长期债务时最高,普通股每股利润为0.80元;

③增发优先股居中,普通股每股利润为0.76元;

这也说明,在息税前利润一定的条件下,不同资金结构对普通股每股利润有影响。

(3)用每股利润无差别点测算,当息税前利润为多少时,采用何种融资方式更为有利呢?我们可用每股利润无差别点来进行测算:

①增发普通股与增加长期债务两种增资方式下的每股利润无差别点:

$$\frac{(EBIT-180)(1-40\%)}{2\ 600}=\frac{(EBIT-540)(1-40\%)-300}{2\ 000}$$

$$EBIT=1\ 740(万元)$$

当息税前利润为1 740万元时,增发普通股和增加长期债务的每股利润相等。

②增发普通股与发行优先股两种增资方式下的每股利润无差别点:

$$\frac{(EBIT-180)(1-40\%)}{2\ 600}=\frac{(EBIT-180)(1-40\%)}{2\ 000}$$

$$EBIT=2\ 346(万元)$$

当息税前利润为2 346万元时,增发普通股和发行优先股的每股利润相等。

结论:①当息税前利润大于1 740万元时,增加长期债务要比增发普通股有利;而息税前利润小于1 740万元时,增加长期债务不利。②当息税前利润大于2 346万元时,发行优先股要比增发普通股有利;小于2 346万元时,发行优先股则不利。

(三)比较资金成本法

比较资金成本法是在适度财务风险条件下测算可供选择的不同资金结构或融资组合方案的加权平均资金成本率,并以此为标准相互比较、确定最佳资金结构的方法。该方法包括以下两类决策:

(1)初始融资的资金结构决策,即测算和比较各融资方案加权平均融资成本率来进行决策。

(2)追加融资的资金结构决策,即测算各备选追加融资方案的边际资金成本率来进行决策。

[例5-13]某项目公司追加融资10 000万元,现有两个追加融资方案可供选择,有关资料经测算整理后列入表5-8,用追加融资方案的比较边际资金成本率法进行决策。

表5-8　筹资方案相关资料

筹资方式	追加筹资额	筹资方案1 资本成本率	追加筹资额	筹资方案2 资本成本率
长期借款	5 000	7%	6 000	7.5%
优先股	2 000	13%	2 000	13%
普通股	3 000	16%	2 000	16%
合计	10 000	—	10 000	—

解:方案1的边际资金成本率为:

$$7\% \times \frac{5\ 000}{10\ 000} + 13\% \times \frac{2\ 000}{10\ 000} + 16\% \times \frac{3\ 000}{10\ 000} = 10.9\%$$

方案2的边际资金成本率为:

$$7.5\% \times \frac{6\ 000}{10\ 000} + 13\% \times \frac{2\ 000}{10\ 000} + 16\% \times \frac{2\ 000}{10\ 000} = 10.3\%$$

进行比较决策:方案2的边际资金成本率低于方案1,因此,在同等财务风险的情况下,方案2优于方案1。

在决定项目资金结构时,要综合考虑各种因素,选取能使项目融资成本最低、收益率最高的最佳筹资结构。除定量分析外,还应考虑各种影响因素,进行定性分析。

思考题与练习题

1. 房地产开发项目资金筹集主要有哪些分类方式?
2. 什么是房地产直接投资和房地产间接投资?各自有哪些投资方式?

3. 房地产开发资金来源通常有哪些?

4. 融资方案分析中分别要进行哪些分析工作?如何进行这些分析工作?

5. 什么是资金成本?房地产开发企业如何根据资金成本进行筹资方案决策?

6. 房地产开发企业或项目的资金结构如何影响资金筹集的方式与渠道?

7. 怎样理解财务杠杆作用?

8. 某项目公司共有长期资金(账面价值)10 000 万元,其中长期借款2 000 万元、债券1 500 万元、优先股1 000 万元、普通股3 000 万元、留用利润2 500 万元,其个别资金成本分别为5%、6%、9%、14%、15%,求该公司的综合资金成本(或加权平均资金成本)。

9. 某公司目标资金结构为:债务0.2,优先股0.1,普通股权益(包括普通股和留存收益)0.7。现拟追加融资1 000 万元,仍按此资金结构来筹资。个别资金成本预计分别为债务7%、优先股12%、普通股权益15%。用加权平均法计算追加融资3 000 万元的边际资金成本。

DI 第六章 LIU ZHANG 房地产项目建设管理

房地产项目建设管理是工程项目管理的一个类别,广义的项目建设管理是指从项目决策到项目建成交付使用的全过程;狭义的项目建设管理是指项目在施工建造阶段的管理。本章主要是针对后者的介绍。

房地产项目根据管理者的不同,可分为项目建设管理、项目设计管理、工程咨询管理、施工管理和后期物业管理。项目建设管理是项目所有者站在投资主体的立场对项目进行的综合性管理,是通过一定的组织形式,采用多种方法和措施,对整个项目所有工作的系统运动过程进行计划、协调、监督、控制和总评价,以保证项目质量、工期、投资效益的实现。房地产项目建设管理包含极其丰富的内容,其核心是项目管理模式的选择和“三控制、两管理、一协调”,即进度控制、成本(投资)控制、质量控制,合同管理、安全管理,项目协调。

第一节 房地产项目建设管理模式

房地产项目建设管理模式是指将房地产项目建造管理作为一个系统,通过一定的组织和管理方式,使系统能够正常运行,并确保目标实现的组织形式和运行方法。它决定了项目各参与方对项目资产和未来收益的处置、使用、占有等权利的配置,进而决定项目建设的组织形式和项目管理任务的分配与委托。目前常见的房地产项目建设管理模式如下所述。

一、“设计—招标—建造”模式

“设计—招标—建造”模式(Design—Bid—Build,简称 DBB 模式)是一种传统模式,即在业主与承包商之间建立一种内在的对立关系。在设计机构的协助下,通过竞争性招标将工程施工任务交给报价和质量都满足要求且最具资质的投标人(总承包商)来完成。在施工阶段,设计人员通常担任着重要的监督角色,起着业主代理人的作用，在业主与承包商之间建立沟通的桥梁。由于业主选择的建筑师/工程师都是他了解和信赖的，其地位相当于业主的咨询师和受托人，所以业主与建筑师/工程师之间比较容易合作。建筑师/工程师与承包商之间是工作关系，且承包商必须经常接受并服从建筑师/工程师发布的指令，因此，两者之间存在潜在的对立关系。参与项目的三方，即业主、设计机构（建筑师/工程师）、承包商在各自合同的约定下，行使权利，履行义务。

二、"设计—采购—施工"的项目总承包管理模式

"设计—采购—施工"模式（Engineering—Procurement—Construction，简称 EPC 模式），又称为设计施工一体化模式或工程总承包模式。这一模式是业主只与一家总承包商来完成的项目实施方式，这种方式在招标与订立合同时以总价合同为基础，总承包商全面承担设计和施工任务。业主采用 EPC 模式，只要向总承包商大致说明项目投资意图和要求，总承包商在领会业主意图和要求的基础上进行设计、采购、建造等工作，也包括整个项目的总体规划和具体实施细则。这种模式的主要特点是业主把工程的设计、采购、施工和开工服务工作全部托付给工程总承包商负责组织实施，业主只负责整体的、原则的、目标的管理和控制。业主不再聘请监理工程师来管理工程，而是由自己或委派业主来管理工程，大部分风险转移给总承包商。

三、监理制度模式

监理制度模式是由业主和业主委托的监理单位组成一个联合小组，共同组织与管理工程的规划、设计和施工。在项目总体规划、布局和设计时，要考虑控制项目的总投资。在主体设计方案确定后，随着设计工作的进度，完成一部分分项工程的设计，即对这部分分项工程进行招标，由业主直接就每个分项工程与承包商签订承包合同。监理单位与业主为合同关系，负责工程的监督、协调及管理工作。在施工阶段的主要任务是与承包商进行沟通协商，对成本、质量和进度进行监督，预测和监控成本和进度的变化。这种模式最大的优点是由既懂经济和施工，又懂管理的专业团队来管理工程，可以缩短工程从规划、设计到竣工的周期，节约投资，减少投资风险，保证了项目的顺利完成。

四、混合式项目管理模式

混合式项目管理模式结合项目的大小、工程的复杂程度等客观实际，以及业主所掌控的人力、物力、财力和社会资源，有针对性地选用比较合适的模式，取长补短，充分利用各种资源，而不拘泥于某种特定模式。

第二节　房地产项目建设进度控制

一、基本概念

进度控制是在房地产项目建设的全过程中进行计划进度与实际进度的比较，发现偏离，及时采取措施纠正。进度控制是指在既定工期内，按照事先制订的进度计划实施，在执行计划的过程中，经常将实际进度情况与计划进度相比较，找出进度偏差，通过对偏差产生的原因及影响工期目标程度的分析，监督施工单位及时采取措施调整进度计划，并执行调整后的进度计划。在计划执行中如此循环，直至实现既定的工期目标——项目竣工，或者在保证工程质量和不增加投资的条件下，缩短施工工期，提前竣工。进度控制的对象是项目范围内的工程活动，包括项目图中各个层次的单元，上至整个项目，下至各个工作包，直到最低层次的工序。

施工阶段是房地产项目的实施阶段，进度控制是该阶段重点控制的内容之一，直接影响着工期目标的实现和房地产产品投放市场的时机，进而影响投资效益的发挥，同时影响着项目计划系统的有效执行。

房地产项目建设进度目标按期实现，前提是要有一个科学合理的进度计划。这就要求必须对施工单位的施工进度计划进行审核，如各阶段的工期目标是否满足原施工合同的要求；是否与项目业主的图纸提供进度、供货进度、提供施工场地的时间等内容相一致。进度计划编制得是否合理、科学和具有可操作性，直接影响到计划在实施过程中的控制效果。进度目标按期实现的另一前提是进度控制，如果项目建设进度不能按审批后的计划实施，而且又未进行有效的控制，业主投资前期预定的项目目标，即工期、质量及投资等，将难以实现。

房地产项目建设的进度、质量和成本三项目标的控制关系是相互影响和统一的。一般情况下，加快进度、缩短工期将引起成本的增加，但建设项目提前竣工可尽早获得预期的经济效益；对质量标准的严格控制极有可能影响进度，但对质量的严格控制而不致返工，不仅能够保证建设进度，也能保证工程的质量标准及对投资费用的有效控制。

房地产项目建设进度的控制不局限于考虑施工进度，还应在项目实施各阶段与项目各个参与者做好协调和控制，通过对整个项目计划系统的有效控制，保证工期目标的实现。

二、进度控制的主要任务

项目的实施进度取决于设计所采用的总体规划、外部协作条件、主体工艺流程、设备制造及安装方式、主体建筑结构形式、施工方法等。进度控制的任务包括方案的科学决策、计划的合理编制和实施的有效控制等方面。方案的科学决策是实现进度控制的先决条件;计划的合理编制是实现进度控制目标的重要基础;有效地实施控制是实现进度控制的根本保证。事实上,绝大多数工程项目都限于一定的资源,在此基础上采用控制技术合理地安排项目进度。进度控制的主要任务包括:确定房地产项目建设工期及施工中各阶段的进度目标;审批施工单位的进度计划,并对施工进度计划及有关工程建设的计划系统实施有效的控制;定期检查工程建设的实际进度,并与计划进度的目标进行比较,找出进度偏差;分析进度偏差产生的主要原因及对工期目标的影响程度,监督施工单位尽快采取相应措施调整进度计划,保证工期目标按期实现。

三、进度控制的范围

(一)项目的各个组成部分

项目经理部在进行项目进度控制时,要对组成项目的所有组成部分进行全方位的进度控制,不论是红线内工程还是红线外配套工程,不论是土建工程还是设备安装、给排水、道路、绿化、电气等工程。

(二)项目建设的所有工作

为了确保项目按进度计划实施,必须将与项目建设有关的各项工作,如设计、施工准备,以及材料供应、竣工验收等工作列入进度控制范围之内。凡是影响项目进度控制的工作,都要成为进度控制的对象。施工进度控制是重点。

(三)影响进度的各项因素

房地产项目具有动用资金大、业务复杂、建设周期长、涉及相关单位多的特点,影响项目进度的因素很多,如人的因素、技术因素、材料设备与构配件因素,水文、地质与气象自然因素,政治、经济、文化等因素,还有其他不确定的因素等。要有效地进行项目进度控制,就必须对上述各种因素进行全面的分析与预测。

(四)项目的各个参与者

与房地产项目进度有关的单位很多,包括项目业主、设计单位、施工单位、材料供应单位、设备供应厂家、工程毗邻单位、监督管理项目建设的政府主管部门等。如果不能有效地与这些单位做好协调工作,不建立协调工作网络,不投入一定的力量做协调工作,进度控制将十分困难。

四、影响进度的因素分析

在房地产项目的实施过程中,因为存在各种影响进度的因素,必然会造成某些工作不能按期完成,拖延工期。具体而言,影响项目进度的因素可以从以下几个方面分析。

（一）施工单位的原因

由于施工承包单位的责任造成工期拖延的情况很多。例如：未按监理工程师所批准的施工进度计划完成相应的任务，不能按合同约定的工期完工；工程质量未达到合同规定的标准及规范要求，因返工造成工期拖延；施工单位供应的材料及设备未按进度要求到场，或材料到场后经监理检验未达到合同规定的质量标准而影响工期；组织管理不力，施工单位内部或与项目各参与者沟通不畅，协调不利；等等。

（二）项目业主（项目经理部）的原因

1. 应提供的施工准备工作完成不足。

业主未能按约定的时间和要求完成征地、拆迁，使施工场地具备施工条件，并移交给施工单位；未能按时办理施工所需各种证件、批件等申报批准手续。

2. 未按期提供施工所需的技术资料。

业主应向乙方提供施工场地的工程地质和地下管网线路资料，并保证数据真实准确；还应将水准点与坐标控制点以书面形式交给施工单位，并进行现场交验；组织施工单位和设计单位进行图纸会审，向施工单位进行设计交底，将各种技术资料与图纸按合同规定的时间与份数提供给施工单位。

3. 未按合同约定供应由业主负责采购的材料与设备。

合同约定由业主负责供应的材料与设备方所供应材料和设备的种类、规格、质量等级、到货时间与地点等均与原清单不符。

4. 工程量变化和工程变更。

工程施工是有计划的连续性行为，发生工程变更必然要改变既定的工程量和进度计划，要对劳动力、材料、设备和工期进行重新安排。导致工程变更的原因很多，而业主方引起的工程变更较常见，业主改变招标时承诺的施工条件、变更设计标准、变更项目内容等都会引起工程量的变化，可能导致工期延误。

（三）监理单位的原因

监理单位在施工过程中下达不正确的指令，影响施工单位对施工进度计划的有效执行，造成工期拖延。

（四）不可抗力因素

自然灾害，如地震、暴雨、洪水等不可抗拒的因素导致歇工，也会延误工期。

五、进度控制方法

目前，建设项目进度控制的常用技术方法和工具主要有进度表控制法和进度控制的曲线比较法等。曲线比较法包括S形曲线比较法、“香蕉”曲线比较法、前锋线比较法、横道图比较法、垂直图比较法、计划评审法、直方图比较法、工作形象进度图比较法、工程量计划与形象进度综合比较法等。

下面简单介绍的S形曲线比较法，通过不断地对工期偏差的监控来实现对项目进度的控制，如图6－1至6－3所示。图中 U_1 为项目工期的偏差值，即为计划工期与实际工期的差值；U_{11} 为正向偏差，是偏差的上限；U_{12} 为负向偏差，是偏差的下限；T_0 为项目的总工期计划。

（一）理想的进度控制状态

如图6－1所示，建设项目的进度完全在控制范围之内，偏差值在±0上下摆动，整个项目在规定工期 T_0 内完成。

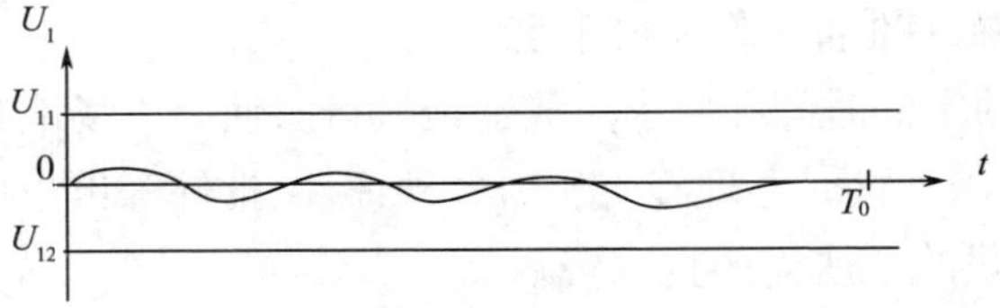

图6－1　进度控制理想状态的偏差曲线

（二）正常的进度控制状态

如图6－2所示，建设项目的进度在控制范围之内，偏差值在 U_{11} 和 U_{12} 之间摆动，整个项目在规定工期 T_0 内完成。

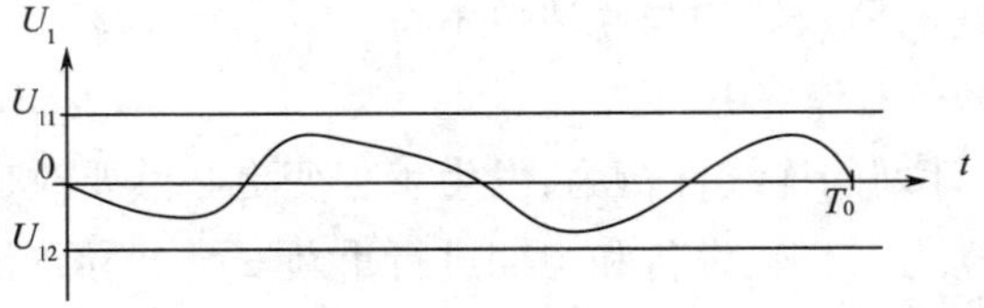

图6－2　进度控制正常状态的偏差曲线

（三）工期滞后的进度控制状态

如图6－3所示，建设项目进度失去控制，在某一时刻，偏差量超出 U_{12}，工程整体进度滞后，不可能在规定工期 T_0 内完成，而是在时刻 T_x 项目才竣工。$T_x - T_0$ 即为延误的工期值。

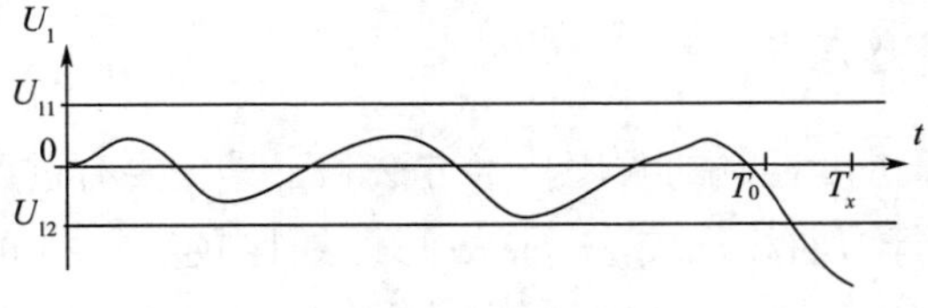

图6－3　进度控制失控状态的偏差曲线

六、进度拖延的事前防止和事后控制

(一)进度拖延的事前防止

在房地产项目建设开始以后,首先要采取日常的进度控制措施,防止可以避免的、人为的进度拖延。日常的进度控制措施包括以下几种:

第一,突出关键线路,坚持抓关键线路,以此作为最基本的工作方法及组织管理的基本点,并以此作为牵制各项工作的重心。

第二,加强生产要素配置管理。配置生产要素是指对劳动力、资金、材料、设备等进行存量、流量、流向分布的调查、汇总、分析、预测和控制。合理配置生产要素是提高施工效率、增加管理效能的有效途径。项目经理部必须督促和帮助施工单位合理配置生产要素,并高度重视整个项目内外部条件的变化,及时跟踪现场主客观条件的发展变化,坚持每天熟悉、研究人、材、机械、项目的进展状况,不断分析预测各分项工程资源需要量与资源总量以及实际投入量之间的矛盾,监督施工单位规范投入方向,采取调整措施,确保工期目标的实现。

第三,严格控制各分项工程,掌握现场施工实际情况。记录各分项工程的开始时间、工作进程和结束时间,为计划实施的检查、分析、调整、总结提供原始资料。

第四,合理安排各分项工程的交叉施工,尽量避免出现停工、窝工的现象。

(二)进度拖延的事后措施

第一,对引起进度拖延的原因采取措施,目的是消除或降低它的影响,防止它继续造成拖延或造成更大的拖延。特别要注意因计划不周(错误)、管理失误等原因造成的拖延。

第二,投入更多的资源加速生产,责令施工单位投入更多的人力、时间、机械设备、周转材料等资源,加快进度。

第三,采取合理措施,保证后期工程按进度计划进行。前期拖延的工期要采取措施赶进度,后期工程进度要保证按计划进行。

第四,分析进度网络,找出工期拖延的路径,针对该路径上工期长的工作,采取积极的缩短工期的措施。

第五,缩小工程范围,在不影响项目各项功能和工程质量的前提下,适当减少或删去一些工作包。

第六,改进方法和技术,提高劳动生产率,提高信息的沟通效率,采用并行工程,增加对操作人员的技能培训及激励等措施。

第七,采用分包政策,目的是让更专业的公司用更快的速度、更低的成本完成一些分项工程。

七、三级进度管理体系

(一)三级进度管理体系的人员架构

所有项目参与者,包括项目经理部、设计、监理、施工各级承包单位,必须设立明确的进度管理架构,设置专职计划员,计划员需具备一定的生产安排经验,了解图纸、施工组织设计、方案等技术文件,能对施工进度动向提前做出预测。

(二)贯彻三级进度管理体系的途径

第一,完善例会制度,每周至少召开一次由各项目参与者和负责人参加的生产调度例会。

第二,各施工单位每周至少召开一次本单位的生产调度例会。

第三,必要时召开有关进度问题的专题会议。

第四,建立沟通渠道,各项目参与者或生产负责人工作时间必须在岗,如临时外出,须通知其他相关成员并做出相应安排。

第五,各项目参与者相互通告进度管理体系架构,建立项目进度管理体系成员联系总表。

第六,各相关单位之间需建立纵向、横向联系。

第七,各级生产负责人、计划员之间应及时进行指导、反馈、预警、建议等工作交流。

(三)三级进度管理体系的工作流程

1. 一级进度计划——总控制进度计划。

总控制进度计划为房地产项目拟定最终进度目标,为各主要分部、分项工程指出明确的开工、完工时间,反映了各分部、分项工程相互间的逻辑制约关系,以及各分部、分项工程中的关键路线。总控制进度计划中各分部、分项工程的工期制定,原则上既要满足现场施工的实际需要,又要符合各项已签合同的工期规定。项目经理部牵头制订总控制进度计划,各专业负责人和总包、分包共同参与意见,经认真研究后确定。总控制进度计划一经确定,便成为项目施工的纲领性文件,各方均要严格遵照执行,不轻易调改。合同中应规定各项目参与者必须遵守总控制进度计划,任何一方符合或违反工期规定,在合同中均应规定相对应的、明确的奖惩措施。

2. 二级进度计划——阶段性工期计划或分部工程计划。

二级进度计划的制订是为了保证一级计划的有效落实,故有针对性地对具体某一阶段、某一专业承包单位的生产任务做出安排。二级进度计划的制订原则上必须符合总控制进度计划的工期要求,如出现不一致情况,需经项目经理部认可,或修改后再报。各专业承包单位在正式施工前必须上报该单位的生产计划,并上报监理、项目经理部审核。项目经理部在必要时将下发阶段性工期计划或分部工程计划，相关施工单位务必严格遵照执行。二级进度计划的贯彻力度主要取决于各专业单位自身的管理水平，各分包单位应对二级进度计划的执行情况引起足够重视，加强落实、检查的管理力度，出现异常进度动向时必须拿出有效的解决措施，务必保证阶段工期或分部工程的进度目标圆满实现，为总进度目标在全局的实现奠定基础。项目经理部、监理应及时或随时检查、监督各专业单位对二级进度计划的落实情况，做到心中有数，并对各专业公司的工作给予及时的激励、鞭策。

3. 三级进度计划——月、周计划。

月、周计划的制订是将二级进度计划进一步细化到日常的施工安排中，是最基本的操作性进度计划，应具备很强的针对性、操作性、及时性和可控性。月、周计划的制订最主要是切合现场实际需要，可具有相当的灵活性，可在灵活性、全面性和可操作性等方面给一级、二级进度计划以极大弥补。各分包单位须制订月、周计划并上报总包；总包须制订月、周计划（可附上分包计划）上报项目经理部、监理；项目经理部、监理须对总包月、周计划进行批复，审批后的由总包制订的月、周计划作为最终依据，下发各分包统一执行。周计划的上报时间是每周生产调度例会之前。

第三节　房地产项目建设质量控制

一、基本概念

质量是指满足明确和隐含需要能力的特性总和。工程质量是国家现行法律、法规、技术标准、设计文件及工程合同中对项目的坚固、耐久、经济、适用、美观等自然属性和技术性能的综合要求。

质量控制是对房地产项目建设过程中各项任务、技术活动的各种要素进行科学控制的过程，是项目管理机构为了项目质量符合国家或合同规定的质量标准、规范，所采取的一系列监督、管理措施、方法和手段。

房地产项目建设质量控制综合指标有：项目顺利完成后，建筑产品或服务的质量、可用性、使用效果和稳定性等；项目结构设计和施工的安全性和可靠性；所使用的材料、设备、工艺、结构的质量及其耐久性和整个项目的寿命；项目的其他方面，如建筑造型的美观性、建筑与周边环境的协调性及建筑的可维护性、可检查性等（如表 6－1 所示）。

表 6-1　房地产项目建设质量综合指标

项目建设质量	指标	影响质量建设阶段
可用性	1. 平面布置合理性 2. 空间布置合理性 3. 建筑物理功能（采光、通风、隔声、隔热等） 4. 其他使用功能	设计质量
可靠性	1. 可维修性 2. 有效性（满足使用和抗腐蚀性要求） 3. 安全性（保证强度和稳定性、满足防火和抗震要求）	设计质量 施工质量
经济性	1. 质量性 2. 质量效益	综合控制与管理
协调性	1. 造型与美感 2. 与生态环境的协调 3. 与社区环境的协调 4. 与区域基础设施的协调	决策质量 设计质量 施工质量
其他功能		其他质量

在房地产项目建设管理中，当出现工期拖延、成本超支时，质量目标最容易成为牺牲品而被放弃和降低，但是由于项目建设过程的不可逆转性，一旦出现质量问题，不可能无代价地回到原状态，这会对其他目标带来影响，如增加成本、拖延进度等，最终使项目各参与者的利益受损。因此，如何与其他目标相结合，在实施过程中做好质量控制，对保证完成项目总目标起着十分重要的作用。

二、建设质量控制的主要任务

质量控制任务主要是对影响质量的各种作业技术和活动制订质量计划和施工组织设计，即确立质量控制计划和质量控制标准，严格地按照已确立的质量目标和施工组织设计实施，并在实施过程中进行连续的检验和评定处理不符合质量目标和施工组织设计的情况，及时采取有效的纠正措施。在三维坐标中表示建设项目质量控制内容如图 6-4 所示。

房地产项目建设质量目标是项目过程的质量分目标的总和，其内容具有广泛性，要实现总体质量目标，就应实施全过程、全范围、全方位的质量控制。实施全面质量管理就是从局部走向全面性和系统性，从控制单一目标走向控制整体目标。就目前监理工作范围和内容看，质量控制的重点在具体的施工过程中，但是各项目阶段的质量控制方法有同一性和可借用性，从准备到实施再到最后运行都要进行质量控制管理（如图 6-5 所示）。

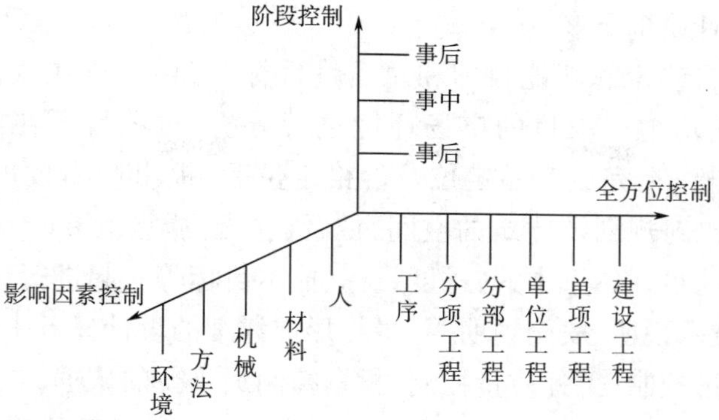

图 6－4　建设质量控制三维图

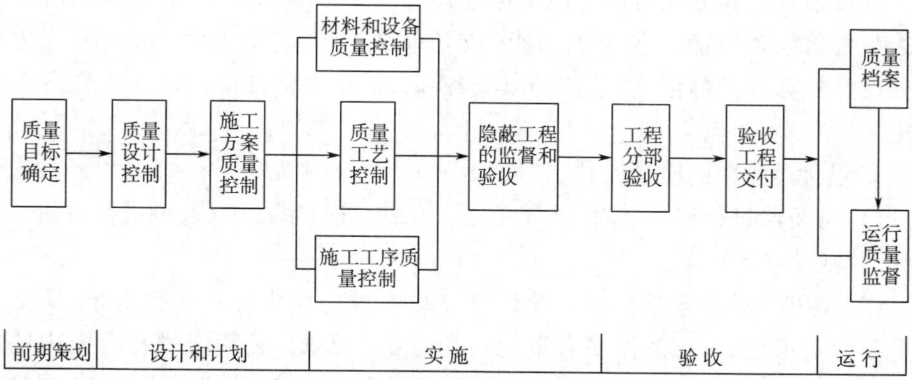

图 6－5　建设质量控制过程

三、建设质量控制的内容

严格控制项目建设过程各个阶段的质量，是保证房地产项目质量的重要环节，要按照项目建设程序依次控制项目决策、设计、施工和竣工验收阶段质量。

（一）项目决策阶段的质量控制

这一阶段的质量控制包括审核项目选址报告、可行性报告和计划任务书等内容。要保证选址合理，符合国家和地区规划，使项目目标和水平具有合理性，并与其投资环境相协调。

（二）项目设计阶段的质量控制

房地产项目的工程设计质量不仅直接决定项目最终所能达到的质量标准，也决定了项目实施的程序和费用。项目设计中的任何错误都会在计划、施工、运行中扩展、放大，引起更大的失误。因此，必须重视项目设计阶段的质量控制，严格协调和控制项目设计的各个方面。

1. 确定设计质量要求。

房地产项目确定总功能目标和总质量目标，市场人员在认真进行市场调研的基础上，对房地产项目的市场环境进行分析，对项目所在区域的市场供需状况进行分析，在完成产品定位及价格定位后，提出产品数量和质量要求。各组织部门提出对规划及建筑的空间、位置、功能、质量的要求，并将它们一起纳入质量管理的目标体系中，与进度目标、成本目标等一起进行优化，提出具体的项目要求、技术说明、安全说明等，最终形成详细的设计任务书。设计任务书是进行设计质量控制、工程质量控制、投资控制最重要的依据，是对设计单位提出的质量要求文本，是项目设计阶段的总体规范，并对以后的详细设计具有控制作用。

投资限额及其分配对设计质量标准具有重要影响。为了加强成本控制，设计人员要将投资总额按各个子功能（或各单项工程）进行切块分解，并作为各部分设计概算成本的依据，总体的以及各部分的质量标准都由这个投资分解来确定。

2. 设计过程中的质量控制。

（1）分阶段进行审查。对阶段性的设计成果进行审批确认，再进行更深入的设计，否则设计无效。

（2）多方案对比选择。由于设计单位对项目的经济性不承担责任，所以从其自身效益考虑，不愿意做多方案的对比分析。因此，必须通过在合同中约定相应条款或给予一定奖励的方式，促使设计单位协助业主做多方案的对比分析。

（3）对设计工作质量进行检查。对设计阶段发现的问题和错误的纠正是最方便、最省钱的，对项目的影响也很小。对设计工作质量的检查要注意：①检查设计工作和设计文件是否完备，是否能够被施工单位和各层次的管理人员所理解。设计文件应包括说明项目形象的各种文件，如各种专业图纸、规范、模型、概算文件，项目的各种技术经济指标说明，以及设计依据、边界条件等；②设计是否符合规范的要求，特别是强制性的规范，如防火、安全、环保、抗震的标准等；③设计检查除业主内部各级相关人员参与外，必要时可以邀请施工单位、材料设备供应单位、未来的目标顾客群体参加。

（三）项目施工阶段的质量控制

施工单位应对施工质量负责，在此阶段的质量控制不仅要保证项目的各个要素，如材料、设备、工艺等符合规定要求，而且要保证项目整体及各个部分符合项目质量要求，达到项目预定的功能，使整个项目系统能够经济、安全、高效地运行。

施工准备阶段的质量控制内容包括：对施工队伍及人员质量的控制；对工程

所需原材料、半成品、构配件和永久性设备、器材等资源的质量控制；对施工方案、方法和工艺的控制；对施工用机械、设备的质量控制；对施工环境与条件的质量控制；对测量基准点和参考标高的确认及工程测量放线的质量控制。

施工过程中的质量控制包括：对施工单位质量控制的自检系统进行监督；对施工过程进行质量跟踪监控，严格工序间的交接检查，建立施工跟踪档案；会同建设监理单位审查设计单位或施工单位提出的工程变更或图纸修改；对重要的承重结构，主要部位的隐蔽工程，如基槽、钢筋混凝土基础、主体结构中现浇钢筋混凝土柱、梁及屋面防水等进行检查验收，确认合格后办理隐蔽工程验收手续；进行给排水、电器安装的测试，如果符合设计要求，应予签证；对设备安装检查应做盛水检查，防止设备的滴、漏、渗现象；进行工程质量的评定和竣工验收准备工作，做好施工资料的收集整理工作；认真做好施工日记，施工日记内容应包括日期、天气情况、施工部位及施工内容、施工过程中发生的事故及处理结果；有沉降观测要求的，在施工过程中要督促施工单位进行定期观测，并做好相应记录；监督和协调施工单位做好文明施工、安全施工。

（四）项目竣工验收阶段的质量控制

竣工验收是施工承包单位向业主移交工程的一项主要内容，是房地产项目建设过程中的一个重要阶段，也是工程建设的最后一道工序。竣工验收的目的是全面检查工程建设是否符合设计要求和施工质量标准，检查承包合同的执行情况，核算项目投资效果，对工程的质量、完整性和材料设备功能，通过检查和验收两个阶段完成。然后对整个工程实体和全部的施工记录资料进行交接检查，为质量评定做好准备。最后通过参与项目质量评定和验收，严格掌握项目质量标准，不合格产品不予验收，从而保证项目最终产品符合质量标准。

（五）项目运行阶段的质量管理

在试运行阶段进行质量跟踪，定期进行系统检查和监测，发现问题并加以解决，同时在运行中通过质量管理保证设备良好运转。

四、影响建设质量控制的干扰因素

（一）人为干扰因素

人为干扰因素包括决策失误、计划不周、指挥不当、控制协调不力、责任不清、行为有误、技术水平差等。人为干扰因素是工程项目中最主要的干扰。

（二）材料干扰因素

材料干扰因素包括供应不及时，材料的品种、规格、数量、质量等不符合要求，价格不合理，材料试验出现问题，材料使用不当等。

(三)机械设备干扰因素

机械设备干扰因素包括机械选型不当、供应不及时、维修保养不充分导致操作中出现故障,机械使用效率低,更新不及时,取费不合理等。

(四)施工工艺及方案干扰因素

施工工艺及方案干扰因素包括施工技术方案设计不周、技术交底不到位,工艺方法选用及使用不当导致操作中出现问题,执行各种规范、技术标准、工艺规程不力,检查不及时,管理控制点设计不当、执行不到位等。

(五)环境干扰因素

环境主要包括技术环境和管理环境。技术环境因素包括工程项目所在地的自然环境、地质勘测分析失误造成的影响;管理环境因素包括质量体系、管理制度和管理流程等设计不合理造成人浮于事、责任不清,出现问题推诿、工作效率低的状况。另外,施工过程中还受到现有法律方面的限制、市场供应能力限制以及劳动条件等方面的影响。

(六)资金干扰因素

资金不按时支付、数量不足、结算时拖欠等是目前造成建筑市场混乱、影响企业正常运转的主要因素之一。

(七)其他干扰因素

例如,业主或政府新的要求与干预;或设计和计划不当,需要频频修改;或进度、投资和质量三大目标发生矛盾和冲突,出现工期拖延、投资超支等情况:都会造成对质量目标的干扰。

五、建设质量控制的方法、方式和措施

(一)质量控制的方法

第一,网络技术。采用该方法并辅以计算机技术,实现对工程项目的主动控制。

第二,目标管理。通过目标的制定、展开、实施、检查效果等步骤,在一定时期内达到目标管理的目的。

第三,统计资料分析。通过统计报表和有关资料来揭示控制对象的现状及未来。

第四,专题报告和分析。专题分析,如成本分析、质量分析等。

第五,现场观察。以目视、目测进行的检查监督。

(二)质量控制的方式

根据工程的特点,在工程中主要采用的是日常巡视与重点检查相结合;环节控制与"旁站监理"相结合;实测实量与"抽样试验"相结合;口头要求与"指令性文件"相结合等方式。

第一，旁站监理。旁站监理就是监理人员在承包商施工期间，用全部或大部分时间在施工现场对承包商的施工活动进行跟踪监理，一经发现问题及时予以纠正，可有效减少质量缺陷的发生，保证质量和进度。

第二，测量。测量应贯穿于整个施工监理的全过程。施工前，监理工程师对承包商的放线利用测量手段进行核查；在施工过程中，也要采用测量手段进行施工控制；对已完成的工程，还要采用测量手段进行施工控制和验收检查。

第三，试验。监理工程师对任何项目或任何部分的质量评价，都必须依据试验数据，试验手段必不可少。

第四，严格执行监理程序。建立一套完整的监理程序并严格执行，以控制承包商的施工程序，对工程进行全面有效的管理。

第五，指令性文件。在监理过程中，监理工程师利用指令性文件对任何事项发出书面指示，包括工程质量、工程进度和其他方面的有关问题，对承包商的各项活动进行全面管理。

第六，工地会议。工地会议一般是监理工程师与承包商参加，必要时邀请业主或其他有关人员参加。在工地会议上，承包商提出的问题和监理工程师的决定具有书面函件与书面指示的作用。

第七，专家会议。对于复杂的技术问题，监理工程师可采取召开专家会议的方法进行研究讨论，根据专家意见和合同条件，再由监理工程师做出结论，避免监理工程师做出不适当的决定。

第八，计算机辅助管理。利用计算机技术对计量支付、工程质量、工程进度及合同条件进行辅助管理。

第九，停止支付。监理工程师可采取停止支付手段约束承包商，使其按合同条件认真完成合同规定的各项任务。

第十，邀见承包商。在监理工程师准备对承包商采取制裁之前，可采取邀见方式向承包商提出黄牌警告。一般由总监理工程师或总监理工程师的代表邀见承包商的主要负责人，指出承包商存在问题的严重性和可能的后果，并提出解决问题的途径和建议。

（三）质量控制的措施

工程监理单位要严格按照《建设工程监理规范》的要求，实行总监理工程师负责制，根据委托监理合同规定的服务内容、服务期限、工程类别、规模、技术复杂程度、工程环境等因素，有针对性地确定项目监理机构组成，制定监理工程程序，规范监理人员的现场行为，通过组织措施、技术措施、经济措施及合同措施来保证监理工作质量。

第一，组织措施。建立健全监理组织机构，完善职责分工、管理权利及有关质量监督制度，落实质量控制责任，形成完整的质量保证体系。

第二,技术措施。严格事前、事中、事后质量控制措施,按照旁站、巡视、平行检验的工作方法,严格工序把关,提高工作质量。工程质量监督单位要加强对工程参建各方质量行为的监督管理,从开环控制向闭环控制发展,由被动控制向主动控制控制发展,形成质量的主动闭环控制系统。

第三,经济措施及合同措施。严格质量检验和验收,对不符合合同规定质量要求的,拒付工程款。

六、项目建设质量保证体系

项目建设质量保证体系体现在质量执行计划中,反映在合同、项目实施计划、项目管理规范、工作计划中。

(一)质量控制目标分解和质量控制系统结构

质量控制具体实施时应把目标进行分解,按总目标程度分解,按工艺流程分解,从工序到步骤,由部门到个人,形成具体的、清晰的、便于控制操作的单元体以及质量控制系统结构(见图6-6)。

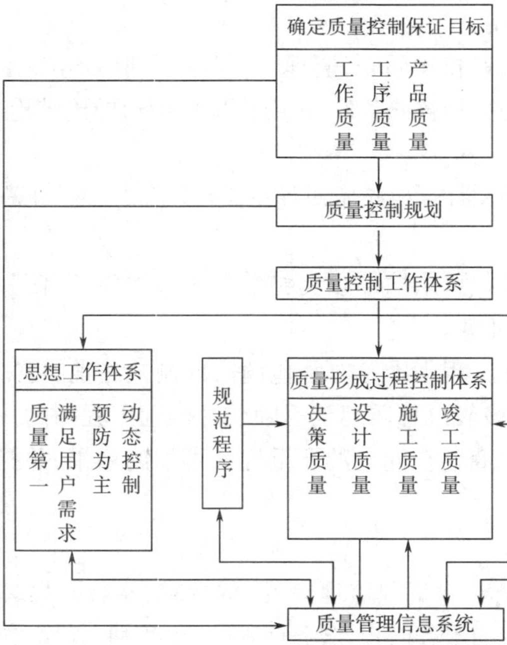

图6-6 项目建设质量控制体系

(二)质量控制规划

工程监理规划是在监理合同签订以后编制的指导监理机构开展监理工作的纲领性文件,它对工程各阶段的质量控制有着明确的规划要求。目前,我国工程项目还局限于施工阶段的监理，明确了施工阶段质量目标要求、质量控制手段及措施；明确了监理工作的标准化程序。工程监理规划的编制是十分重要的，同时在规划执行过程中，还应及时做出必要的修改。

（三）质量控制工作体系

质量控制工作体系包括思想工作体系、组织机构保证体系和质量形成过程的控制体系三部分。

1. 思想工作体系。

思想工作体系是在工程实践中形成的质量意识、质量精神、质量行为、质量价值观以及质量形象等的综合，体现了以人为本、发挥人的主观能动性的思想，是质量保证的第一道工序。要开展全面质量管理教育，人人了解、掌握并参与全面质量管理活动。

2. 组织机构保证体系。

质量的组织机构保证体系包括政府监督、监理监督和企业自检三个层次。监理监督在质量控制中起着主导作用，尤其是监理企业向工程项目管理咨询公司转化以后，政府监督淡化，要完全依赖于监理的监督。因此，从事监理工作的人员要完善知识结构——懂技术、经济、管理、法律。监理单位要具有投资控制、进度控制、质量控制、合同控制的各类骨干负责人员，而不是依靠聘请从施工单位退休的老工程师来工作。监管单位的主要人员包括：①工程技术人员，掌握工程施工技术和组织以及过程实施；②经济专业人员，熟悉项目评估、概算、预算编制与审核、标底计算、合同价计算、付款审核、竣工价计算等；③管理专业人员，熟悉项目管理（组织协调、信息管理、承发包、建立规划编制及目标控制等）；④法律专业人员，熟悉经济合同法规、有关合同通用规则、合同签订、合同执行期间有关问题（如索赔）的处理等。

3. 质量形成过程的控制体系。

质量形成过程的控制体系包括决策质量、设计质量、施工质量和竣工质量等。特别是监理对施工质量的控制，按照事前控制、事中控制和事后控制三个步骤来进行，以达到预防质量问题在先的目的。

（四）质量信息管理系统

建立工程质量信息管理系统，及时收集质量信息，实行质量控制与自动控制相结合，充分发挥计算机及控制软件的作用，保证信息的准确性和有效性。

第四节　房地产项目建设成本控制

一、基本概念

房地产项目建设成本是指项目开发建设全过程所花费的全部费用。建设成本是房地产项目建设所发生的成本,包括土地费用、前期工程费用、建筑安装费用、基础设施费用、公共配套设施费用、管理费用、财务费、税金等。

房地产项目建设成本控制是开发商对开发项目投资的有效控制,是房地产项目管理的重要组成部分。具体来说,就是在投资决策阶段、设计阶段、开发阶段、发包阶段和建设实施阶段,把开发项目的投资控制在批准的投资限额内,随时纠正偏差,保证开发项目投资控制目标的实现,力求在项目开发中合理使用人力、财力、物力,获得良好的经济效益、社会效益和环境效益。

二、建设成本控制的主要任务

建设成本控制的依据有项目建设成本计划、进度报告、工程变更、成本管理计划、索赔文件。此外,工程承包合同、相关法律法规等也都是成本控制的依据。成本管理要遵循成本最低化原则、节约的原则、全面控制原则、动态控制原则、目标管理原则、责权利相结合的原则和例外管理原则。

建设成本控制的主要任务是通过工程施工、设计变更与新增工程费控制及索赔处理等手段,努力实现实际发生的费用不超过计划投资,包括编制成本计划、审核成本支出、分析成本变化情况、研究成本减少途径和采取成本控制措施五个方面的任务。前两个任务是对成本的静态控制,较容易实现;后三个任务是对成本的动态控制,很难实现,不仅需要研究一般工程项目成本控制的理论和方法,还需要总结特定项目成本控制的经验和数据,才能实现项目管理的动态成本控制。

三、建设成本控制的内容

房地产项目开发具有高风险、高收益、投资期限长的特点。一个房地产项目需要经过从策划、设计、招标、施工到竣工等阶段。每个阶段的内容不一样,对建设成本控制的影响程度也不一样,如表 6－2 所示,建设成本控制的方法也会不一样。因此,房地产项目建设成本控制需要分阶段、分步骤进行,在技术上、经济上、管理上要系统地采取措施。

表 6－2　房地产开发各阶段对成本控制的影响

阶段	决策阶段	设计阶段	施工阶段	销售阶段
所占费用	1%	10% ~20%	60% ~70%	1% ~5%
对成本控制的影响	60% ~70%	20% ~30%	10% ~15%	5%

(一)项目策划阶段的成本控制

项目策划阶段的主要内容是市场调查和投资评估。开发商应着重考察投资环境、拟投资产品的市场价值、项目的工程类型与规模、经济技术指标、交通条件、市政配套情况、建材与设备的供应情况等。该阶段必须注意与可能发生的成本结合起来,对可能发生的成本起到总控制作用。

(二)项目设计阶段的成本控制

项目设计阶段的成本控制是项目建设全过程成本管理的重点,优秀的项目设计有利于降低投资、缩短工期,给项目带来经济效益。项目设计阶段是用图纸表示具体的设计方案,设计方案确定以后,其实施方案和主要投入要素就基本确定了。因此,这个阶段对成本的影响因素很大。一个成功的项目设计方案不仅能节约造价成本,保证建设项目按进度进行,而且能够促进商品房的销售,增加商品房的卖点。开发商在委托设计范围之前,一定要对项目投资进行详细分析,并在此基础上采用限额设计的方式,保证有效的成本管理,并着重考虑以下两点:

第一,设计前的投资估算。通过对同类项目的价格、材料、设备、人工费用、税收、管理费用、利润调查,在项目评估的基础上进行细致的综合比较,进行投资估算,作为初步设计控制的依据。

第二,初步设计要注意方案的选择,按投资估算进一步落实成本费用,将施工图预算严格控制在批准的范围之内,同时加强设计变更的管理工作。

(三)项目施工阶段的成本控制

项目施工阶段成本控制的主要内容有:编制成本计划和工作流程图,落实管理人员的职能和任务;熟悉设计图纸和设计要求,对工程费用变化大的部分和环节,作为重点成本控制对象;对经济技术变更进行比较、预测和分析,严格控制设计变更;详细进行工程计量,复核工程付款账单,严格经费签证;做好工程施工记录,保存好各种文件图纸,特别是施工变更图纸,为处理好可能发生的索赔提供依据;定期进行工程费用超支分析,提出控制工程成本突破预算的方案和措施;及时掌握各种定额和取费标准的变化;注重合同签订、修改和补充工作,着重考虑对项目成本的影响。

四、引起建设成本超支的因素

在项目成本控制过程中,如果经过对比分析,发现某一方面已经出现成本超支,或预计最终会出现成本超支,则应将该部分成本超支问题单独提出,做进一步分析,分清责任,提出成本控制的相应措施。成本超支的原因包括但不限于以下几方面:

第一,原成本计划数据不准确,估价错误,预算太低,不适当地采用低价政策。

第二,工程范围增加,设计修改,功能和建筑质量标准提高,工作量大幅度增加。

第三,外部原因,包括来自项目所有者或是上级主管部门的干预、阴雨天气、物价上涨、不可抗力事件发生等。

第四,实际管理中出现的问题,包括执行了不恰当的控制程序,费用控制存在问题，产生了预算外开支；成本控制责任不明，实施者对成本没有承担义务，缺少成本方面的限额概念，又没有节约成本的奖励措施；采购了劣质材料，材料消耗增加，浪费严重；周转资金占用量大，财务成本高；合同中存在不利条款，在合同执行中存在缺陷等。

五、建设成本控制的措施

项目建设成本的有效控制是以合理确定为基础，以有效控制为核心。成本控制贯穿于项目建设全过程，即在投资决策阶段、设计阶段、建设项目发包阶段和建设实施阶段，把成本控制在批准的造价限额以内，随时纠正发生的偏差，以保证项目管理目标的实现，力求在项目建设中能合理使用人力、物力、财力，取得较好的投资效益。

要做好此项工作，应注意以下几个方面。首先，要设置好各阶段成本控制的目标，使其成为一个有机联系的整体，各阶段目标相互制约、相互补充，前者控制后者，后者补充前者，共同组成项目成本控制的目标系统。目标设置既要有先进性，又要有实现的可能性，目标水平不能太低，也不可太高，要能激发执行者的进取心，充分发挥其工作能力，否则项目成本控制将成为一纸空文；其次，成本控制实际上是一个系统工程，涉及方方面面，在项目建设成本全过程控制中必须重点突出。

（一）项目策划阶段的成本控制

房地产项目进行成本控制的目的是尽可能减少投资，并获得最大的经济效益。而开发一个地块，并不是开发的项目规模越大，实现的销售收入越多，所获得的最终利润就一定越大。在项目策划阶段，开发商必须组织企业内外部可动用的各种资源，在进行科学有效的市场调研基础上，经过多方案比较，确定项目的定位和规模，力争实现最大的经济效益

（二）项目设计阶段的成本控制

影响房地产项目成本的主要阶段是设计阶段，设计阶段也是成本控制的关键环节，项目设计的节约是最大的节约，设计确定了项目成本，预算、结算只能计量而不能改变项目成本。因此，成本控制要以设计阶段为重点，这是有效控制房地产项目成本的根本。一份好的设计方案不仅要取得良好的社会效益，还应具有经济的合理性。长期以来，开发企业普遍对项目设计阶段重视不够，往往把建设成本控制的主要精力放在了施工阶段——审核施工图预算，或在编制合理工程标底和结算工程价款上算细账。要有效地控制建设成本，就要把工作重点放在项目的前期阶段，尤其是要抓住项目设计阶段。

1. 优化设计。

长期以来，我国建筑设计单位的设计人员对设计质量、进度、工程技术比较重

视，而对工程造价考虑的很少，部分工程设计人员通常以为技术上可行、质量上可靠就算完成任务，导致“肥梁、胖柱、深基础”等现象多有发生。在项目设计阶段，应采用科学地理论方法，加强经济论证，对设计方案进行优化选择，不仅要从技术上，更重要的是从技术与经济相结合的角度进行充分的论证。在比选方案时，可以采用成本效益分析方法；在满足工程结构及使用功能的前提下，依据经济指标选择设计方案。而设计方案一经确定，又可采用价值工程方法，千方百计地降低工程造价。价值工程就是通过对产品的功能分析，使之以最低的总成本，一方面可靠地实现产品的必要功能，另一方面，通过功能细化，把多余的功能去掉，对造价高的功能实施重点控制，从而最终降低工程投资。

2. 实行限额设计。

对于一个房地产项目，开发商要做到心中有数，要求设计单位在设计中凡是能进行定量分析的设计内容，均要通过计算，用数据说话，充分考虑施工的可能性和经济性，在设计技术与经济分析上要改变设计完后再算账、功能决定造价的习惯做法。开发商应对设计方案提出限额设计要求，并为之创造外部条件。

例如：某住宅工程开发商明确规定建筑成本不得高于 4 200 元/平方米，除去土地费用，用于建安费用为 1 260 元/平方米，为了满足开发商建筑面积和使用功能的需要，住宅楼设计为七层条形楼，按照设计规划要求，七层以上住宅必须为全现浇结构，而按照以往的设计方法，全现浇结构最低造价为 1 400 元/平方米，针对这种情况，设计单位在设计结构上想办法，在全现浇内墙上留洞，再用砌块填充，这样既可以满足设计对结构形式的要求，同时经过计算又降低了工程造价，严格把工程的建安成本控制在了 1 251 元/平方米，达到了限额要求。

3. 加强对设计变更的严格控制。

设计变更是指设计部门对原施工图纸和设计文件中所表达的设计标准状态的改变和修改。设计变更仅包含因设计工作本身的漏项、错误或其他原因而修改、补充原设计的技术资料。设计变更和现场签证两者的性质是截然不同的，凡属设计变更的范畴，必须按设计变更处理，而不能以现场签证处理。设计变更是工程变更的一部分，它关系到进度、质量和费用控制。加强设计变更的管理，对规范项目各参与者的行为、确保工程质量和工期、控制建设成本具有十分重要的意义。

设计变更应尽量提前，变更发生得越早，造成的损失越小，反之就越大。如在设计阶段变更，则只需修改图纸，其他费用尚未发生，损失有限；若在施工阶段变更，已施工的工程必须拆除，势必造成重大变更损失。所以要加强设计变更管理，严格控制设计变更，尽可能把设计变更控制在设计阶段初期，特别是对工程造价影响较大的设计变更，要先算账后变更。严禁通过设计变更扩大建设规模、增加建设内容、提高建设标准,使工程造价不易得到有效控制。设计变更费用一般应控制在项目工程总造价的3%以内。

由于在项目施工阶段,只要出现设计变更,都会在不同程度上影响施工组织计划,引起各种索赔事件的发生,从而增加项目成本。因为即便是出现引起工程量减少的设计变更,开发商也仍然要承担本不应该发生的费用,因为施工单位会以它已经按照原计划准备了施工人员、施工机械已经进场、材料采购已经完成为由向开发商提出索赔。所以在施工图设计阶段,在与设计单位签订的合同中要增加约束性条款,以减少施工过程中出现的设计变更。

设计变更无论由哪方提出,均应由项目经理部会同监理单位、设计单位、施工单位协商,经过确认后由设计单位发出相应图纸或说明,并由监理工程师办理签发手续,下发到有关单位付诸实施。但在审查设计时应注意以下几点:

第一,确属原设计不能保证工程质量要求、设计遗漏和确有错误以及与现场不符无法施工的,必须以设计变更的形式进行修改。

第二,即使变更要求可能在技术经济上是合理的,也应全面考虑,将变更以后所产生的效益(质量、工期、造价)与现场变更所引起的施工单位的索赔等所产生的损失加以比较,权衡轻重后再做决定。

第三,设计变更应简要说明变更产生的背景,包括变更的提出单位、主要参与人员、时间等。

第四,要坚决杜绝内容不明确的、没有详图或具体使用部位,而只是增加材料用量的变更。

4. 明确要求设计单位提供现场配合服务。

施工阶段往往会因为设计单位不能及时安排人员到现场帮助解决设计问题而导致工期拖延、成本增加。所以在设计合同中必须增加如下条款:项目通过竣工验收后甲方将组织由各施工单位参加的、针对设计单位在工程施工期间的现场配合情况进行综合评估,并根据评估结果给予一定奖励或扣减一定数额的设计费。

(三)招标过程中的成本控制

目前,房地产开发商在选择总承包商时,仅提供工程量清单往往是不够准确的,主要体现在两个方面,一方面是清单中的子目不够,另一方面是工程量不准。比较普遍的做法是:合同采用的是单价合同,结算时按实际产生的工程量结算。这种做法会使开发商无法确定对总承包商的成本控制总额,增加现场施工阶段的现场签证,从而增加成本控制的难度。所以在总承包商招标之前,选择3~5家施工单位进行预报价,给每家参加预报价的施工单位一套完整的施工图,要求其计算工程量,并分别报出单价和总价,并在此之前告之他们将来采取的是总价包干合同。然后分析比较几家施工单位报送的报价书和开发商自己做出的工程量清单，确定最后的工程量和单价，并在此基础上，有针对性地与施工单位进行谈判，选择确定总承包商。这样可以在进入工程施工以前较大程度地降低成本，方便施工阶段的成本控制，降低竣工结算的难度。

（四）材料采购、使用中的成本控制

直接采购除建筑主材外的材料和设备是不少开发商乐于采用的方式。虽然采购量大，可以降低采购价格，但是施工过程中容易出现施工单位不注意节约带来的材料浪费，出现质量问题后材料供应商与施工单位之间互相推诿的现象。所以在房地产项目中，对于大宗材料的选购，可以采取由施工单位直接与材料商签订采购合同，开发商出面帮助施工单位与供应商确定采购价格的方式采购材料。

另外，对于开发商直接采购的材料，对发放、领用环节要严格控制。施工单位领用材料时，一定要明确领用数量、使用部位，按照合同约定的损耗率发放。

（五）施工过程中的成本控制

1. 严格控制现场签证。

施工过程中的工程签证主要是指施工企业就施工图纸、设计变更所确定的工程内容以外，施工图预算或预算定额取费中未含有，而施工中又实际发生费用的施工内容所办理的签证，如由于施工条件的变化或无法预见的情况所引起工程量的变化。

现场签证实行三级管理，即监理工程师初审并注明审查理由，之后交项目经理部专业工程师确认并注明签证理由，最后经项目经理签字确认后方有效。施工单位提交的现场签证单必须于拟签证事件发生后3日内交监理工程师初审，并说明拟签证事件发生的时间、原因、发出指令人、工程量等内容，否则不准予以确认。另外，监理工程师初审过的签证单经项目经理部审查发现有严重失实或工程量有较大出入的，项目经理部将给予监理单位相应的处罚。

现场签证应遵循以下原则：

（1）严格现场经费签证。凡涉及经济费用支出的停工、窝工、用工签证、机械台班签证等，由专业工程师认真核实后签证，并注明原因、背景、时间、部位等。

（2）应在合同中约定的，不能以签证形式出现。例如：人工浮动工资、议价项目、材料价格，合同中没约定的，应由有关管理人员以补充协议的形式约定。现场专业工程师不能以工程签证的形式取代。

（3）应在施工组织方案中审批的，不能做签证处理。例如：临时设施的布局、塔吊台数、挖土方式、钢筋搭接方式等，应在施工组织方案中严格审查，不能随便做工程签证处理。

（4）工程签证单项目经理部要随时留一份，以避免添加、涂改等现象；并且要求施工单位编号报审，避免重复签证。

(5)材料价格的确认要注明采购价还是预算价,以避免采购保管费重复计取。

2. 谨慎对待索赔。

索赔产生后,问题主要集中在"该不该提出索赔要求"和"索赔费用金额是否合理"两个问题上,即"索赔资格"和"索赔数量"的确定上。在实际操作中,索赔数量的认定难度远超过索赔资格的认定难度。承包商在提交索赔报告时,常常将索赔费用夸大数倍,把索赔原因与无关因素联系在一起,有时甚至曲解合同协议条款的含义,以证明其具有索赔权利。

处理索赔事件要参考现场签证单的处理方式,同时还应注意:索赔事件所引起的额外费用应该是承包商履行合同所必需的,而索赔费用只在所履行合同的规定范围之内,如果没有该费用支出,就无法合理履行合同,无法使工程达到合同要求;索赔费用的确定原则是应能使承包商的实际损失得到完全弥补,但不能使其因索赔而额外受益;承包商一旦意识到引起索赔的事件已经发生,就应当立即采取有效措施,防止事态的扩大和损失的加剧,将损失控制在最低限度,如果因承包商没有及时采取有效的措施而导致损失扩大,承包商无权就扩大的损失向开发商提出索赔。

3. 合理安排施工顺序。

对于由开发商直接发包的单项工程,现场管理人员一定要合理安排施工单位进行施工,尤其对涉及多项目、多单位的搭接施工,一定要充分考虑各方面的因素,协调各单位进行施工,避免因项目经理部安排不当而导致索赔事件的发生。

4. 认真核实每一次付款申请。

对于在施工阶段施工单位上报的付款申请,项目经理部要认真核实其上报的工程量与实际完成的工程量是否相符,一方面保证付款的合理性,另一方面为项目的竣工结算提供基础资料。

5. 调整结算工作思路。

控制项目成本的最后一关是竣工结算。凡进行竣工结算的工程,都要有竣工验收手续,从以往的工作经验来看,在工程竣工结算中签证漏洞很多,有的是有签证没有施工,有的是签证工程量远远大于实际施工工程量,诸如此类,举不胜举。结算时,负责结算工作的人员要采用耐心、细致的工作方法,认真核算工程量,不能怕麻烦,必须多下现场核对。同时,为了保证工作少出纰漏,应实行工程结算复审制度和工程尾款会签制度,确保结算质量和开发商的投资收益。竣工结算时,结算人员不能仅停留在结算金额是否少于合同金额,或最终结算金额在施工单位报送结算金额基础上下浮动了多少个百分点,而应当将重点放在工程量的核实、施工单位施工过程的评价等方面。

第五节　房地产项目建设合同管理

一、基本概念

房地产项目建设合同是指项目开发商与承包人之间为完成确定的项目所指向的目标或规定的内容而达成的协议,合同双方当事人的权利和义务必须明确。在房地产项目开发中,合同签订必须遵守的基本原则有自愿原则、法律原则、诚实信用原则、公平原则。合同管理是指依据合同规定,对当事人的权利和义务进行监督管理的过程。本书所说的合同管理是广义的合同管理,包括合同前期策划、招投标签订合同、合同审查和分析、合同保证体系的建立、合同实施的控制、合同变更的管理、索赔管理等内容。

二、建设合同管理的主要任务

对于任何一份建设合同,都必须提出明确的质量要求、进度要求以及工程款的支付方法,即提出工程的目标。建设合同管理是质量控制、进度控制、成本控制与安全管理目标实现所必须具备的手段。参加工程项目的各方人员必须事先签订合同,明确各方的责、权、利关系。无论是项目的业主、咨询公司,还是设计人员、施工人员、设备供应商,通过合同关系保证了各自的利益与项目管理的成功紧密联系在一起。在商品经济社会,任何人都必须重合同、讲信誉,只有一切从合同出发,才能保证项目建设取得成功。

合同管理的主要任务是:确定工期、质量、价格三大目标,这是合同双方在工程中签订经济合同的依据;规定合同双方在合同实施过程中的经济责任、利益和权利,这是调节业主与承包商双方责权关系的主要手段;履行合同、按合同办事,这是工程双方的最高行为准则;建设项目合同体系决定了该项目的管理机制,开发商通过合同分解或委托项目任务,实施对项目的控制;工程双方争执判定以合同作为法律依据,争执的解决办法和解决程序在合同中规定;业主通过合同分解和委托项目任务,实现对工程项目目标的监控。

三、建设合同管理的主要内容

建设合同管理工作包括项目的合同总体策划、投标招标阶段的合同管理、合同分析与解释、合同实施过程中的控制。

(一)合同总体策划阶段

开发商与承包商要慎重研究确定影响整个房地产项目建设以及整个合同实施的根本性、方向性重大问题,确定工程范围、承包方式、合同种类、合同形式与条件、合同重要条款、合同签订与实施过程中可能遇到的重大问题，以及相关合同在内容、时间、组织及技术等方面的协调等。

（二）合同形成阶段

投标招标是合同的形成阶段，对合同的整个生命周期具有根本性的影响，通过对招标文件、合同风险、投标文件等的分析和合同审查，明确合同签订前应注意的问题，这也是投标招标阶段合同管理的主要内容。

（三）合同执行阶段

通过合同分析，具体落实合同执行战略，同时还要通过合同分析与解释，使每个项目管理的参与者都明确自己在整个合同实施过程中的位置、角色及与相关内外部人员的关系，客观、准确、全面地执行合同的意思。

（四）合同实施过程中的控制

合同实施过程中的控制工作主要包括合同实施监督、合同跟踪、合同诊断和合同措施的决策等。建立合同实施保证体系、完善合同变更管理和合同资料的文档管理，是做好合同实施控制的关键。

四、建设合同管理的措施

对于一个房地产项目开发建设，往往存在几十甚至上百家的施工单位或供货商，其对应的合同结构非常复杂，不同合同之间存在复杂的内在逻辑联系，每个合同又具有合同策划、合同签订、实施控制、合同变更、索赔管理、合同后评价等不同过程。因此，必须采取相应地措施对整个项目的所有合同进行管理。

第一，加强合同管理体系和制度建设，加强合同法律意识。项目建设各方要重视合同管理机构设置、合同归口管理工作，做好合同签订、合同审查、合同授权、合同公证、合同履行的监督管理；建立健全合同管理制度，严格按照规定的程序操作，提高合同管理水平；由于合同管理是技术、经济及其他各方面的综合性管理，因此，管理体系中的人员分工、职权范围应有明确的规定，才能提高工作效率。此外，还要制定规范的工作程序和规章制度，做到各项工作有章可循，使管理工作纳入科学轨道。

第二，加强工程合同管理工作，应当设立专门的合同管理机构，承担工程合同的登记、审查等监督工作。为了做好工程合同监督管理工作，要建立切实可行的工程合同审计工作制度，强化工程合同的审计监督。通过设立工程建设项目的合同管理机构或配备合同管理专职人员，建立合同台账、按月统计、检查和报告制度，从而有效地发挥合同管理的纽带作用。

第三，加强合同及相关文件归档管理工作，为合同顺利履行创造条件。合同文本及相关资料同属重要法律文件，发生之后应及时建账并妥善保存。由于建设项目周期长，涉及专业多，面临情况复杂，在经过一个长时间的建设过程之后，很多具体问题要依靠相应资料予以解决。为此,做好资料归档工作绝不是简单的文档管理问题,应由专人负责,负责到底。另外,要加快合同管理信息化步伐,及时应用先进管理手段,改善合同管理条件,不断提高管理水平。

第四,加强合同管理人员的素质培养,为工程合同结构管理提供人员方面的保证。要求合同管理人员深入细致地研究和分析合同条款,提高管理能力,管理人员必须具备高度的责任心、大公无私、坚持原则、作风正派、技术熟练、经验丰富等条件。工程合同管理人员要用高度的责任心和严谨的科学态度来对待施工过程中的每个环节、每道工序,实行全过程、全方位、全天候的系统管理。

第五,建立合同实施保证体系,建立合同的分解、交底和落实程序。每周至少进行一次合同执行检查;建立标准工作程序,如图纸登记及下发程序、变更实施程序、分包进度款及现场签证程序、材料设备及工程检查验收程序;严格质量检查和验收制度,按合同要求建立质量检查验收、工序交接、材料检验制度。

第六,合同管理工作包括建立合同管理组织、保证体系、管理工作程序、工作制度等内容,建立诸如合同文档管理、合同跟踪管理、合同变更管理、合同争议处理等工作制度,其执行过程是一个随实施情况变化的动态过程,也是全体项目成员有序参与实施的过程。每个人的工作都与合同能否按计划执行完成密切相关,因此,项目部管理人员必须有较强的合同意识,在工作中自觉地执行合同管理的程序和制度,并采取积极措施,防止和减少工作失误和偏差。

第六节　房地产项目建设安全管理

一、基本概念

安全管理是为实现安全生产而组织和使用人力、物力和财力等各种物资的过程。它利用计划、组织、指挥、协调、控制等管理机能,控制来自自然界的、机械的、物质的不安全因素以及人的不安全行为,避免发生伤亡事故,保证职工生命安全和健康,保证生产顺利进行。安全管理包括对人的安全管理和对物安全管理两个主要方面。在生产过程中,保证自身与他人的安全和健康是安全管理的首要目标。人是生产和安全管理的主体,安全管理保护的主要也是人,人是安全管理的根本。人身的安全的标志为安全、健康和卫生。在生产过程中,物保证自己与对人的安全和健康,是安全管理的主要对象。物是生产和促进(削弱)安全的媒体,管理好物是主要的,物是安全管理的基础。

房地产项目建设安全管理是对建设项目从勘察设计到竣工验收全过程的安全工作进行策划、组织、指挥、协调、监督控制和改进的一系列管理活动,目的在于保证建设工程的安全和建筑工人的人身安全。

二、安全管理的基本内容

第一,依据项目设计文件、施工作业规程、有关行业和部门的法规、规程及合同文件,结合现场作业条件,检查项目设计和施工的有关技术文件、施工顺序、施工工艺、施工管理及施工人员素质等,发现问题及时向设计单位、监理单位、承包商提出口头或书面意见。

第二,当发现违反安全保护方面的有关规定且出现严重后果时,要及时提出书面通知,警告甚至勒令停工等。

第三,当安全保护与施工进度发生矛盾时,应贯彻安全第一的原则,由项目经理负责做出调整项目进度的决定。

第四,项目经理部有关成员要参加有关安全保护的分析与追查责任会议。

第五,分清事故责任,正确处理。若是由于有关当事人的责任所造成的损失和罚款,要由责任方负经济赔偿责任,不能列入建设投资。如事故属于合同规定的非人力所能预见和不可抗力等非责任事故,经调查认定,并按有关合同规定单独支付发生的相关费用。

三、安全隐患辨识

危险源是经过触发因素作用而使其能量逸散失控,导致人体伤害和财产损失安全事故的、具有能量的物质和行为。危险源辨识是利用科学方法对生产过程中的危险因素的性质、构成要素、触发因素、危险程度和后果进行分析和研究,并做出科学判断,为控制由危险源引起的安全事故提供必要的、可靠的依据。

(一)危险源辨识

1. 危险单元划分。

在危险源辨识中,首先应了解危险源所在的系统,即危险源所在的生产区域和场所。危险单元的划分是危险源辨识的基础工作,为危险源辨识、分析和预控创造了条件。危险源所在生产作业区域的划分如表6-3所示。

表6-3　建筑项目施工作业区域危险源清单

编号	施工作业区域	编号	施工作业区域
1	爆炸、火灾的场所	6	烧伤、烫伤的场所
2	提升系统危险的场所	7	腐蚀、放射、中毒和窒息的场所
3	车辆伤害的场所	8	落物、飞溅、滑坡、坍塌、淹溺的场所
4	触电危害的场所	9	被物体碾、绞、夹刺和撞击的场所
5	高处坠落的场所	10	其他伤害的场所

2. 危险源的类型。

在建筑生产领域,危险源是以多种多样的形式存在的,危险源导致的事故可归结为能量的意外释放或有害物质的泄漏。根据危险源在事故发生发展中的作用,可以把危险源分为两大类,即固有危险源(第一类危险源)和人为危险源(第二类危险源)。

(1)固有危险源(第一类危险源)。建设安全系统中存在的、可能发生意外释放的能量的载体、危险物质和环境因素称为固有危险源。能量或危险物质的意外释放是事故发生的物理本质。在建筑安全系统中,属于固有危险源的能量源主要有:电能、机械能、热能、位能和重力能、压力和拉力等,这些能量的意外失控会转化为破坏能量,造成人员伤害和财产损失。属于固有危险源的危险物质主要有:爆炸性物品、有毒物品、腐蚀性物品、放射性物品等。建筑生产系统中可能导致各类伤害事故的类型有:高处坠落、物体打击、触电、机具伤害、起重伤害、中毒、窒息、灼烫、淹溺、爆炸、火灾、车辆伤害等。

(2)人为危险源(第二类危险源)。人为危险源(第二类危险源)是指危险行为及管理失误或差错,具体可分为个人因素危险源、管理因素危险源、人为环境危险源等。在建筑生产中,人们为了利用能量,制造了各种机器设备,让能量按照人们的意图在系统中流动、转化和做功,为施工生产服务,而这些设备设施又可以看成是限制约束能量的工具。在正常情况下,施工生产过程中的能量或危险物质受到约束或限制,不会发生意外释放,即不会发生事故。但是,一旦这些约束或限制能量或危险物质的措施受到破坏或失效,必将发生事故。

(二)危险源辨识途径

在确定了危险单元后,就可以辨识具体的危险源,一般来说可以从两方面着手:

一是根据系统内已发生的安全事故,查找触发因素(安全隐患),然后找危险源。

二是预测系统内可能发生的安全事故,查找触发因素(安全隐患),然后找危险源。

通过查出现实存在的危险源,辨识潜在的危险源,将危险源综合汇总归纳后,得出危险单元内全部的危险源。危险源辨识途径如图 6 - 7 所示。

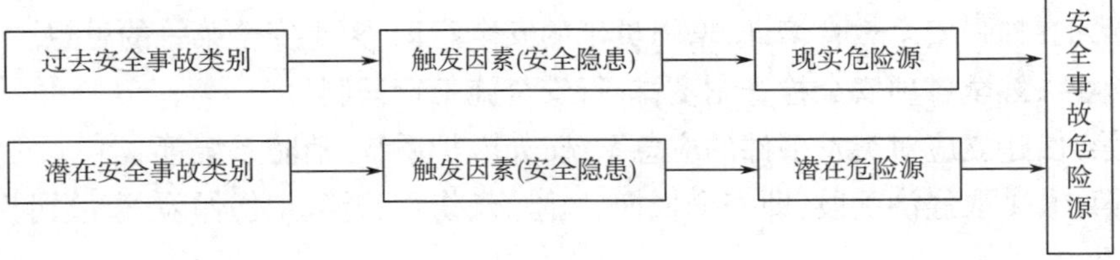

图 6 - 7　危险源辨识途径

四、安全事故发生常见的原因

研究发现，建筑工程安全事故的类型多种多样，但发生安全事故的主要原因有下面三项中的一项或几项：

第一，工人缺乏安全基本知识，不能够判断出已经存在的不安全条件。这种情况在建筑工程项目中最为普遍，我国是一个建筑业大国，从业人数近 4 000 万人，建筑市场的竞争十分激烈，处于过度竞争状态。建筑业中很多企业利润微薄，甚至长期亏损，建筑安全教育投入严重不足。建筑业从业人员 80% 以上由农民工组成，文化程度平均不到初中水平，没有受过良好的安全教育和技能训练，普遍缺乏安全知识。如果是这种原因造成的安全事故，应追查企业的安全教育制度是否完善、安全投入是否能够得到保证。

第二，工人明知存在不安全的因素仍继续进行工作。这种情况的具体原因可能有三种：一是有些工人由于自身素质等原因冒险蛮干，存在侥幸心理等非理智行为；二是受群体的影响，做事不计后果；三是受社会、管理层的压力，不得不在不安全的环境下继续工作。

第三，忽视了施工工作环境的内在危险而产生了不安全的行为。在施工工地上，忽视施工环境的内在危险产生不安全行为的情况也较常见，主要是由于警惕性降低所致。其原因既有平时的安全训练不到位，也有管理压力造成的心理、生理机能降低，例如，由于过分疲劳导致反应能力下降等。

五、安全管理措施

第一，在设计上，全面细致地考虑安全因素。在项目设计阶段就要注意安全方面的设计；在施工组织阶段，要选择有安全防护措施的方案。

第二，采用新技术、新装备，加强施工安全防护，排除施工现场存在的危害和危害因素。

第三，制定严密的施工安全组织措施和安全纪律。

第四，严格按照施工规范和施工安全操作规程施工。

第五，加强直接进入施工现场的工作人员的安全防护措施。

第六，在险要地段或工点设置安全预警系统和监测系统。

第七，加强安全教育培训，增强员工的安全意识，树立安全第一的思想。

第八，健全各项安全检查制度，推行安全施工责任制。

第九，建立应对突发事件的应急系统，如救护系统、消防系统等。

第十，采取经济手段，即安全抵押、风险金、伤亡赔偿、工伤保险、事故罚款等。

第七节　房地产项目协调管理

一、项目建设过程中的冲突分析

(一)项目冲突的含义

项目协调管理首先要从项目冲突着手。在项目环境中,冲突是不可避免的,是项目组织结构的必然产物,是项目的存在方式。项目冲突通常作为一种冲突性目标的结果,在项目组织的任何层次都会发生,团队成员在实施个人和集体角色时,就要面对争议、争论、反对和智力斗争的环境。

项目冲突是两个或两个以上的决策者在某个争端问题上的纠纷。冲突就是抵触、争执、对抗,是项目实施过程中各种矛盾的表现形式,它既包括参与者的内部心理矛盾,也包括人际间的冲突,是指两种目标的互不相容和相互排斥。所有的冲突都存在赢和输的潜在结局,参与冲突的各方为了达到各自的目标,总会千方百计地阻碍对方实现其目标。冲突理论认为,任何一种形式的合作活动都会伴随着冲突。冲突总是以当事人各方相互依存的关系来满足各方的需求,即冲突与合作是可以并存的,合作和冲突是群体工作互补的特征。项目经理需要更好地理解冲突的动态变化过程。

(二)项目冲突的起因

项目冲突产生的原因是多种多样的,大多数情况下,冲突总是因人而起。项目管理中常见的冲突的起因如下。

1. 项目四大目标方面。

由于在项目组织中所处的位置不同,项目经理和团队成员在从对项目目标的理解到项目的实际产出中都会产生分歧。项目经理希望得到项目的成就感,而团队成员考虑的却是拿到既定的报酬。围绕项目工作任务的先后次序安排和进度计划会产生冲突,冲突可能来源于对完成工作的次序及完成工作所需时间长短的不同意见。成本费用冲突往往是在费用如何分配方面产生冲突,这种冲突多发生在客户和项目团队之间、管理决策层和执行人员之间。这样的情形也会发生在管理者和团队成员之间。安全管理也可能延迟工期、增加费用等问题,安全管理部门与进度、投资部门常常发生冲突。

2. 项目计划与工作内容方面。

项目计划是产生冲突的最主要的因素。项目团队总是认为他们没有足够的时间来规划一份完善的项目计划,仓促的时间会导致粗略的可行性分析,不可避免地会导致决策时的争议和冲突。制订项目实施计划时,项目经理不可能仔细地论证每项工作活动所需要的时间和成本,工作展开后,冲突就会不断产生。工作内容方面的冲突包括关于工作技术方法的冲突、工作量的冲突、工作质量标准的冲突等。

3. 项目组织方面。

项目组织内部的冲突伴随着项目实施的整个过程。有各种不同的组织问题会导致冲突,特别是在团队发展的震荡阶段,项目成员由多种专业人员组成,他们之间既有分工又有协作,但是由于专业不同,各个成员会在认识上产生分歧:由于项目负责人在奖惩等方面权力有限而引起矛盾;项目组织内部各成员对特殊规定的项目缺乏了解而引起矛盾,项目组成员对各自在项目中的职责和作用不明确而引起矛盾;大多数来自职能部门的成员感觉到项目管理系统会取代原来传统的系统而引起矛盾;组织要完成多个项目,各项目独立性增加,使职能部门难以发挥协调作用而引起矛盾;项目与职能部门的领导人往往从本部门利益出发而产生矛盾。

4. 项目成员及团队方面。

项目参与者由于偏见、伦理、道德、价值观等方面因素不好相处,是不断产生冲突的一个基础性因素。项目成员及团队方面的冲突往往起源于团队成员的"以自我为中心"。具体表现为以下五个方面:项目参与者个性的冲突,个人专业、知识、伦理观念等方面的冲突,人际关系冲突,团队之间的冲突,以及团队内部的冲突。这些冲突经常集中于个人的价值观、判断事物的标准等个性差别上,并非技术上的问题。

5. 技术方面。

工程项目中,在技术工作的内容、技术性能要求、技术方案权衡以及实现手段上都会发生冲突。当项目采用新技术或需要技术创新时,冲突便随着技术的不确定性相伴而来。采用哪种技术及如何进行创新、如何进行操作才能使项目完成得更好、新技术或进行创新最终能否获得成功、失败了意味着会给项目带来什么样的后果等问题在团队成员间会有不同的理解,而决策层也会有不同的考虑。

6. 资源分配方面。

冲突可能会因分配某个成员从事某项具体工作任务或因为某项具体任务分配的资源数量而产生。当人员同时被分配在几个不同的项目中工作,或当不同人员需要同时使用某种有限资源时,可能会产生冲突。其中,人员是关键,会引起很大的冲突。如果把既定的人力资源分给几个项目团队,那便会发生冲突。一个团队的得到必然以另一个团队的失去为代价。类似的情况也会发生在其他资源的分配上。

7. 优先权问题。

项目参加者经常对实现项目目标应该执行的工作活动和任务的次序关系有不同的看法。优先权冲突不仅发生在项目团队与其他合作队伍之间,在项目团队内部也经常发生。优先权问题带来的冲突主要表现在两个方面:一是工作活动的优先顺序，二是资源分配的先后顺序。优先顺序的确定常常意味着重要的度和项目组织对其的关注度，这常常会引起冲突。

确立优先权的责任在于高层管理人员，有时即使建立了优先顺序，冲突仍旧会发生。原因如下：项目团队成员的专业技能差异越大，其间发生冲突的可能性越大；项目决策人员对项目目标的理解越不一致，冲突越易发生；项目经理的管理权力越小、威信越低，项目越容易发生冲突；项目经理部对上级目标越趋一致，项目中有害冲突的可能性越小；在项目组织中，管理层次越高，由于某些积怨而产生冲突的可能性越大。

8. 管理程序方面。

许多冲突来源于项目应如何管理，也就是项目管理的报告关系定义、责任定义、界面关系、项目工作范围、运行要求、实施计划、与其他组织协商的工作协议，以及管理支持程序等。在项目管理中，项目报告的数量、种类以及信息管理渠道等管理程序也会引发冲突。在项目实施过程中，项目成员常常会因信息的获得产生冲突，对于某些敏感或需要分类发送的信息，高层管理人员希望信息能保密地、准确无误地发送到需要的项目成员手中，而低层的项目团队成员则会抱怨信息少。

二、冲突对项目建设的影响

冲突是客观的，冲突的利弊依赖于是否具备一个合适的冲突管理机制。传统观念是害怕冲突，力争避免冲突，消灭冲突；而现代观念认为冲突是不可避免的，只要有人群的地方，就可能存在冲突。冲突中有破坏性因素，它阻碍了群体目标的达成，具有消极作用，但也有建设性的因素，它有助于群体目标的达成，具有积极作用，即“冲突在建设和破坏的平衡中上下浮动”。项目组织在实施进程中经历了许多困难和挫折之后，逐渐变得更加成熟和稳定。项目组织应被建设成一个允许自由争执的系统，这会有效地刺激对问题的解决、人和组织的发展。在项目团队管理中，固有的冲突也可以转化为一种优势，通过解决引起冲突的争议、讨论和辩论进行微妙地推动。冲突的益处包括：发展一种团队文化，包括更好地理解项目团队和其他干系人在组织中个人和集体角色。冲突的解决能使人们适应项目和需求的动态特性。

冲突得不到及时处理，就会对项目产生影响。每个群体均把与之冲突的群体视为对立的一方，敌意会逐渐增加认识上产生偏见，只看到本群体的优点和力量而看不到缺点，对另一群体则只看到缺点和薄弱之处，而看不到优点。由于对另一群体的敌意逐渐增加，交流和信息沟通减少，结果使偏见难以纠正，在处理问题时，双方都会指责对方的发言，而只注意听支持自己意见的发言。根据现代行为学家的观点，冲突对组织运行的影响有正反两个方面，正面的影响是冲突可以提高组织的运行效率，反面的影响则是阻碍工作进程，如表 6－4 所示。

表 6－4 冲突的影响

有益的影响	有害的影响
改进项目组决策	增加压力、工作混乱
改进沟通（表达各方的立场）	阻碍沟通（因观点不同的争议）
改进集体讨论	不信任和猜疑
对公共问题协作解决	降低工作的满意度
刺激改革和创造	增强阻力的变化
促进人员和组织的表现	降低组织约束力和对组织的忠诚度

三、项目协调

（一）项目协调的含义

项目实施过程中，仅对参与者行为进行控制是不够的，还应协调各个成员之间的关系，化解实施过程中的冲突。项目协调是指项目管理者为实现项目的特定目标，对项目内外各有关部门和活动进行调节，调动相关组织的力量，使之密切配合、步调一致，形成最大的合力，以提高其组织效率的综合管理过程。项目协调管理是指以一定的组织形式、手段和方法，对项目实施过程中的各种关系进行疏通，对产生的干扰和障碍予以排除的过程。项目协调管理流程如图 6－8 所示。

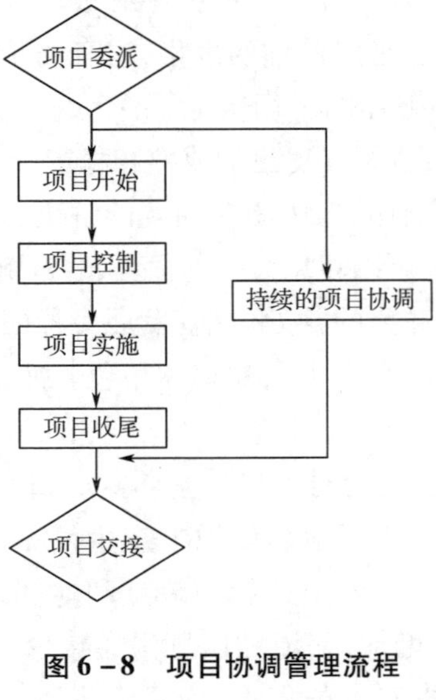

图 6－8 项目协调管理流程

项目协调不仅要处理好人与人之间的关系，而且要处理人与事、人与组织及组织之间等多方面的关系。作为项目的管理者,一个非常重要的任务就是使项目组织内的人际关系处于平衡状态,否则就会产生不和谐的气氛,影响成员之间的协调,最终导致项目组织效率的下降。

(二)项目协调的范围和内容

项目协调的范围和内容有项目内部关系协调、项目外部关系协调和实施过程中各阶段的协调三个方面。

1. 项目内部关系协调。

内部关系协调包括人际关系的协调、组织关系的协调、供求关系的协调、相关配合关系的协调四个方面。

人际关系是一种最复杂的关系,管理者要协调好人际关系,主要是解决人员之间在工作中的矛盾,应该做到平等待人,这是协调人际关系的前提。管理者没有平等观念,就不可能协调好人际关系。诚实守信是指讲信用,守信用,这是协调人际关系的关键利益平衡,利益不仅包括物质利益,而且包括精神利益,这是协调人际关系的基础。注意形象,形象是一种威信,一种吸引力、号召力,可以产生集体向心力。一个领导者的自我形象会直接影响他对人际关系的处理。项目经理人际关系协调最重要的五种沟通技能是人际关系沟通、陈述和公开演讲、冲突管理、协调和写作。

组织关系主要解决项目组织内部的分工与配合问题,有纵向关系和横向关系之分。纵向关系又分为对上级组织的关系和对下级组织的关系。横向关系是指同级组织之间的关系。组织关系的协调应主要从以下几个方面进行设置:组织机构要以职能划分为基础,明确每个机构的职责,通过制度明确各机构在工作中的相互关系;要建立信息沟通制度,制定工作流程图;要根据矛盾冲突的具体情况及时灵活地加以解决,避免冲突扩大化。

供求关系的协调包括项目实施过程中所需人力、技术、资金、设备、材料、信息等的供应,通过协调解决供求平衡问题。

相关配合关系的协调包括取得建设单位、设计单位、分包单位、供应单位、监理单位等在项目实施中的配合,以达到同心协力的目的。

2. 项目外部关系协调。

外部关系协调包括两个方面:一是项目与近外层关系的协调,主要包括业主与施工单位、设计单位、供应单位、公共事业单位等参与单位关系的协调。这些关系是合同关系或买卖关系,应在平等的基础上进行协调。二是项目与远外层关系的协调,包括与政府部门、金融组织、现场周边单位的关系。这些关系的处理没有定式,协调更加困难,应按有关法规、公共关系准则和经济联系处理。

3. 项目实施过程中的协调。

实施阶段有着各式各样的协调工作,如项目目标因素之间的协调,项目各子系统内部、子系统之间、子系统与环境之间的协调，各专业技术方面的协调，各种职能管理方法和管理过程，如成本、工期、质量、合同等之间的协调；项目参与者之间，以及项目经理部内部的组织协调技术协调；提高设计图纸的质量，减少技术错误带来的不协调问题与环境的协调管理。实施过程中的协调必须建立一整套健全的管理制度，通过管理，增强施工中各专业的配合等。

（三）项目协调的作用

项目实施过程中的各种冲突、项目组织及参与者个体非理性的行为需要协调。冲突是项目不和谐、不协调的根本原因，要解决冲突，处理好这些关系，就需要协调。协调是管理的重要职能，其目的是通过协商和沟通取得一致，齐心协力，保证项目目标的实现。内部或外部的协调都是非常重要的，有学者称协调为管理的本质。协调可使矛盾的各个方面居于统一体中，解决它们的界面问题，解决它们之间的不一致和矛盾，使系统结构均衡，使项目实施和运行过程顺利。

协调就是正确处理组织内外各种关系，为组织正常运转创造良好的条件和环境，促进组织目标的实现。其作用表现在以下几个方面：

一是促使参与者个人目标与组织目标趋于一致，从而促进组织目标的实现。

二是解决冲突，促进协作。人与人之间、人与组织之间、组织与组织之间的矛盾冲突是不可避免的，并且这种矛盾和冲突如果积累下去，就会由缓和变为激烈、由一般形式发展到极端形式。通过协调，可以很好地处理和利用冲突，发挥冲突的积极作用，使部门之间、人与人之间能够相互协作与配合。

三是提高项目组织效率。协调使组织各部门、各成员都能对自己在完成组织总目标中所需承担的角色、职责以及应提供的配合有明确的认识，使组织内所有力量都集中到实现组织目标上来，各个环节紧密衔接，各项活动和谐地进行，从而极大地提高组织的效率。

（四）项目协调系统模型

从理论上讲，协调工作并不十分复杂，只要在建设过程中能严格按照规章和规范的要求做好每一项工作，就有可能不会出现上面所说的矛盾，至少会大大减少冲突发生的概率。但在实际工作中，由于上述人为的、技术上的、管理上的因素，各专业之间存在的问题和矛盾是非常突出的。特别是施工过程中的协调工作，牵涉面广且十分复杂。只有加强对各个层次、各任务组、各参与单位、全体参与者关系的协调，加强对各方面工作的协调，才有可能把各种冲突和隐患处理在萌芽状态。

协调工作表面上看是管理者的“本职工作”，实际上应该是全面地、有目的地、系统化地进行，应建立项目协调系统。协调系统的目的在于建立起广泛的协作体系，保证质量目标、进度目标、投资目标和安全目标的实现。如图 6－9 所示，项目协调系统由协调主体、项目协调技术、被协调对象（即协调的内容）等组成，并通过一定的组织形式和项目指挥方式实现。协调技术主要包括通报技术、协商技术、沟通技术、谈判技术和冲突处理技术五个方面,也包含激励等相关措施。

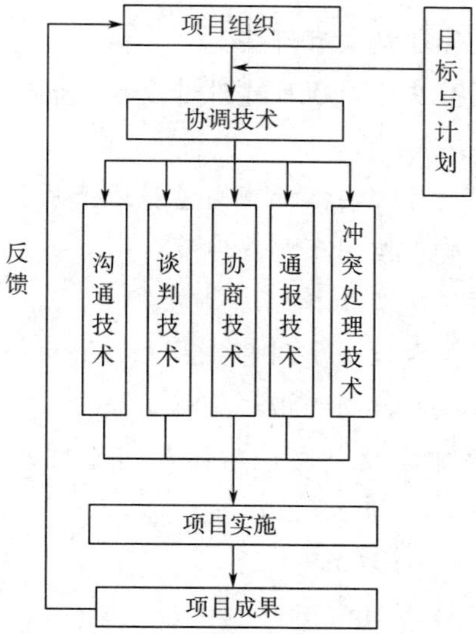

图 6－9　项目协调系统模型

项目建设过程中存在多方面的冲突,从管理层来讲,项目协调包括目标、计划、组织、决策、指挥和合同关系等,主要反映在组织的协调、参与者行为的协调两个方面。从参与各方来讲,业主需要协调处理与贷款方、咨询顾问、供应商、监理工程师、承包商、设计师和投资方等多方的合同合作关系,如图 6－10 所示,管理协调的重心在于项目组织和参与者之间的沟通。项目协调工作依托项目组织,通过项目管理者的各项管理工作来实现。

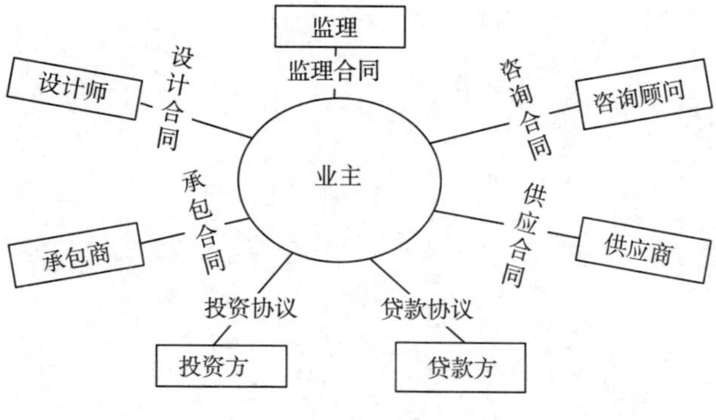

图 6－10　项目参与各方的关系

思考题与练习题

1. 房地产项目建设管理模式有哪些?

2. 什么是进度控制?房地产项目建设进度控制的范围有哪些?

3. 如何防止进度拖延?

4. 什么是质量控制?有哪些指标可衡量房地产项目建设质量?

5. 房地产项目建设质量控制有哪些环节?

6. 什么是房地产项目建造成本?

7. 房地产项目建造成本控制受到哪些因素的影响?

8. 房地产项目建造成本控制的措施有哪些?

9. 什么是房地产项目建设合同?建设合同管理的主要任务和主要内容是什么?

10. 如何理解建设安全管理的含义?

11. 如何辨识建设安全隐患?

12. 如何理解项目冲突?引起项目冲突的可能因素有哪些?

13. 房地产项目建设管理协调的内容有哪些?

14. 项目协调的作用是什么?

15. 项目协调有哪些参与主体?

DI QI ZHANG 第七章 房地产销售及运营管理

第一节 房地产销售规划

一、销售预测

在房地产项目开盘销售之前对销售情况进行预测一般有定性预测和定量预测两种方法。

（一）定性预测法

定性预测法又称为经验判断法，它是根据已掌握的历史资料和现实材料，凭借个人的经验、知识和分析能力，对预测对象未来的发展趋势做出性质和程度的判断。由于定性预测方法主要是凭借个人的知识、经验和分析能力来进行，对于一些缺乏历史资料或影响因素复杂又难以分清主次，或对主要影响因素难以进行定量分析的情况，使用这种预测方法是最有效的。常用的定性预测方法有经理人员意见法、销售人员意见法、顾客意见法、德尔菲法四种。

1. 经理人员意见法。

这种预测方法是根据销售经理或其他高级经理的经验与直觉。通过一个人或所有参与者的平均意见求出销售预测值的方法。

2. 销售人员意见法。

销售人员意见法就是利用销售人员对未来销售进行预测，有时是由每个销售人员单独做出这些预测，有时则与销售经理共同讨论而做出这些预测。预测结果以地区或行政区划一级一级汇总，最后得出企业的销售预测结果。

3. 顾客意见法。

如果存在少数重要的顾客占据企业大部分销售量这种情况，那么顾客意见法是很实用的，该方法又称为购买者期望法。这种方法主要是通过咨询顾客或客户的潜在需求或未来购买商品计划的情况，了解顾客购买商品的活动、变化及特征等，然后在收集消费者意见的基础上分析市场变化，预测未来市场需求。

4. 德尔菲法。

德尔菲法又称专家意见法，是指以不记名方式，根据专家意见做出销售预测的方法，通常包括召开一组专家参加的会议，第一阶段得到结果总结出来作为第二阶段预测的基础，通过组中所有专家的判断、观察和期望来进行评析，最后得到共享具有更大偏差的预测结果。该方法最大的优点是充分民主地收集专家意见，把握市场特征。

(二)定量预测法

在历史统计数据已经较完备、准确，市场发展变化的环境和条件比较稳定，产品处于生命周期的成长期或成熟期，预测对象与某些相关因素之间呈现比较明显的因果制约关系，或预测对象随时间推移呈现比较明显的趋势性变化等情况下，应用定量预测技术是比较适宜的。定量预测法是利用已经掌握的比较完备的历史统计数据，凭借一定的数理统计方法和数学模型，寻求有关变量之间的规律性联系，用于预计和推测市场未来的发展变化趋势的一种预测方法。定量预测法具体又包括时间序列法和回归分析法两种。

1. 时间序列法。

时间序列法就是将历史资料和数据按一定的时间顺序排列，构成一个统计数列，并根据其发展动向向前推测。这一方法的特点是：假定对影响未来市场的各种因素与历史进行统计分析，并加以延伸，便可以推出市场的变化趋势，从而做出预测。

2. 回归分析法。

回归分析法是建立在大量实际数据基础上，寻求随机性后面的统计规律的一种方法。影响市场的各类因素是相互联系、相互制约的，各因素变量之间客观上存在一定的关系。通过对掌握的大量实际数据的分析，可以发现数据变化的规律性，找出变量之间的关系，这种关系便是回归关系。

二、销售分析

在房地产项目开盘销售之前，必须进行销售分析，以便对整个销售过程实施管理和控制。房地产项目的销售分析需要进行以下工作。

(一)市场分析与产品分析

房地产项目准备开盘销售时，房地产产品已经基本定型，如何实现顺利销售，应首先进行市场分析和产品分析。市场分析主要是基于项目策划的分析，重点研究市场经过一段时间的变化对项目的影响；产品分析主要是根据市场变化和产品特征及设计变更等，分析项目产品的优势、劣势、机会和威胁，以及挖掘卖点等。

(二)销售策略的制定

销售策略的制定首先涉及开发企业目标的完成，即通过销售，满足开发商的预期收益要求,并使其经营思想和品牌策略得到正确贯彻。其次是实现目标的具体销售策略的分析与制定,如宣传策略、广告策略、定价策略等。

(三)销售方案的制定

销售方案是整个销售过程的工作计划,是指导销售阶段工作的重要文件,其正确制定与调整对销售效果具有重要影响。销售方案是基于前两项工作(即市场分析与产品分析、销售策略分析)所制订的总体销售计划,主要包括以下三个方面的内容。

1. 销售工作的基本环节。

销售工作的基本环节主要包括:

(1)明确销售总目标,获取有关销售基本资料;

(2)市场分析与产品分析;

(3)制定销售策略;

(4)制订销售进度计划;

(5)具体销售战术分析;

(6)销售费用预算;

(7)销售实施步骤与控制措施的制定;

(8)其他。

2. 销售基础工作。

销售的基础工作主要包括:

(1)销售面积计算;

(2)具体销售价格计算;

(3)具体付款计算;

(4)其他。

3. 销售实施工作。

销售实施工作主要包括:

(1)广告宣传推广及其他;

(2)销售人员培训;

(3)销售及激励机制实施;

(4)售楼部现场工作管理;

(5)合同签订与成交管理;

(6)其他。

三、销售预算

(一)费用组成

销售推广费用预算依据具体房地产项目灵活规划,一般约占项目总销售额的1.5%~10%。房地产项目营销从策划、组织到推广实施,所需费用主要由以下几个方面组成：

1. 现场包装费。

现场包装费是指项目售楼现场所需的费用，包括：售楼处内外装修费、售楼处内的设备与设施、项目销售环境包装等费用。现场包装体现了项目的形象与理念，务必注重创意设计与档次包装。

2. 设计制作与印刷品费。

设计制作与印刷品费是指房地产项目在销售前应做好的一些准备工作所需的费用，包括：

(1)设计制作楼书(或称宣传册)；

(2)设计制作录像介绍资料带或光盘；

(3)设计制作展示板，通常有户型平面图、小区规划、地理位置、环境及生活配套、立面效果、项目简介、装修标准等；

(4)设计制作整体模型和分户平面模型，通常有小区规划模型、建筑物模型、单体平面布置模型；

(5)设计制作样板房及家具、物品布置等；

(6)设计制作手提资料袋、宣传品、小礼品等，旨在树立发展商的公众形象，扩大项目的社会影响力。

3. 媒介投放费。

媒介投放费即广告发布费，是指项目在进行市场推广时用于产品形象宣传所需的费用，主要是发布新闻媒体广告费用，具体包括：

(1)在报纸、杂志、广播、电视等发布广告的费用；

(2)发布路牌广告的费用；

(3)制作地盘广告和地盘围墙广告的费用；

(4)发布公交广告的费用；

(5)展销会参展费用；

(6)通过邮寄方式发布广告的邮寄费用；

(7)通过公众信息网络发布广告的入网费、租金等。

4. 公关活动费。

公关活动费是指项目用于宣传产品形象、树立企业及楼盘美誉度与知名度所需的活动费用，如房地产项目的产品推介会、项目的内部认购会、开盘仪式、工程进程上的结点活动(如项目动工、封顶、外立面落成)、样板间开放活动、各种节日的促销活动、小区入住活动、客户嘉年华会、项目阶段性社区活动等费用开支。公共活动费包括行政开支(人工报酬、管理费用、设施配料费用)和项目开支(如社会捐赠赞助费、调研费、公益活动费、场地租用费、接待费、促销活动等)。

表7－1为厦门市××项目公关活动促销费用表。

表7-1　厦门市××项目公关活动促销费用表

序号	物品及人员	规格及材料	单价	数量	总价(元)
1	空飘	含条幅、空飘条幅12米长	200元/个/3天	8个	1 600
2	背景板	9米×2米,采用牛津布丝印	1 400元	1个	1400
3	彩旗	0.8米×1.5米,旗杆高2.3米	8元/面	60面	480
4	空中舞星	高4.5米	350元/3天	3个	1 050
5	绶带	灯芯绒为主材料	30元/条	8条	240
6	音响设备、麦克风	专业音响	600元/套	1套	600
7	礼仪小姐	专业礼仪	150元/人/场	8人	1200
8	礼炮	礼花炮	90元/只	20只	1 800
9	钢琴租赁及演奏	双脚架钢琴,专业人员演出	1 000元/场	1	1 000
10	红灯笼	直径:1米,含印字	80元/个	6个	480
11	音乐会	时间1小时	8 000元/场	1	8 000
12	主持人	专业主持人	300元/场	1	300
13	人员管理费				
	合计				18 150

5. 其他费用。

其他费用还有销售管理费和中介服务费用等。销售管理费包括:销售人员工资及福利费;地盘专车费用;租用场地(房屋)费用;工作人员差旅费;业务应酬费用等。中介服务费用包括:委托中介机构进行市场调查、价格评估、营销策划、销售代理等所需支付的费用。其他费用明细见表7-2。

表7-2　其他费用明细表

项目	内容
策划顾问	策划顾问费用
销售代理	销售代理费用
现场包装	销售部设计包装与设备、销售部环境包装
广告调查	前期市场调研、广告效果调查、咨询费用、媒介调查费用
公共关系活动(SP活动)	样板房、照相、制板、印刷、录像、文案创作、美术设计、广告礼品等直接制作费用
媒体费用	购买报纸和杂志版面、电视和电台播出时段、租用户外看板等
直效营销	直接营销费用
其他	机动费用

(二)编制预算

营销推广编制预算流程一般分两步走:制定编制方法、确定内容构成与比例。

1. 制定编制方法。

营销推广费用的多少取决于其为项目带来的实际收益及品牌影响力。由于预期目的存在难以预料的费用代价,营销推广费用预算在编制过程中有很大的区别。国内企业常用的营销推广费用预算编制方法如下:

(1)比率法。其公式为:

营销推广预算额度 = 本年度预期销售额或利润额 × 一定的比率(%)

项目以一个特定的销售额(现行的或预测的)的百分比来安排营销推广费用,即销售百分比法。这是最常用的方法。这种方法意味着营销推广预算可以因企业承受能力的差异而变动,鼓励项目以促销成本、销售价格和单位利润的关系为先决条件进行思考,因为这种方法把销售额看成营销推广的动力,缺乏一定的逻辑基础。

(2)量力而行法,即将营销推广费设定在企业所能负担的水平上,此法简单易行,但完全忽视了推广对销售量的影响会导致推广支出超量或广告支出不足。

(3)竞争对抗法,其公式为:

营销推广预算 = 全行业营销推广费总量 × 企业目标市场占有率

根据派肯法则①,新品牌必须比既存知名竞争品牌的年度广告费多花 1.5 ~ 2 倍,才能达成相同的市场占有率。事实上,企业的声誉、资源、机会和目标有很大的不同,因此,以竞争项目的预算作为标准并不科学。

(4)追随法,其公式为:

营销推广预算 = 竞争项目营销推广费之和 ÷ 竞争项目总个数

即留意所有竞争者的推广活动并估计其推广费用,依所有竞争项目的平均水平来制定预算。

(5)目标任务法,即要求项目依据明确的特定目标,确定达到这一目标必须完成的任务,并估计完成这些任务所需要的费用,从而决定营销推广预算。目标任务法适用于新项目的营销推广费预算,此方法是衡量广告目标是否已经实现的方法。目标任务法目前较为合乎逻辑,具体实施过程见图 7 - 1。

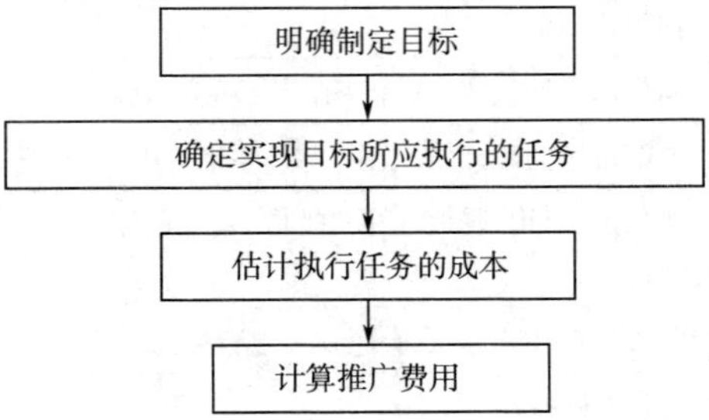

图 7 - 1　目标任务法示意图

① 要确保新产品的销售达到同行业的平均水平,广告费的投入至少是同行业水平的 1.5 ~ 2 倍。这一法则叫作派肯法则。

(6)综合法,即综合采用两种或两种以上的方法来确定营销推广费用预算的方法。

(7)利润规划法,其公式为:

营销推广预算 = 同类项目营销推广投放份额 × 市场占有率

2. 确定内容构成与比例。

将本项目在同类项目中的营销推广投放份额与本项目的预期市场份额相匹配,从而决定自己的营销推广预算,确定项目营销推广费用的构成及比例。

四、销售控制

房地产销售控制是指在整个楼盘营销过程中,应该始终保持有好房源,分时间段、根据市场变化情况、按一定比例面市,从而有效地控制房源,使得后期的好房源面市时处于价格上升期,取得整体较好的经济效益。做好销售控制的要点如下。

(一)按 15% ~20% 的比例施放"房源"

在一个楼盘的产品当中,由于位置、户型等方面因素的不同,自然有优劣好坏之分,通常的情况是优先以较低价格出售户型或者位置等条件不是很好的单位,而把好位置、好户型的产品留到价格可能达到更高水平的时候进行销售。这样先把有可能滞销的产品卖掉,规避了这些户型无法销售的风险,也有利于好的产品在后期卖出更高的价钱。

(二)暂停销售"好楼"

这一手段又称作"封楼",是指开发商出于某种目的,将楼盘当中的某一栋或是某几栋楼"封存"的一种销售手段。这种销售控制手段通常也在楼盘开盘初期使用,相较而言,被"封掉"的楼盘一定是好楼,也就是是位置、景观、环境比较好的楼盘,留到现房和准现房时可以卖出更高的价格,而先期销售的通常是靠近公路,或者周围环境不佳,不可能有过大涨价空间的楼栋。

(三)巧妙利用销售控制表

在很多楼盘的售楼处都设立了销售控制表,意图使买家了解整个楼盘的销售情况,不过,销售控制表许多都是虚假的,买家并不能通过它来了解楼盘的销售情况。销售控制表更大的意义在于给意图购买某一户型的买家增添心理压力,迫使其加速或提价购买,以实现销售控制目标,实现最大化的利润。

销售控制表是使用不同的符号表示"小定"和"大定"的情况,而销售控制表造假的伎俩正是存在于这一环节。例如,如果用红色的圆点表示已经交付大定,那么,开发商常会采用相对较小的红色圆点来标明意向性客户,如果买家不仔细观察,通常很难分辨;如果买家对这套房子表现出较浓厚的兴趣,售楼人员就会强调存在商量的余地,不过随之而来的一定是程度不同的单价上浮。

(四)降低滚动开发成本

滚动开发是现行房地产开发的主流模式。所谓滚动开发,就是依靠银行贷款和预售收入来支撑项目开发,因此,销售的回款速度将直接影响到房地产项目的开发成本,回款的速度越快,开发的资金成本也就越低,利润空间就越大,反之亦然。通过销售控制手段制造热销、加速销售,能够降低滚动开发成本,增加利润空间。

通过对售楼现场人流的控制以及销售控制表的人为设计,可以人为地制造出"热销"的情形,从而导致买家产生"买不到"的压力,最终"误导"出"抢购"行为,一旦这种情况出现,首先可以加速销售,降低资金的使用成本,进而也为涨价提供了基础,最终的目的一样,就是尽可能地扩大利润空间。房地产项目销售控制如表 7－3 所示。

表 7－3　房地产项目销售控制表

楼层	单元	甲单元		乙单元		丙单元	
1 层	房号	101	102	101	102	101	102
	面积/平方米						
	总价/元						
2 层	房号	201	202	201	202	201	202
	面积/平方米						
	总价/元						
3 层	房号	301	302	301	302	301	302
	面积/平方米						
	总价/元						
4 层	房号	401	402	401	402	401	402
	面积/平方米						
	总价/元						
5 层	房号	501	502	501	502	501	502
	面积/平方米						
	总价/元						
6 层	房号	601	602	601	602	601	602
	面积/平方米						
	总价/元						

第二节 房地产销售价格策划

一、房地产价格概述

(一)房地产价格的概念

经济学意义上房地产价格是指房地产开发、建设及其经营过程中,凝结在房地产商品中的活劳动与物化劳动的货币表现。它是房屋建筑物价格和地产价格的统一,是房地产商品价值和地租资本化价格的综合性货币表现。

从营销学的角度看,房地产价格是消费者对房地产商品价值判断的货币表现。消费者对房地产商品的价值判断主要是根据房地产商品所具有的成本价值、贵重价值和稀少价值进行的。

房地产商品的使用价值决定了房地产商品在使用过程中由其实体及其相关服务为消费者想拥有的特性、特征或魅力的价值。此外,由于土地资源的不可再生性和房地产商品的不可移动性,使特定房地产商品的数量极其有限,所以,消费者即使想购买也很难得到。此时,房地产商品就具有一种与古董、名家字画一样的稀缺价值。

(二)房地产价格的构成

房地产商品价格 = 房屋建安成本 + 流通费用 + 利润 + 税金

(1)房屋的建安成本,即房屋建筑安装成本的简称,包括房屋建筑成本和设施设备安装成本两部分,前者是建设房屋的投入,后者是安装房屋线路管道等设施设备的投入,二者都包括材料成本和人工成本。

(2)流通费用是指房屋在建筑及销售过程中产生的管理费用,如建筑材料及相关设施设备的运输、保管费用以及商品房屋建成后销售之前的保管费用,以及销售的广告费、销售人员工资等。

(3)利润主要是指开发商的投资回报。一般来说,房地产的开发利润在由市场定价的商品房市场中是不确定的,它取决于企业的经营管理水平。而我国对于由政府定价的安居房、解困房等,利润率则限定在5%以内。

(4)税金。房地产价格中的税金包含房地产交易的契税和房地产开发企业的所得税等。

二、定价方法

市场营销理论认为,产品的最高价格取决于产品的市场需求,产品的最低价格取决于该产品的成本费用,在最高价格和最低价格幅度内,产品价格的高低则取决于竞争对手同种产品的价格水平,房地产商品定价的方法主要有:成本导向定价法、需求导向定价法、竞争导向定价法、可比楼盘量化定价法。

(一)成本导向定价法

成本导向定价法以成本为中心,是一种按卖方意图定价的方法,其基本思路是:在定价时,首先考虑收回企业在生产经营中投入的全部成本,然后加上一定的利润。成本导向定价法主要有成本加成定价法、盈亏平衡定价法和目标收益定价法三种方法。

1. 成本加成定价法。

价格=成本(含税金)+预期利润,这是一种最简单的定价方法,就是在单位产品成本的基础上加上一定比例的预期利润作为产品的售价。这里所指的成本包含税金。由于利润的多少是按成本的一定比例计算的,习惯上将这种比例称为“几成”,因此这种方法又被称为成本加成定价法。其计算公式为:

单位产品价格=单位产品成本×(1+加成率)

2. 盈亏平衡定价法。

在销量既定的条件下,企业产品的价格必须达到一定的水平才能做到盈亏平衡、收支相抵,既定的销量就称为盈亏平衡点,这种制定价格的方法就称为盈亏平衡定价法。科学地预测销量和已知固定成本、变动成本是盈亏平衡定价的前提。企业产品达到既定的销售量,可实现收支平衡;超过既定的销售量,则可获得盈利;不足既定销量,则出现亏损。其计算公式为:

单位产品价格=单位固定成本+单位变动成本

以盈亏平衡点确定的价格只能使企业的生产耗费得到补偿,而不能得到收益。因此,这种定价方法是在企业的产品销售遇到了困难,或市场竞争激烈,为避免更大的损失,将保本经营作为定价目标时,才使用的方法。

3. 目标收益定价法。

这种方法又称为投资收益定价法,它是在成本的基础上,按照目标收益率的高低计算售价。具体计算步骤如下:

(1)确定目标收益率。目标收益率可表现为投资收益率、成本利润率、销售利润率、资金利润率等多种不同的形式。其计算公式为:

目标收益率=1÷投资回收期×100%

(2)确定目标利润。由于目标收益率表现形式的多样性,目标利润的计算也不同,其计算公式有:

目标利润=总投资额×目标投资利润率

目标利润=总成本×目标成本利润率

目标利润=销售收入×目标销售利润率

目标利润=资金平均占用额×目标资金利润率

(3)计算售价。目标收益率的优点是可以保证企业既定目标利润的实现,因此,计算售价时以预计销量为准。

售价 =(总成本 + 目标利润)÷ 预计销售量

(二)需求导向定价法

需求导向定价法是以消费者的认知价值、需求强度及对价格的承受能力为依据,以市场占有率、品牌形象和最终利润为目标,真正按照有效需求来策划房地产价格。在实际运用中,又有理解价值定价法、差异需求定价法和逆向定价法三种。

1. 理解价值定价法。

理解价值定价法是从消费者对产品价值的理解程度,即产品在消费者心目中的价值为定价的依据,运用各种定价策略和手段,影响消费者对产品价值的认知的定价方法。

2. 差异需求定价法。

差异需求定价法的主要形式有:以消费群体的差异为基础的差别定价,以数量差异为基础的差别定价,以产品外观、式样、花色等差异为基础的差别定价和以地域差异或时间差异为基础的差别定价等。

3. 逆向定价法。

逆向定价法不是单纯考虑产品成本,而是首先考虑需求状况。依据市场调研资料,依据顾客能够接受的最终销售价格,确定销售产品的零售价,逆向推算出中间商的批发价和生产企业的出厂价。

逆向定价法的特点是价格能够反映市场需求状况,有利于加强同中间商的友好关系,保证中间商的正常利润,使产品迅速向市场渗透,并可根据市场供求情况及时调整,定价比较灵活。

(三)竞争导向定价法

竞争导向定价法是企业为了应付市场竞争根据企业所处的行业地位和竞争定位制定价格的一种方法。它是以竞争者的价格为基础,根据竞争双方的情况,制定较竞争者价格高、低或相同的价格,以达到增加利润、扩大销售量或提高市场占有率等目标的定价方法。对房地产企业而言,当本企业所开发的项目在市场上有较多的竞争者时,适宜采用竞争导向定价法确定楼盘售价,以促进销售,尽快收回投资,降低风险。

三、定价策略

房地产定价策略是指企业为了在目标市场上实现自己的定价目标所规定的定价指导思想和定价原则。定价策略应根据商品房本身的情况、市场情况、成本状况、消费构成及消费心理等多方面因素来制定。不同房地产商品在不同时间、不同地点可采用不同的定价策略。

(一)新产品定价策略

新产品定价策略是房地产开发企业价格策略的一个关键环节,它关系到开发建设的房地产商产品能否顺利进入市场,并为以后占领市场打下基础。房地产开发企业开发出新产品并进入市场时,可以选择撇脂策略、渗透定价策略和满意定价策略。

1. 撇脂定价策略。

撇脂定价策略是指为了在短期内赚取最大利润,对新开发建设的房地产产品在其进入市场时采取的一种策略。根据撇脂定价策略,房地产产品的销售对象主要是那些收入水平较高的购房者或猎奇者,当竞争者的产品进入市场后,随即降低价格,进一步开拓市场。

2. 渗透定价策略。

渗透定价策略是一种低价投放策略,即在一种新型房地产商品进入市场时,将价格定得较低,以低价获利,从而提高市场占有率。

3. 满意定价策略。

满意定价策略是一种介于撇脂定价策略和渗透定价策略之间的适中的定价策略。这种策略能兼顾房地产开发企业和消费者的利益,使双方都比较满意。

(二)心理定价策略

心理定价策略是为适应和满足消费者的购买心理所采用的价格决定策略,具体包括尾数定价策略、整数定价策略、声望定价策略和组合定价策略。

1. 尾数定价策略。

尾数定价策略是与整数定价策略正好相反的一种定价策略,是指企业利用消费者求廉的心理,在产品定价时取尾数而不取整数的定价策略。其通常以奇数做尾数,尽可能在价格上不进位。

2. 整数定价策略。

对于那些无法明确显示其内在质量的商品,顾客往往通过其价格的高低来判断质量的好坏,在定价时,把产品的价格定成整数,不带尾数,使顾客产生“一分钱一分货”的感觉。但是,在整数定价时,价格的高低并不是绝对的,而只是凭借整数价格给顾客造成高价的印象。整数定价常常以偶数特别是“0”做尾数。例如,精品店的服装可以定价为 1 000 元,而不必定为 998 元。

3. 声望定价策略。

这是根据产品在顾客心目中的声望、信任度和社会地位来确定价格的一种策略。声望定价策略可以满足某些顾客的特殊欲望,如地位、身份、财富、名望和自我形象等,还可以通过高价显示名贵优质,因此,这一策略适用于一些传统的名优产品、具有历史地位的民族特色产品以及知名度高、有较大市场影响、深受市场欢迎的驰名商标。

（三）折扣和折让定价策略

产品价格有目录价格与成交价格之分。目录价格是指产品价格簿或标价签标明的价格；成交价格是指企业为了鼓励顾客及早付款、大量购买、淡季购买等，在目录价格的基础上酌情降低，以促使成交的价格。这种价格调整叫作价格折扣和折让。

折扣定价策略实质上是一种优惠策略，直接或间接地降低价格，以争取顾客，扩大销量。灵活运用折扣和折让定价策略是提高企业经济效益的重要途径。

四、实战定价程序

一般来说，确定房地产商品的价格的步骤如下：选择定价目标——估计成本——分析竞争者的价格与产品——考虑定价的影响因素——找出消费者心目中的价格带——确定最后价格。

（一）选择定价目标

任何企业都不能孤立地制定价格，而必须按照企业的目标市场定位战略的要求来进行。在为一项产品制定价格之前，营销人员应对企业的整体目标与营销目标加以深入了解。房地产企业的定价目标可粗略地分为追求利润、追求销量、保证生存及应付竞争。每一种定价目标都有其适用情况，营销人员必须视本企业所处的情况与条件，选择恰当的定价目标。

（二）估计成本

企业成本大致可分为两类：一为固定成本；二为变动成本。固定成本是指不随生产和销售收入变动而变动的支出，如公司每月支付的房租、能源费用、利息、管理部门员工薪水等，均属于固定成本。无论生产水准提升或下降，固定成本一定会产生，而且其金额不会变动。

变动成本则与生产水准直接相关，如生产线上的直接人工、供生产用的原料、物料等，均属于变动成本。之所以被称作变动成本，是因为它会随着生产量的起伏而等比例变动。

企业的总成本是在特定的生产水准下，固定成本和变动成本之和，将它除以生产数量，就可以得出平均单位成本。了解成本结构后，营销人员就可以进行盈亏平衡点分析，计算出盈亏平衡点，同时也可以了解价格的底线，在进退之间有所依据。

（三）分析竞争者的价格与产品

营销人员必须了解竞争者产品的价格，并对其产品特性与品质加以分析，以便作为本企业定价的参考。如果纯粹站在竞争性比较的角度，那么，如果本企业的产品与竞争者的产品类似，且在品质上没有太大的差异，则价格应该定在竞争者价格附近，否则可能受到消费者的排斥。若本企业产品品质较竞争者差，则价格就应该比竞争者稍低,以便争取消费者的青睐;若品质较佳,则定价可以比竞争者高。

(四)考虑定价的影响因素

为商品制定能为消费者接受、符合企业利益的价格并非易事,企业必须站在整体的角度,考虑许多影响因素,才能拟出一个具有竞争力的适当价格。影响定价的因素很多,对定价影响因素的分析则成为定价决策过程中一个不可忽视的环节。定价的影响因素主要有:定价目标、成本、竞争者、消费者、消费者对产品价值的认识、产品品质、宏观经济环境的变化等。

(五)找出消费者心目中的价格带

营销人员通过市场调查、店面采访、实地观察等方式,设法找到消费者心目中的价格带,以便作为定价的依据。在消费者心目中,产品价格大多是以区间分类的,每个区间都聚集了一些品牌,这种区间就是价格带。对消费者而言,价格带使他们在购买时便于区别与选择;对企业而言,价格带的划分有助于了解竞争对手。例如,在房地产市场上,售价在 1 600 ~ 2 800 元的商品房可能是一个价格带,2 800 ~ 3 500 元可能是另一个价格带,3 500 元以上的可能又是一个价格带,如果这种划分切合实际,则房地产营销人员在掌握价格带的情况下,通过了解本企业与竞争者之间的相对位置,可以拟定适当的应对措施。

(六)确定最后价格

找出价格带后,企业就可以制定最后的价格。在这个步骤中,可运用心理定价策略等,如适合于中低收入者的普通商品房,可采用尾数定价策略;而针对高薪收入阶层的购房者,可对一些花园别墅、高档住宅等采用整数定价策略等。营销人员应根据实际情况灵活运用。

五、实战调价策略

(一)调价的前提

和任何产品一样,房地产商品的价格一旦确立下来也不是永远保持不变的,有些时候出于各种各样的内部环境变化,开发商往往会做出适当的价格调整。

1. 面临强大的竞争压力。

竞争是楼盘调价的主要原因。新竞争者的出现、竞争者价格的变动、促销手段的变化,都可能引起消费者需求的改变。此时,调价就显得尤为重要了。

2. 楼盘成本费用发生改变。

价格是以成本为底线的,成本的降低或提高会使价格的底线产生变动,价格的调整也就有了根据。

3. 产品需求出现变动。

价格受供求关系的影响。房地产产品供过于求,空置面积上升,产品就得降价;而当产品供不应求,不能满足所有客户的需求,此时就可以提价,创造更大的效益。

4. 销售中心的心理战术。

针对消费者“买涨不买跌”的心理,为表明产品具备广阔的升值空间,楼盘可以相应地采取提价措施。

5. 营销策略的改变。

随着销售的深入以及市场行情的变化,营销策略也随之不断调整。作为营销策略的一部分,价格也有了调整的必要。

(二)调价的时机

在房地产市场上,最有竞争力的手段是降价。降价时间的选择有两个标准:一是销售期,二是销售率。一般楼盘的销售期通常为4~8个月,因此,销售两个月左右即有调价的必要,同时,调价的时机也可结合销售率来确定。当销售率达到三成时即可调价。当然,销售率、销售期必须同时考虑。比如,当销售期仅三四周时间即达到30%的销售率时,就有了上调价格的必要;若三成的销售率经过很长的时间才达到,此时调价危险性较高。同时还必须分析消费者的接受程度,如果销售缓慢的原因在于价格,则维持价格是较优选择,一般不能提价,除非希望制造热销的假象,否则会引发消费者的逆反心理。

对于期房来说,工程进度也是确定调价时机的标准之一,随着工程的不断推进,成本不断发生,价格的调整就显得很有必要。工程进度与销售期基本上可以合并考虑,从销售策略上讲,期房销售期的安排一般以工程进度为准。

第三节　房地产销售渠道策划

销售渠道是将产品或服务由生产者转移给消费者的途径,是将产品或服务从生产者转移给消费者的过程中所取得产品所有权或协助产品所有权转移的机构或个人。在房地产市场营销中,往往由开发商作为主要的销售渠道。目前,我国房地产商品多以直销的形态进行销售,同时各式各样的中介依然十分活跃,但两者都必须依赖各自的营销渠道。

一、销售渠道设计

房地产所有者在设计和选择使用某种销售渠道之前,必须对影响销售渠道设计的各种因素进行分析,然后才能做出决策。影响房地产所有者选择销售渠道的因素主要有以下几种。

(一)房地产商品本身的因素

不同的房地产商品选择的房地产营销渠道不同,房地产商品本身的许多因素,如价格、开发量、利润等,都会影响房地产营销渠道的选择。

1. 房地产价格。

一般情况下,房地产商品价格越高,越可能采用房地产间接营销渠道,即通过房地产中间商向消费者转移房地产商品;而房地产商品价格越低,越可能采用房地产直接营销渠道,即房地产所有者直接租售给消费者。这是因为房地产价格越高,其价格弹性就越小;而价格越低,则价格弹性就越大。原本200万的别墅卖205万(即增加2.5%的代理费)并不会对消费者的需求产生太大影响,而20万的普通住宅若增加2.5%的代理费,将在很大程度上影响消费者的需求。

2. 房地产开发量。

房地产开发量的大小也会影响房地产营销渠道的选择。开发量大的房地产商品往往要通过房地产中间商销售,以扩大房地产的租售面,例如,开发量超过十万平方米的楼盘大多委托房地产中间商中介代理,有的还同时委托多家中间商帮助销售;而开发量在万方以下的楼盘大多采用开发商直销的方式。

3. 项目利润。

经济适用房、安居房房地产商品等一般利润率低,多采用开发商直销的方式。而豪华住宅、高级写字楼等利润相对较高的房地产商品,有条件也有能力支付中介代理费用,一般委托房地产中间商代理租售。

(二)房地产市场因素

影响房地产销售渠道设计的另一个重要因素是市场情况,具体来讲主要有下列几点:

1. 潜在消费者状况。

如果潜在消费者多且分布分散,市场范围大,就要利用房地产中间商广为推销;若市场范围小,消费者少且集中,则一般由开发商直接销售。

2. 需求量的影响。

需求量大的房地产商品一般应减少中间环节,由开发商直接销售,如普通居民住宅。对需求量较小的房地产商品,开发商为了打开销路,往往需要房地产中间商等中间环节代理租售,如高档住宅等。

另外,市场因素还有市场性质、市场基本设施、市场条件等,但这些因素对房地产销售渠道设计来说影响较小。

(三)房地产企业自身的因素

除了房地产商品本身的因素和市场因素外,房地产企业自身的因素也会影响销售渠道的设计与选择。

1. 企业规模和品牌。

一般来说,规模较大的房地产企业都建立了自己的销售系统和网络,反之,一些名气小、资金薄弱的中小企业则对房地产中间商的依赖要大得多。

2. 企业管理能力和水平。

管理能力和水平较强的房地产企业多采用直接销售渠道，而管理能力和水平较差的企业一般将房地产销售工作交由中间商负责。

3. 企业对渠道控制的要求。

如果企业采取间接渠道模式，则要与中间商协调配合，如果企业有较强的控制渠道的欲望，一般选择直接销售方式。

（四）中间商因素

房地产开发商一方面要考虑中间商的知名度、实力、销售网络是否能以最低的营销成本完成最大的销售量；另一方面还要考虑所选择的中间商是否愿意代理销售本企业的产品。因为中间商在同意代理销售前也要考虑风险、利润、市场等各方面的因素，只有两方面的条件都得到满足，才有可能利用中间商的销售渠道。

（五）环境因素

各种政治、经济、社会文化等因素的变化对销售渠道的选择也有很大的影响。政治因素主要是指房地产行业相关的调控政策、政府规定等；经济因素是指宏观经济环境的变化，如2008年次贷危机引发的经济危机对我国房地产市场的冲击；社会文化因素则是指各地区的居民消费观念、风俗习惯和社会文化等。

二、销售渠道目标与设计策略

（一）销售渠道目标

目标是一切行为过程追求的最终结果，是指导和规范事物发展的确定方向，是产生行为动力的根本源泉。根据美国著名广告学家科利的推广论，建立正确的目标，必须抓住销售命脉，这才是渠道选择的真正精髓。但是目标是有多个层面的。整体而言，房地产项目的销售目标大致可分为两个层次、三大目标：卖掉房子、利润最大化和品牌建立、价值再造，最终实现名利双赢（见图7－2）。

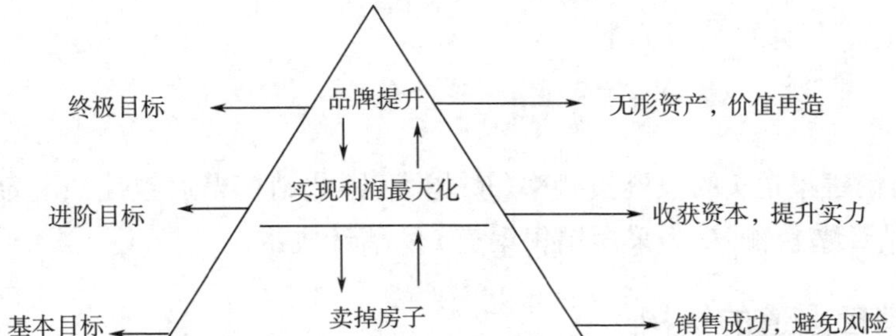

图7－2 销售渠道目标示意

如图7－2所示，基本目标首先是要实现销售计划，卖掉房子，按时回款，尽力规避市场风险；进阶目标是具备敏锐的市场洞察力，把握机会，尽力实现利润最大化，使开发商不仅能较快地收回成本，并且尽可能创造更高的利润价值；终极目标是通过项目的销售过程，塑造产品的特性价值和形象，引起市场广泛关注，稳固建立业内外良好的口碑，进而树立房地产开发公司的品牌形象，奠定开发商在行业内的地位，这将是房地产开发企业无形资产的收获。

上述三个目标存在递进关系，同时也循环互动，彼此产生推动力，而最高层面的品牌建立（即终极目标）将是我们努力追求的终极结果。之后我们将尽力将目标量化，并紧紧围绕着目标的达成制定一系列的销售策略和执行方案。

（二）销售渠道设计策略

设计合适的销售渠道，企业必须对渠道的结构、中间商类型和数量、渠道成员的条件等方面进行一系列的定性与定量分析，然后做出抉择。

1. 潜在租售额比较。

一般的方法是通过一段时间各销售渠道已完成的租售额，用回归的方法拟合出回归曲线，求出回归方程，预测出各销售渠道的潜在租售量后再进行比较。

2. 销售渠道成本比较。

比较渠道成本，重要的是比较不同的销售渠道在不同租售额情况下的成本。开发商将各个备选的销售渠道在不同租售额水平上的不同渠道成本拟合出回归曲线，求出回归方程，预测出每个渠道的成本后进行比较。

3. 销售渠道收益比较。

渠道收益随着销售额的变化而变化。与渠道成本比较相同，渠道收益比较也同样需要这样一组动态的数据，拟合出回归曲线，预测出收益后再进行比较。

4. 销售渠道投资报酬率比较。

当两种销售渠道所产生的销售额不同时，最好通过计算投资报酬率来帮助选择销售渠道。其计算公式如下：

$$R_i = \frac{S_i - C_i}{C_i}$$

式中：R_i为销售渠道i的投资报酬率（R_i越大，则此销售渠道越佳）；S_i为采用销售渠道i的估计销售额；C_i为采用销售渠道i的估计成本。

三、销售渠道的结构

房地产销售渠道，根据其在房地产开发商和消费者之间是否使用中间商或使用中间商的类型和多少，可以分为不同的结构。基本的房地产销售渠道结构模式有下列几种。

1. 房地产直接销售渠道。

房地产直接销售渠道又叫零级渠道。直接销售是指没有中间商的介入,由房地产开发企业把商品直接出售给购房者,直销渠道是最短的销售渠道。

2. 房地产间接销售渠道。

房地产间接销售渠道是指房地产商品从房地产开发企业转移到消费者需要经过的中间商环节。根据房地产商品经过的中间商的多少,又可划分为一级、二级、三级等不同层次的间接销售渠道。

3. 房地产多渠道销售。

房地产多渠道销售是指房地产开发企业通过若干不同类型的房地产销售渠道将房地产商品送到消费者手中。具体来说,就是房地产开发企业同时通过开发商直销、中间商代理,甚至包括经销商经销等多种销售渠道将房地产商品出售给购房者,这种情况在目前的房地产销售中是比较常见的。

对于以上几种结构的销售渠道,其本身结构因层次的不同而有较大的差别,即使同一结构的销售渠道,也因其不同层次所选中间商的数量和类型的不同而有所区别。

第四节　房地产产品促销策略

促销是指销售人员通过各种方式将有关企业以及产品的信息传递给消费者,影响并说服其购买该企业的产品或服务,或至少是促销使潜在顾客对该企业及其产品产生信任和好感的活动。房地产产品促销有广告策略、市场人员推销策略、销售推广策略和公共关系策略四种。

一、广告策略

(一)广告的概念

"广告"一词源于拉丁语 advertere,意为"诱导""注意"。美国市场营销协会定义委员会为了将广告与其他促销手段严格区别开来,曾对广告做如下定义:"广告是由明确的发起者以公开支付费用的做法,以非人员的任何方式,对产品、服务或某项行动的意见和想法等进行介绍。"也就是说,广告是企业以付费的方式,将有关的市场信息,通过一定的媒体向顾客进行产品宣传的一种方式。

(二)房地产广告的类型

根据广告的目的,房地产广告大致可分为四种类型:

1. 促销广告。

大多数的房地产广告均属于此类型,广告的主要目的是传达所销售楼盘的有关信息,吸引客户前来购买。

2. 形象广告。

形象广告以树立开发商、楼盘的品牌形象,并期望给人留下整体、长久印象为广告目的。

3. 观念广告。

观念广告以倡导全新生活方式和居住时尚为广告目的。例如,"上海后花园"概念盘就是传播一种在繁忙紧张的工作之余,去郊外居所里享受轻松生活的新观念。

4. 公关广告。

公关广告通常以软性广告的形式出现,如在大众媒体上发布的入伙、联谊通知,各类祝贺词、答谢词等。

(三)房地产广告策划的内容

房地产广告策划内容丰富,步骤众多,策划者各有各的做法,繁简不一,没有统一的模式。大体上可分成五个部分,即广告目标、市场分析、广告策略、广告计划和广告效果测定。

1. 房地产广告目标。

主要是确立广告的类型、广告欲达到的目标和有关建议。

2. 市场分析。

市场分析主要包括营销环境分析、客户分析、个案分析和竞争对手分析等。若开发商在营销策划时已将宏观和微观营销环境分析得透彻、准确,则可将重点放在其他几项分析上。客户分析主要是分析客户来源和购买动机等。

3. 房地产广告策略。

房地产广告策略的制定可从以下几个方面着手:

(1)目标市场策略。开发商通常并不针对整个目标市场做广告,而是针对其中的某个细分市场,哪个细分市场需要广告配合,广告就应该以哪个细分市场为目标并采取相应的广告策略。

(2)市场定位策略。市场定位策略的根本目的是使楼盘处于与众不同的优势位置,从而使开发商在竞争中占据有利地位。市场定位可根据目标客户群的要求,采取价格定位策略、素质定位策略、地段定位策略、时尚定位策略等。

(3)广告诉求策略。根据诉求对象、诉求区域的特点,房地产广告可采用理性诉求策略,也可采用感性诉求策略。

(4)广告表现策略。广告表现策略要解决的是广告如何通过富有创意的思路、方式以及恰如其分的广告表现主题将信息传达给受众。

(5)广告媒介策略。据统计,80%的广告费用于广告媒介,媒介选择不当,就有可能造成投入高、见效低的结果。广告媒介策略要求开发商和代理商合理选择媒介组合,形成全方位的广告空间,扩大广告受众的数量;其次要合理安排广告的发布时间、持续时间、频率、各媒体发布顺序等，特别重要的广告要提前预订好发布时间和版位。

4. 广告计划。

它又称为广告实施计划，内容包括广告目标、广告时间、广告诉求、广告表现、媒体发布计划、与广告有关的其他公关计划、广告费用预算等。

5. 广告效果的测定。

广告效果通常是在广告发布后测定的，对房地产广告却不合适，事后测定不利于控制广告效果。

二、市场人员推销策略

人员主动推销，即销售人员与顾客面对面地进行交流和沟通。房地产销售人员首先要使自己与房地产市场保持紧密的联系，对当地市场价值、供求状况有比较清楚的了解，及时掌握置业人士的潮流和口味及其发展趋势，经常与金融机构、物业代理机构的人员交换意见。换句话说，必须将一个手指按在市场的脉搏上。

一般而言，有一系列的组织机构值得保持接触。如各类物业管理机构、房地产咨询机构和物业代理，它们常向顾客就寻找新的营业、办公、生产或居住地点提供咨询；一些金融机构、保险公司和其他投资信托基金组织，也常就投资置业向顾客提供咨询服务；一些行业协会也常被邀请提供咨询意见。所以，销售人员如果能及时使上述组织机构随时了解自己所开发项目的情况，将是十分有益的。

房地产开发企业确定了人员推销工作的目标之后，应积极开展推销工作。在众多推销理论的指导下，应用最广泛的是程序化推销理论，该理论把推销过程分成七个不同步骤，如图 7 –3 所示。

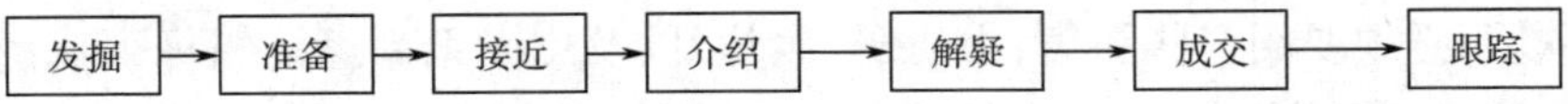

图 7 –3　推销过程示意

(一)发掘

推销工作的第一步是寻找潜在的消费者。一般可以通过报纸上登载的租房启事或通过婚姻登记处了解结婚需求的住宅情况，或通过现有满意消费者的介绍，或通过电话与规模较大的企事业单位和行政部门联系，了解住房的需求情况。

(二)准备

在推销之前，推销人员必须具备三类基本知识和充分的心理准备。

1. 住宅商品房知识。

如设计方案、设计标准、设计特点、施工质量、材料装修、内部设施等，以及本企业的基本状况。

2. 消费者情况。

包括潜在消费者的个人情况、所有企事业单位外部环境情况等。

3. 竞争者情况。

包括竞争对手的商品房特点、竞争能力和竞争地位等。

4. 心理准备。

每次推销工作开始前，推销人员心理要放松，要加强信心，尽可能感到已具有“推销的感觉”“成功的感觉”，并将这种感觉在推销工作中传递给消费者。

(三)接近

接近是指推销人员与消费者开始进行面对面的交谈，此时推销人员头脑里要有两个主要目标及“一个信任感”。

1. 两个主要目标。

(1)给对方良好的印象。消费者很难把推销员和他推销的住宅商品房区分开来，如果消费者觉得推销员可靠，也会觉得他推销的商品房可靠；如果消费者喜欢推销员，也就可能喜欢他推销的商品。

(2)验证在准备阶段得到的全部情况正确与否。如果与准备阶段所得到的情况差异很大，便要及时调整方向，为后面进一步谈话做好准备。

2.“一个信任感”。

“一个信任感”，即消费者对推销员的“信任感”。一旦消费者信任你，便应加强这种信任。消费者信任你，就能自己找到购买商品房的充分理由；消费者不信任你，就会从防御观点来寻找不购买商品的借口。

(四)介绍

介绍阶段是推销过程的中心。要想使消费者能够很快地接受商品房并产生购买欲望，必须要用一些图集、小册子、照片，以及用一系列经济指标列成的表格直接向消费者介绍。通过视觉得到的比重最大，所以要重视收集、整理一些视觉图片资料。

(五)解疑

解疑就是解决消费者所提出的各类问题。一个有经验的推销员能根据消费者提出的问题，快速地了解购买者的思想状况及最终目标，熟练地运用自己的洽谈技巧回答消费者所提出的各类问题，以便消费者消除隔阂，相信自己。

(六)成交

这是对方订货购买阶段。很多推销人员认为，接近和成交是推销过程中两个最困难的步骤。在洽谈过程中,推销人员应集中精力观察、分析消费者的态度和思想,并促使他们做出购买商品房的决定。如果发现对方有愿意购买的表示,应说服消费者现在就可采取行动,为了促使成交,这时推销人员还可以提供一些优惠条件,比如价格优惠、层次优惠等,促成交易。

(七)跟踪

所谓跟踪,就是售后的继续服务阶段。如果推销人员能保证对消费者的承诺,那么,"跟踪"就必不可少。积极从事售后跟踪服务能提高房地产开发企业的信誉度,进一步赢得消费者的信任,这也是扩大市场占有率的重要方法。

三、销售推广策略

销售推广又称营业推广,是房地产开发商运用各种短期诱因,鼓励消费者进行购买,以促进房地产产品销售的所有措施。销售推广策略的形式多种多样,有陈列、样品房展览、免费赠送等,几乎包括除人员促销、广告和公共关系以外的各种促销手段。

(一)对普通购房者常采用的方法

1. 价格折扣法。

这是房地产销售推广中运用最多的方法,无论是对消费者还是对中间商,这个方法都很有效。

2. 变相折扣法。

所谓变相折扣,是指通过免去物业管理费、免付开发商贷款利息或代付贷款利息等,变相地给予价格折扣的销售推广方法。这种方法常用于消费者,以刺激其购买。

3. 赠送促销法。

赠送促销,即购买或租赁某特定房地产可获得一定的赠送。有赠送家电的,有赠送家具的,有赠送装修的,甚至还有赠送面积的。

4. 抽奖促销法。

房地产开发商通过抽奖来决定给予某些购房者某种优惠(一般是价格上的)。如北京某花园就在竣工典礼上举办抽奖活动,抽出10位购房者(或预订者),给予每人每平方米200元的价格优惠。

5."噱头"促销法。

房地产销售推广中的"噱头"促销方式多种多样,有免费吃饭、观看演出、酒会派对、赠送礼品等,主要目的是吸引消费者前往售楼处参观、咨询。

(二)对中间商的方法

由于中间商和一般消费者不一样,因而实施销售推广策略的具体形式也有所区别,主要有以下几个方面。

1. 推广津贴法。

推广津贴是为了感谢中间商而给予的一种津贴,分为广告津贴、展销津贴以及宣传物津贴等。推广津贴是一种报酬,是为了鼓励中间商积极推销自己的产品而设置的。

2. 广告赠品法。

这主要是指一些日常办公用品或日常生活用品,是中间商取得优异成绩时所给予的一种辅助奖励。

3. 促销合作法。

促销合作是指在中间商开展促销活动时,房地产开发企业提供一定的协作或帮助,是一种共同参与的行为。促销协作可以提供现金或是以提供事物或劳务的方式进行,比如,合作广告、为中间商设计宣传品、提供展览会的布置材料等。促销合作方式见表7-4。

表7-4 促销合作方式

销售推广对象	销售推广方法
消费者	价格折扣、变相折扣、赠送、抽奖、还款、噱头、奖金
中间商	价格折扣、折让、合作广告、赠品、房地产展销会、推销竞赛、推广津贴
推销人员	奖金、推销竞赛、赠品

四、公共关系策略

公共关系与广告同属促销组合的两种工具,但是商品广告与公共关系一般在目的、内容、形式上都有着明显的区别。

商品广告以推销商品为直接目的,而公关活动实际上不仅向目标客户传递楼盘产品的信息,还向公众传递房地产企业的其他有关信息,如品牌、形象、成就等,其直接目的在于提高企业知名度,引起公众对企业的信赖、好感与兴趣,它对消费者的说服力和权威性高于产品广告。因此,有人这样认为:商品广告是推销产品,公关广告是推销公司品牌。

(一)公关活动形式的选择

公关活动目标和公众对象一旦确定后,就应当考虑选择适当的方式和沟通媒介,以达到最佳的效果。公关活动方式策划是一项充满创造性的工作,它可以利用现有的一切有效的手段并开发新的手段,充分发挥策划人员的想象力和创造性。

(二)公关活动时机的选择

把握时机,及时传播对企业有利的正面信息,引导公众舆论的发展趋向,是增强公关活动效果的关键。公关活动策划人员必须以敏锐的嗅觉,注意寻找和利用公众接收信息的最佳时机，有时还应有意识地去创造这样的时机。

1. 把握企业内部机遇。

企业内部凝聚力是企业发展的真正动力，公关工作的指导思想是“对内求团结，对外求发展”，因此，必须通过各种方法，把企业员工凝聚在一起，形成一股无坚不摧的力量，这样不仅求得了对内发展，也同样扩大了对外影响力。

2. 把握企业外部机遇。

社会上各种传统节日、国内外的重大事件、某一时期人们议论的热点问题、某种方兴未艾的时尚等，都可以造就企业外部公共关系的某种机遇。如能借着这股东风，往往能起到意想不到的效果。

第五节 房地产营销实战策略

一、实战程序

任何销售工作都必须首先寻找到有效客户。销售渠道有多种，如咨询电话、房地产展会、现场接待、促销活动、上门拜访、朋友介绍等。一般而言，房地产营销的具体流程如下：

流程一：接听电话——→流程二：迎接客户——→流程三：介绍产品——→流程四：购买洽谈——→流程五：带看现场——→流程六：填写客户资料表——→流程七：客户追踪——→流程八：成交收定——→流程九：定金补足——→流程十：换户。

房地产销售全程工作流程见图7－4。

二、实战技巧

（一）销售现场布置技巧

销售道具运用得当，对销售大有裨益。

1. 洽谈桌椅的布置。

运用圆桌使客户无大小尊卑之别，运用矮桌可降低客户的抗拒性，客户的座位不宜面向大门，否则易使客户分心。

2. 销控台桌椅的布置。

销控台桌椅不要太接近门口，将建筑物的模型摆放在入口处附近，使客户对产品有明确而深刻的印象，同时也给人留有缓冲的余地，减少对立的感觉。

3. 售楼中心面积的选择与布置。

售楼中心太大或太小会使人有空旷或过分拥挤的印象，所以面积和布置必须针对客户的多少和消费者阶层来决定。

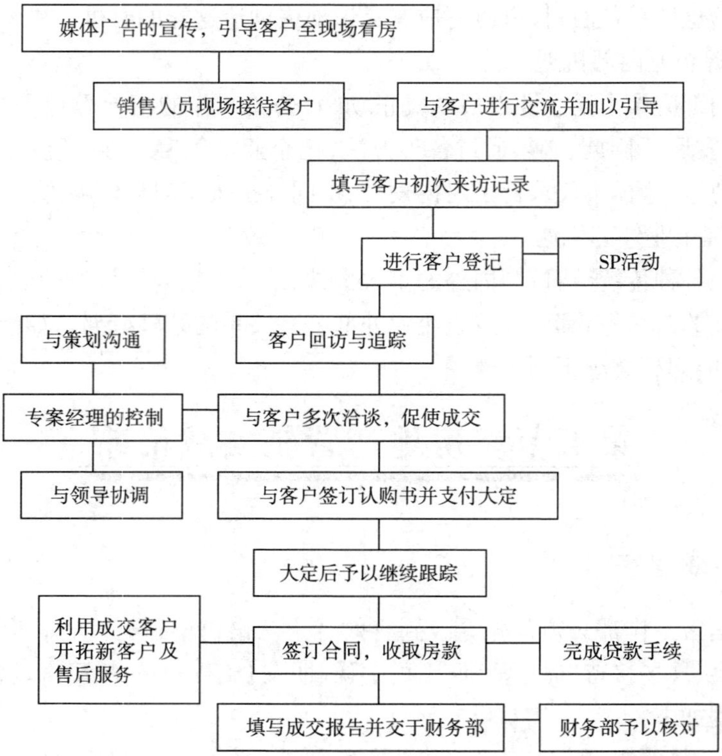

图7－4　房地产销售全程工作程序

4. 样板房的选择与布置。

选择样板房的目的是要使客户对该建筑物的形式、隔间、布置有明确的印象，以利于推销，因此，样板房的面积大小也和售楼中心一样，必须视销售对象而定。

5. 模型的制作与销售配合。

制作模型的目的是让客户了解建筑物的外观、环境、地段、规划、公共设施等，应与销售互相配合，以利销售。

6. 销售状况表的运用。

在销售业绩未达到40%时，最好不要展示销售状况表，以免让客户觉得房子剩下很多，选择的机会也多，而造成不想买的心理；但到了销售率达80%时，也不要展示销售状况表，以免影响销售状况，因为客户会觉得只有20%别人挑剩下的房子。

(二)客户洽谈技巧

从客户走进售楼中心开始，销售人员就进入了与其洽谈的阶段。洽谈是售楼工作的关键环节，直接影响到客户的消费心理和行为。一个好的销售人员可以将没有买楼意向的客户变成潜在客户，将潜在客户变成目标客户，将准客户变为业主。

与客户洽谈的技巧归纳起来有如下几点：

第一，注意语速。说话的速度不宜过快也不宜过慢，应该适中。

第二，制造谈话氛围。谈话氛围很重要，氛围的好坏容易影响谈话人的心情，可以运用眼神、手势、肢体语言，给人一种很亲切、随和的感觉。最好让客户面对没有人出入或者风景佳的方位，以免顾客分神。

第三，拉拉家常。

第四，将我方的优点比他方的缺点。

第五，学会打补丁。任何楼盘都或多或少地存在一些不足之处，当顾客指出不足之处时，售楼员要巧妙地淡化这种不足，让对方感觉这种不足是无关紧要的；或者将楼盘其他方面的优点贴补在不足之处。

第六，制造饥饿感，如洽谈时人为地制造一些饥饿感，表示某某户型很抢手等。

第七，集中精神。

第八，适时恭维。

第九，不要过分热情。

第十，谈判初期不要在价格上有过多的纠缠。

三、开盘策略

（一）开盘准备

1. 开盘条件。

（1）地盘、看楼通道、售楼处、样板房等现场包装完善；

（2）会所局部开放展示；

（3）工程形象进度良好；

（4）广告计划、促销措施开始部署实施；

（5）市场气氛热烈，有较多成交客户及意向客户；

（6）了解客户类型，完成价格测试。

2. 开盘时间预计。

根据可利用资源确定开盘时间，如楼盘：①楼宇主体××月封顶；②利用××月××日节日或庆典开盘。

（二）开盘定价策略

在整个价格策略中，开盘定价是第一步，也是最关键的一步。事实证明，好的开端往往意味着成功了一半。

1. 低价开盘受欢迎。

低价开盘是指楼盘在第一次面对消费者时，以低于市场行情的价格公开销售。若一个楼盘面临的是以下一个或多个情况，低价面市将是一个比较明智的选择：

（1）楼盘的综合性能不强，没有什么特色。楼盘的开价虽然受到许多外部因素的影响，但自身的“内功”依旧是最根本的。在绝大多数情况下，一定的价格总是对应着一定的产品品质。如果楼盘的地点、规划、房型、服务等综合性能与其他产品相比,不但没有优势,而且还有明显的劣势,价格定位又不与之相匹配,则其定价的基础就不稳固,降价的趋势是理所当然的。

(2)项目的开发体量相对过大。房地产是一个区域性产品,而区域性客源不但是有限的,而且是喜新厌旧的,因吸纳量相对减少,销售时间势必拉长,若不进行精心策划,各种危机便会孕育而生。

(3)市场竞争激烈,类似产品多。在1~2公里以内,如果面对的是类似价格、类似产品超过四个以上楼盘的市场环境,产品定价应该以增强产品攻击力为主,否则,大量的广告宣传就是替他人做嫁衣裳。因为虽然客户是被你的广告吸引而来,但在他们决定购买以前,总是会到周围比较一番。

2. 高价开盘品位佳。

高价开盘是指楼盘在第一次面对消费者时,以高于市场行情的价格公开销售。若一个楼盘面临的是以下两种情况,不采取高价面市策略多半是源于一些非销售因素的考虑:

(1)具有别人所没有的明显楼盘卖点。楼盘卖点也称楼盘特色,是指别人没有而你却拥有的、在产品或服务方面的特异之处,并且它更容易为客户所接受。譬如,有最为先进、最合理、最经济的房型设计;有别人所没有的轻松付款方式,开发商提供25%房款额度的三年免息付款;有其他楼盘没有的产品配置,如到户纯水供应系统、社区俱乐部等;甚至包装精美也是一种特色,在好的策划公司的配合下,售楼处布置得很有创意,样板房装修得很有艺术格调……这样的楼盘引领产品新潮,率先突破市场思维户型,容易给客户以最新的购买享受,即便定价较高,也会受到大家的热烈追捧。

(2)产品的综合性能上佳。高价多半对应着高品质,质量与价格相一致是定价策略的根本。当楼盘没有什么特别的优点时,只要地点、规划、房型、服务等产品的综合性能为客户所接受,它所提供的产品品质与客户所能接受的心理价位相符甚至略高,也便于高价开盘。

(三)房地产公开发售认购方式

公开发售认购是指楼盘取得预售证后对外公开发售时,由购房者选房认购并交纳定金的过程。

1. 排队认购方式。

优点:市场影响大,易造成轰动;易形成氛围,促进购买;有利于物业短时间售罄。

缺点:可能引起市场争议;易发生不愉快的事件或行为。

2. 抽签认购方式。

优点:操作上正规、公平;宣传上较易形成正面报道。

缺点:市场气氛较弱;较难形成轰动效应;出现重复不利购买。

综上,建议楼盘在首次推出时,采用抽签赠少量优先购买权和排队认购相结合的方式。当然,在宣传上应避免排队的提法,而是多做些很多人争先要求认购的市场引导,造成楼盘热销的紧张氛围,引导客户去排队而不是刻意去排队抽签,以便给自己留下更多的空间。图 7-5 为上海某楼盘公开发售抽签认购流程。

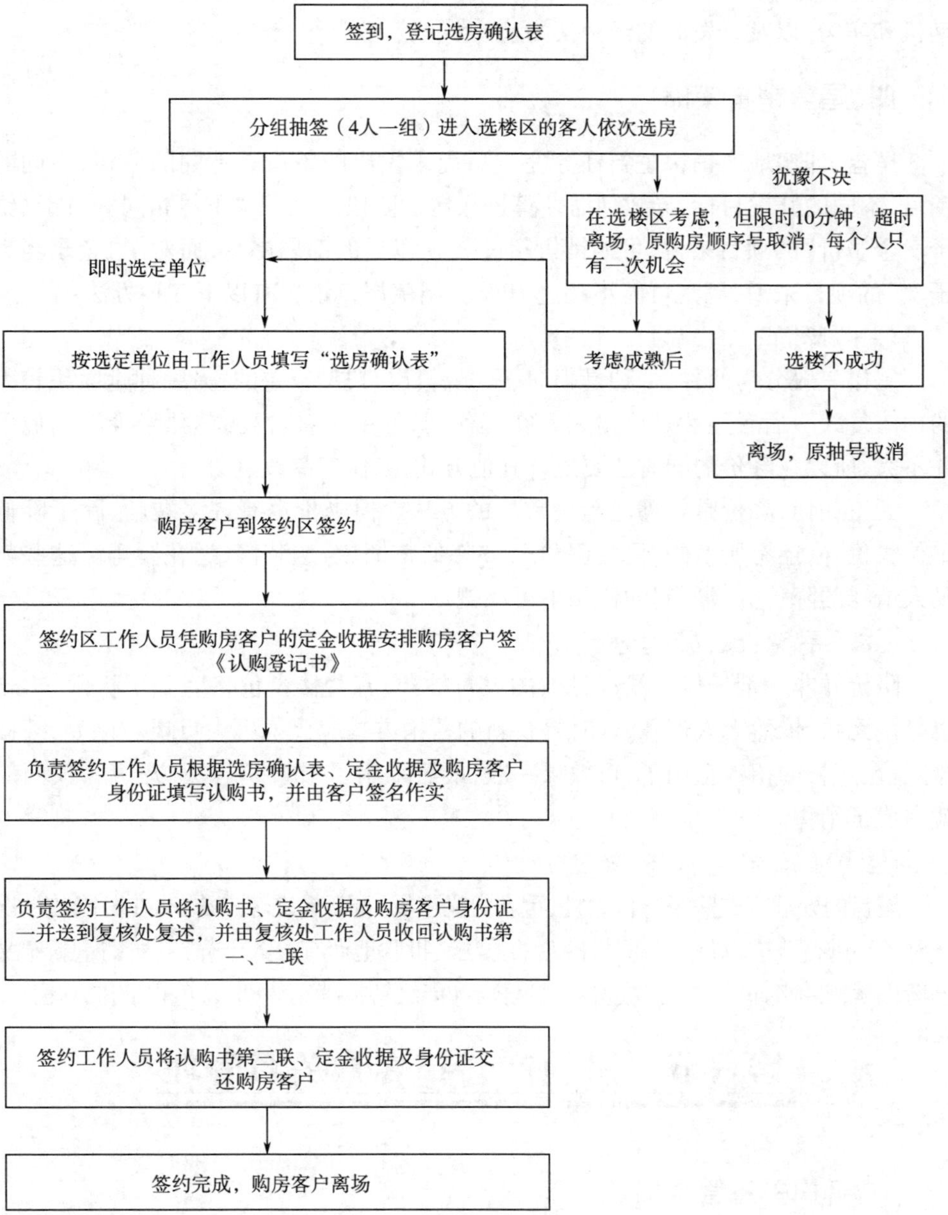

图 7-5　上海某楼盘公开发售抽签认购流程

（四）开盘付款方式

购房置业，资金消耗巨大，买房付款的方式虽然很大程度上取决于购房者的实力，但是如何选择适合的付款方式，其中学问颇多。购房示范合同第六条提供了三种付款方式，即一次性付款方式、分期付款方式及其他方式（一般为贷款方式，包括商业银行贷款、公积金贷款和组合贷款），另外还有以租还贷、以租代售等方式。开盘付款方式的选择主要考虑当地银行的贷款政策、楼盘目标客户的购房动机和实力，以及开发商的经济实力。

四、尾盘销售策略

尾盘，即房地产销售主要任务完成后尚未售出的单位。不同的公司、不同的项目、不同的开发目标，导致何时才算进入尾盘阶段的认识也不尽相同。对于“银子卖金子价”的项目来说，可能销售超过75%以后的都属尾盘，而对于“金子当银子卖”的项目来说，尾盘可能不超过10%。结束尾盘销售有以下三种方法：

（一）降价

尾楼一般分为两种，一种是朝向、采光、楼层、户型较差的；另一种是面积较大的顶层复式。后者显然是价格因素在起作用，但由于总价高，单独降价作用似乎并不大，所以在降价的同时还要配合其他方式，如做产品改进。

无论如何，降价是处理尾盘最常见的方法。但降价也有许多技巧，除了降低单位售价外，还有所谓的“隐性降价”，如降低首期款、送装修、送花园等。这些颇具人情味的降价方式所起的作用不可小觑。

（二）寻找新的营销方式

降价并非一剂任何时候都见效的灵丹妙药，有些楼盘价格降到了极限，广告也打了无数，依然无人理睬，这时寻找新的营销方式应该说更为重要。例如，某楼盘降价、广告的招数全用了，可效果一般，最后采用了“试住”这一方式后，仅两周就完成了销售。

（三）重新定义市场，改进产品

尾盘的处理方式除了降价之外，重新定义市场、重新界定客户，同时在可能的情况下对产品进行改进也是一个值得借鉴的方法。世联地产有关人士介绍，所谓重新定义市场，一般必须对产品进行改进，只有这样，才能维持持续销售期，避免提前进入尾声。

第六节　房地产营销客户关系管理

一、客户关系管理概述

随着房地产市场竞争的加剧，以及房地产开发企业之间技术、营销手段差别的缩小,房地产开发企业间的竞争能力必须将从产品价格与质量的竞争能力向客户服务层面的竞争能力转变。房地产客户关系管理作为一种旨在改善企业与客户之间关系的新型管理形式,越来越受到企业广泛的关注。

所谓客户,有外延和内涵之分,外延客户是指市场中广泛存在的、对房地产开发企业的产品或服务有不同需求的个人或群体消费者;内涵客户则是指房地产开发企业的材料设备供应商、中介代理机构,以及开发企业下属的不同职能部门、分公司、分支机构等。大多数情况下,房地产开发企业的客户是指在房地产销售服务阶段涉及的购房者或租房者,即外延客户。

二、房地产客户关系管理的实施步骤

房地产客户关系管理的实施主要解决两个方面的问题:一是管理理念问题,一是向新的管理模式提供信息技术支持的问题。具体来说,房地产开发企业要实施客户关系管理,一般可以分以下几个基本部分。

第一,规划客户关系管理战略目标,制订战略实施计划。

房地产客户关系管理的实施,首先应该明确客户关系管理系统所要实现的目标,如了解客户的需求和偏好、提供客户个性化服务、缩短产品销售周期等。然后将每个目标进行量化,分阶段制定目标,根据这些细分目标制订战略实施计划,对实施客户关系管理进行可行性评估,从总体上对引入客户关系管理做出规划和安排。

第二,建立客户关系管理应用环境。

在企业内部,创造应用客户关系管理的良好环境,主要包括两个方面的内容:一是建立以客户为中心的企业文化,在企业内部创造一个实施客户关系管理的良好氛围,即解决管理理念方面的问题;二是调整企业组织机构,改变并重组企业承包业务流程。

第三,设计客户关系管理系统结构。

客户关系管理的实施主要通过企业的营销、销售和服务部门之间的相互合作与协调,共同为客户提供满足客户需求的服务;同时,企业的其他相关部门,如生产、财务部门,也应与这些部门紧密合作。此外,客户关系管理系统结构的设计应结合房地产行业自身的特点和企业本身的情况,以及实施客户关系管理所确定的目标来设计。

第四,选择合适的软件及配套设施,并注意人员的培训。

房地产开发企业应根据所设计的客户关系管理系统的功能结构、房地产行业自身的特点以及企业现有系统集成的要求,进行相关软件的配置及设施建设工作。对项目的参与者和使用者进行培训是项目成功实施的先决条件,客户关系管理人员培训的重点主要表现在以下三个方面:一是通过培训改变观念;二是培训专业技术；三是培训创新能力。

第五，客户关系管理系统的运行和维护。

在客户关系管理系统运行阶段，房地产开发企业的投资经营活动在以客户为中心的经营理念的指导下进行，各部门按照新的业务流程展开工作，配合客户关系管理系统使其发挥核心作用。同时，在运行过程中要注意客户关系管理系统的维护，使客户关系管理系统能以最优的状态发挥作用。

第六，客户关系管理实施效果的评价与方案改进。

客户关系管理在运行过程中可能会出现一些不合适之处，如功能设计在某些方面不合理，因此，必须对客户关系管理系统的实施效果进行评估，检查哪些功能没有实现或没有达到预期的效果，目前的功能是否完善，是否还需要增加功能等，根据这些评价对客户关系管理方案做出调整，使其更加完善。

三、客户资源管理规范

（一）客户归属原则

作为一个专业的销售人员，其拥有的信息资源和客户资源决定了他的销售业绩。售楼部必须建立一个公平、公正的客户轮接制度，使众多销售人员在合理、有序的氛围下参与业务竞争，这样才能加快项目销售，创造销售佳绩。一般来说，售楼部决定客户资源归属应遵循以下原则。

1. 第一接触点原则（包括来访客户和来电客户）。

原则上，哪个销售人员首先接触该客户，该客户则被其所有。若该客户第二次、第三次上门来访，第一接触人员不在，其他销售人员有义务协作帮助成交，但不计入销售业绩。

2. 裙带性原则。

若第一接触销售人员 A 的客户介绍的（包括来电和亲自带领上门）新客户甲，则新客户资源仍归属销售人员 A，同样新客户甲带来的客户资源乙也应归属销售人员 A，依此类推。

3. 时效性原则。

通常，销售人员对老客户资源的拥有不可能无限期。为了使销售人员产生忧患意识，积极主动地与客户保持联系，及时追踪并促成业务成交，其拥有客户资源的时效期可限定为一个月。

（二）客户界定管理制度

第一，销售人员必须将自己在现场接待过的客户资料于接待完成当天录入客户关系管理系统，并以此作为发放售楼佣金的唯一凭证，由销售专案审核存档。

第二，电话咨询的客户不视为标准登记客户。

第三，销售人员必须认真跟踪自己的客户并录入客户关系管理系统，不得因跟踪工作不足而造成客户流失;如超过 30 天无任何跟踪记录或成交记录,不再视为第一位登记人的客户。跟踪期限如需变动,由销售专案报项目中心领导审批。

第四,客户登记必须以客户姓名、联系电话为确认依据,否则无效。客户登记之间有冲突,以在客户关系管理系统中先登记者为准。

第五,如前后两次客户登记确定为夫妻、父子、母子等直系亲属关系,在客户关系管理系统中第一次登记视为有效登记。非直系亲属关系以客户关系管理系统中记录的客户成交改名为有效登记。如有争议,由销售专案根据客户关系管理系统中的记录裁决。

第六,老客户带新客户到现场,如原销售人员因私不在现场或正在接待且未认出老客户,新客户由轮序销售人员接待。如原销售人员正在接待其他客户且认出老客户,可请该新客户等待,或请其他销售人员帮助自己接待,或放弃此新客户而由轮序销售人员接待。

第七,老客户带新客户到现场,如原销售人员空闲并认出老客户,新客户由原销售人员接待;如原销售人员空闲但未与老客户互相认出,新客户由轮序销售人员接待,成交前原销售人员认出老客户,则新客户仍视为原销售人员的客户。

第八,销售人员无权删除和修改客户关系管理系统中记录的客户登记原始记录或跟踪记录等,否则,经销售专案核实、项目中心主管领导确认后做出处理。

第九,如团体一次性购房 20 套以下的,接待的销售人员作为第一接待人,如一次性购买 20 套以上的,由项目中心按比例统一分配。

第十,销售人员调离楼盘,他在该楼盘的客户交由销售专案统一分配跟踪。在跟踪有效期内成交,原销售人员可分得佣金的 50%。销售人员离开本公司,他在该楼盘的客户由销售专案统一分配跟踪,成交后与其没有关系,这些客户的跟踪期自分配之日起计 30 天。

第十一,如出现以上各条以外的特殊情况,客户的归属由销售专案根据客户关系管理系统记录的情况确定,如仍有争议,则由营销经理或项目中心主管领导最后裁决。

四、客户接待流程

在房地产销售过程中,客户接待是关键一步。一般来说,接待人员要做到具备丰富的专业知识,熟悉楼盘的情况,讲话精练。如果接待人员能够做到对客户事先进行一定的理解,知己知彼,则更有利于其在接待过程中获得客户的好感。客户接待流程详见图 7-6。

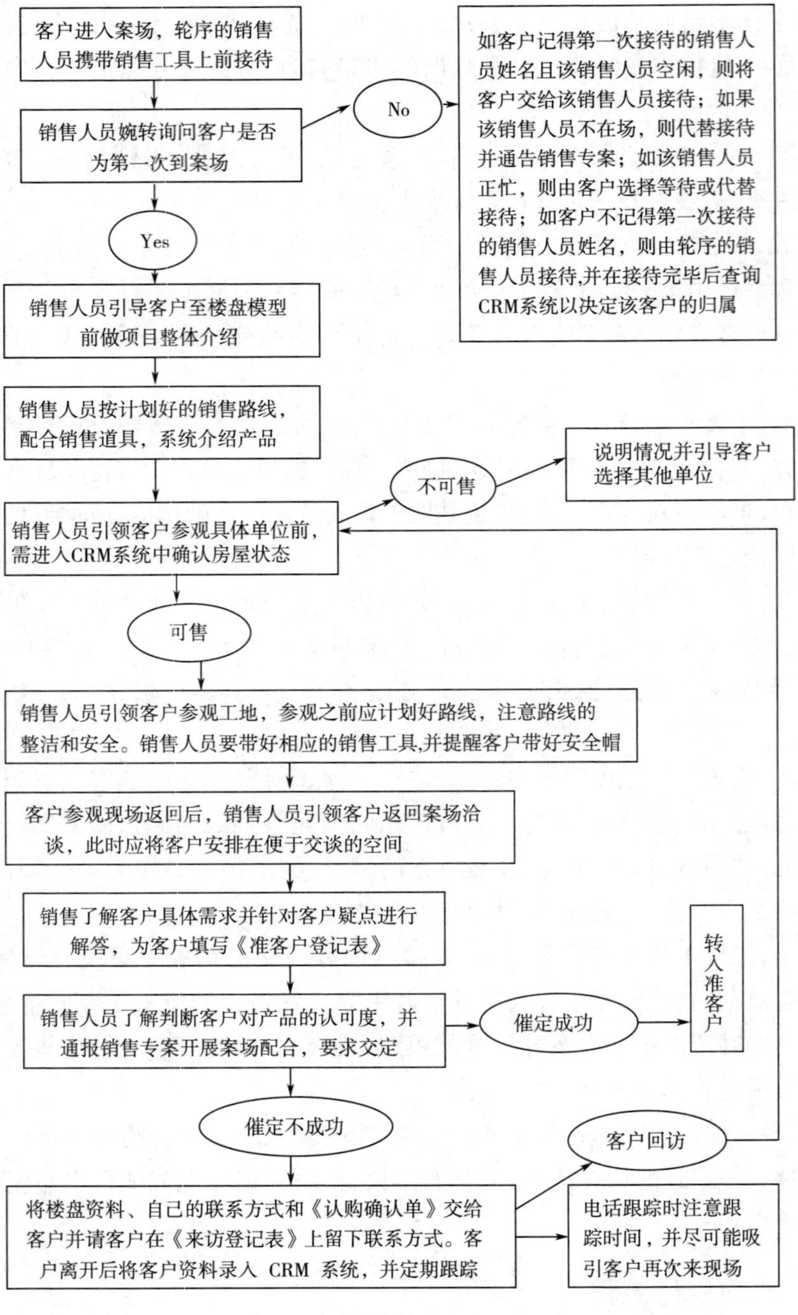

图 7－6　客户接待流程

五、客户异议处理

房地产现场销售好比商界活动,一个细微的过失往往就会造成失败。在坚持客户与公司"双赢策略"并努力提高成交率的同时，销售技能的不断完善是现场销售人员成功的阶梯。下面将售楼中最常见的几种情况罗列出来，以避免销售中出现类似的失误。

第一，产品介绍不翔实。

原因：对产品不熟悉；对竞争楼盘不了解；迷信自己的个人魅力，特别是年轻的女销售人员。

解决方法：楼盘公开销售之前的销售讲习要认真学习，确实了解及熟读所有资料；进入售楼中心时，应先针对周围环境，再针对具体产品做详细了解；多讲多练，不断修正自己的措辞；随时请教老员工和部门主管；端正销售观念，明确让客户认可、把握尺度、促成房屋买卖才是最终目的。

第二，任意答应客户要求。

原因：急于成交；为个别别有用心的客户所诱导。

解决方法：相信自己的产品，相信自己的能力；确实了解公司的各项规定，对不明确的问题，应向销售专案请示；注意辨别客户的谈话技巧，注意把握影响客户成交的关键因素；应明确规定，若逾越个人权责而造成损失的，由个人负全责。

第三，退定或退房。

原因：受其他楼盘销售人员或周围人的影响，犹豫不决；的确自己不喜欢；因财力或其他不可抗拒的原因，无法继续履行承诺。

解决方法：核实了解客户退定或退房的原因，研究挽回之道并设法解决；肯定客户的选择，帮助其排除干扰；按程序退房，各自承担违约责任。

第四，一屋二卖。

原因：没做好销售控制对答，销售专案和销售人员配合有误；销售人员自己疏忽，动作出错。

解决方法：明白事情缘由和责任人，再做另行处理；先向客户解释，降低姿态，口气婉转，请客户见谅；协调客户换户，并可给予适当的优惠；若客户不同意换户，报告公司上级同意，加倍退还定金；务必当场解决，避免官司。

思考题与练习题

1. 试述房地产销售控制的内容。

2. 房地产实战定价方法有哪些？

3. 房地产实战定价策略有哪些？

4. 什么是销售渠道结构模式？举例说明房地产销售在选择销售渠道结构模式时应考虑的主要问题？

5. 房地产产品促销策略有哪些？各有什么特点？

6. 简述客户关系管理的内涵。

7. 试按你学过的知识，为某市中心的房地产项目进行营销策划，并制定详细的促销方案。

DI BA ZHANG 第八章 房地产交易

第一节 房地产交易概述

一、房地产交易的概念与特征

(一)房地产交易的概念

房地产交易是指房地产产品的产权人以房地产为商品,将产权以转让、租赁、抵押等方式有偿转移给购买者的各种经营活动的总称。房地产交易根据其标的物性质的不同,可分为地产交易与房产交易两类。

1. 地产交易。

地产交易在我国仅限于城镇国有土地使用权的出让、转让、出租、抵押等形式,土地使用者通过这些方式得到对土地的占有、使用、有限收益和特殊处分权。由于我国《宪法》明文规定城市土地归国家所有,非城市土地归国家或集体所有,任何组织或个人不得侵占、买卖或者以其他形式非法转让土地。国家实行土地所有权与使用权分离制度,土地使用权可以依照法律规定转让。国家采用国有土地有偿出让和行政划拨两种方式向房地产流通领域提供国有土地使用权;集体所有的土地不得擅自出让、出租、转让、抵押,只能是被国家征收转为国家土地之后方可流向房地产流通领域。

2. 房产交易。

目前,我国房产交易的方式主要有房产买卖、租赁、抵押、交换、典当、信托等,包括房产使用权的转让和房产所有权的交易。《城市房地产管理法》对房地产转让、抵押与租赁做出了规定。

《城市房地产管理法》第三十二条规定:“房地产转让、抵押时,房屋所有权和该房屋占用范围内的土地使用权同时转让、抵押。”所以,地产交易与房产交易虽有其各自独立的标的及交易形式，但是任何房产均不可能离开地产，房产交易与地产交易在很多情况下是结合在一起进行的。

（二）房地产交易的特征

与普通的商品交易相比，房地产交易有自己一些特性，主要表现在以下四个方面。

1. 标的物不可移动。

房地产交易的标的物——房产与地产是典型的不动产，不能移动，一旦移动，将导致标的物性质和用途的改变，乃至经济价值的减少或丧失。因此，无论是交易中或交易后，房地产均不发生空间移动，交易双方运用所有权和使用权证书及合同进行交易。这种特性可能影响第三者对房地产交易人身份的判断，即证书作为一纸文凭是否合法有效不易判别。各国房地产法多采用公示登记制度管理房地产权利的变动。

2. 房产交易与地产交易通常不可分割。

房地产交易的对象为房产和地产，通常情况下，房产与地产是紧密结合的，单独交易地产的情况较少。我国的土地使用权与房产所有权必须一起转让与抵押，即交易房产产权的同时交易土地使用权，交易土地使用权的同时交易土地上的建筑物及附着物的产权。

3. 房地产交易额度大、专业性强。

房地产持久耐用、价格昂贵且具有保值增值的功能，所以消费者或投资者在交易时往往持谨慎态度。房地产价格不仅取决于土地使用权和建造房屋的成本，还受区位因素、供求状况、支付能力、社会因素等诸多因素影响，同时，房地产交易还需要准确及时的市场行情信息，所以房地产估价极其重要，也具有很强的专业性，需要精通相关法律和获取各种信息，才能实现房地产商品的公平交易，避免交易双方的利益受损。我国实行房地产价格评估制度，提倡房地产中介服务。

4. 房地产交易中土地使用权出让行为所设定的权利义务具有承接性。

我国《城市房地产管理法》第四十二条、第四十三条、第四十四条规定："房地产转让时，土地使用权出让合同载明的权利、义务随之转移"；"以出让方式取得土地使用权的，转让房地产后，其土地使用权的使用年限为原土地使用权出让合同约定的使用年限减去原土地使用者已经使用的年限后的剩余年限"；"以出让方式取得土地使用权的，转让房地产后，受让人改变原土地使用权出让合同约定的土地用途的，必须取得原出让方和市、县人民政府城市规划行政主管部门的同意。"从上述规定可以看出，出让方式取得的土地使用权在房地产交易中必须继承原出让合同确定的权利义务关系，原则上出让合同对每一次房地产交易均具有约束力，若做重大变更，必须取得原出让方及土地管理机关的同意。

二、房地产交易的基本原则

房地产交易与普通商品交易均为平等主体之间的民事法律行为，交易双方之间的关系是民事法律关系，在交易时须遵循平等、自愿、公平、等价有偿、诚实信用等民法一般原则。但是由于房地产交易具有以上特性，使得房地产交易还必须遵循一些特定的原则。

第一，及时登记。房地产转让与抵押必须依法办理法定登记手续，房屋的租赁必须向房地产管理部门登记备案。

第二，房地一体。房地产转让、抵押时，房屋所有权和土地使用权必须同时转让、抵押。

第三，国家管理交易价格。国家定期公布基准地价、标定地价和房屋重置价格，作为房地产基础价格；国家实行房地产价格评估制度，实行房地产成交价格申报制度。房地产的分割转让必须经人民政府房地产管理部门批准。如果房地产转让价格低于国家规定的最低标准时，政府享有优先购买权。

第四，土地出让合同设定的权利、义务随土地使用权同时转移。无论土地使用权转移到谁的手中，国家作为土地所有者，均可直接与其发生关系，从而保证土地使用权在多次转移之后仍能按合同规定，即城市规划的要求开发利用与经营，保障并加速土地合理开发利用。

三、房地产市场结构

房地产市场的内部结构通常分为三级市场，一级市场是土地使用权出让市场，即国家以土地所有者的身份，依照城市规划与土地管理法的规定，统一规划，统一征地，将土地使用权以招标、拍卖等方式出让给土地使用者和经营者，又称为土地一级市场。由于在这一级市场上，作为出让方的只有代表国家的政府，所以一级市场是垄断市场。

房地产二级市场是在土地使用权出让后的房地产开发经营市场，是经营者与消费者之间的交易，即房地产开发公司按照城市总体规划和工程建设规划的要求，对土地进行初步开发或者再次开发，然后再出售给其他单位或个人。

房地产三级市场主要为调剂房产的需求，所以又称为房地产调剂市场，主要是房地产投入使用之后的交易市场，是使用者之间的交易。

四、房地产交易管理机构

房地产交易管理是房地产行政主管部门代表国家及地方政府，在有关部门的配合下，基于房地产业务的发展规律与社会需要，按照法律与政策，综合运用行政、经济、法律等各种手段，对房地产市场进行组织、协调、控制、监督等活动。房地产交易管理是纵向行政行为，是对房地产市场各种要素或整个过程的全面管理。房地产交易管理的主体是建设行政主管部门和土地管理部门以及各级政府价格主管部门，具体介绍如下。

1. 住房和城乡建设部、自然资源部。

住房和城乡建设部设有房地产市场监管司，其主要职责为承担房地产市场的监督管理；拟定房地产市场监管和稳定住房价格的政策、措施并监督执行；指导城镇土地使用权有偿转让和开发利用工作；提出房地产业的发展规划、产业政策和规章制度；拟定房地产开发企业、物业服务企业、房屋中介的资质标准并监督执行；组织建设并管理全国房屋权属信息系统。

2018 年 3 月，中华人民共和国第十三届全国人民代表大会第一次会议表决通过了关于国务院机构改革方案的决定，批准成立中华人民共和国自然资源部。将国土资源部的职责，国家发展和改革委员会的组织编制主体功能区规划职责，住房和城乡建设部的城乡规划管理职责，水利部的水资源调查和确权登记管理职责，农业部的草原资源调查和确权登记管理职责，国家林业局的森林、湿地等资源调查和确权登记管理职责，国家海洋局的职责，国家测绘地理信息局的职责进行整合。

2. 地方各级房地产管理机构。

地方各级房地产管理机构的职责主要是贯彻和执行国家有关房地产管理的法律、法规和政策，拟定本地区房地产管理条例和各项规章制度，并组织监督实施；负责房地产开发经营企业、中介服务企业和个人的资质审查，并会同有关部门对其进行监督管理；负责房地产权属的审核与登记发证工作；负责房地产市场专业人员和管理人员的培训与考核工作；负责对非法房地产交易活动进行行政查处工作，并对房地产交易纠纷进行调解。

3. 各级政府价格主管部门。

各级政府价格主管部门的主要职责是制定由政府定价的房地产交易价格和经营性服务收费标准；制定各地方房价评估的具体办法；负责对房产交易价格及经营性服务收费的监督工作；负责对房地产价格评估中出现的价格纠纷进行调解；查处违反房产交易价格管理的行为。

第二节　房地产交易合同及程序

一、房地产交易合同

房地产交易合同是指房地产交易当事人为进行房地产交易，在自愿的基础上签订的确定双方当事人权利和义务的一种契约。不同方式的房地产交易会产生不同类型的房地产交易合同,比如,房地产转让合同、商品房预售合同、房地产抵押合同、房屋租赁合同和房地产互换合同等,这里介绍几种主要的房地产交易合同。

(一)房地产买卖合同

房地产买卖合同是房地产交易的出卖人转移房地产所有权于买受人,由买受人支付价款的合同。在房地产买卖交易中,买卖的是房产的所有权和地产的使用权,交付财产取得价款的一方称为出卖人,接受财产支付价款的一方称为买受人。房地产买卖合同是确定买卖双方当事人权利和义务的重要依据,因此,在签订房地产买卖合同时,要内容详细具体、条款全面、语言精确,以免发生纠纷,从而保证合同的顺利履行。

房地产买卖合同的主要条款有标的、数量、质量、价款、履行期限、履约方式、违约责任及解决争议的方法。

1. 标的。

标的是指当事人权利和义务共同指向的对象。房地产买卖合同的标的就是交易中的房地产。在订立买卖契约时,对于标的物,首先要审查其是否符合有关法律对房地产转让客体的要求。同时,房地产合同必须明确房地产坐落位置、部位、类型、结构、房屋朝向、门牌号码等。房屋附属设施是否一同转让也应注明。根据《城市房地产管理法》的规定,合同中应当载明土地使用权取得方式。

2. 数量。

房地产买卖合同要明确交易中的房地产面积和数量,比如,建筑面积、实际使用面积、公用面积的摊销、楼层数、房间数等。

3. 质量。

房地产买卖合同中必须标明房地产的类型(公房、私房)、结构、新旧程度、使用状况及附属设施等。

4. 价款。

价款是房地产买卖合同中的必备条款,不可或缺,它是受让人取得房地产产权所付的代价。

5. 履行期限。

房地产买卖合同中的期限主要是指合同签订及生效期限、价款的支付期限和房地产的交付期限等,如房产何时交付、价款何时交付及何时履行过户登记手续等内容。

6. 履约方式。

履约方式是指价款的交付方式,比如,是一次性付款还是分期付款;以及房地产交付方式,包括房屋及其附属设施的验收、接管,过户手续的办理,有关税费的交纳,房地产权利证书的领取等。

7. 违约责任。

违约责任是交易当事人违反合同约定,不履行自己的义务应承担的责任。一般情况下,一方当事人违约应支付违约金并赔偿损失。合同中应约定违约金的数额或违约金的计算方法;合同没有约定的,则按法律法规的规定处理。

8. 解决争议的方法。

这主要是明确发生合同纠纷时,当事人是申请仲裁还是人民法院起诉。

上面几项是房地产买卖合同中必须具备的条款,必要时双方还可以协商约定其他附加条款。

房地产买卖合同范本:

房屋买卖合同

出卖方(以下简称甲方):

买受方(以下简称乙方):

甲乙双方就买卖事项经过多次协商,一致同意订立合同条款如下,以资共同遵守:

第一条 甲方愿将自有坐落______市______路______号房屋______间,建筑面积______平方米售给乙方。

第二条 甲方出售给乙方的房屋东至______南至______西至______北至______(附四至平面图一张)。其房屋包括阳台、走道、楼梯、卫生间、灶间及其他设备。

第三条 上列房屋包括附属设备,双方议定房屋价款人民币______万元,由甲方售给乙方。

第四条 房屋价款乙方分三期付给甲方。第一期,在双方签订合同之日,付人民币______万元;第二期,在交付房屋之日,付人民币______万元;第三期,在房屋产权批准过户登记之日付清。每期付款,甲方收到后出具发票。

第五条 甲方应自合同签订日起______天内将房屋腾空,连同原房屋所有权证等有关证件,点交乙方,由乙方出具收到凭证。

第六条 在办理房屋产权移转过户登记时,甲方应出立申请房屋产权给乙方的书面报告。如需要甲方出面处理的,不论何时,甲方应予协助。如因甲方延误以至影响产权过户登记,因而遭受的损失,由甲方负赔偿责任。

第七条 本合同签订前,该房屋如有应缴纳的一切税费,概由甲方负责。本合同发生的过户登记费、契税、估价费、印花税由乙方负担。其他税费按有关法律规定,各自承担。

第八条 甲方如不按合同规定的日期交付房屋,每逾期一天,按房价的总额3‰计算违约金给乙方。超过3个月时,乙方将解除本合同。解约时,甲方除将已收的房价款全部退还乙方外,应赔偿所付房价款同额的赔偿金给乙方。

第九条 乙方全部或一部分不履行本合同第四条规定的日期给付房价款时,其逾期部分,乙方应加付按日2%计算的违约金给甲方。逾期超过3个月时,甲方将解除本合同。解约时,乙方已付的房价款作为赔偿金归甲方所有。

第十条 甲方保证其出卖给乙方的房屋,产权清楚,绝无他项权利设定或其他纠纷。乙方买售后,如该房屋产权有纠葛,以至影响乙方权利的行驶,概由甲方负责清理,并赔偿乙方损失。

第十一条 交房屋时,乙方发现房屋构造或设备与合同约定的不符,经鉴定属实,甲方应于1个月内予以修理,如逾期不修理,乙方将自行修理,费用在房价款中扣除。如修理仍达不到合同约定的要求,乙方将解除合同。解约时,甲方除返还全部房价款外,并按本合同第八条规定承担违约责任。

第十二条 房屋所占用的土地(包括庭院围墙等)所有权属于国家。乙方取得上述房屋占有相应比例的土地使用权,并依照国家法律的规定缴纳土地使用税及其他有关费用。

第十三条 合同的附件与合同有同等效力。

第十四条 本合同一式四份,甲、乙方各执一份,另两份分别交房产和土地管理机关办理产权过户登记手续。

立约人

甲方　　　　（签章）　　　　　　乙方　　　　（签章）

　　年　　月　　日订于　　　　　　市(县)

（二）商品房预售合同

商品房预售合同又称期房买卖合同,是指房地产开发经营单位与预购方签订的,就承购方交付定金或预购款,开发商在未来的一定期日交付现房的交易行为达成的协议。商品房预售合同是房地产买卖合同的一种,它既具有一般房地产买卖合同的特点,同时也有其自身的特点。

商品房预售合同的主要条款有:主体、标的、价款、履约方式的违约责任。

1. 主体。

主体,即预售人和预购人。预售人要满足我国法律法规规定的相关条件。

2. 标的。

标的,即签订合同时还在施工中的商品房。商品房预售合同应当载明预售商品房的基本情况,包括房屋坐落位置、建筑面积、土地使用权证号、土地使用权取得方式、土地使用性质、商品房预售许可证号、建筑工程规划许可证号、房屋结构、房屋竣工交付日期、房屋装修标准和房屋平面图等。

3. 价款。

这是商品房预售合同的必备条款,合同应载明双方约定的金额及币种。现实中,当事人的定价模式主要有三种:第一,国家定价,主要是"解困房"等必须执行国家定价的期房,以及双方当事人约定价格以有关部门的核定价格为准的期房;第二,确定价格,即由合同明确约定期房的售价数额;第三,暂定价格,即预售房屋时先按某个价格支付部分房款,待商品房成交时再按交付时的市场价格计算。

4. 履约方式。

履约方式包括价款的交付方式,是一次性付款,还是分期付款,或是按揭贷款分期付款方式,以及房地产的交付方式。

5. 违约责任。

商品房预售合同适用于合同法关于违约责任的规定。

以上条款是一般商品房预售合同应该具备的条款,除此之外,当事人还可以约定逾期履行的免责条件、纠纷的解决方式等条款。

(三)房地产互换合同

房地产互换是指房地产所有人相互交换房地产产权的行为。这种行为涉及产权人重大的经济利益,所以当事人双方应通过法律程序来完成,并应签订房地产互换合同。房地产互换合同是房地产交易的当事人双方互相交换房地产产权的合同。房地产互换合同的主要条款包括如下几项。

1. 互换的房地产。

互换的房地产是房地产互换合同的标的物,在合同中必须明确互换房地产的名称、地址、数量、质量等。

2. 互换期限。

互换期限主要是指房地产交换的日期。

3. 违约责任。

违约责任是交易当事人违反合同约定需承担的法律责任。违约责任承担的方式,当事人可协商约定;当事人没有约定的,则按相关法律法规处理。

房地产互换合同范本:

房地产互换合同

甲方:________

乙方:________

经甲、乙双方协商,共同达成如下协议:

一、甲方以坐落于______市______区______路(街、巷)______号楼______室、建筑面积为______平方米的房屋所有权(是、否有储藏室)与乙方坐落于市______区______路(街、巷)______号楼______室、建筑面积为______平方米的房屋所有权(是、否有储藏室)进行互换。

互换房地产情况详见《房屋所有权证》。

二、上述房地产所有权互换属(不)等值互换;______方房地产价值超出______方房地产价值差价部分由______方补偿______方差价款人民币______元。

三、办理产权转移登记手续所需费用由互换双方各自承担。

四、本互换合同书一式叁份,甲、乙双方各执壹份,并持壹份到市房地产交易市场管理处办理产权转移登记手续。

五、本合同书未尽事宜,甲、乙双方可另行议定,其内容可填入空白条款内或另行签订附件;其补充议定书经甲、乙双方签章后与本合同具有同等效力。

六、双方议定的其他事项:

甲方(签章)　　　　乙方(签章)

年　月　日　　　　年　月　日

二、房地产交易程序

房地产交易程序是指国家房地产交易管理部门根据相关法律、法规制定的有关房地产交易行为的规范化程序,是任何单位和个人进行房地产交易时必须遵守的。不同房地产交易方式的具体程序会有一定的差异,这里主要介绍房地产交易的一般性程序。

第一,确认资格。凡是进行房地产交易的当事人,必须提供合法的证明身份的证件:个人当事人提供身份证,单位当事人提供单位介绍信和单位负责人的身份证。经查验后,确认其具有当事人资格的,再行洽谈交易事宜。

第二,签订房地产交易合同。房地产交易合同是房地产交易双方当事人之间建立交易关系的协议,是根据双方当事人共同确认的权利和义务自愿订立的。

第三,申请办理产权过户手续。房地产交易双方在签订房地产交易合同后,需持该合同及有效证件到房地产所在地的房地产交易所申请办理产权过户手续。申请进入房地产交易市场的房地产必须符合以下几个条件:

(1)房地产的产权归属必须清楚,并且有合法的产权证件。

(2)经过改建、扩建的房地产产权所有者在房地产行政管理部门办妥变更手续后才能进入交易市场。

(3)已经出租的房地产如要出售,必须提前三个月通知承租人,才能进入交易市场,以免引起承购人和承租人之间的纠纷。在同等条件下,承租人有优先购买权。

(4)属于二者或多者共有的房地产如要出售,出售人需提交共有人同意或委托出售的证明,才能进入交易市场。在同等条件下,共有人享有优先购买权。

(5)享受补贴或以优惠价购买、建造的房地产,在不满原定使用期限出售时,需补齐差价。

(6)继承、赠与等所得的房地产,必须有公证机关或人民法院的法律文书,才能投入交易市场。

第四,房地产交易管理部门审核证件。房地产交易管理部门在接到产权过户申请后,要严格查验产权证件,并到现场进行必要的调查。

第五,办理立契手续。房地产交易管理部门审核批准后,经办人应通知交易双方办理立契手续。立契使用法定的统一契纸,一般由交易经办人填写,交易双方在契约纸上签名、盖章。

第六,办理产权过户手续。办完立契手续后,交易双方需交纳签证手续费和有关税费,由房管部门核发产权证书。此时,房地产的产权归属从卖方转移到买方。房地产管理部门的产籍档案中,该房地产产权亦归属于买方。至此,房地产交易过程圆满结束,并受到国家法律的保护。

第三节 房地产中介机构

一、房地产中介机构的概念与类型

房地产中介机构是房地产咨询机构、房地产价格评估机构、房地产经纪机构等为房地产交易活动提供服务的机构的总称。狭义上,我国的房地产中介机构是指《城市房地产管理法》规定的三种类型,即房地产咨询机构、房地产价格评估机构和房地产经纪机构。房地产咨询机构是指专门为房地产交易当事人提供信息、法律知识及其他交易情况服务的房地产中介组织。房地产价格评估机构是为房地产交易提供评估价格服务的服务机构。房地产经纪机构是为房地产交易提供洽谈协议、交流信息、展示行情等咨询、代理服务的中介服务机构。广义的房地产中介机构还包括房地产律师事务所、公证机构等在房地产市场中起到中介作用的机构。

二、房地产中介机构设立的程序与条件

《城市房地产管理法》第五十八条规定:"房地产中介服务机构应当具备下列条件:有自己的名称和组织机构;有固定的服务场所;有必要的财产和经费;有足够数

量的专业人员;法律、行政法规规定的其他条件。”从事房地产中介业务,应当设立具有独立法人资格的房地产中介服务机构。设立房地产中介服务机构的资金和人员条件应由县级以上房地产管理部门进行审查,经审查合格后,再向当地的工商行政管理部门申请设立登记。需要跨省从事房地产估价业务的机构,应当报国务院建设行政主管部门审查,经审查合格后,再办理工商登记。房地产中介服务机构在领取营业执照后的1个月内,应当到登记机关所在地的县级以上人民政府房地产管理部门备案。房地产管理部门负责对房地产中介服务机构实行年检,并于每年年初公布检查合格的房地产中介服务机构名单;检查不合格的,不得从事房地产中介业务。

设立房地产中介服务机构应具备下列条件:有自己的名称、组织机构;有固定的服务场所;有规定数量的财产和经费;从事房地产咨询业务的,具有房地产及相关专业中等以上学历、初级以上专业技术职称的人员,应占总人数的50%以上;从事房地产评估业务的,须有规定数量的房地产估价师;从事房地产经纪业务的,须有规定数量的房地产经纪人。

三、房地产中介服务人员资格

从事房地产咨询业务的人员,必须是具有房地产及相关专业中等以上学历,有与房地产咨询业务相关的初级以上职业技术职称,并取得考试合格证书的专业技术人员。

国家实行房地产价格评估人员资格认证制度。房地产价格评估人员分为房地产估价师和房地产估价员。房地产估价师必须是经过全国房地产估价师执业资格统一考试合格后,按规定注册取得《房地产估价师注册证》,并从事房地产估价活动的人员。未取得《房地产估价师注册证》的人员,不得以房地产估价师名义从事房地产估价业务。房地产估价员必须是经过考试并取得《房地产估价员岗位合格证》的人员。

房地产经纪人必须是经过考试、注册并取得《房地产经纪人资格证》的人员,未取得《房地产经纪人资格证》的人员不得从事房地产经纪业务。

四、房地产经纪

房地产经纪是指在房地产经济活动的各个环节收集、加工、提供房地产信息,沟通买卖双方,并受客户委托从事房地产居间、行纪或代理业务,以收取佣金为目的的公民、法人和其他经济组织。一般情况下,房地产经纪包括两种含义:房地产经纪机构和房地产经纪人员。

(一)房地产经纪机构

1. 房地产经纪机构的含义。

房地产经纪机构是指在房地产交易活动中,以收取佣金为目的,为促成他人交易而从事居间或者代理经纪业务的法人和其他经纪组织。房地产经纪机构所提供的服务大致分为三种:代理业务、居间业务和行纪业务。其中,代理业务是指经纪机构和委托人签订委托代理合同,经纪机构在代理权限内以委托人的名义与第三人从事房地产交易,交易的法律后果直接归属于委托人的活动。在这种情况下,房地产经纪机构是委托人的代理人。居间业务是指经纪机构向委托人报告订立交易合同的机会,或提供交易合同的媒介服务,由委托人支付报酬的活动。行纪业务是指经纪机构接受委托人的委托,以自己的名义为委托人实施约定的法律行为,经纪机构直接承担该法律行为的后果并有权收取报酬的行为。

2. 房地产经纪机构的权利与义务。

(1)房地产经纪机构的权利。房地产经纪机构的权利主要包括以下几项:①享有工商行政管理部门核准的业务范围内的经营权利,可依法开展各项经营活动,并按规定标准收取佣金;②按照国家有关规定制定各项规章制度,并以此约束在本机构中执业的经纪人员的执业行为;③委托人隐瞒与委托业务有关的重要事项、提供不实信息或者要求提供违法服务的,房地产经纪机构有权中止经纪业务;④由于委托人的原因,造成房地产经纪机构或房地产经纪人员经济损失的,有权向委托人提出赔偿要求;⑤可向房地产管理部门提出实施专业培训的要求和建议;⑥法律、法规和规章规定的其他权利。

(2)房地产经纪机构的义务。房地产经纪机构的义务主要包括以下几项:①依照法律、法规和政策开展经营活动;②认真履行房地产经纪合同,督促房地产经纪人员认真开展经纪业务;③维护委托人的合法权益,按照约定为委托人保守商业秘密;④严格按照规定标准收费;⑤接受房地产管理部门的监督和检查;⑥依法缴纳各项税金和行政管理费;⑦法律、法规和规章规定的其他义务。

(二)房地产经纪人员

1. 房地产经纪人员的含义。

房地产经纪人员是指在房地产经纪机构中直接执行房地产经纪业务的人员。房地产经纪人员必须依法取得房地产经纪人员相应的职业资格证书,并经有关主管部门注册生效,而且应在其所规定允许从事的房地产经纪业务范围内执行房地产经纪业务。根据可从事的房地产经纪业务范围的不同,房地产经纪人员职业资格分为房地产经纪人执业资格和房地产经纪人协理从业资格两种。“中华人民共和国房地产经纪人执业资格证书”和“中华人民共和国房地产经纪人协理从业资格证书”是房地产经纪职业资格的证明文件,未经合法取得“中华人民共和国房地产经纪人执业资格证书”和“中华人民共和国房地产经纪人协理从业资格证书”的,不得从事房地产经纪业务。

房地产经纪人是指依法取得“中华人民共和国房地产经纪人执业资格证书”,并经申请执业,由有关主管部门注册登记后取得“中华人民共和国房地产经纪人注册证”,在房地产经纪机构中能以房地产经纪机构的名义独立执行房地产经纪业务,或可以自行开业设立房地产经纪机构或经执业的房地产经纪机构授权,可独立开展经纪业务,并承担责任的自然人。房地产经纪人有权依法发起设立或加入房地产经纪机构,承担房地产经纪机构关键岗位的工作,指导房地产经纪人协理执行各种经纪业务,经所在机构授权与客户订立房地产经纪合同等重要业务文书,执行房地产经纪业务并获得合理佣金。房地产经纪人可以在全国范围内注册执业。

房地产经纪人协理是指依法取得“中华人民共和国房地产经纪人协理从业资格证书”,在房地产经纪机构中协助房地产经纪人从事非独立性房地产经纪工作的自然人。“从事非独立性房地产经纪工作”是指所从事的房地产经纪工作必须是在房地产经纪人的组织和领导下进行,因此几个只取得房地产经纪人协理资格的人员在没有房地产经纪人指导下联合进行经纪活动也属于超越执业范围的违规行为。房地产经纪人协理只能在注册的地区内从业。取得房地产经纪人执业资格是进入房地产经纪活动关键岗位和发起设立房地产经纪机构的必备条件;取得房地产经纪人协理从业资格是从事房地产经纪活动的基本条件。

2. 房地产经纪人员的权利与义务。

(1)房地产经纪人员的权利。房地产经纪人员的权利主要包括以下几个方面:①依法开展经纪业务活动的权利;②请求和获得报酬的权利;③请求支付成本费用的权利;④双方约定的其他权利。房地产经纪人员享有委托合同或经纪合同中双方约定的其他一些权利,这些权利是由当事人双方在合同中提前约定的。

(2)房地产经纪人员的义务。房地产经纪人员的义务主要包括以下几个方面:①合法经营的义务;②诚实介绍的义务;③尽忠职守的义务;④公平中介的义务;⑤接受管理监督并依法纳税的义务。

第四节　房地产交易方式

我国房地产市场的交易方式主要有土地转让、房屋出售、房屋租赁、房地产抵押、房地产拍卖和房地产互换等。下面分别加以介绍。

一、土地转让

土地转让是指土地受让方在土地一级市场上,通过土地使用权出让方式合法取得土地使用权后,有权将这种使用权再通过买卖、赠与、交换或者其他合法方式转移给他人的行为。由于国家规定土地使用权转让时,其地上建筑物、其他附着物所有权随之转让,反之亦然,所以土地转让又称为房地产转让。土地转让一般采取出售、交换、赠与和变卖等方式。

(一)土地转让的有效条件

1. 出让土地使用权的转让。

《城市房地产管理法》明确规定,以出让方式取得土地使用权的房地产转让,应当按照出让合同约定已经支付全部土地使用权出让金,并取得土地使用权证书;按照出让合同约定进行投资开发的,属于房屋建设工程的,完成开发投资总额25%以上,属于成片开发土地的,依照规划对土地进行开发建设,完成供排水、供电、供热、道路交通、通信等市政基础设施和公用设施的建设,达到场地平整,形成工业用地或者其他建设用地条件;转让房地产时房屋已经建成的,还应当持有房屋所有权证书。

2. 划拨土地使用权的转让。

以划拨方式取得土地使用权的房地产转让,应当报有批准权的人民政府审批。有批准权的人民政府准予转让的,由受让方办理土地使用权出让手续,并交纳土地使用权出让金。经有批准权的人民政府批准,可以不办理土地使用权出让手续的,也应当将房地产转让所获得收益中的土地收益上交给国家或做其他处理,如果再次转让时,需要办理出让手续、补交土地使用权出让金的,则扣除已经交纳的土地收益。可以不办理土地使用权出让手续的,必须符合下列条件之一:经城市规划行政主管部门批准,转让后的土地利用符合划拨用地条件;私有住宅转让后仍用于居住的;按照国务院住房制度改革有关规定出售公有住宅的;同一宗土地上部分房屋转让而土地使用权不可分割转让的;转让的房地产暂时难以确定土地使用权出让条件的;根据城市规划,土地使用权不宜出让的;县级以上人民政府规定暂时无法或不需要采取土地使用权出让方式的其他情形。

(二)土地转让的禁止性规定

第一,以出让方式取得的土地使用权不符合法定条件的,其房地产不得买卖。

第二,以划拨方式取得土地使用权的,转让房地产时须报有批准权的人民政府审批,否则不得转让。

第三,司法机关和行政机关依法裁定、决定查封或者以其他形式限制房地产权利的房地产不得转让。此种房地产,其权利转移已被司法权力强行禁止,权利人无权对之予以处分,故不能转让。

第四,依法收回土地使用权的房地产不得转让。根据房地一体原则,房产所有权一般也随土地收归国有,故原权利人已无权转让房地产。

第五,共有房地产未经其他共有人书面同意的,不得转让。

第六,权属有争议的房地产不得转让。权属未确定时,真正的权利人并未确定,若擅自予以转让的话,有可能损害真正的权利人的利益。

第七,未经依法登记领取权属证书的房地产不得转让。房地产属于典型的不动产,权属证书是权利人享有权利的合法证明。未依法登记领取权属证书的房地产,无法确定其合法的权利人,故禁止转让。

第八,除依人民法院判决外,在城市改造规划实施范围内,在国家建设征用土地范围内的城市房屋,禁止转让,但禁止期限不得超过1年。

第九,寺庙、道观房地产产权一般归宗教团体所有,不得转让。

(三)土地转让的程序

土地使用权在双方当事人之间转移,其一般程序为申请、批准、签约、合同公证、登记过户五个步骤。具体来说,是由原受让人向出让人提出同意转让土地使用权的请求,提出转让申请后,由出让人批准或同意,然后当事人双方签订土地使用权转让合同,由公证机关对转让合同的真实性与合法性予以公证,最后当事人双方凭土地使用权转让合同、公证认证等文件到土地管理部门办理登记过户手续。房地产转让一般按照下列程序办理:

1. 签订转让合同。

进行房地产转让时,当事人应当先签订书面转让合同。房地产转让合同中应当载明的内容包括:双方当事人的姓名或者名称、住所,房地产权属证书名称和编号,房地产坐落位置、面积、四至界限,土地宗地号、土地使用权取得方式及年限,房地产的用途或使用性质,成交价格及支付方式,房地产交付使用的时间,违约责任,双方约定的其他事项。房地产转让合同自正式签订之日起成立;约定生效条件的,自合同约定的条件成立之日起生效;法律法规规定必须公证的,自公证之日起生效。

2. 过户申请。

房地产转让当事人在房地产转让合同签订后30日内,持房地产权属证书、当事人的合法证明、转让合同等有关文件,向房地产所在地的房地产管理部门提出申请,并申报成交价格。房地产管理部门对提供的文件进行审查,在15日内做出是否受理申请的书面答复。

3. 交纳税费。

房地产管理部门核实申报的成交价格,并根据需要对转让的房地产进行现场查勘和评估。房地产转让当事人按照房地产管理部门核实确认的价格交纳有关税费。

4. 产权过户变更登记。

房地产管理部门核发过户单,房地产当事人凭过户单办理产权过户手续,受让方领取房地产权属证书。转让房地产开发项目的,当事人双方应当自办理完土地使用权变更登记手续之日起30日内,持房地产开发项目转让合同到房地产开发主管部门备案。转让房地产开发项目时,尚未完成拆迁补偿安置的,原拆迁补偿安置合同中的有关权利、义务随之转移给受让人,并由项目转让人书面通知被拆迁人。

二、房地产售租

（一）房屋出售

房屋出售是指买方支付货币资金、取得卖方房屋的所有权。房屋出售又称为房屋买卖，是一种民事法律行为。按照房屋是否已建成，可以把房屋出售分为现房出售和期房出售两种形式。现房出售是指已存在的新、旧房产成品的买卖交易。期房出售又称预售，是在房屋尚未建成前预先将房屋销售出去。关于现房出售的程序、合同及限制条件等内容，其他章节已有相关论述，这里重点介绍商品房预售的相关内容。

1. 商品房预售的概念。

商品房是指由房地产开发公司综合开发，建成后出售的住宅、商业用房以及其他建筑物。商品房预售指房地产开发经营单位将建设中的商品房预先出售给承购人，由承购人根据预售合同支付房款并在房屋竣工验收合格后取得房屋所有权的房屋买卖形式。

2. 商品房预售的条件。

《城市房地产管理法》第四十五条对商品房预售条件做了明确规定：①已交付全部土地使用权出让金，取得土地使用权证书；②持有建设工程规划许可证；③按提供预售的商品房计算，投入开发建设的资金达到工程建设总投资的25%以上，并已经确定施工进度和竣工交付日期；④向县级以上人民政府房产管理部门办理预售登记，取得商品房预售许可证明。商品房预售人应当按照国家有关规定将预售合同报县级以上人民政府房产管理部门和土地管理部门登记备案。商品房预售所得款项必须用于有关的工程建设。

3. 商品房预售的程序。

（1）申请。由房地产开发商向房地产管理部门提出商品房预售许可证申请，包括相关文件，如：房地产开发企业的资质证书、营业执照；预售项目的立项、规划、用地及施工等批准文件；工程施工进度计划；资金监管协议及商品房预售方案。商品房预售主管部门在接到开发经营企业的申请后，经过查验和现场勘查，在10日内做出审核结论，核发商品房预售许可证，并向社会公告。

（2）签订合同。开发经营企业在商品房预售申请获得批准之后，可以进行商品房预售，预售单位与承购者签订商品房预售合同。

（3）办理商品房预售合同登记手续。商品房预售人与承购人签订商品房预售合同后，须将合同依国家法律规定（包括《城市房地产管理法》和《城市商品房预售管理办法》）报县级以上人民政府房产管理部门和土地管理部门登记备案。

（4）房地产交付。房地产开发商须在房屋竣工后，按商品房预售合同的要求及时办理房屋交付手续，承购人凭合同及房屋交付凭证办理相关的房地产过户手续,并交纳有关费用。

(二)房屋租赁。

房屋租赁是指房屋所有权人作为出租人,将房屋出租给承租人使用,由承租人向出租人支付租金的行为。房屋租赁可以看作出租人有期限地出让房屋的使用权、占有权、收益权,换回承租人支付的代价,即租金。

1. 房屋租赁的条件。

公民、法人或其他组织对享有所有权的房屋、国家授权管理和经营的房屋,可以依法出租。但依据建设部发布的《城市房屋租赁管理办法》第六条规定,有下列情形之一的,房屋不得出租:未依法取得房屋所有权证的;司法机关和行政机关依法裁定、决定查封或者以其他形式限制房地产权利的;共有房屋未取得共有人同意的;权属有争议的;属于违章建筑的;不符合安全标准的;已经抵押,未经过抵押权人同意的;不符合公安、环保、卫生等主管部门有关规定的;有关法律、法规规定禁止出租的其他情形。

2. 房屋租赁合同。

房屋租赁合同是房屋出租人和承租人在租赁房屋时签订的,用以明确租赁双方当事人权利和义务的协议。根据《城市房屋租赁管理办法》第九条的规定,房屋租赁合同应当具备以下主要条款:当事人姓名或者名称及住所,房屋的坐落、面积、装修及设施状况,租赁用途,租赁期限,租金款额及交付方式,房屋修缮责任,转租的约定,变更和解除合同的条件,违约责任,当事人约定的其他条款。

3. 房屋租赁双方的相关权利和义务。

(1)房屋修缮。租赁期限内,发生应当由出租人负责修缮的损坏,因不及时修复致使房屋发生破坏性事故,造成承租人财产损失或者人身伤害的,出租人应当承担赔偿责任。承租人对所承租房屋及其附属设施进行拆改、扩建或增添的,需征得出租人的同意并签订书面合同。因承租人过错造成房屋损坏的,由承租人负责修复或赔偿。

(2)租赁期限。房屋租赁期限届满,租赁合同终止。承租人需要继续租用的,应当在租赁期限届满前 3 个月提出,并经出租人同意,重新签订租赁合同。出租人在租赁期限内确需提前收回房屋的,应当征得承租人的同意,给承租人造成损失的,应当予以赔偿。承租人擅自将所租用房屋转租、转让、转借、调换使用、拆改结构、损坏、改变用途、用于进行违法活动的,拖欠租金累计 6 个月以上的,无正当理由闲置公有住房 6 个月以上的,出租人有权收回房屋,并由承租人赔偿因此而造成的损失。租赁期限内,房屋出租人转让房屋所有权的,房屋受让人应当继续履行原租赁合同。出租人在租赁期限内死亡的,其继承人应当继续履行租赁合同。居住用房屋的承租人在租赁期限内死亡的,其共同居住两年以上的家庭成员可以继续承租。

(3)转租。租赁期限内，承租人征得出租人同意，可以将承租房屋的部分或全部转租(再出租)给他人。房屋转租应当订立经原出租人书面同意的转租合同。转租合同生效后，除出租人与转租双方另有约定外，转租人享有并承担转租合同规定的出租人的权利和义务，并且应当履行原租赁合同规定的承租人的义务。转租期间，原租赁合同变更、解除或终止，转租合同也随之相应变更、解除或终止。

三、房地产抵押与按揭

(一)房地产抵押的概念

房地产抵押是指抵押人将其合法的房地产，以不转移占有的方式向抵押权人提供债务履行担保的行为。债务人不履行债务时，债权人(抵押权人)有权依法以抵押房地产折价或者拍卖、变卖的价款优先受偿。抵押人是指提供担保房地产的债务人或第三人。抵押权人是指接受房地产抵押作为债务人履行债务担保的人，即享有抵押权的债权人。

(二)房地产抵押权的设定

以依法取得的房屋所有权或在建工程已完工部分抵押的，该房屋或在建工程占用范围内的土地使用权必须同时抵押。以出让方式取得的土地使用权可以设定抵押权，若该土地上有建筑物，也同时设定抵押权。乡(镇)、村企业的土地使用权不得单独抵押。房地产抵押后，该抵押房地产的价值大于所担保债权的余额部分可以再次抵押，但抵押人应当将已经设定过的抵押情况告知抵押权人。

以两宗以上房地产设定同一抵押权的，视为同一抵押房地产。以共有房地产抵押的，抵押人应当事先征得其他共有人的书面同意。以已出租的房地产抵押的，抵押人应当将租赁情况告知抵押人，并将抵押情况告知承租人，原租赁合同继续有效。预购商品房贷款抵押的，商品房开发项目必须符合房地产转让条件，并取得《商品房预售许可证》。

以享受国家优惠政策购买的房地产抵押的，其抵押额以房地产抵押人可以处分的和收益的份额比例为限。国有企事业单位法人以国家授权其经营管理的房地产抵押的，应当符合国有资产管理的有关规定。以集体所有制企业的房地产抵押的，必须经过集体所有制企业职工(代表)大会通过，并报其上级主管机关备案。以中外合资企业、合作经营企业和外商独资企业的房地产抵押的，必须经董事会通过，但企业章程另有规定的除外。以有限责任公司、股份有限公司的房地产抵押的，必须经董事会或者股东大会通过，但企业章程另有规定的除外。

以有经营期限企业的房地产抵押的，抵押期限不应超过该企业的经营期限；以具有土地使用年限的房地产抵押的，其抵押期限不得超过设定抵押时的剩余土地使用权年限。

抵押当事人约定对抵押房地产进行保险的，抵押人为投保人，保险单由抵押权人保管，抵押权人为保险赔偿的第一收益人。

不得抵押的房地产有：权属有争议的房地产，用于教育、医疗、市政等公共福利事业的房地产，列入文物保护的建筑物和有重要纪念意义的其他建筑物，已依法公告列入拆迁范围的房地产，被依法查封、扣押、监管或者以其他形式限制的房地产，依法不得抵押的其他房地产。

（三）房地产抵押的类型

按照设定抵押权的房地产或权益的不同，房地产抵押主要有以下几种类型。

1. 土地使用权抵押。

这是以土地使用权作为抵押物的抵押，其目的是用土地使用权作为担保，偿还债务或者担保贷款。这里的土地使用权可以是通过有偿出让、转让方式取得的国有土地使用权，也可以是以行政划拨方式取得的国有土地使用权。合法的土地使用权不仅可以在境内设定抵押权，而且可以到与我国建立外交关系或在我国设有商务代表处的国家或地区设定抵押权，但抵押登记手续必须在土地所在地的市、县国土管理部门办理。

2. 依法取得的房屋所有权连同房屋占有范围内的土地使用权抵押。

这是一种较普遍的房地产抵押方式，抵押人可以是自然人，也可以是法人或其他组织；抵押权人可以是金融部门，也可以是非金融部门，但大多为金融部门。抵押人将房地产抵押给金融部门，目的是从金融部门获得抵押贷款。

3. 依法成交的预售商品房抵押。

这种类型最典型的是楼宇按揭，将在后面做详细论述。

（四）房地产抵押合同

进行房地产抵押，抵押当事人应当签订书面抵押合同。房地产抵押合同应当载明的主要内容有：抵押人、抵押权人的名称及住所，被担保主债权的种类和数量，债务人履行债务的期限，抵押房地产的处所、名称、状况、建筑面积、用地面积以及四至等，抵押房地产的价值，抵押房地产的占用管理人、占用方式、占用管理责任以及意外损毁、灭失的责任，抵押期限，抵押权灭失的条件，违约责任，争议解决方式，抵押合同订立的时间与地点，双方约定的其他责任。以在建工程抵押的，抵押合同中还应当载明的内容包括：《国有土地使用权证》《建设用地规划许可证》《建设工程规划许可证》的编号，已缴纳的土地使用权出让金或需缴纳的相当于土地使用权出让金的款额，已投入在建工程的工程款，施工进度及工程竣工日期，已完成的工作量和工程量。抵押权人要求抵押房地产保险的，以及在抵押后限制抵押房地产出租、转让、用途转变的，也应当在合同中载明。订立抵押合同时，抵押当事人在合同中不得约定在债务履行期届满抵押权人未受清偿时，抵押房地产的所有权转移为债权人所有。房地产抵押合同自抵押登记之日起生效。

(五)按揭

1. 按揭的概念。

按揭是属主、业主将物业转让给按揭受益人(指放款者)作为还款保证的法律行为。经过这样的转让,按揭受益人称为属主、业主,还款后,按揭受益人将属主权、业主权转回按揭人。银行按揭业务则是指将楼宇抵押给银行,向银行贷款,用分期付款的方式还购楼款。这种方式在香港称为按揭,在国外则称为房地产抵押贷款,在我国两种叫法都有。按揭一般是由金融部门(银行、财务公司等)与房地产开发商联合开展的,旨在向购房者提供贷款,促进房屋销售。

2. 运作方式。

按揭业务涉及购房者、房地产开发商与金融部门三方面。通过按揭业务,购房者只要支付一定比例的首期房款,其余部分可由金融部门代其垫付,这样购房者就可取得整个房屋的居住使用权和法律所有权,但包括房屋所有权证书及相关的土地合作权证书在内的购房契约等材料需抵押给金融部门,所欠房款可由购房者在以后若干年内分期逐月、逐年还清。在此业务中,房地产开发商作为售房单位必须与金融部门签订协议,在金融部门开立按揭业务结算账户和存款专用账户,金融部门提供的按揭贷款直接划入售房单位的存款专用账户,购房者 3~4 成的首期付款也必须存入售房单位的按揭业务结算账户中。

在整个房屋买卖过程中,金融部门既吸收了相当于房屋价款的存款,又放出 6~7 成的贷款,而且该项贷款由于有相应的房屋所有权做抵押,逾期还不上,金融部门可对房屋做拍卖处理。

按揭业务是一项一举多得的房地产交易方式,它对购房者、售房者及金融机构均有利。对购房者而言,按揭业务可以让购房者获得较低的利率和还款期限宽松的贷款,以弥补购房能力的不足,从而实现对房屋这一高价商品的购买行为。对房地产开发商而言,可通过按揭筹集大笔的开发资金,以弥补自有资金的不足,加速了房地产开发建设。对金融部门而言,它参与按揭业务之后,资金流动性、安全性、增值性均较为客观。

四、房地产拍卖

(一)房地产拍卖的概念

房地产拍卖是抵押权人处分抵押房地产、实现房地产抵押权的一种方式。它是由抵押权人在特定条件下,向房地产管理部门申请,经批准后将抵押房地产交房地产交易所主持拍卖。房地产拍卖能使所抵押的房地产所有权和土地使用权通过公平竞价,卖出最高的价钱,同时还能获得社会公众的全面监督。目前,我国一些大城市有关房地产抵押管理办法中,对房地产如何拍卖有具体规定。

（二）房地产拍卖的条件

进行房地产拍卖有一个基础，就是所拍卖的房地产必须是抵押人将其作为抵押标的物给抵押权人。另外还必须具备以下特定条件之一，抵押权人才有权采取拍卖方式对抵押的部分或全部房地产进行处分。具体如下：①抵押人未按合同规定履行债务，又未能与抵押权人达成延迟履行债务协议的；②抵押人死亡或被依法宣告死亡，而无继承人或者受遗赠人代其履行债务的；③抵押人的继承人或受遗赠人或代管人拒不履行抵押人债务的；④抵押人被依法宣告破产的；⑤抵押人违反了关于抵押物转让、拆除或者改建的限制范围的规定，擅自处分抵押物的；⑥作为法人或者其他组织的抵押人，发生减资、分立等情况，影响或者可能影响抵押合同履行的；⑦抵押合同约定的其他情况。

在拍卖程序开始前出现下列情形之一，可以中止拍卖：被拍卖的抵押权有权属争议的；抵押权人要求中止拍卖的；抵押人愿意即时履行债务，或者向抵押权人提供有能力履行债务的证明，申请中止拍卖的；应中止拍卖的其他情况。

（三）房地产拍卖的程序

以房地产拍卖方式来实现房地产抵押权的运作方式一般如下：确定债务人已将房地产抵押给债权人（抵押权人）；确定抵押人出现了满足抵押权人有权处分抵押物的上述七种情况之一；确定处分抵押物采取拍卖方式；确定拍卖程序开始前没出现中止拍卖的上述四种情况之一；抵押物交由当地房地产交易所主持拍卖；拍卖时应采取公开拍卖、公平竞价的合法方式，任何有足够款项的人都可以参加竞价；在竞价中出最高价格的人即成为所拍卖房地产的最终买主，不再进行公开竞价。一般情况下，买主应当场交纳占竞价一定比例的现金作为定金，竞价的余款部分应在拍卖契约交割日支付完毕。

五、房地产互换

（一）房地产互换的概念

房地产互换是房屋承租方之间根据各自的需要，将其承租的房屋的价值和使用价值直接或间接互相转让的经济行为，又称房屋调换或住房交换，它是在市场经济条件下，公有房屋租赁关系中一种特殊形态的交换方式，是渗透在消费领域的一种特殊的交易方式。

（二）房地产互换的程序

换房当事人双方进行房屋交换时，一般按下述步骤进行：

第一，单位、个人调换房屋，须办理房屋调换手续。直管公房及其调换手续，由房屋所在地的房屋经管单位或调换站负责办理；自管公房及其调换手续，由各自管房单位分别办理，也可委托房屋所在地的房屋调换站代为办理；直管公房与自管公房的调换手续，由直管公房所属经营管理部门和自管房单位分别审查并签署意见之后，在房屋所在地的房屋调换站办理。私房业主与公房住户之间的房屋调换，双方须先到房地产交易管理部门办理房屋交易过户手续，然后办理使用权过户手续。

第二，办理房屋调换手续时，调换双方需提交申请报告、租赁契约、原房管部门、自管房单位审查证明、户口和房屋使用者所在单位的证明等证件。

第三，单位、个人申请调换房屋，有下列情况之一者，不能调换：损坏房屋及其附属设施，未按规定赔偿者；未按规定缴纳房屋租金者；私自转让、转借、转租房屋者；其他违反房屋管理政策、规章者。

总之，我国房地产市场上的交易方式日趋多样，房地产市场日益繁荣，随着相关法律法规的不断完善，我国房地产交易的合法化和规范化程度也将不断提高。

附：案例分析之一

购房人签约需三思

杨先生在一家中介公司看中了一套石景山区的二手房，并与其签署了“委托购房合同”，之后向中介公司支付了2万元订金。在签署正式买卖合同之前，杨先生因个人原因又不想买约定的那套房子了，他称“与房主没有就购房事宜达成一致意见，所以不愿再购买合同中的房屋”，要求中介公司退还其缴纳的2万元订金。几经周折，中介公司最终不同意退款，于是杨先生把这家中介公司告上了海淀区人民法院。

结果却令杨先生大失所望，法庭驳回了他的诉讼请求，并要求他负担案件受理费800余元。杨先生想不明白，为什么自己没有买房，却拿不回订金，白白损失了2万多元。

合同内容很关键。此次审判结果与合同的内容有很大关系，杨先生和中介公司签署的是“委托购房合同”，合同约定的房屋的具体位置、房屋的面积和出售价格十分明确，而且双方在合同的共同声明中还约定“甲方（杨某）在签订协议后，因个人原因不能执行该协议，按违约处理，订金不予返还”，同时也约定，如因该中介公司的原因不能执行协议，应退还杨某所交的订金。

由此引发的控辩大战也相当激烈，原告认为中介公司无权进行房屋买卖，而只能进行房屋买卖的代理，所以签订的合同应属无效。但是中介公司的律师表示，依据《合同法》，在判断合同性质时必须以其内容为准，杨某和中介公司签署的“委托购房合同”实际上是杨某委托该公司购房的中介合同，系其真实意思的表达，因此合同有效，双方均应按合同履行各自的义务。单方违约就要负违约责任。

海淀区人民法院审理后认为，双方签订的合同是真实意思的表达，同时也不违反有关法律的规定。杨某以自己与房主未就购房事宜达成一致意见为由,不愿继续履行合同,但其并未向法院提交证据,所以败诉。

案例分析之二

房产交易协议纠纷案例

2019 年 3 月 27 日,原告应某(甲方,卖或转让方)与被告张某(乙方,买或受让方)在被告老唐房产的居间下签订了《房地产买卖协议》一份,约定:一、甲方自愿将坐落于人民东路青山二弄新 2 幢 1－201 室房产(证号:××号)转让给乙方,总价为 1 445 000 元(包括房内东西);二、签订协议后,由乙方付给甲方人民币 100 000 元作为购房定金,如双方均按约履行,该款即用来抵充第一期房款;三、乙方于 2019 年 4 月 12 日前付给 435 000 元给甲方,第二期房款于银行放款为准……当日,张某向老唐房产交付定金 100 000 元。2019 年 4 月 9 日,张某在老唐房产提供的《确定书》上签字,该《确定书》原文内容为:我叫张××,购买人民东路青山二弄新 2 幢 1－201 室,房东(应××)的房子,定金(壹拾万元整)。因现在家中内部出现问题……原因,现通过家里一致商量决定,不买学区房,放弃人民东路青山二弄新 2 幢 1－201 室的房。于 2019 年 4 月 9 日来老唐房产代理有限公司商量一事议,委托老唐房产,在签订合同没有到期内,找需要学区房的客户转让一事。如到期,由中介来约双方一起商议解决。

2019 年 4 月 24 日,原告应某和被告张某再次在老唐房产的居间下,仍就原告向张某出售人民东路青山二弄新 2 幢 1－201 室房产达成《房地产买卖协议》一份,该协议中除房屋首付款于 2019 年 5 月 20 日左右办理过户手续前支付外,其他内容基本同 2019 年 3 月 27 日达成的《房地产买卖协议》,被告于 4 月 24 日在该协议上签字,于 5 月 16 日拿到该协议;原告于 5 月 12 日签字并拿到该协议。后因张某无法办理银行贷款等,该协议未继续履行。合同签订后,原告拿到定金 50 000 元,尚有 50 000 元仍在老唐房产。原告遂向法院起诉,要求被告张某支付余下的定金 50 000 元。

经查明,2019 年 3 月 27 日,原告应某为出售涉案房地产与老唐房产达成协议并出具《独家委托代理售房协议书》,以及《个人授权委托书》《确认书》等,委托老唐房产办理相关事宜,包括委托老唐房产与买家议价及确定最终出售价格、签订房屋买卖合同及其他必要出售文件等。原告与张某、老唐房产于庭审中一致确认张某已交付给原告的购房定金 100 000 元系其双方授权老唐房产保管。

金华市婺城区人民法院认为:原告与被告张某在老唐房产的居间下,于 2019 年 3 月 27 日签订的《房地产买卖协议》系各方真实意思表示,且未违反法律、法规的强制性规定,双方均应依该协议履行,张某已按约支付定金 100 000 元。之后,张某虽于2019年4月9日出具《确定书》，表示不再履行该协议，但2019年4月24日，各方当事人仍就同一房地产转让再次达成《房地产买卖协议》，该协议内容除支付首付款的时间有所变更外，其他内容基本同2019年3月27日的《房地产买卖协议》；且双方于庭审中共同确认涉案房地产转让事宜以2019年4月24日达成的《房地产买卖协议》为准。张某于2019年3月27日支付的购房定金100 000元因至今未退回给张某，一直在老唐房产保管，故可视为张某已按2019年4月24日的协议履行100 000元定金的交付义务。现原告称已收到定金50 000元，因原、被告双方特别是原告确认授权老唐房产保管张某交付的定金，故原告再次要求张某支付定金50 000元，于法无据，本院不予支持。综上，依照《中华人民共和国合同法》第四十四条、第六十条和《中华人民共和国民事诉讼法》第六十四条第一款之规定，判决如下：驳回原告应某的全部诉讼请求。

案例分析之三

商品房销售合同违约案例

明确违约行为和责任是合同中重要的部分。桑植县人民法院2019年11月19日立案审理某商品房销售合同纠纷案例中就有涉及违约责任认定的情况。

原告陈某于2015年4月13日与被告某房地产开发有限公司签订了《桑植县商品房买卖合同》，约定原告购买被告开发的桑植县澧源镇某社区商品房期房一套，总房款为383 271元，于2016年4月30日前交付使用，出卖人应该在商品房交付使用后180天内办理不动产权证，若违反该约定，则自本合同规定期限的第二天起至实际办妥登记之日止，出卖人按日向买受人支付每日1元的违约金。但是被告于2019年6月25日才为原告办妥不动产权证，已经构成严重违约，且约定的违约金明显低于受到的实际损失。依照《最高人民法院关于审理商品房买卖合同纠纷案件适用法律若干问题的解释》第十六条、第十八条之规定，原告请求增加违约金数额，并按《最高人民法院关于审理商品房买卖合同纠纷案件适用法律若干问题的解释》规定的违约金标准支付逾期办理不动产权证书违约金，自2016年10月30日至2019年6月25日的违约金为：383 271 × 4.35% × 955天 ÷ 360 = 44 227元。

桑植县人民法院认定事实如下：2015年4月13日，陈某（买受人）购买某商品房并于当日与房产公司（出卖人）签订《桑植县商品房买卖合同》。其中合同约定：首付款115 271元于2015年4月13日支付，剩余房款268 000元采用银行按揭贷款方式支付（第六条）；出卖人应当在2016年4月30日前，依照有关规定，将符合约定的商品房交付买受人使用（第十条）；出卖人应在商品房交付使用后90日内，完成该幢商品房的初始登记，初始登记后90日内办妥买受人的房屋所有权证,办妥房屋所有权证后90日内办好土地使用证;如因出卖人的责任,致使买受人未能在约定期限内办理上述登记或手续,双方同意自本合同规定期限的第二天起至实际办妥登记之日止,出卖人按日向买受人支付每日1元的违约金(第十七条)。后房产公司如期将陈某购买的商品房交付使用。2019年3月27日,陈某授权房产公司办理该商品房的房产证,并于当日填写桑植县不动产登记申请书,房产公司于2019年4月10日将该申请书提交至桑植县不动产登记中心。经审查核实后,桑植县国土资源局于2019年6月25日给陈某颁发不动产权证。

另查明,2016年6月12日,桑植县人民政府印发《关于桑植县实施不动产统一登记的通告》(桑政通〔2016〕9号),决定自2016年6月25日起,在全县范围内实施不动产统一登记,并通告:不动产统一登记工作由县国土资源局统一实施,县不动产登记中心具体负责办理不动产登记业务有关工作;因进行系统对接调试,人员上岗测试,2016年6月13日至6月24日,停止办理土地使用证、房产证和林权证及相关业务的登记工作。

法院认为,依法成立的合同,自成立时生效。当事人应当按照约定全面履行自己的义务。本案中,原告、被告签订的《桑植县商品房买卖合同》合法有效,被告将商品房交付后有义务及时告知原告办理房产证需要其授权委托书等资料,因被告未提交证据证明已履行该告知义务,故被告应承担逾期办证的违约责任。因商品房买卖合同中对违约金有明确约定,原告未能提供证据证明被告房产公司逾期办理房产证对其造成的损失,原告以约定的违约金低于造成的损失,主张以《最高人民法院关于审理商品房买卖合同纠纷案件适用法律若干问题的解释》第十八条的规定计算违约金的诉讼请求,本院不予支持。因房产公司未提交证据证明按期交房后(2016年4月30日)至桑植县人民政府通告停止办理土地使用证、房产证等登记工作日(2016年6月13日)期间履行了初始登记、办理房产证的义务,故不应当将桑植县人民政府停止办理房产证的时间扣除。原、被告签订的商品房买卖合同第十条明确约定"自本合同规定期限的第二天起至实际办妥登记之日止",故应当以实际颁发商品房权属证为逾期截止点。因被告房产公司已将房屋所有权证、土地使用证统一登记为不动产证,被告提出办理不动产权证时间270日不应计入逾期办证违约的时间的意见,本院予以采纳。本院确定被告房产公司逾期办理房产证的天数为880日,应当向原告支付逾期办证违约金880元(880天×1元)。依照《中华人民共和国合同法》第六十条、第一百零七条、第一百一十四条,《中华人民共和国民事诉讼法》第六十四条,《最高人民法院关于审理商品房买卖合同纠纷案件适用法律若干问题的解释》第十八条第一款第(一)项规定,判决如下:

一、被告房地产开发有限公司于本判决生效后十日内支付原告陈某逾期办证违约金880元;

二、驳回原告陈某的其他诉讼请求。

如果未按本判决指定的期间履行给付金钱义务,应当依照《中华人民共和国民事诉讼法》第二百五十三条之规定,加倍支付迟延履行期间的债务利息。

案件受理费452元(已减半收取),由被告某房地产开发有限公司负担。

思考题与练习题

1. 与普通商品交易相比,房地产交易有哪些特征?
2. 我国房地产交易有哪些原则?
3. 目前我国房地产交易的主要方式有哪些?
4. 什么是房地产交易合同? 它包括哪些主要形式?
5. 在房地产交易合同中,哪些信息或条款是所有房地产交易合同都必须具备的?
6. 结合实际谈谈目前我国房地产交易过程中存在的主要问题。
7. 简述目前我国房地产中介机构中最为活跃的类型。
8. 设立房地产中介服务机构应该具备哪些条件?
9. 试析我国房地产中介机构运行中存在的主要问题。
10. 我国房地产交易的主要方式有哪些?
11. 什么是房地产抵押? 它有哪些主要类型?
12. 简述房地产按揭的含义及其运作方式。
13. 房地产拍卖应该具备哪些条件?
14. 简述房地产互换的一般程序。
15. 试析房地产按揭可能存在的风险及其防范措施。

DI第 JIU九 ZHANG章 房地产产权登记管理

第一节 房地产产权概述

一、房地产产权的定义与特征

房地产产权是以房地产为标的的物权，是财产权在房地产中的具体化，是具有一系列排他性的绝对权，权利人对其所有房地产具有完全的支配权。房地产产权一方面反映了产权的基本特征，另一方面也体现了作为不动产的土地和房屋的自有特征。

（一）产权的可分离性

房地产产权是产权主体拥有的对财产的一组权利，而不是一种权利。房地产产权包括所有权、使用权和他项权利等。这些产权要素是可以界定、可以分离的，因而能在不同的行为主体之间进行分配或配置，形成多种不同的产权组合形式（即产权结构）。例如，可以把土地所有权划分为占有权、使用权、收益权和处分权，也可以把有限期的占有、使用、收益和部分处分权从所有权中分离出来，成为有限期的土地使用权。产权的可分解性对增加资源配置的灵活性和提高资源配置效率有着重要的意义。

（二）产权的排他性

对产权的界定是以产权的排他性来衡量的。排他性包括拥有权的自由转让和使用的排他性两个方面。使用的排他性是指房地产所有者在允许的范围内，对其拥有的不受限制的选择权利，以保证其获得稳定的经济预期。土地所有者对所拥有的权利在法律允许的条件下是可以自由转让的，以使土地资源达到优化配置。土地所有人在不违反法律或第三人权利的范围内有自由处分权，并排除他人的一切干涉，其权利是不可侵犯的。

（三）产权的法定性

房地产产权是以法律的形式明确规定人们对房产和地产享有的各种权利，房地产产权关系实际上是房地产产权主体之间或产权行为主体之间经济关系的法律体现，这种关系必须在法律上记载和承认，即必须以法律的形式来确认和保障。房地产若被非法占有，所有权人可以在任何时候主张其权利，所以，房地产产权是受国家法律保护的。

（四）产权的经济性

房地产产权不仅要以法律的认可和保障为前提，而且产权必须在经济上能够实现，方能体现产权的完整意义。如果只有产权在法律上的合法性，而不能在经济上得到实现，房地产产权只能是一种空壳。在经济学家眼中，交易的本质是产权的转移，实现产权主体预期的经济效益，而不是物品占有的改变。

（五）产权主体的一致性

土地是房屋的载体，房屋定着于土地而存在。房地产就是指土地和与其相连的，并在空间上紧密结合为一体的房屋建筑物的结合体。同时，在城镇，土地价值的体现往往又通过房屋的开发与经营来体现。由此可见，房和地的产权主体是一致的。我国《城市房地产管理法》和《城镇国有土地使用权出让和转让暂行条例》等都明确指出："土地使用权转让时，其地上建筑物、其他附着物所有权随之转让。""土地使用者转让地上建筑物、其他附着物所有权时，其使用范围内的土地使用权随之转让……""房地产转让、抵押时，房屋的所有权和该房屋占有范围内的土地使用权同时转让、抵押。"可见，保持土地和房屋产权主体的一致性，是保障房地产产权的前提。

二、房地产产权的功能

产权的功能是指产权在社会经济运行中所体现的作用。产权具有以下几项基本功能。

（一）激励功能

产权交易的根本目的是实现交易双方的经济利益，产权激励与产权的明晰状况密切相关产权关系模糊必然导致利益关系不清楚、利益分配与个人努力不相称，从而使当事人的行为失去应有的动力，失去生产经营的积极性。

（二）约束功能

产权的界定使当事人的利益关系明晰，同时也使当事人明确自己应该负担的相应责任，从而使他知道自己的行为哪些是被禁止的，哪些是允许的，当实施被禁止的行为时，将会受到哪些惩罚。

（三）产权能够使外部性内部化

现实世界是非完全竞争的，非完全竞争的世界存在大量的外部性，产权界定不清是产生“外部性”和“搭便车”问题的主要根源,产权的一个重要作用“就是在收益大于成本的前提下,尽量将外部性内部化”。

(四)资源配置功能

产权安排的改变对资源配置具有调节作用。为什么需要产权?如果仅解释为人们占有财富的愿望似乎有些片面。从当前社会发展情况来看,市场机制是配置资源的最有效的机方式,但是要使它运转起来,交易者必须对所要交换的物品有明确的、专一的、可以自由转让的所有权。

第二节 房地产产权类型及其权能

房地产产权类型是指按房地产权属的一定属性划分的房地产产权类别。划分房地产产权类别是理顺房地产产权关系的前提条件,也是房地产产权管理和促进房地产市场有序发展的前提条件。

一、房地产产权类型

在房地产产权类型体系中,首先,按照我国房地产权属的性质,可分为土地和房屋所有权、土地使用权和房地产他项权利;其次,按产权关系的客体不同,分为土地产权和房屋产权;再次,按所有权和使用权的性质,分为国家所有、集体所有或个人所有,以及同所有权性质相对应的使用权形式。其类型体系见图9-1。

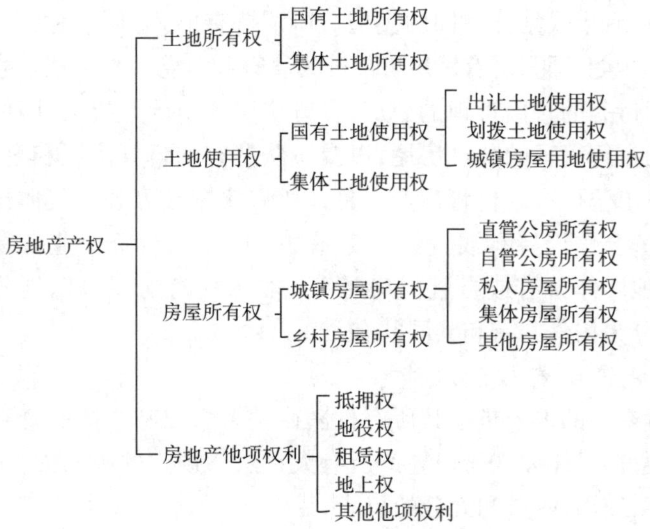

图9-1 房地产产权类型体系

二、房地产所有权的类型及其权能

房地产所有权是一定历史阶段的所有制形式在法律上的表现，房地产所有制决定着房地产所有权的性质和内容。

（一）房地产所有权的类型

依照我国现行法律的规定，我国实行社会主义土地公有制，土地属国家所有和集体所有。房屋作为财产，可以依法分别属于国家所有、集体所有和私人所有。依照《宪法》、《民法通则》和《土地管理法》的有关规定，集体所有土地还可以分别属于村农民集体所有、乡（镇）农民集体所有和村内两个以上农业集体经济组织所有。

1. 国家所有土地。

国有土地包括：①城市的土地，即除法律规定属于集体所有以外的城市市区土地；②依照法律规定被征用的土地；③依照法律规定被没收、征收、征购、收归国家所有的土地；④依照法律规定确定给予全民所有制单位、农民集体经济组织和个人使用的国有土地；⑤依法属于国家所有的名胜古迹、自然保护区内的土地；⑥依照法律规定不属于集体所有的其他土地。

2. 集体所有土地。

集体所有土地包括：农村和城市郊区的土地，除法律规定属于国家所有的以外，以及农村的宅基地、自留地和自留山等。

3. 房屋所有权。

房屋所有分为公有房屋和私有房屋。公有房屋，即国家所有和集体所有的房屋，可以按其持有形式划分不同的类型。所谓持有形式，是指对房屋实际支配和控制的主体。例如，国家所有房屋可以分为直管和自管两种形式。直管房屋是由房屋管理部门持有的直接管理的公房；自管房屋是由国家机关、团体和其他企事业单位持有的自行管理的公产房屋，以及军队持有的自管房屋和全民所有制、集体所有制企业单位持有的自管房产。集体所有房屋又可分为集体经济组织持有或自管的房屋；合作社持有或自管的房屋；中外合作、合资企业持有或自管的房屋；宗教或其他团体持有或自管的房屋等。私人所有房屋可以划分为独有和共有，共有又可分为按份共有和共同共有。

（二）房地产所有权的权能

房地产所有权的内容是指其所有权法律关系中权利主体所享有的权利和义务。就权利而言，具体体现为房地产所有人在法律规定的范围内，对其土地或房屋享有的占有、使用、收益和处分的权能。

1. 占有。

占有是指产权主体对房地产的实际掌握和控制。占有权通常由所有人行使，也可以根据所有人的意志和利益分离出去,由非所有人享有。所有人占有是房地产所有权的一个权能,即占有权的体现。非所有人占有是指非所有人对他人所有的土地和房屋的占有。凡是根据法律的规定或所有人的意愿而占有的,是合法占有,能够形成独立的占有权,并能对抗第三人。

2. 使用。

使用是指产权主体按照土地及房屋的性能和用途进行事实上的利用和运用。例如,在依法取得的土地上建造房屋,在耕地上种植农作物等。使用权是房地产所有人所享有的一项独立权能,所有人可以在法律规定的范围内,依自己的意志使用土地和房屋。与此同时,房地产所有人可以在法律规定的范围内,根据自己的意志和利益将使用权分离出去,由非所有人享有。房地产使用权的实现要以占有权为前提,当占有权与所有人分离以后,所有人的使用权与所有权发生分离。但是,所有权和使用权相分离之后,并不排斥所有者要求在经济上的实现。

3. 收益。

收益是指产权主体在土地和房屋之上获取经济利益的权利,是基于行使房地产所有权而取得经济收益的权利,是所有权在经济上的实现。收益权一般与使用权联系在一起,但是收益权本身是一项独立的权能,因此,使用权不包括收益权。所有权人可以不行使对土地和房屋的使用权,但可以享有对土地和房屋的收益权。同时,非所有权人可以依据法律和合同的规定,享有对土地和房屋的使用权,而不享有收益权。如在私人房屋租赁中,承租人只能对出租人的房屋享有使用权,不能将房屋转租而享有收益权。

4. 处分。

处分是指产权主体在法律允许的范围内对土地和房屋的处理权利,即依照所有人的意志和法律的规定,对土地、房屋进行处置的权利,如出卖、赠与和其他转让行为。所有权人对房地产的处分会引起所有权的转移或灭失,所以,处分权是所有权人最基本的权利,是所有权的核心。处分权一般是由所有权人行使的,也可以委托非所有人行使。

房地产所有权的处分权是有一定限制的。我国现行法律规定,土地所有权不能买卖,也不允许以其他形式转让土地所有权;禁止滥用土地,不得擅自改变土地用途,不得破坏环境生态平衡,危害社会生产和人们的生活;不得擅自买卖公有房屋,严禁以城市私有房屋进行投机活动;房地产开发、建设不得违反建筑工程规划许可证的规定等。在《城市房屋产权产籍管理办法》中,对房屋产权转移的限制做了这样的规定:城市房屋在城市改造规划实施范围内的,在国家建设征用土地范围内的,以及其他依法禁止转移、变更的,禁止产权转移或设定他项权利。

三、房地产使用权的类型及其权能

房地产使用权是指房地产所有人以外的使用者在法律允许范围内,对房地产享有的占有、使用和部分收益的权利。我国实行土地公有制,土地所有权的主体是国家和集体经济组织,而使用土地的产权主体比较分散。为此,我国法律将土地使用权作为独立的物权确定下来,在所有权和使用权相分离的条件下,房地产使用权可以由非所有权人行使。房地产使用权是房地产使用制度在法律上的体现,即具有使用房地产的产权主体,依法律规定的程序办理其使用权的申请、登记、发证等手续,经法律确认,拥有对房地产的使用权。由于房地产使用权是根据法律或合同规定产生的,因此,使用权主体必须在法律或合同规定的范围内使用。在"两权"分离的条件下,使用人无权决定房地产的最终处置,它只能依照法律和合同的规定转让使用权。

(一)土地使用权的类型

我国土地使用权可以分为国有土地使用权、集体土地使用权等,国有土地使用权又可分为城镇国有土地使用权和农村国有土地使用权。农村国有土地使用权主要是指农、林、牧、渔场依法拥有的土地使用权。

1. 城镇国有土地使用权。

国有土地的使用者依照法律规定或者合同规定,享有使用土地并取得收益的权利,负有保护和合理利用土地的义务。城镇国有土地使用权可以通过划拨、出让、出租、入股等有偿方式取得。有偿取得的土地使用权可以依法转让、出租、抵押和继承。划拨土地使用权在补办出让手续、补交土地使用权出让金之后,才可以转让和出租。

2. 集体土地使用权。

集体土地使用权主要是指农村集体土地使用权。农村集体土地使用权是指使用农村集体土地的使用者依照国家法律规定或者合同规定,享有使用土地并取得收益的权利,负有保护和合理利用土地的义务。农村集体土地使用权又可分为农用土地使用权、农村居民宅基地使用权和农村集体非农业建设用地使用权。

(二)房地产使用权权能

房地产使用权由主体、客体和权能三部分构成。房地产使用权的主体是依法使用他人所有的土地的法人、非法人团体、公民以及外国组织和个人。房地产使用权的客体是国家所有或集体所有的土地。房地产使用权的权能包括占有、使用、收益和处分,要注意,它们与房地产所有权的四项权能是同名而不同义的。

1. 占有。

占有是指土地使用权人对其享有使用权的他人所有的土地的实际控制或支配的权利，它是产生使用权的前提和基础。

2. 使用。

使用是指土地使用权人对其享有使用权的他人所有的土地，依照该土地的性质和用途加以利用的权利。使用必须依照法律和合同的规定进行。例如，企业使用土地是利用土地进行生产经营，因此，企业不得擅自把土地改作他用，也不得征而不用。

3. 收益。

收益是指土地使用权人对利用其享有使用权的他人所有的土地产生的利益有收获的权利。使用人取得土地使用权，其主要目的就是经营房地产，以获得一定的利益。

4. 处分。

处分是指土地使用权人有根据自己的意愿保有、转让或灭失其所享有的土地使用权的权利。这里的处分不同于所有权人的处分，使用人无权决定房地产的最终命运。

房地产使用权的各项权能要受到国家法律和所有权人意志的限制。这种限制一方面是从使用范围、使用条件、程序和使用年限等方面运用法律手段加以限制；另一方面，从既要维护国家权益、社会效益，又要使房地产使用者有利可图的原则出发制定限制政策。

四、房地产他项权利

大陆法系民法理论通常将物权划分为所有权和他物权。他物权又分为用益物权和担保物权。用益物权是指以物的使用收益为标的的他物权，主要包括地上权、地役权、典权、经营权和用益权等形态；担保物权是指以确保债务清偿为目的而于债务人的特定物或权利上设定的定限物权，主要包括抵押权、质权、留置权等形态。房地产他项权利是指房地产所有权和使用权以外的其他房地产物权。房地产他项权利的实质是对其所有权人和使用权人行使所有权和使用权的一种限制。这种限制一方面要无损于所有人或使用人的正当合法利益，另一方面也要照顾和方便对方的合理需要，对国家、集体和个人都有好处。所以，他项权利的设定和行使不能超越国家法律所允许的范围。我国《民法通则》第八十三条规定：“不动产相邻各方，应当按照有利生产、方便生活、团结互助、公平合理的精神，正确处理截水、排水、通行、通风、采光等方面的相邻关系。给相邻方造成妨碍或者损失的，应当停止侵害，排除妨碍，赔偿损失。”

（一）抵押权

一般而言，抵押权是指债权对于债务人或第三人不移转占有而提供担保之物，在债务人不履行债务时，有权就其卖得的价金优先受清偿的担保物权。对于抵押和抵押权的具体内涵，不同法系下有不同的理解。

房屋所有权及以出让方式取得的土地使用权可以设定抵押权。抵押开始，抵押权人即取得房屋或土地的抵押权，抵押人（产权人）和抵押权人（债权人）要订立抵押契约，规定还款期限及利息。到期不还清债务的，抵押权即消失。抵押人破产的，抵押权人享有以抵押物作价或从拍卖房地产价中优先得到清偿的权利。

（二）地役权与相邻权

地役权是为自己房地产的便利而利用他人房地产的权利。地役权制度源于罗马法。近代各国民法，如法国、德国、日本、瑞士等，都继受了罗马法上地役权的概念，将其作为一种独立的用益物权。在英美法系的财产法中，地役权也是一项重要的权利，其内涵与大陆法系国家的地役权基本相同。

地役权具有以下特点：①地役权是使用他人土地的权利；②地役权是为自己土地的便利而使用他人土地的权利；③地役权具有从属性和不可分性。

（三）典权

典权是指支付典价而占有他人不动产并为使用收益的权利。支付典价而占有他人不动产者，为典权人；收取典价而向典权人提供不动产者，为出典人；作为典权标的物的不动产，称为典物。在上述定义的基础上，形成了关于典权法律特征的现代通说，即①典权为不动产物权，在动产或其他权利上不能设定典权；②典权以对典物的使用收益为目的；③典权以权利人占有典物为要件；④典权因支付典价成立。

在我国现行法律制度下，典权的标的仅限于私有房屋而不包括土地（公有土地不得出典），有关司法解释仅从债的关系的角度对房屋典当关系加以保护，并未明确典权的物权性质，对典权的效力也缺乏全面的规范。有鉴于此，典权应在未来的立法中做出全面系统的规定，以适应市场经济条件下典权关系存在和发展的需要。

（四）地上权

地上权是指以在他人土地上设置或保有建筑物、其他工作物为目的而使用其土地的权利。各国及地区的民法对地上权的规定具有以下特征：①地上权是以他人土地为标的物的他物权，亦即存在于他人土地上的权利。这里的“土地”不仅指地面，也包括土地上空及地表下层。②地上权是以保有建筑物、工作物为目的的他物权。③地上权通常以交付租金为代价，但不以此为必要，此点与土地租赁权及永佃权不同。④由于建筑物、工作物的长期存在，地上权也具有长久存续性，但对于地上权是否因工作物的灭失而灭失,各国立法主张不一,德国、瑞士立法强调工作物的有无,主张地上权随工作物的灭失而灭失;日本民法则以使用土地作为地上权的主旨,因而规定地上权不因工作物的灭失而灭失。⑤地上权具有可继承性和可转让性,这一点也与一般土地租赁不同。

我国立法上没有采用"地上权",而是以"土地使用权"的物权关系加以调整。作为一种用益物权,我国的土地使用权具有以下法律特征:①土地使用权的标的是国家或集体所有的土地;②土地使用权的权利主体是建筑物或其他工作物的所有人或经营人;③土地使用权是为保存建筑物或其他工作物而使用国家或集体土地的权利;④土地使用权可以继承和转让,土地使用权与地上建筑物或其他工作物的所有权或经营权具有不可分性,随着后者的让与或继承,土地使用权也发生转移。

(五)租赁权

房地产租赁是指出租人按照约定将房地产交给承租人使用,承租人按照约定交纳租金并于合同终止时将房地产返还给出租人的法律行为。

房地产租赁属于财产租赁的一种,其基本特征是:①房地产租赁是民事法律行为。租赁的成立以双方当事人意思表示达成一致为准,不需实际交付房地产;承租人取得房地产的使用权,必须按照法律规定或者双方约定向出租人交纳租金,这一点使房地产租赁与房地产借用相区别;出租人负有按约定将房地产交付承租人使用的义务,承租人有按约定向出租人交付租金的义务,这一点使之与房地产赠与相区别;房地产租赁一般应采取书面租赁合同形式,并且须经有关行政管理部门登记。②房地产租赁中的出租人必须是对房地产享有所有权或使用权的人,即必须享有进行出租的处分权能。承租人取得的只能是房地产的使用权,而不是所有权,这一特征使之与房地产买卖相区别。③房地产租赁的标的是特定房地产,包括地产和房产。④房地产租赁具有期限性。期限的长短依法律规定或当事人约定。

我国关于房地产租赁的法律政策有:《城镇国有土地使用权出让、转让暂行条例》(第 4 章),《城市私有房屋管理条例》(第 4 章),《城市房地产管理法》(第 4 章第 4 节),以及最高人民法院有关司法解释、国务院有关部委的规章等。总体上看,国有房地产租赁法规较为齐备,集体房地产租赁法规则比较欠缺;城市房地产租赁法规较为齐备,农村房地产租赁法规则几乎空白。随着我国房地产制度改革的不断深入,这种状况正逐步得到改善。

根据我国现有法律规定,我国的房地产租赁包括两大类:一类是土地使用权出租;另一类是房屋租赁。这是我国一种较为特殊的房地产他项权利。

第三节　建筑物区分所有权

建筑物区分所有是物权法中一种特殊的所有形式。它既不同于独有,也不同于共有,是解决城镇民用高层住宅所有权归属的特殊制度。近年来,城镇居民住房制度出现了重大突破,取消了福利分房,实行住房商品化,建筑物区分所有是大多数城镇居民都要面临的实际问题。本节就建筑物区分所有与基地的法律关系进行阐释。

一、建筑物区分所有的类型

建筑物的所有形态有三种:单独所有、共同所有、区分所有。单独所有是一个人拥有一栋建筑物的所有权;共同所有为数人共同拥有一栋建筑物的所有权;区分所有则是将一栋建筑物分割为不同部分而为众多住户所有。

关于建筑物区分所有这一概念,各国或地区立法上有不同的表述,法国称为"区分各阶层不动产之共有"和"住宅分层所有权";德国、奥地利称为"住宅所有权";瑞士称为"楼层所有权";意大利、英国称为"公寓所有权";美国各州名称更是不一,有称"公寓所有权"(condominium ownership)或"单位所有权"(unit ownership)的,也有称"水平财产权"(horizontal property)的。日本和我国台湾地区称为"建筑物区分所有权"。我们也采用"建筑物区分所有权",因为它能够比较恰当地概括这种所有权形式,且不致产生歧义。

一般高层和多层建筑物区分为数个部分,分割方法有纵向分割、横向分割(分层所有)和纵横分割(分套所有)三种,在现代社会,尤以纵横分割的问题较多,见图9-2。

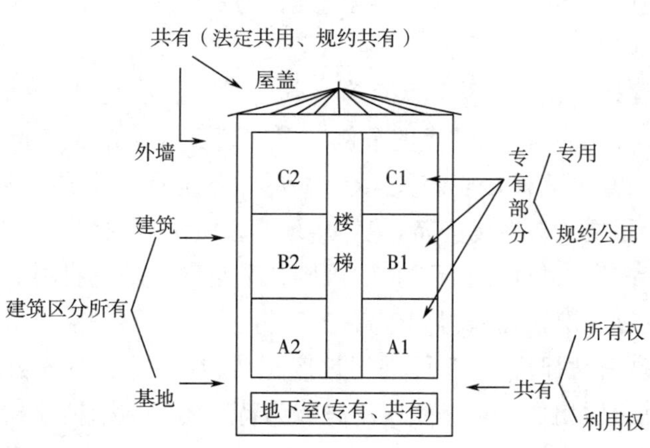

图9-2　建筑物区分所有类型示意

建筑物区分所有权的概念历来有四种不同学说:①最狭义区分所有权概念。这种观点认为,区分所有权专指区分所有建筑物专有部分的所有权,区分所有权不包括共有部分。②狭义的区分所有权,是指区分所有建筑物专有部分所有权与共有部分持分权(应有部分)所构成的一种权利,这种观点认为区分所有权不包括基地上的权利。③广义区分所有权,是指专有部分所有权、共有部分持分权以及基地上之权利(基地之共有持分权或地上权、租赁权之准共有持分权)所构成的一种复合权利。④最广义的区分所有权,是指区分所有建筑物专有部分所有权、共有部分持分权、基地共有(或准共有)持分权以及因共同关系所生之成员权四要素所构成的特别所有权。

我国法律规定,如建设部1989年颁布的《城市异产毗连房屋管理规定》第二条规定:“本规定所称异产毗连房屋,系指结构相连或是有共有、共用设备和附属建筑,而为不同的所有人所有的建筑物区分所有。”所谓异产毗连房屋,就是指建筑物区分所有。由于我国法律采纳了“房随地走”和“地随房走”的原则,我国的区分所有权包括了土地使用权。

从区分所有权所涉及的标的范围划分,一般认为区分所有建筑物包括两个部分:①专有部分,是指在构造上能明确区分、具有排他性、能独立使用的建筑物部分。②共有部分,是指除专有部分外的其他部分,又可分为法定共有和约定共有两种。法定共有是指在性质上属于维持建筑物本身牢固安全的完整部分(如地基、外墙、楼顶、梁柱等)和性质上属于区分所有权人共同使用的部分(如大门、楼梯、走廊、电梯、供水电气的设备等)。这一部分在使用上不能分割,为全体区分所有权人共有。约定共有部分是指区分所有人之间通过协商,将可以设定专有权的部分设定为共有权(如图9-3所示)。

- 区分所有建筑物
  - 专有部分
    - 专有专用(法定)(主建筑、附属建筑物)
    - 约定共用(设定)(会议室、歌舞厅等)
  - 共有部分
    - 共有共用(法定)(门厅、庭院、电梯间、走廊等)
    - 约定共用(设定)(地下室、空地停车场、外墙等)

图9-3　区分所有建筑物各部分范围

(一)专有部分的界限及权能

专有部分是指区分所有人可以自由使用、收益、处分的部分。如何判定专有部分的范围,学理上是以专有部分对建筑物本体间是否存在有独立性为判断标准。独立性包括:①经济上的独立性,是指在经济利用上对建筑物整体而言具有独立的使用效益。②构造上的独立性,是指在建筑物内部构造中具有某种独立使用的要求,一般需有墙壁、梁柱等固定隔离物。③登记已完毕,即已完成区分所有登记者，基于物权登记公示的效果，自然已成为独立物，不从属于建筑物本体。

从我国的法律规定来看，专有部分即为各单元的建筑面积，共有部分是按照单元的建筑面积分摊总的共用面积。举证如下：

根据1998年国家质量技术监督局颁布的《商品房销售面积测量与计算技术规范》，商品房按“套”或“单元”出售，其销售面积为购房者所购买的套内或单元内建筑面积（简称套内建筑面积）与应分摊的共有建筑面积之和。

1. 套内建筑面积。

套内面积是指套内使用面积、套内墙体面积及套内阳台建筑面积之和。

（1）套内使用面积是指房屋户内全部可供使用的空间面积，按房屋的内墙线水平投影计算。

（2）套内墙体面积，是指商品房各套内使用空间周围的维护和承重墙体，又可分为共用墙和非共用墙两种。共用墙是指各套之间的分割墙、套与公共建筑之间的分割墙以及外墙（包括山墙），共用墙墙体水平投影面积的一半计入套内墙体面积；非共用墙体水平投影面积全部计入套内墙体面积。

（3）阳台建筑面积是指阳台地面底板外沿在水平面的投影。

2. 共有建筑面积。

共有建筑面积是指各产权主共同占有或共同使用的建筑面积。

（1）整幢建筑物的共有建筑面积与整幢建筑物的各套套内建筑面积之和的比值，为公共建筑面积分摊系数。

（2）各套应分摊的共有建筑面积为套内建筑面积与共有建筑面积分摊系数之积。

3. 整幢房屋建筑面积。

整幢房屋建筑面积是指房屋外墙（柱）勒脚以上的外围水平投影面积之和，包括阳台、挑廊、地下室、室外楼梯等，且具备上盖、结构牢固，层高2.2米以上（含2.2米）的永久性建筑。

4. 公共面积。

公共面积由两部分组成：电梯井、楼梯间、垃圾道、变电室、设备间、公共门厅和过道、地下室、值班警卫室以及其他功能上为整栋建筑物服务的公共用房和管理用房建筑面积；套（单元）与公共建筑空间的分割墙以及外墙（包括山墙）墙体水平投影面积的一半。凡已作为独立使用空间销售或出租的地下室、车棚等，不计入共有建筑面积部分。作为人防工程的地下室不计入共用建筑面积。具体计算公式如下：

$$\text{建筑物共有建筑面积} = \text{建筑物总建筑面积} - \text{套内建筑面积之和} - \text{独立使用空间销售或出租的地下室等建筑面积}$$

多层商品住宅楼中各套应分摊的共有建筑面积：

$$\text{共有建筑面积分摊系数}=\frac{\text{共有建筑面积}}{\text{各套内建筑面积之和}}$$

$$\text{各套分摊的共有建筑面积}=\text{各套内建筑面积}\times\text{共有建筑面积分摊系数}$$

多功能综合楼中各套应分摊的共有建筑面积：

$$\text{共有建筑面积分区分摊系数}=\frac{\text{共有建筑面积}}{\text{各功能区建筑面积之和}}$$

$$\text{各功能区分摊的共有建筑面积}=\text{各功能区建筑面积}\times\text{共有建筑面积分区分摊系数}$$

$$\text{共有建筑面积分区内各套分摊系数}=\frac{\text{功能区分摊的共有建筑面积}}{\text{功能区内各套建筑面积之和}}$$

$$\text{功能区内某套分摊共有建筑面积}=\text{功能区内某套建筑面积}\times\text{共有建筑面积分区内某套分摊系数}$$

区分所有权人除法律规定另有限制外，对专有部分有自由使用、收益、处分、排除他人的权利，区分所有权人对专有部分的权能，与民法上所称的一般所有权没有差别。但是区分所有建筑物的成分中，除专有部分外，另有共用部分，区分所有权人如单独出让或设定负担于专有部分，最后可能会造成专有部分与共用部分分属不同所有人的状况，所以专有部分一般不得与其所属建筑物共用部分之应有部分及其基地所有权或地上权之应有部分分离而移转或设定负担，避免形成建筑物区分所有权过度复杂的现象，即表明“建筑物与基地权利一体化”的立法趋势。

（二）共有部分所有权归属及权能

共有部分是指建筑物坐落的地面、基础、主要梁柱、屋顶、走廊、共同出入口、电梯、公共设施用房等。可以说，除专有部分外的所有建筑设施都属于共有部分。共有又分为法定共有和约定共用。实务上，基本是以利用权归属作为登记所有权的划分依据。因此，对于共有部分的所有权归属，会视利用权人而异其所有。俗称“大共”的大门、公共楼梯间等，属于全体区分所有人生活上不可或缺的部分，依利用权归属原则，应划分为全体区分所有人共有。俗称“小共”的当层楼梯间、电梯间等，供部分区分所有人使用者，划分上当归属于使用该部分之其他区分所有权人共有。也有规定共有部分为全体区分所有权人共有。

依使用权的实际情况来判断共有部分的使用收益情况是比较合适的。在“法定共有”的情况下，全体所有权人行使使用、收益权，而在“约定共用”的情况下，使用与收益的权利自然限于约定当事人。对于因区分所有权人不需要使用该共有部分，或性质上不利于共同使用而设定“专用使用权”方式，授予特定人专属独占使用的情形，其使用、收益的归属应视设定的方式来划分。这部分虽约定专用，但不会改变共有部分所有权的归属。各区分所有权人仍拥有对共有部分的应有部分(持分),只是它的使用、收益权受到了限制,而无法发挥所有权应有的功能。这里的专用权是共有人间依约定由部分共有人占有共有物的特定部分而使用之权,其实质为共有物分管契约的一种。由此可知,如果不是区分所有权人,就无法取得专用权。

建筑物所占基地地面以外的空地部分、建筑物屋顶或外墙部分、建筑物地下层、建筑物平台等共有部分可以设定专用权,而其他共有部分难以设定专用权,否则会妨害区分所有权人的居住权,破坏物权的法律秩序。

二、区分所有建筑物与基地的关系

建筑物是土地上最重要的定着物,建筑物有其固定性和长期存在性。建筑物一经建成,非经毁损,就不能与土地相分离,因此,有必要区分所有建筑物与基地的关系。

区分所有与独有、共有不同。独有,所有权的行使及于建筑物的全部。共有,分为按份共有和共同共有。在这两种情况下,共有人对共有物的权利与义务是不同的。按份共有时,各共有人按一定的份额、比例对同一物享有权利、分担义务。各自所占份额的多少依法或依合同(协议)确定。对按份共有财产的使用、处分和管理,应按占份额多的共有人的意见办理。按份共有人对自己份额内的财产有权转让,但在出卖时,其他共有人在同等条件下享有优先购买权。按份共有建筑物产生的原因有:共建共有、共购共有和共同继承、共同接受赠与等。在共同共有时,各共有人对共有财产享有平等的占有、使用、收益和处分权,并承担均等的义务。各共有人对财产没有明确的份额,各共有人不能单方处分或分割共有财产(法律另有规定或共有人之间另有约定者除外),一般应取得全体共有人一致同意才能处分。在日常生活中,这种共有形式一般都具有特定的人身关系,如夫妻共有财产、家庭共有财产。无论是按份共有还是共同共有,都是对共有人之间的内部关系而言,对外仍然是一个所有权。而区分所有,不论其区分为横、为纵或为纵横,其所有权的行使仅能及于建筑物的特定专有部分,而不能及于建筑物的全部,此点与独有同而与共有异。但区分所有的共有部分推定为各区分所有人共有,从而为各区分所有人权利义务之所及,此点与共有同而与独有异。因区分所有建筑物有纵向分割、横向分割和纵横分割三种方式,分割方式不同,建筑物与基地的关系也不同。

最简单的是纵向分割。这种区分所有建筑物除分割墙共有外,其他部分如楼梯、屋顶、走廊等都可以各自独立所有,不与他人发生关系,所以与基地的关系同独有建筑物与基地的关系,其权源为所有权、地上权、基地租赁权或基地使用借贷权等。

关于横向分割与纵横分割的区分所有建筑物（分层所有、分套所有）与基地的关系众说纷纭，主要有空间权和共有权两种学说。“空间权关系说”认为，横切式区分所有建筑物，仅第一层与基地直接接触，二楼以上部分是以其下一层的建筑物为支撑体，而不与基地直接接触，所以不需要基地的所有权或地上权、租赁权。各区分所有人只要对其建筑物专有部分的空间位置部分享有空间利用权即可。“共有权关系说”认为，横切式区分所有建筑物二楼以上部分虽不与基地直接接触，但与一般空中工作物（如高架桥梁）不同，二楼以上部分是以一楼为媒介而受基地的支撑，故应当解释为区分所有人对基地享有共有权。受日本民法增订区分地上权制度的影响，日本趋向于“空间权关系说”。

从我国商品房销售来看，区分所有建筑物与基地的关系采行的是共有权关系说，根据上述分摊的公共面积计算方法，可以看出这种共有属于按份共有。这种按份共有是否公平呢？按份共有的特点是，各共有人按一定的份额、比例对同一物享有权利、分担义务。从地价的分摊方法来考察，如果是按份共有，那么，地价就应该按照共有人的份额分摊。

（1）以建筑面积来平均分摊地价，即根据各楼层（或单元）的建筑面积占总建筑物的建筑面积的比例确定各楼层的地价份额。公式为：

楼层的地价份额 = 地价 ×（楼层建筑面积 ÷ 建筑物总建筑面积）

这样，区分所有建筑物的不同楼层分摊的地价是平均的。可现实中，尽管每一层的结构、布局、朝向等都相同，但不同的楼层其售价不同。按照这种办法分摊地价难以让人接受。尤其是在城市中心地带多用途的区分所有建筑物中，作为商业用的楼层或单元，其单位面积的价格远远高于住宅用的单位价格，但因面积相同而分摊相等份额的地价，显然是不合理的。

（2）按照销售价格分摊地价，即根据各楼层的价格占整幢建筑物的价格的比例来确定楼层地价份额。公式为：

楼层的地价份额 = 地价 ×（楼层的价格 ÷ 建筑物的价格）

这就克服了不同楼层价格不同却分摊等量地价的弊端。分摊后的结果是各个楼层不同，其价格不同。假设整幢建筑物的使用性质相同，均为住宅，而且结构、布局一致，建筑成本是相等的。显然，楼层不同，销售价格不同，其根本原因不是建筑费用的不同，而是土地的立体区位造成的。

我国在评估高层建筑物的价格时，要采用“楼层效用比”和“单元效用比”作为建筑物估价的准则。所谓“楼层效用比”，就是因各楼层提供的效用不同，以价格最低的楼层为基准（标准楼层），求各楼层对标准楼层的效用百分比；所谓“单元效用比”，就是同一层内不同单元由于朝向、采光、景观等差异，以条件最差的单元（标准单元）为基准，求层内各单元对标准单元的效用百分比。其意义有三点：

其一，比率观念，将不同楼层的效用化作以某一楼层为基准的简单百分比，以显示不同楼层的变动情形，是一个相对数；其二，立体观念，是表示"高—低"所提供的效用不同；其三，土地与建筑物合一的观念，是表示土地与建筑物一体时的楼层效用百分比。

$$\text{第}\,i\,\text{楼层的地价份额} = \text{地价} \times \frac{\text{第}\,i\,\text{楼层效用比} \times \text{第}\,i\,\text{楼层建筑面积}}{\sum_{i}(i\,\text{楼层效用比} \times i\,\text{楼层建筑面积})}$$

$$\text{第}\,i\,\text{楼层第}\,j\,\text{户的地价份额} = \text{第}\,i\,\text{楼层的地价份额} \times \frac{\text{第}\,j\,\text{户单位效用比} \times \text{第}\,j\,\text{户建筑面积}}{\sum(j\,\text{户单元效用比} \times j\,\text{户建筑面积})}$$

在进行宗地评估时，可采用容积率修正的办法，即：

地价 = 原地价 + 容积率修正额

这表明，占有较高容积率者应付出较高的地价。这也是由于土地利用是立体的，容积率的增加实质上是增加了土地的利用空间，利用空间的增加与平面用地面积的扩大是等效的。

据上述分析，我国区分所有建筑物与基地的关系应进一步引申为空间权关系。所谓"空间权"，就是对地表以上或地表以下一定空间拥有的权利。这种空间，根据物的概念，须满足具有独立的经济价值、可以为人所控制（即支配）的要件，才能成为权利客体。基地权利可以分为基地所有权、基地利用权。基地利用权可分为物权性的基地利用权（如地上权、地役权）和债权性的基地利用权（如基地租赁权、基地使用借贷权）。与此类似，理论上的空间权应该包括空间所有权、空间利用权。空间利用权可以分为物权性的空间利用权（如空间地上权、空间地役权）和债权性的空间利用权（如空间租赁权、空间使用借贷权）（如图 9－4 所示）。

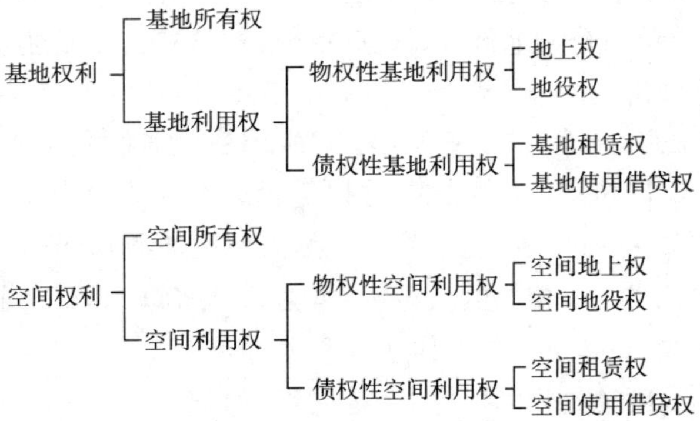

图 9－4　空间与基地权利构成

我国城市土地属于国家所有，地表、地表以上的空间和地表以下的空间可以依法分别转让。区分所有建筑物的各个单元是具有独立经济价值并能为人支配的独立空间,可以视为土地的三维空间。这一空间满足物的基本要件,因此可以成为权利的客体。每个单元的建筑物是基于对此三维空间的利用权而存在的。不同空间利用人之间的关系可以同平面土地利用关系一样,通过相邻关系或设定空间地役权等权利协调。在测量和登记上,传统的地籍测量是平面土地测量,通过二维(x,y)关系,划分各宗地彼此的界限,在量上以平方米计。而空间权的划分,在测量技术方法上与平面测量一样,只不过增加一维(x,y,z)空间而已,在量上以立方米计。土地登记时,以土地的三维坐标和容积为内容载入不动产登记簿。这一空间利用权与建筑物构成一体,同时处分,不可分割,即一体化原则。

第四节　产权登记管理

产权登记是世界各国普遍建立的一种房地产产权管理制度。通过产权登记,可以审查和确认房地产产权归属,收集和掌握各种产权档案资料,从而对各类房地产实行有效管理。我国现行产权登记制度是不动产登记制度。不动产登记是《中华人民共和国物权法》确立的一项物权制度,是指经权利人或利害关系人申请,由国家专职部门将有关不动产物权及其变动事项记载于不动产登记簿的事实。作为物权公示手段,不动产登记本质上为产生司法效果的事实行为而非登记机关的行政管理行为。

一、不动产登记的法律依据

房地产产权登记是通过一系列法律措施来体现的,房地产产权登记必须以国家在一定阶段的有关法律、法规等规范文件作为自己的工作依据。

(一)房地产登记上位法律

1.《宪法》。

《宪法》第六条规定:“我国的社会主义经济制度的基础是生产资料的社会主义公有制,即全民所有制和劳动群众集体所有制。”第九条规定:“矿藏、水流、森林、山岭、草原、荒地、滩涂等自然资源,都属于国家所有,即全民所有;由法律规定属于集体所有的森林和山岭、草原、荒地、滩涂除外。”第十条规定:“城市的土地属于国家所有;农村和城市郊区的土地,除由法律规定属于国家所有的以外,属于集体所有;宅基地和自留地、自留山,也属于集体所有;国家为了公共利益的需要,可以依照法律规定对土地实行征用;任何组织或者个人不得侵占、买卖、出租或者以其他形式非法转让土地。”第十三条规定:“国家保护公民的合法的收入、储蓄、房屋和其他合法财产的所有权;国家依照法律规定保护公民的私有财产的继承权。”

2.《民法通则》。

《民法通则》规定:集体所有的土地依照法律属于村农民集体所有,由村农业生产合作社等村农业集体经济组织或者村民委员会经营、管理。已经属于乡(镇)农民集体经济组织所有的,可以属于乡(镇)农民集体所有。国家所有的土地,可以依法由全民所有制单位使用,也可以依法确定由集体所有制单位使用,国家保护它的使用、收益的权利;使用单位有管理、保护、合理利用的义务。《民法通则》还对个人财产做了法律规定,包括公民的房屋受法律保护;公民依法享有财产继承权;不动产的相邻各方,应当按照有利生产、方便生活、团结互助、公平合理的精神,正确处理截水、排水、通行、通风、采光等方面的相邻关系等。

(二)房地产登记基本法律

我国房地产登记基本法律主要有《土地管理法》和《城市房地产管理法》。

1.《土地管理法》。

《土地管理法》第八条规定:"城市市区的土地属于国家所有;农村和城市郊区的土地,除由法律规定属于国家所有的以外,属于农民集体所有;宅基地和自留地、自留山,属于农民集体所有。"第九条规定:"国有土地和农民集体所有的土地,可以依法确定给单位或个人使用。使用土地的单位和个人,有保护、管理和合理利用土地的义务。"第十一条规定:"单位和个人依法使用的国有土地,由县级以上人民政府登记造册,核发证书,确认使用权;农民集体所有的土地,由县级人民政府登记造册,核发证书,确认所有权;农民集体所有的土地依法用于非农业建设的,由县级人民政府登记造册,核发证书,确认建设用地使用权。"第十二条规定:"依法变更土地权属和用途的,应当办理土地变更登记手续。"

2.《城市房地产管理法》。

《城市房地产管理法》于 1994 年颁布实施。该法第五条规定:"房地产权利人的合法权益受法律保护,任何单位和个人不得侵犯。"第六十条规定:"以出让或者划拨方式取得土地使用权,应当向县级以上地方人民政府土地管理部门申请登记,经县级以上地方人民政府土地管理部门核实,由同级人民政府颁发土地使用权证书;在依法取得的房地产开发用地上建成房屋的,应当凭土地使用权证书向县级以上地方人民政府房产管理部门申请登记,由县级以上地方人民政府房产管理部门核实并颁发房屋所有权证书。"第三十五条规定:"房地产转让、抵押,当事人应当依照本法第五章的规定办理权属登记。"

3.《物权法》。

根据《物权法》第二条,物权作为一种法律关系,具有不同于其他财产法律关系的特征,表现在以下几点:一是物权的主体是特定的权利人,可以将各种民事主体纳入其中,如国家所有权人、集体所有权人、私人所有权人。二是物权的客体主要是特定的有体物,与知识产权等财产法律不同,物权主要不是以无形财产、智力成果为客体的，而主要是以有体物作为其客体的。三是物权本质上为一种支配权，是权利人对物的直接支配，这就决定了物权所具有的优先性、追及性等特点。四是物权是排他的权利，即同一物之上不得存在两个所有权，同一物之上不得成立两个在内容上相互矛盾的他物权，任何人都负有不得侵害物权的义务，以及物权人行使权力，有权排斥他人的侵害和妨害。

从《物权法》第十五条关于"当事人之间订立有关设立、变更、转让和消灭不动产物权的合同，除法律另有规定或者合同另有约定外，自合同成立时生效；未办理物权登记的，不影响合同效力"的规定，对不动产登记效力和合同效力进行了明确的区分，这有利于保护合同当事人的合法权益，但当事人基于合同而进行的不动产交易，不登记不发生物权效力，由此导致的交易风险由其自行承担。因此，申请是不动产登记的主要启动机制，它同样适用于抵押登记、更正登记、异议登记等。

（三）行政法规及部门规章

为实施以土地为核心的不动产统一登记制度，2014 年 5 月 7 日，国土资源部办公厅下发《关于在地籍管理司加挂不动产登记局牌子的通知》，在国土资源部地籍管理司加挂不动产登记局牌子，组建了不动产登记局，承担指导监督全国土地登记、房屋登记、林地登记、草原登记、海域登记等不动产登记工作的职责。

为整合不动产登记职责，规范登记行为，方便群众申请登记，保护权利人合法权益，国家实行不动产统一登记制度。根据《物权法》等法律制定了《不动产登记暂行条例》，并于 2015 年 3 月 1 日落地实施。2016 年 1 月 21 日，中国国土资源部公布《不动产登记暂行条例实施细则》，对集体土地所有权登记、国有建设用地使用权及房屋所有权登记、宅基地使用权及房屋所有权登记等各种不动产权利的登记都做出了更为细致的规定。

2017 年 4 月，国土部办公厅印发压缩不动产登记时间实施方案，要求各地在确保登记资料移交到位、人员划转到位的基础上，进一步简化登记流程，提高登记效率，分类压缩不动产登记办理时限。

2018 年 3 月，不动产登记局随国土资源部一起归并到自然资源部。

二、不动产登记

（一）不动产权登记的内容

在我国，不动产登记是权利人向不动产登记行政部门申请，不动产登记部门履行法定程序，将不动产的物权事项行政确认后，记载到登记簿的行为。不动产登记特点是：登记是依申请发起的；登记是国家指定部门的行政行为；登记对象是不动产物权的设立、变更、注销等；登记内容是不动产物权的变动事项；登记须经审核等程序，记载到登记簿后才能生效，受法律保护。

(二)不动产登记簿(不动产登记证书的内容)

1. 登簿情形。

经审核符合登记条件的,应当将申请登记事项记载于不动产登记簿。

2. 不动产登记簿介质。

不动产登记簿采取电子介质,以登簿人员将登记事项在不动产登记簿上记载完成之时为准;电子不动产登记簿应具有唯一、确定的纸质转化形式。不动产登记机构配备专门的不动产登记电子存储设施,采取信息网络安全防护措施,保证电子数据安全,并定期进行异地备份。

3. 建立不动产登记簿。

不动产登记簿由不动产登记机构建立。不动产登记簿应当以宗地为单位编制,一宗地范围内的全部不动产编入一个不动产登记簿。不动产登记簿应当记载以下事项:①不动产的坐落、界址、空间界限、面积、用途等自然状况;②不动产权利的主体、类型、内容、来源、期限、权利变化等权属状况;③涉及不动产权利限制、提示的事项。

宗地权属界线发生变化的,应当重新建簿,并实现与原不动产登记簿相关联。

不动产以不动产单元为基本单位进行登记。不动产单元具有唯一编码。一个不动产单元有两个以上不动产权利或事项的,在不动产登记簿中分别按照一个权利类型或事项设置一个登记簿页;一个登记簿页按登簿时间的先后依次记载该权利或事项的相关内容。

4. 更正不动产登记簿。

不动产登记机构应当依法对不动产登记簿进行记载、保存和重建,不得随意更改。有证据证实不动产登记簿记载的事项确实存在错误的,应当依法进行更正登记。

5. 管理和保存不动产登记簿。

不动产登记簿由不动产登记机构负责管理并永久保存。

(三)不动产权登记程序

1. 办理不动产登记的具体流程。

(1)登记申请。尚未登记的和继承、遗赠、产权发生改变的不动产,由当事人到不动产登记机构办公场所提出登记申请。

(2)提交材料。包括当事人的身份证明、不动产的产权和来源证明等。

(3)受理。登记机构接到申请以后,要对产权资料进行核实,而且对房地产、土地附着物等进行实地查看,核实无误后登记。

(4)登簿发证。

2. 办理不动产登记提交的材料。

申请人应当提交下列材料,并对申请材料的真实性负责:

(1)登记申请书;

(2)申请人、代理人身份证明材料、授权委托书;

(3)相关的不动产权属来源证明材料、登记原因证明文件、不动产权属证书;

(4)不动产界址、空间界限、面积等材料;

(5)与他人利害关系的说明材料;

(6)法律、行政法规以及本条例实施细则规定的其他材料。

不动产登记机构应当在办公场所和门户网站公开申请登记所需材料目录和示范文本等信息。

3. 不动产登记机构审查材料。

(1)不动产登记机构收到不动产登记申请材料,应当分别按照下列情况办理:

①属于登记职责范围,申请材料齐全、符合法定形式,或者申请人按照要求提交全部补正申请材料的,应当受理并书面告知申请人;

②申请材料存在可以当场更正的错误的,应当告知申请人当场更正,申请人当场更正后,应当受理并书面告知申请人;

③申请材料不齐全或者不符合法定形式的,应当当场书面告知申请人不予受理,并一次性告知需要补正的全部内容;

④申请登记的不动产不属于本机构登记范围的,应当当场书面告知申请人不予受理,并告知申请人向有登记权的机构申请。

不动产登记机构未当场书面告知申请人不予受理的,视为受理。

(2)不动产登记机构受理不动产登记申请的,应当按照下列要求进行查验:

①不动产界址、空间界限、面积等材料与申请登记的不动产状况是否一致;

②有关证明材料、文件与申请登记的内容是否一致;

③登记申请是否违反法律、行政法规规定。

(3)属于下列情形之一的,不动产登记机构可以对申请登记的不动产进行实地查看:

①房屋等建筑物、构筑物所有权首次登记;

②在建建筑物抵押权登记;

③因不动产灭失导致的注销登记;

④不动产登记机构认为需要实地查看的其他情形。

对可能存在权属争议,或者可能涉及他人利害关系的登记申请,不动产登记机构可以向申请人、利害关系人或者有关单位进行调查。不动产登记机构进行实地查看或者调查时,申请人、被调查人应当予以配合。

办理不动产登记一般的流程示例如图9-5所示:

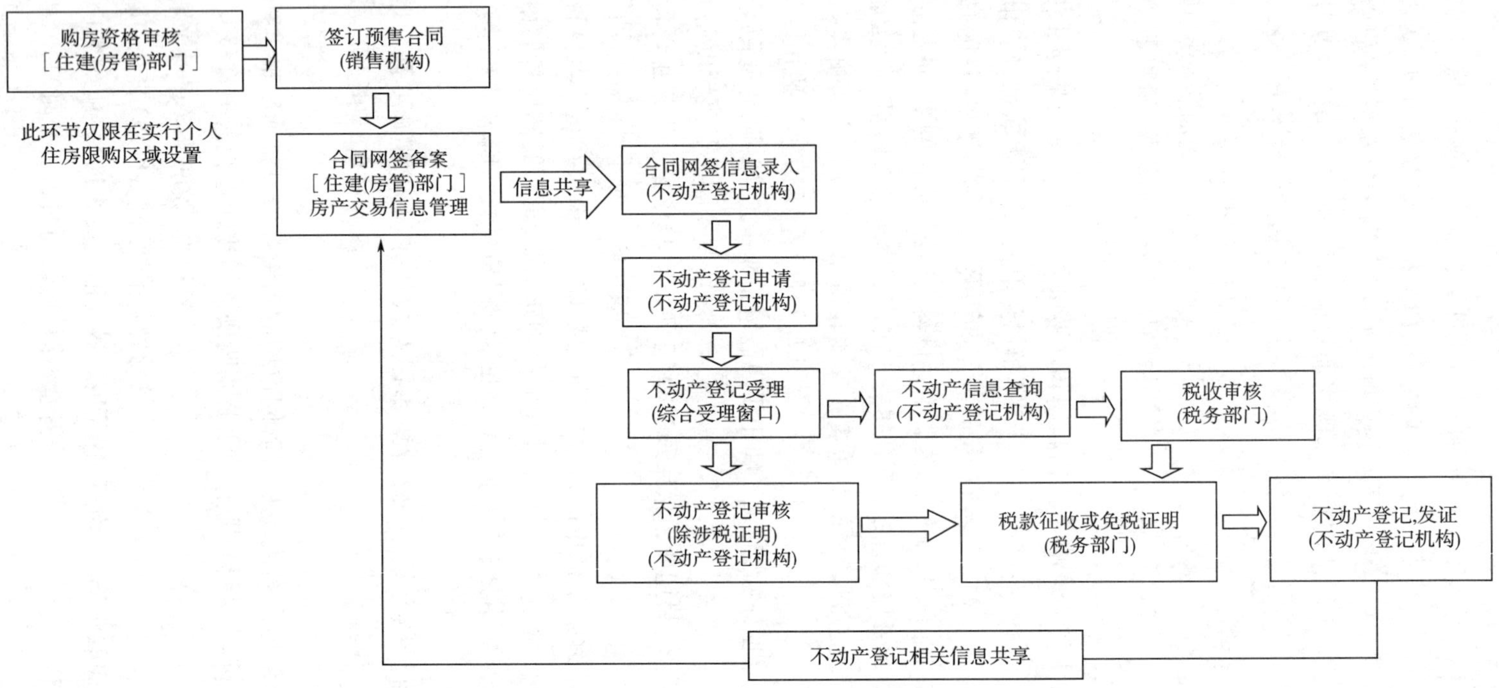
购房资格审核
［住建(房管)部门］
签订预售合同
(销售机构)
此环节仅限在实行个人
住房限购区域设置
合同网签备案
［住建(房管)部门］
房产交易信息管理
信息共享
合同网签信息录入
(不动产登记机构)
不动产登记申请
(不动产登记机构)
不动产登记受理
(综合受理窗口)
不动产信息查询
(不动产登记机构)
税收审核
(税务部门)
不动产登记审核
(除涉税证明)
(不动产登记机构)
税款征收或免税证明
(税务部门)
不动产登记,发证
(不动产登记机构)
不动产登记相关信息共享

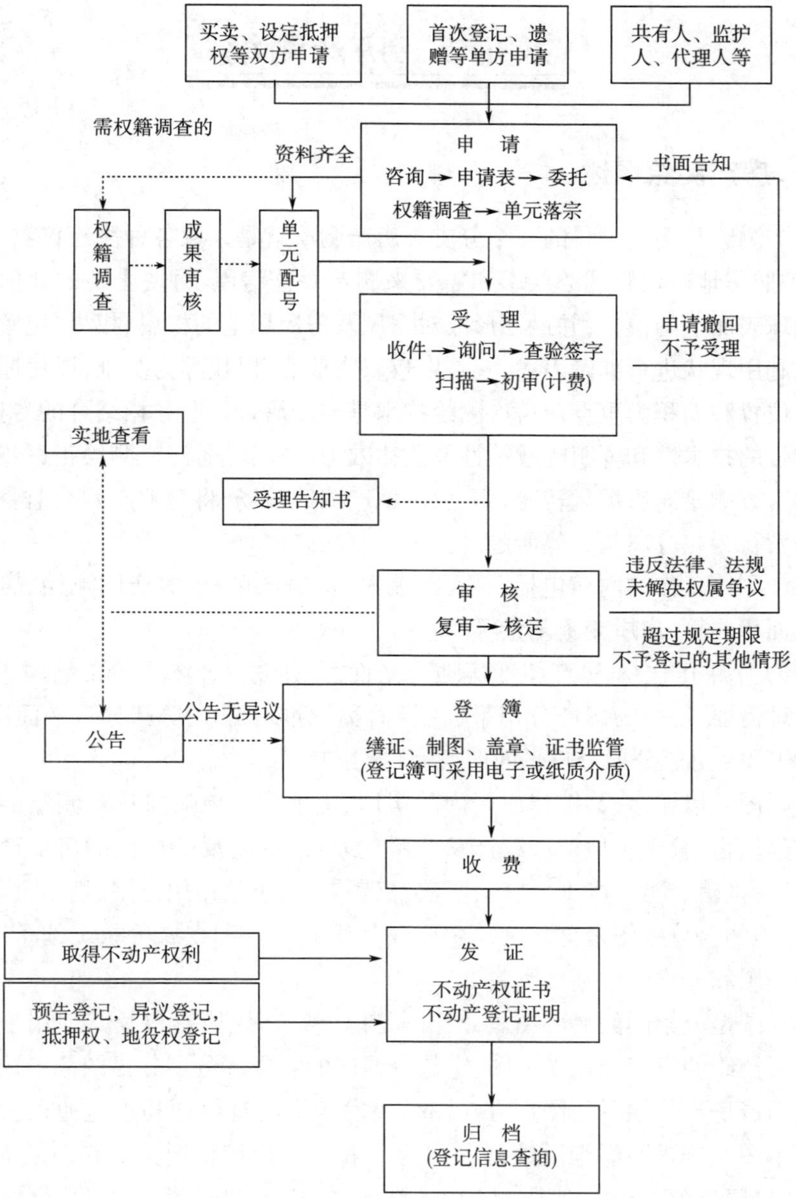

注：在进入不动产登记环节之前的交易、审批等业务作为前置条件或并案处理，但不纳入登记总流程设计。

图 9－5　山东省不动产登记流程（涉及新建商品房）

第五节　房产测绘

一、房产测绘概述

房产测绘是测绘学科的一个分支。房产测绘就是采取各种测绘仪器、工具和方法,按照房地产业管理的要求和需要来测定每栋房屋、每块土地的几何图形及其在地球表面上的位置,并最终形成对房屋及房屋用地的权属、权界、位置、数量、质量及利用现状进行准确表述,它是以权属为核心,以权界为基础,以房屋和土地的平面位置和面积为重点。房产测绘技术是与产籍管理业务相结合的专业测量,具有较强的技术性和鲜明的政策性及法律效力。在我国,房产测绘正逐步由政府行为的官方测绘向市场化转变。开放房地产测绘市场,将房地产测绘监督管理与测绘经营行为相分离是大势所趋。

房产测绘工作的内容包括:平面控制测量、房产调查、房产图测绘、房屋和土地使用面积测算、房屋变更测量等。

(1)房产图测绘。房产图即房地产平面图,是房产产权登记的基本资料,按房产管理需要,可分为房产分幅平面图(简称"分幅图")、房产分丘平面图(简称"分丘图")和房屋分层分户平面图(简称"分户图")。

分幅图是以城市、县镇建成区内的房屋、土地为主要对象进行测绘的分幅图纸。它是城市、县镇房地产产权产籍资料的基础,主要反映全面的房地产基本情况,如房屋坐落、位置、产别、结构、层数、权属界线、土地使用范围、性质,以及一般的地形、地物。分幅图是全面反映房屋及其用地位置和权属等状况的基本图,是测制分丘图和分户图的基础资料。

分丘图是分幅图的局部图。分丘图是以一户房屋所有权及其使用土地范围为单位所测绘的房产分丘平面图,它是分幅图的组成部分。分幅图范围内的各丘平面图组成房产分幅平面图。分丘图是核发房屋所有权证和土地使用权证中附图的基本图。分丘图详细反映了各户房屋和土地使用情况,如所有权(使用权)人姓名、房屋坐落、位置、产别、结构、层数、建成年份、建筑面积、四周墙体的归属,以及土地使用范围、四至、边长、面积、使用性质等。

分户图是在分丘图基础上绘制的局部图。分户图是以每户房屋所有权人为单位,对每幢房屋内部的各个自然间进行测绘的表示权属范围的细部图,以明确区分所有房屋的权利界限,供核发房屋产权证的附图使用。当一幢楼房的产权为多户所有,分丘图无法反映其权属界线时,才需要测绘,以弥补分丘图的不足。分户图主要反映了一幢房屋内部一户或各个自然间的面积大小、墙体厚度、门窗大体位置等。

（2）房屋和用地面积测算。面积测算是指水平面积测算，包括房屋建筑面积和用地面积测算。房屋建筑面积是指房屋外墙勒脚以上的外围水平面积，包括阳台、走廊、室外楼梯等建筑面积。房屋建筑面积根据实测成果，按幢进行计算。

用地面积以丘为单位进行测算，包括房屋占地面积、院落面积、分摊共用院落面积、室外楼梯占地面积以及各项地类面积的测算。

房屋占地面积是指房屋底层外墙（柱）外围水平面积，一般与底层房屋建筑面积相同。

（3）房屋变更测量。变更测量是指房屋发生买卖、交换、继承、分割、新建、拆除等涉及权界调整和面积增减变化而进行的更新测量。变更测量包括现状变更测量和权属变更测量。

变更测量应根据现状变更或权属变更资料，先进行房产调查，后进行权界或权属面积的测定，并及时调整权界、丘号和界址点号。

（4）测绘成果。地形测量主要提供各种比例尺的分幅地形图。房产测量不仅提供分幅图、分丘图、分户图、房产证附图等多种房产图集，提供房屋测绘数据调查表、房屋用地调查表、有关产权状况的调查资料及协议文件等房产簿册，同时提供房产平面控制点成果、界址点成果、房角点成果，房屋面积计算书，房屋分套建筑面积计算成果等房产数据集。

（5）测量精度。地形测量，图根点相对于起算点的点位中误差不超过图上0.1毫米。以最大比例尺1/500地形图为例，即图根点相对于起算点的点位中误差不超过0.05米；如果是1/1 000比例尺地形图，则图根点相对于起算点的点位中误差不超过0.10米。而对相邻控制点的相对中误差没有限制。

房地产测量不仅在平面控制测量方面特别强调保证相邻控制点之间的相对精度，要求末级相邻基本控制点的相对中误差不超过±0.025米，即末级基本控制点的点位中误差不超过0.018米。同时要求房地产要素点和地物点，相对于邻近控制点的中误差不超过±0.05米。房产界址点和房角点相对于邻近控制点的点位中误差和相邻界址点（房角点）点间距中误差分别不超过，一等：±0.02米，二等：±0.05米，三等：±0.10米。并对房屋面积测量限差要求为，一级：$0.02\sqrt{S}+0.0006S$，二级：$0.04\sqrt{S}+0.002S$，三级：$0.08\sqrt{S}+0.006S$。

由此可见，房地产测量精度要求明显高于地形测量精度要求，而且对房产要素界址点、房角点间的相对精度要求更高。

二、城镇房产平面图

房产平面图是确定权属、反映房屋基本情况的重要图纸，是确认房屋所有权及土地使用权界标记在图上，具有法律效力的基础资料。保持房产平面图的现实性、准确性、完整性，对加强房屋产权管理、提高房地产管理水平具有重要意义。

(一)房产分幅平面图测绘

为满足房地产管理上的需要,房产分幅图的基本内容基本包括:

1. 房屋。

(1)测绘房屋平面布置与各地物点之间的关系:每幢房屋四周边长、外框图;各种围墙的边长标识;屋檐、走廊及各种站台等用虚线标识;划分房屋幢号;产权图。

(2)标注房屋产别、结构、层数。房屋产别、结构、层数用四位阿拉伯数字表示,填写在每幢房屋的中心。四位数中,第一位数字表示产别,第二位数字表示建筑结构,第三、四位数字表示层数。

(3)标记丘号、房屋所有权号、幢号、门牌号。

(4)房屋所有权界线的确认、粗实线绘制与标识。

2. 土地(房屋用地)。

(1)测绘土地使用范围的平面位置。

(2)土地使用权界的确认、粗实线绘制与标识。

(3)测绘土地使用范围内的地类界线,地类包括小路、基地、农地、园地、草地、林地、山地、运动场以及水域等。

3. 一般地形、地物。

(1)道路、河流的测绘与标注。

(2)亭、塔、罐的测绘与标注。

(3)城墙、露天台阶、室外楼梯、固定码头、水井等的测绘与标注。

4. 测量控制点。

房产图中的测量控制点,如三角点、导线点、图根点以及加密的图根点,其所在的实地位置均用图式符号绘制。

(二)房产分丘平面图绘制

房产分丘平面图是以房屋所有权人为单位,按照一定比例尺绘制,办理房屋所有权和土地使用权证登记,经审核确权以后分别发给房屋所有权证和土地使用权证,在房屋所有权证和土地使用权证中均需附有该权利人权利范围的平面图,作为权属范围的依据,这种附图的底图就是分丘图。它的精准度要求较高,具有法律效力,是保护房屋所有权、土地使用权人合法权益的法律凭证。

分丘图是分幅图的组成部分,各分丘图拼成分幅图。分丘图的主要内容包括:

1. 房屋。

(1)测绘房屋和围墙等平面位置与各地物点之间的相对关系:每幢房屋四周边长、外框图;屋檐、走廊及各种站台等用虚线标识,柱的位置要标注;房屋幢号划分与分幅图一致;

(2)房屋建筑面积与边长的标识;

(3)标注房屋产别、结构、层数。房屋产别、结构、层数、建成年份用六位阿拉伯数字表示,填写在每幢房屋的中心。六位数中,第一位数字表示产别,第二位数字表示建筑结构,第三、四位数字表示层数,第五、六位数字表示建成年份。

(4)标记丘号、房屋所有权号、幢号、门牌号。

(5)房屋所有权界线的确认、粗实线绘制与标识。

2. 土地。

分丘图测绘土地范围在土地使用权界的确认、绘制、注记,以及土地分类界线测绘的内容与要求,除按分幅图的内容与要求办理外,还需增加以下内容:

(1)注记土地使用范围每段边长,边长注记在界址线外侧的中间,边长单位为米,保留两位小数。土地使用边长与房屋边长完全相同的,不再注记,以房屋边长代替。

(2)土地使用权面积在丘号的下部与丘号平行,下加二道横线,面积单位平方米,保留两位小数。土地使用面积与房屋建筑面积相同,不再注记,以房屋建筑面积代替。

(3)土地使用权界与相邻丘号接合部应多绘出 10 厘米,以利于各分丘图的拼接。

(4)注记土地使用权四至的丘号。

3. 一般地形、地物。

(1)与本户丘号相邻或靠近的街道、河流等地形、地物应按实况测绘与标注,不相连的一般不绘制。

(2)在本户范围内的一般地形、地物均应测绘。

(三)房产分层分户平面图绘制

房屋分层分户平面图是在分丘图基础上绘制的局部图,以产权人为单位,表示房屋权属范围的细部图,以明确异产毗邻房屋的权利界线(建筑物区分所有权),供核发房屋产权证的附图使用。分户图是为了解决一幢房屋产权为多户所有的问题,是为分丘图无法反映其权属范围而测制的附属图,以弥补分丘图的不足。分户图比较详细地反映了每户房屋大小、部位,以及附属的楼梯、走道等房屋内部状况。

分户图的内容包括房屋权界线,四面墙体的归属和楼梯、走道等共有共用部分,以及门牌号、所在层次、户号、房屋建筑面积和房屋边长等。分户图反映了房屋内部情况,它对各幢房屋之间的平面关系位置要求不高,具体内容和要求如下:

(1)以幢为单位,分层绘制房间大小,以及楼梯、走道、阳台等部位,用单粗线直线作图。

(2)弄清隔墙是共墙(共有墙)、借墙(他户墙)、自有墙(本户墙)等墙体归属后,用粗实线绘制出各户权属范围,注明属于应由各户分摊的共用部位。

(3)各户房屋建筑面积,注记在该户权属范围的适中部位,下面加一道横线。面积单位平方米,保留两位小数。

(4)房号注记在房间的右下角,编号的方法是自前向后,从左到右,由下至上,顺序编号,走道、楼梯、阳台等不编号。

(5)房屋所有权界线的边长注记在房屋权属界线内侧的中间。

(6)门窗用图式符号绘制概略位置。

(7)房屋所属幢号、层次注记在该层房屋外框图形左上部。

(8)该户所属图幅号、丘号注记在该层房屋外框图形右上部。幢号、层次的下面注记该户房屋所有权的建筑面积。

(9)分户图的方位应使房屋的主要边线与图廓边线平行,按房屋的朝向横放或竖放,并在适当位置加绘指北方向符号。

三、房屋面积测量与测算

(一)房屋面积测量

1. 测量准备。

(1)房屋面积测量平面草图应实地绘制,楼房要分层绘制,并按几何图形编号。

(2)房屋内边长测量高度一般选择离地面 1.2 米左右,两端测点一般选在边的 1/6 和 5/6 处,两个测点应水平。

(3)测量墙体厚度应选择距门(窗)框两侧 0.2 米位置。

(4)测量房屋外围边长时,测点一般选择房屋外墙勒脚以上离地面 1.2 米左右高度紧贴墙面的水平位置。

(5)屋内分段测量之和(含墙体厚度)与房屋外廓全长的差小于限差时,以房屋外廓数据为准,分段测量的数据按比例配赋。

2. 房屋套内使用面积(S_1)。

以矩形房屋为例,对屋内各边长各测量两次,读数精确到 0.001 米,满足限差取平均值作为边长测量结果(如 L_{k_i}、D_{k_i})。屋内边长测量时对已进行装修的,应加上装修厚度 l。套内第 i 个矩形房屋的使用面积为:

$$S_{k_i} = (L_{k_i} + 2l)(D_{k_i} + 2l) \tag{9-1}$$

套内的使用面积为:

$$S_1 = \sum S_{k_i} \tag{9-2}$$

3. 套内阳台建筑面积(S_2)。

矩形阳台测量阳台围护结构的长与宽,对有共用墙体的,计算一半墙体面积。

4. 套内墙体面积(S_3)。

无法直接测量墙体厚度的,可以测量其内外尺寸,由差值求得。对已进行装修的,应减去装饰厚度。各墙体长度乘以厚度得出墙体面积。

$$S_3 = \text{共用墙体面积的一半} + \text{全部非共用墙体面积} \tag{9-3}$$

5. 套内房屋建筑面积(S_4)。

$$S_4 = S_1 + S_2 + S_3 \tag{9-4}$$

6. 各套应分摊的共有建筑面积(S_5)。

(1)多层住宅楼:

$$\begin{matrix}\text{共有建筑面积}\\\text{分摊系数(栋)}\end{matrix} = \frac{\text{共有建筑面积}}{\text{各套内建筑面积之和}} \tag{9-5}$$

$$\begin{matrix}\text{各套分摊的}\\\text{共有建筑面积}\end{matrix} = \begin{matrix}\text{各套内}\\\text{建筑面积}\end{matrix} \times \begin{matrix}\text{共有建筑面积}\\\text{分摊系数(栋)}\end{matrix} \tag{9-6}$$

(2)综合楼:

$$\begin{matrix}\text{共有建筑面积}\\\text{分摊系数(栋)}\end{matrix} = \frac{\text{本栋房屋共有建筑面积}}{\text{栋内各功能区建筑面积之和}} \tag{9-7}$$

$$\begin{matrix}\text{本功能区分摊}\\\text{的共有建筑面积}\end{matrix} = \begin{matrix}\text{本功能区}\\\text{自有建筑面积}\end{matrix} \times \begin{matrix}\text{共有建筑面积}\\\text{分摊系数(栋)}\end{matrix} \tag{9-8}$$

$$\begin{matrix}\text{共有建筑面积}\\\text{分摊系数(功能区)}\end{matrix} = \frac{\begin{matrix}\text{本功能区}\\\text{自有建筑面积}\end{matrix} + \begin{matrix}\text{本功能区分摊的}\\\text{共和建筑面积}\end{matrix}}{\text{本功能区内各套建筑面积之和}} \tag{9-9}$$

$$\begin{matrix}\text{同功能区内某套}\\\text{分摊共有建筑面积}\end{matrix} = \begin{matrix}\text{同功能区内}\\\text{某套建筑面积}\end{matrix} \times \begin{matrix}\text{共有建筑面积}\\\text{分摊系数(功能区)}\end{matrix} \tag{9-10}$$

7. 成套房屋销售面积(S_6)。

$$S_6 = S_4 + S_5 \tag{9-11}$$

(二)房屋面积测算

面积测算是指水平面积测算,包括房屋建筑面积和用地面积测算。各类面积测算必须独立测算两次,其较差应在规定的限差以内,取中数作为最后结果。面积测算应统一使用"面积测算表"进行计算(由计算机处理另定)。

1. 房屋占地面积和建筑面积测算。

房屋面积有占地面积、建筑面积、使用面积、居住面积、附属面积等之分。城镇房产平面图涉及的房屋面积计算一般是指占地面积和建筑面积。单层房屋(即平房)的建筑面积即房屋的占地面积。

城镇房产平面图上房屋的层数是计算房屋建筑面积的基础,凡是计算层数的,就计算建筑面积;不计算层数的,就不计算建筑面积。根据《房产测量规范》,房屋建筑面积计算范围如下:

(1)计算全部建筑面积的范围:

①单层房屋不分层高均算一层,按其外墙勒脚以上的外围水平面积计算,多

层房屋的建筑面积按各层建筑面积的总和计算。

②穿过房屋的通道、房屋内的门厅、大厅不分层高，均按一层计算面积；门厅、大厅内的回廊部分，层高在 2.2 米以上的，按其投影计算面积。

③房屋内的技术层、夹层，层高超过 2.2 米的，按其上口外墙外围水平面积计算。

④房屋的地下室、半地下室，净高超过 2.05 米的，按其外墙（不包括采光井、防潮层及其保护墙）外围水平面积计算。

⑤房屋的假层或斜面房屋，按其高度超过 2.2 米部分的外围水平面积计算。

⑥依坡地建筑的房屋，利用吊脚做架空层，有围护结构的，按其高度超过 2.2 米部位的外围水平面积计算。

⑦突出房屋屋面，有围护结构且高度超过 2.2 米的楼梯间、水箱间、电梯间等，按其围护结构外围水平面积计算。一般的楼梯间、电梯井、垃圾道等按房屋自然层计算。

⑧与房屋相连的柱廊，按其柱外围水平面积计算；房屋间封闭的架空通廊，按外围水平面积计算。

⑨封闭式阳台、挑廊，按其外围水平投影面积计算。

⑩有柱或有围护结构的门廊，按其柱或围护结构外围水平投影面积计算。

（2）计算一半建筑面积的范围：

①与房屋相连的檐廊、挑廊、架空通廊，按其水平投影面积的一半计算。

②独立柱、单排柱的门廊、车棚、站台等，按其上盖水平投影面积的一半计算。

③未封闭阳台，按其水平投影面积的一半计算。

④无上盖的室外楼梯，按各层水平投影面积总和一半计算。

（3）不计算房屋建筑面积的范围：

①层高在 2.2 米的房屋、净高在 2.05 米以下的地下室或半地下室。

②突出房屋墙面的构件、配件和艺术装饰、半圆柱、垛、勒脚和台阶等。

③房屋之间的无盖架空通廊。无柱的雨篷。

④骑楼、过街楼的用作街巷通行的部分，以及房屋底层用作街巷通行的部分。

⑤房屋天井、挑台、天台上的花园、游泳池。

⑥消费、检修用的室外楼梯。

⑦其他构筑物，如烟囱、水塔、亭、塔、罐，以及地下人防设施等。

2. 用地面积测算。

用地面积以丘为单位进行测算。

（1）凡属编立丘号的地块，均应以丘号为单位计算土地使用范围面积，一个丘号计算一块土地使用面积。未编丘号的道路、河流等公共用地不计算土地使用面积。

(2)一个丘号为一个房屋所有权人使用的,其土地使用范围包括房屋占地、天井、院落用地以及其他用地。

(3)一个丘号的地块为多户房屋所有权人使用的,各户使用土地范围包括房屋占地、独用地、分摊的共用院落等部分。各户使用土地面积之和应该等于该丘号内土地的总面积。分户面积计算误差,在允许范围内按各户使用土地面积平差。

(4)每个丘号范围内的土地,按照不同的使用性质,分类计算各项面积,各个分类面积之和应该等于丘号内土地的总面积。分类面积计算误差,在允许范围内按比例平差。

(5)一块土地内共用土地分摊的一般原则是按各户占有房屋建筑面积的比例计算,其公式为:

$$\text{各户分摊的共用土地面积} = \text{各户房屋建筑面积} \times \frac{\text{共用土地总面积}}{\text{房屋建筑面积}}$$

思考题与练习题

1. 产权的含义是什么?产权的特征和功能有哪些?
2. 房地产产权有哪些类型?
3. 如何理解房地产所有权的权能?
4. 如何理解房地产使用权的权能?
5. 土地和房屋产权登记程序有哪些?
6. 房产测绘的基本工作内容包括哪些?
7. 如何测算房屋的面积?

DI 第十章 SHIZHANG 物业管理

第一节 物业管理基本概念

一、"物业"和"物业管理"的概念

现代物业管理法上的"物业"一词源于我国香港特别行政区产业通行的说法。香港学者李宗锷先生在其所著的《香港房地产法》中称:"物业"是单元性地产。一住宅单位是一"物业",一工厂楼宇是一"物业",一农庄也是一"物业"。故"物业"可大可小,大物业可分割为小物业。国务院2003年9月1日施行的《物业管理条例》(以下简称《条例》)没有对"物业"下一个明确的定义,但是从该《条例》第二条关于"物业管理"的定义中不难看出,该《条例》中所谓的"物业"就是指"房屋及配套的设施设备和相关场地"。其中,"房屋"是指"土地上的房屋等建筑物及构筑物"(《中华人民共和国房地产管理法》第二条)。这说明"物业"由四部分构成:一是供居住或非居住的建筑物本体,即房屋,包括建筑物自用部位和共用部位;二是配套附属设备,同样包括建筑物自用设备和共用设备;三是配套公共设施,是指物业区域内业主、使用人共有共用的设施,如道路、绿地、停车场库、照明管道、排水管道等设施;四是相关场地,主要指物业占用的场地。

"物业管理"一词是20世纪80年代从香港传入内地的,但至今没有统一的解释。传统意义上的"物业管理"起源于19世纪60年代的英国。我国内地的物业管理产生于20世纪80年代,以广州、深圳发展得最早。一般来说,"物业管理"的定义可以从广义和狭义两个方面来理解。广义的物业管理是指业主对物业依法进行的自治管理和受物业业主选聘、委托的物业服务企业进行的专业管理的结合。狭义的物业管理是指依法成立的物业服务企业通过公开、公平、公正的市场竞争机制,接受物业业主的选聘、委托,依据物业管理法规的规定和物业服务合同

的约定行使管理权,运用现代管理科学和新方法、新技术,对受托管理的物业进行维修、养护、改造、经营,以发挥物业的最大使用价值和经济价值,对基于受托管理的物业发生的公共秩序实施监护,对物业的业主和非业主使用人提供特约服务,并依约定合理收取单纯物业管理劳务报酬和特约服务报酬的专业服务行为。

我国《物业管理条例》是从狭义的角度,即从专业化物业服务企业接受物业业主及使用人委托从事物业管理活动的角度给出定义的。该条例第二条规定:"本条例所称物业管理,是指业主通过选聘物业服务企业,由业主和物业服务企业按照物业服务合同约定,对房屋及配套的设施设备和相关场地进行维修、养护、管理,维护相关区域内的环境卫生和秩序的活动。"

二、物业管理活动中的法律关系

物业管理活动涉及业主、业主委员会、业主大会、物业公司,以及政府的相关部门等多方面关系。一般来说,包含以下八个方面的内容:一是业主、住户的权利与义务,即建筑物区分所有权人及占有人、使用人所享有的专有部分所有权、共用部分持分权和成员权的权利与应承担的义务;二是代表和维护全体业主利益的业主大会的权利与义务;三是作为区分所有建筑物管理人的业主委员会的权利与义务;四是作为区分所有建筑物管理服务人的物业管理公司,依据物业服务合同的规定所确立的权利与义务;五是作为建筑物的开发建设单位在物业管理活动中的权利与义务;六是各级政府及政府主管部门在物业管理活动中作为政府行政主管部门的基本权利与义务;七是政府相关部门的权利与义务;八是物业管理协会的基本权利与义务。在物业管理法律关系中,物业的业主与物业服务企业之间的法律关系是最主要的法律关系,是物业管理的基础法律关系,其他各种法律关系是围绕这两者之间的关系构建的。

三、物业管理的基本法律制度

我国关于物业管理的法律法规主要有《物权法》和《物业管理条例》,以及一些省、市人大的物业管理的条例和办法,如《广东省物业管理条例》和《深圳市物业管理条例》等。

(一)《物业管理条例》的制定及其主要内容

国务院《物业管理条例》是2003年5月28日国务院常务会议审议并原则通过,2003年6月19日正式公布,并于2003年9月1日正式实施。国务院《物业管理条例》的公布和实施结束了我国物业管理行业无法可依的局面,标志着我国物业管理行业的发展纳入了法制化的轨道,对维护房屋所有人的合法权益、改善人民群众的生活和工作环境、规范物业管理行为具有十分重要的意义。《物业管理条例》体现了发展为重、平衡利益、保护弱者的原则;通过保护公民财产权利,尊重公民行使其财产权利和实现自身利益的形式，促进社会财富的积累；妥善处理了政府和市场、政府管理和社会自律的关系；对业主的权利和义务，业主大会的组成、职责、运作等做了规定，规范了前期物业管理，调整了业主与物业服务企业之间的法律关系，为建立良好的物业管理秩序提供了有力的法律保障。

《物业管理条例》主要确立了业主大会和业主委员会制度、管理规约制度、物业管理招投标制度、物业承接验收制度、物业服务企业资质管理制度、物业管理专业人员职业资格制度、物业专项维修资金制度七项物业管理的基本制度。

(二)《物权法》中涉及物业管理的相关内容

《物权法》用第六章70～83条专门规定了与物业管理相关的问题。其中肯定了《物业管理条例》中建立的制度，并在此基础上对实践中争论比较大的问题，如区分所有权的问题、车位的问题、业主自我管理的问题等进行了明确，其新创设的制度很少。所以本章节以讲述《物业管理条例》的相关规定为主，对《物权法》仅做简要介绍。

(三)一些地方省、市人大或政府制定的物业管理地方性法规或规章

实践中，一些地方省、市人大或政府为规范物业管理活动，结合本地实际，制定了物业管理地方性法规或规章。例如，《广东省物业管理条例》、《深圳市物业管理条例》和《广州市物业管理办法》等，这些条例、办法和规定主要是对《物业管理条例》和《物权法》中的一些原则和规定进行细化，以便于操作，其中也不乏一些好的创新之举，限于篇幅，本章不做讲述。

第二节　业主及管理规约

一、业主和管理规约的概念

(一)业主的含义

业主，顾名思义，物业的主人，即法律意义上不动产物业的产权所有人。

需要强调的是，自然人业主要是指物业的所有权人为自然人，包括一人或多人；非自然人业主是指物业的所有权人为自然人以外的主体，包括法人和其他组织。此外，国家在特殊情况下也可能成为业主。根据我国现行立法的规定，只有办理房屋登记过户手续之后的购买人才可称为业主。实践中，如果购房人和售房一方已经签订了合同甚至支付了房款，但并未办理登记手续，在此情况下，购房人仍不能称为业主。这是因为二者法律关系的性质是不同的，在尚未办理过户登记手续之前，购房人和售房人之间所形成的仅是一种债权法律关系，而依法办理过户登记手续后，基于购房人取得房屋所有权的事实而形成的则是一种物权法律关系。这种划分的意义在于业主的自然属性不同，办理购房相关手续的法律要求不

同，只有产权所有人及其委托人才能行使业主的权利。

物业使用人是与业主相关的一个概念。业主是物业的所有权人，对物业享有占有、使用、收益和处分的全部权利；而使用人对物业只享有占有、使用或者一定条件的收益权，没有处分的权利。只有产权所有人及其委托人才能行使业主的权利。

《物业管理条例》中的"物业的使用人"是指物业的承租人和实际使用物业的其他非产权人。

（二）管理规约的含义

管理规约是指业主共同订立或者承诺的，对全体业主具有约束力的有关使用、维护物业及其管理等方面权利义务的行为守则。《物业管理条例》第十七条规定："管理规约应当对有关物业的使用、维护、管理，业主的共同利益，业主应当履行的义务，违反规约应当承担的责任等事项依法做出约定。管理规约对全体业主具有约束力。"

二、业主的权利和义务

（一）业主的权利

《物业管理条例》第六条规定了业主在物业管理中享有的十项权利。包括：①按照物业服务合同的约定，接受物业服务企业提供的服务；②提议召开业主大会会议，并就物业管理的有关事项提出建议；③提出制定和修改管理规约、业主大会议事规则的建议；④参加业主大会会议，行使投票权；⑤选举业主委员会委员，并享有被选举权；⑥监督业主委员会的工作；⑦监督物业服务企业履行物业服务合同；⑧对物业共用部位、共用设施设备和相关场地使用情况享有知情权和监督权；⑨监督物业共用部位、共用设施设备专项维修资金的管理和使用；⑩法律、法规规定的其他权利。具体来说，业主的权利有：

1. 服务享受权。

即按照物业服务合同的约定，接受物业服务企业提供的服务。物业服务合同是确定业主和物业服务企业之间权利义务的基本法律依据，因此，按照物业服务合同的约定，接受物业服务企业提供的服务的权利是业主享有的最基本的权利。当然，这种权利的产生、范围以及行使的方式取决于物业服务合同的具体约定。

2. 建议权。

建议权一般有两项：一项是提议召开业主大会会议，并就物业管理的有关事项提出建议；第二项是提出制定和修改管理规约、业主大会议事规则的建议。

3. 投票权。

投票权是指业主参加业主大会会议，对业主大会决议和决定事项表达自己意愿的权利。

4. 选举权和被选举权。

业主享有选举业主委员会委员,并享有被选举权。

5. 知情权。

知情权是指物业所有人依法获取、知悉物业状况及其管理信息的权利,它是业主权利的重要组成部分,也是业主对物业实行民主管理的基本保障。因为只有在充分享有知情权的情况下,业主才能准确地判断关于物业管理的具体情况,也才能正当地行使诸如对物业管理活动的参与权和监督权等。

6. 监督权。

监督权的内容比较广泛,主要包括:监督业主委员会的工作;监督物业服务企业履行物业服务合同;对物业共用部位、共用设施设备和相关场地使用情况享有知情权和监督权;监督物业共用部位、共用设施设备专项维修资金的管理和使用。

每一个业主都有权监督业主委员会的工作;业主对物业服务企业履行物业服务合同享有监督的权利;对物业共用部位、共用设施设备和相关场地使用情况享有知情权和监督权;监督物业共用部位、共用设施设备专项维修资金的管理和使用。专项维修资金必须专款专用,不得挪作他用或滥用,如果不有效地加以监督,就可能导致滥用。

(二)业主的义务

《物业管理条例》第七条规定了业主在物业管理活动中应履行的义务。业主的义务具体如下。

1. 遵守规约、执行业主大会决定的义务。

主要包括:遵守管理规约和业主大会议事规则;遵守物业管理区域内物业共用部位和共用设施设备的使用、公共秩序和环境卫生的维护等方面的规章制度;执行业主大会的决定和业主大会授权业主委员会做出的决定。

2. 交纳物业维修资金和物业服务相关费用的义务。

主要包括:按照国家有关规定交纳专项维修资金;按时交纳物业服务费用。业主交纳物业服务费用和维修资金是保证物业区域获得正常管理和维护的条件,各业主都负有此项义务。基于公共利益,业主享有共益权利,也应承担相应的义务,对于经业主大会或业主委员会做出决议的物业管理费、维修资金等各项合理费用,各业主即使有异议,也有交纳义务。基于此项义务,各业主应负责其名下应分担的管理费及维修、保险等款项,并应准时交付。如因迟交或欠交而引起其他业主损失的,要负赔偿责任。

3. 法律、法规规定的其他义务。

法律、法规规定的其他义务的种类很多。例如,不得侵害其他业主权利的义务。管理规约和物业管理公司制定的物业管理规章中,有大量业主行行使权利时不得侵犯其他业主权利的规定,但是这些规定仍有未能详尽之处。对于未明确规定禁止,但是可能侵犯业主权利的行为,业主亦不得为之。又例如,维护公共利益的义务。对于物业管理区域这一集体而言,必然存在公共利益,每一位业主对此公共利益都有加以维护、不得侵害的义务。各业主处置其所有单元时,应在规定时间内将处置的有关情况书面告知业主委员会和物业管理公司,并促使有关承受人签署公约附件的承诺书,以确保承受人遵守管理公约的一切条款,受管理公约的约束。各业主不得随意改变物业结构和使用性质,在装修时不得损坏房屋承重结构和破坏房屋外貌,并应事先取得物业管理公司和有关部门的同意。各业主在使用共用地方及设施时,不得损害、阻塞或堵塞公用地方及设施,不得在共同地方及设施之内做出任何对其他业主及楼宇使用构成滋扰、不方便或者损害的行为。

三、业主的消费权益受《消费者权益保护法》的保护

业主作为物业的购买者,是物业的消费者,同时也是物业服务的消费者。《消费者权益保护法》第二条确定了其调整范围:“消费者为生活消费需要购买、使用商品或者接受服务,其权益受本法保护。”由此可见,《消费者权益保护法》的主体为消费者,客体为生活消费资料(而非生产资料),关系为消费者购买、使用商品或者接受服务过程中所发生的社会关系。在物业管理中,业主作为物业的购买者,也是物业的使用者,接受物业服务企业的服务。此种服务是有偿的,是商品性服务。物业服务企业以经营物业服务为生存之本,业主与物业服务企业之间形成了消费者与经营者之间的关系。总之,物业管理符合《消费者权益保护法》的调整对象和范围,也应当适用《消费者权益保护法》。

四、管理规约的法律性质和效力

(一)管理规约的法律性质

管理规约的法律性质是管理规约的核心问题。因为管理规约的法律性质既直接关系到管理规约的订立方式、效力范围,又直接决定着业主权利、义务的内容,与业主切身利益息息相关。

从《物业管理条例》和《物权法》中相关订立管理规约的规定来理解,管理规约实质上是全体区分所有权人团体的自治规则,如同“公司之章程”。全体业主基于建筑物区分所有权的法律状态,强烈要求彼此遵守一定的规则。管理规约是业主团体或全体业主共同的意思表示,是共同一致的民事法律行为,体现的是共同享有权利,彼此承担义务。管理规约也是一种契约行为,一经承诺则应遵守,从这种意义上讲,它是合同或协议,对各方均具约束力。管理规约体现了所有权人要求自治、实现自我管理的想法。但是,由于涉及公众利益,法律对其有诸多强制性规定。首先,我国物业管理法强制性提出必须订立管理规约,不得任意放弃管

理规约的订立;其次,它必须包含法律规定的内容;再次,管理规约的制定程序必须符合法律规定;最后,新业主自动受到合法制定的业已存续的管理规约的约束,这一点又不同于协议。

(二)管理规约的强制性

纵观《物业管理条例》和《物权法》,其中有关管理规约的规定均属法理学意义上的强制性规范,带有一定的强制性。例如,《物业管理条例》第十七条规定:"业主规约应当对有关物业的使用、维护、管理,业主的共同利益,业主应当履行的义务,违反公约应当承担的责任等事项依法作出约定""管理规约对全体业主具有约束力"。第四十八条第二款规定:"物业使用人违反本条例和业主规约的规定,有关业主应当承担连带责任"(由此确定了业主对管理规约的遵守具有强制性,即业主在缔结管理规约之后不得违反)。而且从各国立法来看,尤其是管理规约对业主或物业使用人的违约行为均规定了一些强制性处罚措施,甚至带有"予以"处罚的性质。这一点也是契约和协议所不具备的。

管理规约的强制执行性表现在以下两个方面:一是管理规约的强制执行性的前提条件;二是管理规约在司法上的可诉性及有权提起诉讼的主体。

管理规约要得到强制执行,首要解决的是其自身的合法性问题。第一,管理规约的制定应当符合正当程序的要求。根据我国《物业管理条例》的规定,在业主大会成立前,建设单位制定的临时公约应当在物业销售前向物业买受人明示,并予以说明,获得物业买受人的书面承诺。反之,未经上述程序,临时公约不对业主产生约束力。在业主大会成立后,应当制定正式的管理规约。业主大会制定、修改管理规约应有严格的程序,方可以保障其反映大多数业主的意志。《物权法》规定,业主大会制定、修改管理规约,必须经物业管理区域内占建筑物总面积过半数的业主且占总人数过半数的业主通过。管理规约通过后,临时公约自行失去约束力。因此,只有符合法律规定的制定、修改程序,管理规约才具有产生强制力的先决条件。第二,管理规约内容合法,符合保护全体业主利益的意旨。前面已做出分析,管理规约的内容必须符合法律的规定,不能与整个法律体系中的任何规范相抵触。同时,其内容本质上应当是维护业主利益,而不至于在履行时损害业主整体利益。第三,与上述两点相关,业主应有当然的权力就管理规约的制定程序和内容向业主大会提出异议,或向司法部门提出请求,这是保障少数不同意管理规约内容的业主权益的必要制度设置,使少数人的意见同样得到尊重,并避免"多数人的暴政"损害少数人的合法权利,同时也是管理规约合法性的保障措施之一。

合法存在的管理规约应当具有司法上的可诉性。管理规约作为全体业主共同为之的民事法律行为,应当与一般契约同等地受到司法权力的保护和救济。实践中,管理规约可诉性的实现却常常遇到困难。《物业管理条例》规定,业主大会、业主委员会有权并应当监督管理规约的执行，这仍然是建立在业主自愿遵守的基础上。确认管理规约的可诉性，一方面是管理规约本身包括制定程序和内容应当接受司法审查并可以被提请审查；另一方面，切实保障管理规约履行，使管理规约在业主中树立严肃性。那么，有权请求强制执行的主体范围包括单个业主也包括多个业主和业主委员会，但可能会导致就同一违反管理规约的行为被不同业主多次提起诉讼。业主大会、业主委员会提起请求，可以避免重复诉讼的问题，但在业主大会、业主委员会自治机构的诉讼主体地位没有从法律上根本解决的前提下，难免遇到现实的困难，也不利于保护被违反管理规约的行为直接侵害的业主。

实践中，有的房地产发展商在出售房地产之前也会制定小区或单幢楼宇管理的公共契约，并在出售房地产时要求买方接受，有的房地产开发商甚至将其作为房地产买卖合同中的一个条款。这种房地产开发商与买方单独签订的公共契约是双方基于私法上的自治、自愿原则，平等协商订立的，因而对双方当事人是有效的。《物业管理条例》第二十二条、二十三条都明确要求建设单位（即房地产开发企业）与业主订立临时公约。由于这个公约只是临时公约，也就是说，在买受人成立业主委员会，制定并通过管理规约以后，前期由房地产开发商制定的临时公约则丧失其效力，或者服从业主大会通过的管理规约。

第三节　业主大会和业主委员会

一、业主大会的性质和职责

（一）业主大会的性质

业主大会是指一定物业管理区域范围内的全体业主组成的共同体。业主大会是由业主自行组成的维护物业整体利益的组织，具有民主性、自治性、代表性。

第一，业主大会是民主性的组织，其成员在机构中的地位是平等的，能够根据自己的意愿发表建议，提出看法和意见。

第二，业主大会是自治性的组织，其成员是对物业享有所有权的人，进行的是自我服务、自我管理、自我协商、自我约束。

第三，业主大会具有代表性的特征，业主大会代表了全体业主在物业管理中的合法权益。业主大会做出的决议应当是全体业主利益的反映，而不仅仅是个别业主利益的反映。即使业主大会做出的决议并没有经过全体业主的一致同意，甚至有时还会受到个别业主的反对，但只要符合业主大会决议的议事规则，那么，这种决议就代表了全体业主的利益。

业主大会成立的主要法律依据是《物业管理条例》、《物权法》和《业主大会规程》。《物业管理条例》第八条规定:“物业管理区域内全体业主组成业主大会,业主大会应当代表和维护物业管理区域内全体业主在物业管理活动中的合法权益。”第十条规定:“同一个物业管理区域内的业主,应当在物业所在地的区、县人民政府房地产行政主管部门的指导下成立业主大会,并选举产生业主委员会。”第十五条规定:“业主委员会是业主大会的执行机构……代表业主与业主大会选聘的物业服务企业签订物业服务合同。”

(二)业主大会的职责

《物业管理条例》第十一条规定,业主大会的职责是:“(一)制定、修改管理规约和业主大会议事规则;(二)选举、更换业主委员会委员,监督业主委员会的工作;(三)选聘、解聘物业服务企业;(四)决定专项维修资金使用、续筹方案,并监督实施;(五)制定、修改物业管理区域内物业共用部位和共用设施设备的使用、公共秩序和环境卫生的维护等方面的规章制度;(六)法律、法规或者业主大会议事规则规定的其他有关物业管理的职责。”

业主大会议事一般都是通过会议的方式进行。《物业管理条例》第十三条规定:“业主大会会议分为定期会议和临时会议。……经20%以上的业主提议,业主委员会应当组织召开业主大会临时会议。”第十二条规定:“业主大会会议可以采用集体讨论的形式,也可以采用书面征求意见的形式;但应当有物业管理区域内持有1/2以上投票权的业主参加。……业主大会做出决定,必须经与会业主所持投票权1/2以上通过。”《物权法》规定应当经专有部分占建筑物总面积过半数的业主且占总人数过半数的业主同意。

二、业主大会的表决规则

召开业主大会的目的是形成物业管理有关事项的决议。因此,业主大会决议的表决规则至关重要,这些规则的设计将直接影响到决议的合理性、代表性和科学性。

《物权法》规定,“决定筹集和使用建筑物及其附属设施的维修资金”和“改建、重建建筑物及其附属设施的事项”,应当经专有部分占建筑物总面积三分之二以上的业主且占总人数三分之二以上的业主同意。决定其他事项,应当经专有部分占建筑物总面积过半数的业主且占总人数过半数的业主同意。

业主大会的决定虽然并非经过全体业主一致同意,甚至会遭到个别业主的反对,但是只要业主大会的决定符合法律法规的规定,并遵循了管理规约的议事规则,这样的决定在法律上就对全体业主具有约束力。

三、业主大会的议事规则

《物业管理条例》第十八条规定:“业主大会议事规则应当就业主大会的议事

方式、表决程序、业主投票权确定办法、业主委员会的组成和委员任期等事项作出约定。”业主大会是全体业主组成的维护业主利益的机构，如果要让业主大会顺利运作，还需要业主大会议事规则做出进一步的详细规定。同时，业主大会作为业主自己组织起来行使财产权的机构，其内部的运作机制也自然应当由他自己做出决定。业主委员会作为业主大会的执行机构，负责履行业主大会赋予的职责，业主大会议事规则自然可以就其组成等做出决定。

根据《物业管理条例》第十三条的规定，业主大会会议分为定期会议与临时会议。至于在何时应当召开定期会议，则由议事规则自行规定。从我国一些地方的物业管理实践来看，往往规定至少每一年召开一次年会。年会又通常在每一年的第一季度召开，因为此时召开，便于审查批准本年度的物业管理计划、预算和前一年的物业管理决算。此外，《条例》还规定了召开临时会议的情形，议事规则可以根据业主的考虑与需要，增加召开临时会议的次数。除了规定业主会议的召开时间之外，议事规则还可以对会议的形式做出规定。例如，可以根据需要，规定会议形式包括预备会议、全体会议和分组会议；可以邀请有关部门、单位和物业使用权人派代表列席等。

召开业主大会时，业主应当出席并参与物业管理有关事项的决议。按照各国物业管理立法的规定，业主可以亲自参加业主团体会议，亲自行使表决权，参与待决事项的议决。如果业主无法亲自参与业主团体会议的，也可以委托他人（包括同住人或之外的人）参加，并且还可以将自己的表决权书面委托其行使。《条例》规定，业主可以委托代理人参加业主大会会议。因此，业主参加大会的方式既包括亲自参加的方式，也包括委托代理人参加的方式。

业主的投票权，即表决权的确定，关系到业主的切身利益，也关系到能否形成有效的业主大会决议，因此，如何计算业主的投票权是议事规则应当予以明确的。综观不同的物业管理的规定，业主表决权大致有以下几种计算方式：

（1）以业主所拥有的物业权利份额来计算，每份业权份额拥有一个表决权。例如，我国有的地方物业管理法规规定，业主大会表决可以采用投票方式或者其他方式，各类房屋按建筑面积每10平方米计算为1票；不足10平方米，5平方米及5平方米以上的计算为1票，不足5平方米的不计票。

（2）不区分每个业主所拥有的物业份额，每个业主都享有相同的表决权。例如，有的地方物业管理法规规定，投票权的计算按照每一户一个投票权的原则进行。

关于业主委员会的组成，《物业管理条例》第十六条有所涉及，但是还不够周全，也有待议事规则做出约定。首先，议事规则可以规定业主委员会的委员人数，应当根据物业管理区域的规模并结合管理工作任务来决定。其次，议事规则还可以规定业主委员会委员的任职资格。通过设立一定的条件和程序来约束、限制、排除某些没有服务意识,甚至想捞取个人好处的业主担当业主委员会委员。例如,可以规定曾经担当过破产企业的负责人,并对破产负有个人责任的业主不得出任委员等。再如,业主委员会中是否需要设有专业的财务与法律事务委员,委员会副主任的人数以及分工等,议事规则也都可以做出规定。业主委员会委员的具体任期应当由议事规则约定,同时,业主委员会的委员是否可以连选连任,议事规则也最好加以明确。

除了上述事项,议事规则还可以根据需要规定其他事项,例如,业主大会撤换和补选业主委员会委员的程序以及条件。

四、业主委员会

(一)业主委员会的含义

《物业管理条例》第十五条明确使用了"业主委员会"的概念。业主委员会是"业主大会的执行机构",其主要职责是:①召集业主大会会议,报告物业管理的实施情况;②代表业主与业主大会选聘的物业服务企业签订物业服务合同;③及时了解业主、物业使用人的意见和建议,监督和协助物业服务企业履行物业服务合同;④监督管理规约的实施;⑤业主大会赋予的其他职责。

(二)业主委员会的特点

《物业管理条例》的规定反映了业主委员会的以下特点:①业主委员会应由第一次业主大会选举产生,并作为业主大会的常设机构和执行机构,其行为应向业主大会负责。②业主委员会的活动范围应该是进行物业的业主自治管理,即业主委员会成立的目的是使业主对物业的自治管理权能由一个常设机构来行使,使得各业主的意见能够得到统一。业主委员会不是一个以经营为目的的实体,不能进行除签订物业管理合同以外的经营活动,同时业主委员会也不应该从事与物业管理无关的经营性活动。③业主委员会应代表和维护全体业主的合法权益,但应该明确的是业主委员会不是为业主做主,而是要团结业主,为业主服务。④业主委员会应经房地产行政主管部门备案。

(三)业主委员会的设立

《物业管理条例》第十条规定,业主大会成立后,应在第一次业主大会会议上"选举产生业主委员会"。《条例》第十条还规定了业主委员会委员的任职资格,并规定应当在成立后向政府主管部门备案。《业主大会规程》对此也做出了规定。但是,无论是《物业管理条例》还是《业主大会规程》,对业主委员会候选人的推选程序和规则均没有任何规定,仅授权筹备组"确定业主委员会委员候选人产生办法及名单"。这就使筹备组完全可以主导业主委员会委员的选举,为业主委员会能否代表大多数业主的利益留下了制度漏洞。

五、业主大会和业主委员会法人资格问题

业主大会和业主委员会是否具有独立的法人资格问题,关系到业主如何维护自己的权益。《物业管理条例》和《物权法》对备案后的业主委员会是否具有独立的民事主体资格采取了回避的态度,未明确规定。由于法律法规没有明确业主委员会的法律地位,使其与业主、物业管理公司处在不平等的地位,一定程度上影响了业主的维权。例如,物业管理公司没有提供相应物业服务,法律没有规定业主委员会可以向人民法院起诉。实践中,业主委员会虽然根据《物业管理条例》的相关规定,有权与物业管理公司签订物业管理合同,但如果向法院起诉物业管理公司,司法审判中,不少法院以其没有法人资格而拒绝起诉请求。对此,实践中有多种不同认识。

一种观点是肯定业主委员会具备法人资格。他们认为,业主委员会作为业主大会的执行机构,经行政主管部门备案,并代表业主与物业服务企业签订物业服务合同,成为合同的签约主体,即业主委员会从事了民事活动,应承担民事上的权利和义务,因此,业主委员会可以根据业主大会的决定,作为诉讼代表人,以全体业主的名义起诉物业公司或其他相对人,维护业主的权益。一些地方性法规和规章也做了相似的规定,如《深圳经济特区住宅物业管理条例》第三条规定:"管委会经市政府社会团体登记部门依法核准后,取得社会团体法人资格。社会团体法人登记证签发的日期为管委会成立日期。"一些法学理论界人士也认为,实践中,业主为了维护自己的利益,可以对在实践中大量发生的业主委员会不履行职责以及滥用职权损害业主利益的案件起诉业主委员会。理由:一是业主委员会与业主之间是平等主体关系,《物业管理条例》第十五条赋予业主委员会代表业主与业主大会选聘的物业服务企业签订物业服务合同的权利,即表明业主委员会具有民事权利能力和行为能力,因此应属于《民事诉讼法》第四十九条的"其他组织",可以成为民事诉讼的当事人;二是诉讼利益学说,即只要有诉讼利益,就有请求司法救济的权利;三是业主与业主委员会的纠纷虽属其内部矛盾,但业主已无法通过个人力量来救济自己的权利,因此需要司法介入。例如,广东省广州市白云区人民法院在 2002 年一起民事诉讼中,将某小区业主委员会作为被告进行诉讼,并最后判决其承担民事责任。

另一种观点则持否定态度。他们认为:第一,业主委员会作为业主大会的执行机构,体现的是业主大会的意志,业主委员会并不具有独立的意志,同时业主委员会也不具有独立的财产,因此不具有民事主体资格,不能独立承担民事法律责任,不能对外直接以自己的名义从事民事活动。第二,业主委员会不是适格的社会团体。我国《社会团体登记条例》第三条规定:"社会团体应当具备法人条件。"只有具备法人条件的社会团体才予登记,对于不具备法人条件的社会团体不予登

记。因此，未经社会团体登记管理机关登记为社团法人的业主委员会并非适格的社会团体，也就当然不能基于社会团体的身份取得独立的民事主体资格。第三，业主委员会也不属于《民事诉讼法》第四十九条规定的可以作为民事诉讼的当事人。最高人民法院《关于适用〈民事诉讼法〉若干问题的意见》第四十条规定："《民事诉讼法》第四十九条规定的其他组织是指合法成立、有一定的组织机构和财产，但又不具备法人资格的组织，包括：（一）依法登记领取营业执照的私营独资企业、合伙组织；（二）依法登记领取营业执照的合伙型联营企业；（三）依法登记领取我国营业执照的中外合资企业、外资企业……"可见，从该条的解释看，"其他组织"并不适用于业主委员会。

第四节　物业服务企业的招投标及相关资料的移交

《物业管理条例》第三十二条规定："从事物业管理活动的企业应当具有独立的法人资格。国家对从事物业管理活动的企业实行资质管理制度。"物业服务企业具有独立的法人资格，能以自己的名义享有民事权利，承担相应的民事责任。企业自主经营、自负盈亏、独立核算、自我发展，根据市场的要求实行有偿服务，讲究效率、质量和信誉。

政府行政管理部门对物业服务企业的资质管理实行分级审批制度。物业服务企业资质分为一、二、三级。国务院建设主管部门负责"一级"物业服务企业资质证书的颁发和管理；省、自治区人民政府建设主管部门负责"二级"物业服务企业资质证书的颁发和管理；直辖市人民政府房地产主管部门负责"二级"和"三级"物业服务企业资质证书的颁发和管理，并接受国务院建设主管部门的指导和监督。设区市的人民政府房地产主管部门负责"三级"物业服务企业资质证书的颁发和管理，并接受省、自治区人民政府建设主管部门的指导和监督。

一、物业"管理"和物业"服务"的关系

在物业管理中，业主是权利主体，住宅小区的物业所有权属于业主。这是因为房地产开发建设商用于开发小区公共物业的投资已全部进入了开发成本，摊入了商品房价格。商品房一旦出售，就意味着公共物业的财产权随同商品房产权的出让同时转给了业主，业主在支付商品房价格的同时也获得了物业的产权。一般来说，住宅区交付使用且入住率达到50%以上，开发商应与业主协商及时召开第一次业主大会，制定业主委员会章程，选举产生业主委员会。

在物业管理过程中，业主始终处于主导地位。业主以业主大会为权力核心，由业主大会聘请专业物业服务企业。在明确业主和物业服务企业的权利、责任和义务的同时，由物业服务企业接受业主大会的委托，按照业主的愿望与要求对物

业实施管理。业主是“主人”,物业管理者是“管家”。

实践中,一些物业管理公司的人员因为“管理”观念强过服务意识,摆不正自身位置,认为自己是物业的管理者,对业主使用物业的个人行为横加干涉,有的甚至发生物管公司人员殴打业主的事件。这里必须明确的是,在物业管理活动中,物业管理公司是独立的企业法人,与业主、业主委员会的法律地位是平等的,业主才是物业管理的权利主体,物业公司与业主是服务与被服务关系。物业管理公司实际上是受业主大会和业主委员会的雇佣和委托,按照绝大多数业主的意志,依物业服务合同为业主的物业管理进行服务、收取报酬的商业行为。因此,《物权法》明确物业公司为“物业服务公司”。

要说明的是,当大多数业主接受了物业服务时,个别业主不能以自治为借口而拒绝服务。依照法律或约定接受物业服务是业主最重要的一项权利,我们认为,当多数业主接受了物业服务时,其他业主不得放弃物业服务。从民事权利的性质来讲,民事权利的权利人是可以放弃的,但在物业管理法律关系中,业主接受物业服务的权利已不仅是业主个人的权利,而具有了成员权的性质,即业主基于其对建筑物的区分所有权,已经成为公共管理中的一员。在此情况下,由于物业服务具有集体的公益性,业主不能通过放弃自己对公益的享有权而不履行一定的公益义务。如在物业管理区域内,业主不能以自己不享受物业服务为由拒绝交纳物业管理费。

二、物业服务企业的招投标

物业服务企业一般是通过市场招投标选聘。《物业管理条例》第三条规定,“国家提倡业主通过公开、公平、公正的市场竞争机制选择物业服务企业”。一般情况下,一个相对独立的物业区域应选择一家物业服务企业统一管理。

物业管理一般分为前期物业管理和业主委员会成立之后的物业管理。所谓前期物业管理,是指业主、业主大会选聘物业服务企业之前所实施的物业管理。前期物业服务企业的选聘一般由物业的建设单位负责。《物业管理条例》第二十一条规定,前期的物业管理一般由建设单位选聘物业服务企业,该物业服务企业管理物业的期限一直到业主、业主大会选聘出物业服务企业。若业主大会继续选聘该企业,则该企业需与业主委会签订新的物业服务合同,否则必须将此物业相关资料移交给业主大会新选聘的物业服务企业。

前期物业服务企业一般通过招投标的方式选聘。这时的招投标工作由开发建设单位负责组织。《物业管理条例》第二十四条规定:“国家提倡建设单位按照房地产开发与物业管理相分离的原则,通过招投标的方式选聘具有相应资质的物业服务企业。住宅物业的建设单位应当通过招投标的方式选聘具有相应资质的物业服务企业;投标人少于 3 个或者住宅规模较小的,经物业所在地的区、县人民政府房地产行政主管部门批准,可以采用协议方式选聘具有相应资质的物业服务企业。”

物业管理招标投标必须遵循公开、公平、公正和诚实信用的原则,依据《招标投标法》第二条的规定,物业管理招标投标活动必须严格遵守《招标投标法》和相关的物业管理法律、法规和政策的规定。一般而言,物业服务企业招投标应当注意下列事项:

第一,招标人在招投标前应依法向有关主管机构提交材料,并办理相关手续。例如,北京市规定的备案材料有:①招标项目简介;②招标活动方案,包括招标组织机构时间安排、评标委员会评分标准;③招标书,包括物业管理内容范围、收费、服务要求、对投标单位要求等。

第二,招标人可以公开招标,也可以邀请招标。但是采取邀请招标方式的,应保证程序的合法公平。例如,北京市规定,邀请招标的应向 3 个以上物业服务企业发出投标邀请书。

第三,招标前应编制招标文件。招标文件中应包括招标人名称、地址、联系方式、项目基本情况、所要求的物业服务标准、物业管理收费标准,以及对投标单位、投标书的要求、评标标准等内容。

第四,投标人应具有相应的物业管理资质证书。投标人应当按照招标文件的要求编制投标文件,并按照招标文件规定的时间将标书送到指定地点。如果招标文件要求必须交纳保证金的,应当依法缴纳保证金。

第五,评标委员会的确定及评标的方法和标准。评标委员会的组成以及评标方法、标准应当确保公正,达到优胜劣汰的目的。例如,北京市规定,评标委员会应由招标人代表及从事物业管理相关工作满 5 年以上,并且具有中级以上职称,或具有同等专业水平的专家组成,专家从房地产行政主管部门建立的评标专家库中随机抽取。评标时,根据招标人和指导单位共同制定的标准打分,综合评分分数最高者为中标人。

第六,签订物业项目服务合同。中标人确定后,招标人应当向中标人发出中标通知书。双方应自中标通知书发出之日起一定日期内,按照招标文件规定的内容签订物业管理合同。有的地方还规定在合同签订之日起一定时间内,应将合同报送有关部门备案。

需要注意的是,《物业管理条例》并没有要求所有的房地产的物业服务企业都必须采取招投标的方式选聘,只是对于涉及面最大、数量最多的住宅物业,要求必须采取招投标的方式选聘物业服务企业,而且对于投标人少于 3 个或者住宅规模较小的,经物业所在地的区、县人民政府房地产行政主管部门批准,还可以采用协议方式选聘具有相应资质的物业服务企业。

三、物业服务企业的解聘及相关资料的移交

物业管理公司解聘时,建设单位、物业服务企业、业主委员会三者之间必须相互配合,做好相关资料的交接手续。这是法律规定各相关主体必须履行的义务。

(一)物业管理中的相关主体有相互配合,做好相关资料交接的义务

《物业管理条例》第二十九条规定了建设单位需向物业服务企业、物业服务企业在前期物业服务合同终止时需向业主委员会移交有关资料,这些文件资料包括物业的权属文件和技术资料。第三十七条规定:"物业服务企业承接物业时,应当与业主委员会办理物业验收手续。业主委员会应当向物业服务企业移交本条例第二十九条第一款规定的资料。"第三十九条规定:"物业服务合同终止时,物业服务企业应当将物业管理用房和本条例第二十九条第一款规定的资料交给业主委员会……业主委员会选聘了新的物业服务企业的,物业服务企业之间应当做好交接工作。"

但实践中常常出现解聘行为生效时,原物业管理公司拒不终止管理行为,拒不移交有关文件、资料及物业。

(二)拒不移交资料应承担相应的行政责任

《物业管理条例》第五十九条规定了物业服务企业拒不移交资料的行政责任:"违反本条例的规定,不移交有关资料的,由县级以上地方人民政府房地产行政主管部门责令限期改正;逾期仍不移交有关资料的,对建设单位、物业服务企业予以通报,处1万元以上10万元以下的罚款。"在建设单位、物业服务企业、业主之间因物业管理问题发生纠纷,更换物业管理主体时,常常出现掌握资料的一方拒不将资料移交给另一方的情况。由于这些资料是开展物业管理、对物业进行维修养护所必需的,如果掌握资料的一方拒不移交,将会给对方的工作造成许多障碍,并最终损害业主的权益,所以,《物业管理条例》特别规定了拒移交资料的行政责任。该行政责任的构成要件是:①主体为负有资料移交义务的建设单位、物业服务企业以及业主委员会。②有关义务主体违反本条例的规定,拒不移交有关资料。

根据本条例第二十九条、第三十七条、第三十九条的规定,即业主委员会在物业服务企业承接物业时,拒不向物业服务企业移交竣工总平面图,单体建筑、结构、设备竣工图,配套设施、地下管网工程竣工图验收资料给物业服务企业。物业服务企业在物业服务合同终止时,拒不向业主委员会移交竣工总平面图,单体建筑、结构、设备竣工图,配套设施、地下管网工程竣工图验收资料。建设单位在办理物业承接验收手续时,拒不向物业服务企业移交下列资料:①竣工总平面图,单体建筑、结构、设备竣工图,配套设施、地下管网工程竣工图验收资料;②设施设备的安装、使用和维护保养等技术资料;③物业质量保修文件和物业使用说明文件;

④物业管理所必需的其他资料。

拒不移交资料的行政处理措施主要有：

(1)责令限期改正，即责令在规定的期限内移交资料。此措施适用于所有的义务主体，即业主委员会、物业服务企业、建设单位。

(2)通报。在经过规定的时间，负有资料移交义务的建设单位、物业服务企业仍然拒不移交的，对其给予通报批评。这是对违反义务人的声誉的谴责。

(3)罚款。对经过规定的时间仍然拒不移交资料的建设单位、物业服务企业，物业行政主管部门在通报批评的同时，处以1万元以上10万元以下的罚款。

要注意的是，通报和罚款不适用于业主委员会。原因在于：即使根据《物业管理条例》第三十七条的规定，业主委员会应当向承接物业的物业服务企业移交第二十九条第一款规定的竣工总平面图，单体建筑、结构、设备竣工图，配套设施、地下管网工程竣工图验收资料，但是如果业主委员会在签订物业管理合同后反悔，因而拒不交纳资料，物业服务企业也只能依照民法的规定追究业主委员会的合同责任。

四、物业服务企业制止违法行为和实施安全防范的义务及责任

(一)物业服务企业对违法行为有制止和报告义务

《物业管理条例》第四十六条规定："对物业管理区域内违反有关治安、环保、物业装饰装修和使用等方面法律、法规规定的行为，物业服务企业应当制止，并及时向有关行政管理部门报告。有关行政管理部门在接到物业服务企业的报告后，应当依法对违法行为予以制止或者依法处理。"

依据《物业管理条例》及物业服务合同的约定，物业服务企业的主要管理义务一般包括：①房屋及共用设施设备的维修和管理；②卫生保洁服务；③保安服务；④绿化管理；⑤消防管理；⑥车辆管理；⑦装修管理；⑧环境管理等。当物业管理区域内出现违反治安、环保、物业装饰装修和使用等方面法律、法规以及管理规约等行为，而对物业管理区域的安全、环境等造成损害或威胁时，物业服务企业应当采取合法的手段予以制止，并将这些情况及时报告有关行政管理部门予以处理。否则，因此给业主造成损失的，应当承担损害赔偿责任。但是由于物业服务企业并非国家执法机关，不得也不能代替行政机关和司法机关行使执法权，否则应当承担相应的法律责任。有关行政管理部门接到报告后，应当依法予以处理。若物业服务企业履行了告知义务，而相关行政、司法机关没有及时依法处理所造成的危害，则由相关部门依职责承担相应的责任。

(二)物业服务企业对物业区域的安全有协助防范和救助的义务

《物业管理条例》第四十七条规定："物业服务企业应当协助做好物业管理区

域内的安全防范工作。发生安全事故时,物业服务企业在采取应急措施的同时,应当及时向有关行政管理部门报告,协助做好救助工作。物业服务企业雇请保安人员的,应当遵守国家有关规定。保安人员在维护物业管理区域内的公共秩序时,应当履行职责,不得侵害公民的合法权益。”安全防范是物业服务企业的主要义务之一,也是物业服务合同的主要内容之一。物业服务企业的社区安全管理义务包括物业消防管理和小区治安管理两部分。物业消防管理就是预防和消除火灾,整改治理火灾隐患,以保障物业小区内业主的生命、财产安全。小区治安管理就是采取各种措施,如设立门卫值勤、保安人员巡逻等制度,以使物业小区有一个安全稳定的秩序,使得业主们能够安居乐业。一般来说,物业管理小区内安全管理义务的具体内容如下。

1. 物业消防管理。

物业管理合同双方当事人可以依据《物业管理条例》、《中华人民共和国消防法》和各地的地方性规定,约定物业服务企业承担具体的消防管理义务。实践中,物业服务合同中所约定的物业服务企业所承担的具体消防管理义务主要有如下几种:

(1)定期检查、维修消防设施和器材,设置消防安全标志,确保消防设施和器材的完好、有效。

(2)定期组织防火检查,及时消除火灾隐患。当物业服务企业发现消防安全隐患后,应当通知有关责任人及时改进。如果责任人拒绝改进的,物业服务企业应当及时告知业主团体或直接通报有关行政主管部门。物业服务企业怠于履行约定的消防管理义务,造成损失或导致损失扩大的,应承担相应的民事责任。

(3)开展防火安全知识宣传教育。

(4)保障疏通通道、安全出口畅通,并保持符合国家规定的消防安全疏通标志。

(5)当物业管理区域内发生火灾时,物业服务企业应当积极进行救助工作,并及时通知消防机关,否则应当承担相应的法律责任。

2. 小区治安管理。

从我国目前的物业管理实践来看,在物业服务合同中均对治安管理义务做出了约定。至于该类义务由哪些具体事项构成,应由当事人双方明确约定。一般而言,小区治安管理义务包括以下具体内容:

(1)执行门卫值班制度,以防闲杂人员自由进出物业小区;

(2)实施安保巡逻制度,以便及时发现并排除治安隐患;

(3)制止不遵守管理规约等规章制度的各种行为;

(4)检查进出小区的车辆,并维护小区内车辆的停放秩序;

(5)防范并制止其他妨害小区公共安全秩序的行为。

在履行小区治安管理义务时,应当注意的是,物业服务企业是一个民事主体,而非行政执法机关。物业服务企业作为民事主体,只是接受业主团体的委托对小区的物业进行管理,这种管理的本质是一种民事活动。因此,物业服务企业应当控制自身行为的合法界限,凡是专属于国家机关才能行使的公共权力,物业服务企业均不得实施,否则就构成违法行为,并承担相应的法律责任。因此,《物业管理条例》中明确规定,保安人员在维护物业管理区域内的公共秩序时,不得侵害公民的合法权益。实践中,由于物业服务企业及其工作人员欠缺法律知识,实施了强制搜身、非法拘禁、暴力伤人等非法行为,物业服务企业及其工作人员就要承担相应的法律责任。

第五节　物业服务合同

《物业管理条例》第三十五条规定:"业主委员会应当与业主大会选聘的物业服务企业订立书面的物业服务合同。物业服务合同应当对物业管理事项、服务质量、服务费用、双方的权利义务、专项维修资金的管理与使用、物业管理用房、合同期限、违约责任等内容进行约定。"由此可见,物业管理是基于物业服务合同约定而形成的,物业服务企业的选聘、解聘由业主大会来确定;业主委员会作为业主大会的常设机构和执行机构,由其代表业主与物业服务企业签订物业服务合同。鉴于物业服务合同内容复杂,牵涉的事项众多,所以《条例》特别要求物业服务合同必须采用书面形式。

根据选聘物业服务企业主体的不同,物业服务合同分为两种:前期物业服务合同和物业服务合同。物业销售开始后,业主入住达到符合召开业主大会的法定比例后,选举产生的业主委员会代表业主大会,与其选聘的物业服务企业签订正式的物业服务合同。在业主大会成立之前,由开发建设单位主持选聘的物业服务企业,并与之签订的物业服务合同为前期物业服务合同。

《物业管理条例》第三十五条第二款规定,物业服务合同的内容中必须明确商定物业管理事项、服务质量、服务费用、双方的权利义务、专项维修资金的管理与使用、物业管理用房、合同期限、违约责任八项内容,这些内容都必须在合同中明确。

一、物业服务合同中相关主体的权利和义务

依据《物业管理条例》的相关规定,物业服务合同的主体包括三类:一是选聘签约者(业主大会或业主委员会);二是提供服务者(物业服务企业);三是接受服务者(业主或物业使用人)。在物业合同法律关系中,一般是由业主大会或业主委员会代表全体业主与物业服务企业签约,由物业服务企业为业主和物业使用人

提供物业服务。

(一)业主大会在物业服务合同中的权利和义务

第一,制定、修改管理规约及各项物业制度,授权业主委员会监督业主和物业使用人遵守管理规约。

第二,选聘、解聘物业服务企业,审查决定业主委员会与物业服务企业签订的《物业服务合同》的内容。

第三,决定专项维修资金使用、续筹方案,并监督物业服务企业实施。

第四,审核物业服务企业每年的财务情况。

第五,维护全体业主的公共权益。

第六,法律、法规或者业主大会议事规则规定的其他有关物业管理的职责。

(二)业主委员会在物业服务合同中的权利和义务

第一,代表和维护业主、使用人的合法权益。

第二,监督业主和使用人遵守管理规约及相关的物业管理制度。

第三,检查监督物业管理工作及制度的执行情况。

第四,审定物业服务年度计划和财务情况。

第五,负责收集、整理物业管理所需全部图纸、档案、资料。

第六,协调不按规定交纳物业管理费及以往管理遗留问题和其他物业管理工作。

第七,业主大会授权的其他权利和义务。

(三)业主在物业服务合同中的权利和义务

第一,接受物业服务的权利。

第二,对物业管理有建议权和监督权。

第三,对业主委员会有选举及被选举权。

第四,对物业管理规约及各项制度的制定权和修改权。

第五,遵守管理规约及各项物业制度的义务。

第六,执行业主大会和业主委员会做出的决定的义务。

第七,交纳专项维修资金的义务。

第八,按时交纳物业服务费用的义务。

第九,法律、法规规定的其他义务。

(四)物业服务企业在物业服务合同中的权利和义务

第一,按合同提供物业服务。

第二,收取业主的物业管理费及其他物业服务费用。

第三,根据合同约定对业主和物业使用人违反管理规约的行为进行处理。

第四,制订物业管理计划、财务计划、物业年度维修养护计划和大、中修方案,经业主大会同意后由其实施。

第五，向业主和物业使用人告知物业使用的有关规定，当业主和物业使用人装修物业时，为维护其他多数业主的权利，告知有关限制条件，并负责监督。

第六，公布管理费用及专项维修资金的收支账目。

第七，对物业的公用设施不得擅自占用和改变使用功能。

第八，合同终止时，移交小区内经营性商业用房、管理用房、物业管理等与物业相关的全部文件、档案资料。

第九，法律、法规和合同规定的其他权利与义务。

二、物业管理的事项

物业管理事项主要是指物业服务企业应当提供的服务内容。一般而言，物业管理项目从物、社区环境、物的利用等角度分为三类：从物的角度而言，主要内容包括对物业及其附属设施的维护、保养、修缮等事项；从社区环境的角度，主要内容包括区域的保安、绿化、清洁等事项；从物的利用角度，主要内容包括阻止物业使用人对自用部分进行危害整体利益的行为、阻止业主对共用部分进行妨害他人利益的行为等事项。具体包括如下事项：

(1)房屋建筑共用部位的维修、养护和管理，包括楼盖、屋顶、外墙面、承重结构、楼梯间、走廊通道、门厅、庭院等的维修、养护和管理。

(2)共用设施、设备的维修、养护和管理，包括共用的上下水管道、落水管、垃圾道、烟囱、共用照明、天线、中央空调、暖气干线、供暖锅炉房、高压水泵房、楼内消防设施设备、电梯等的维修、养护、运行和管理。

(3)市政公用设施和附属建筑物、构筑物的维修、养护和管理，包括道路、室外上下水管道、化粪池、沟渠、池、井、自行车棚、停车场等的维修、养护和管理。

(4)公用绿地、花木、建筑小品等的养护与管理。

(5)附属配套建筑和设施维修、养护和管理，包括商业网点、文化体育娱乐场所等的维修、养护和管理。

(6)公共环境卫生，包括公共场所、房屋共用部位的清洁卫生、垃圾的收集、清运等。

(7)物业区域内的交通与车辆停放秩序的管理。

(8)维护公共秩序，包括安全监控、巡视、门岗执勤等。

(9)管理与物业相关的工程图纸、住用户档案与竣工验收资料。

(10)负责向业主和物业使用人收取各项费用，包括物业服务费、保洁费、保安费、房屋设备运行费、维修养护费等以及煤气、电力、有线电视等公用事业委托收取的费用。

除了以上事项外，当事人还可以根据本物业管理区域的具体情况，就业主或者物业使用人的自有部分有关设备的维修保养管理事宜，以及业主或者物业使用人特别委托的物业服务事项做出约定。

三、物业服务的质量

在物业服务合同中明确服务项目应该达到的标准,可以使物业服务企业有一个具体的目标,既方便企业量化服务标准,实行按质按量合理收费,又方便广大业主对物业服务企业的服务进行考核。这些标准既可以是规定的,也可以是约定的,在国家或地方有规定的标准时,一般适用该标准,对于国家或地方没有规定的项目,双方可以约定。这些标准都是针对物业管理项目所做的具体规定,如房屋外观,设备运行,房屋及设施、设备的维修、养护,公共环境、绿化、交通秩序、保安、急修、小修、大修等方面要求达到的程度,管理人员的着装、服务态度等方面的要求,以及业主对物业服务的满意率等。例如,电梯每日至少运行多少小时、保洁服务不少于多少次、定期保养维修的次数等。

四、物业管理用房

物业管理用房是专门供物业服务企业进行物业管理活动使用的建筑,是建设单位应负有的义务,是物业服务企业开展物业管理的基本条件。《物业管理条例》第三十条规定:“建设单位应当按照规定在物业管理区域内配置必要的物业管理用房。”在服务合同中应当对物业管理用房的具体位置、物业服务企业的具体使用权限、管理用房日常维护与保养及设施设备的维修等做出规定。

物业管理用房属全体业主共有。物业服务企业对物业管理用房享有占有与使用的权利,是根据物业服务合同的约定由业主授予的,因此,物业服务企业对该物业管理用房的使用必须符合合同的约定,不得擅自改变管理用房的用途,如果有改变其用途的,必须经过相关的行政主管部门审批和业主大会的同意。

五、前期物业服务合同

前期物业服务合同是指在前期物业管理中签订的物业服务合同。原建设部在《前期物业管理招投标管理暂行办法》中对前期物业管理有明确的定义,其第二条规定:“前期物业管理,是指在业主、业主大会选聘物业服务企业之前,由建设单位选聘物业服务企业所实施的物业管理。”由此可见,前期物业管理的时间界定应在业主大会选聘物业服务企业之前。

(一)前期物业服务合同中三方当事人的法律关系

前期物业管理涉及三方当事人,即开发商、物业服务企业和业主。开发建设商委托物业服务企业进行管理物业,与之签订前期物业服务合同,但在此之外,允许业主与物业服务企业之间再签订一份前期物业服务合同。在业主与物业服务企业签订的前期物业服务合同中,可以对开发商与物业服务企业签订的物业服务合同做出修改,或增加一些特殊服务的条款。

根据《物业管理条例》,前期物业服务合同的双方当事人是建设单位与物业服务企业,并不包括业主。这是因为在前期物业管理阶段,购楼业主还比较少,所占的物业面积比例也比较小,尚没有权力自己单独选聘物业服务企业,因此不得不由物业建设单位来选聘物业服务企业,由此也变成前期物业服务合同的双方当事人是建设单位与物业服务企业。这样,业主与物业服务企业之间就不存在合同关系。根据合同的相对性原理,只有彼此之间存在合同法律关系的双方,才有权提出行使合同权利与履行合同义务的要求,业主虽然是物业买受人,却没有法律上的权力要求物业服务企业依照前期物业管理合同提供物业服务。如果物业服务企业违反前期物业服务合同,提供的物业服务不符合约定,作为最直接的利害关系人的物业买受人,却不能要求物业服务企业采取措施改正,承担违约金等违约责任。与此类似,物业服务企业也没有法律上的权力要求业主缴纳各种物业服务费用。《物业管理条例》第二十五条就是为了解决前期物业服务合同的权利义务不能约束物业服务企业与业主而带来的困扰,明确规定建设单位与物业买受人签订的房屋买卖合同应当包含前期物业服务合同约定的内容。这样就避免了物业管理内容成为空缺,同时业主根据物业买卖合同,也可以享有物业服务的权利,并应当根据物业服务有关内容履行相关义务。

(二)前期物业服务合同与物业服务合同的衔接

如果在时间连续上没有做好安排,可能会发生前期物业服务合同的期限已经届满,而业主大会、业主委员会又没有选聘好物业服务企业,此时就会造成物业服务的断档,影响业主对物业的使用。实践中也经常出现前期物业服务合同的期限还没有结束,但业主大会选聘了新的物业服务企业,业主委员会也与其签订了物业服务合同,此时容易导致两家物业服务企业都认为自己有权提供物业服务,从而造成冲突。

为了解决前期物业服务合同的期限与物业服务合同的衔接问题,《物业管理条例》第二十六条规定:“前期物业服务合同可以约定期限;但是,期限未满、业主委员会与物业服务企业签订的物业服务合同生效的,前期物业服务合同终止。”

在我国以往的物业管理实践中,前期物业服务合同的截止时间有以下三种情形:

(1)前期物业服务合同规定的合同终止时间届满,业主再选聘物业服务企业并签订物业服务合同,则前期物业管理的截止时间为前期物业服务合同规定的合同终止时间。

(2)前期物业服务合同规定的合同终止时间尚未届满,业主委员会另行选聘物业服务企业并签订物业服务合同,则前期物业管理的截止时间为另行选聘物业服务企业的物业服务合同所定的起始时间。

(3)前期物业服务合同规定的合同终止时间届满，业主委员会尚未成立，或尚未与任何物业服务企业签订物业服务合同，原物业服务企业可以不再进行管理，也可以与开发商再签订前期物业服务合同，继续对物业进行管理。在继续进行管理的情况下，前期物业管理的截止时间为新的物业服务合同生效的时间。

《物业管理条例》规定，前期物业服务合同可以约定期限。至于前期物业服务合同与物业服务合同的时间衔接问题，条例规定物业服务合同生效，则前期物业服务合同自然终止，这就避免了两个物业服务合同发生冲突。

六、违反物业服务合同的法律责任

《物业管理条例》第三十六条规定："物业服务企业应当按照物业服务合同的约定，提供相应的服务。物业服务企业未能履行物业服务合同的约定，导致业主人身、财产安全受到损害的，应当依法承担相应的法律责任。"该条明确了物业服务合同对物业服务企业的效力及其违约责任的原则。

根据《合同法》的规定，合同一经成立生效，当事人就必须遵守合同的约定，按照合同的规定全面履行合同所产生的义务。如果当事人没有履行合同义务，或者虽然履行但是履行不符合合同约定的，就构成违约行为，要承担违约责任。当事人在履行物业管理合同时，应当遵循全面履行原则(又叫适当履行原则)与协作履行原则。所谓"全面履行"，是指当事人按照合同约定的标的、数量、质量，由适当的主体在适当的履行期限、履行地点，以适当的方式，全面履行合同义务。当事人不但应当履行合同的各项主给付义务，而且必须履行由当事人在合同中约定的，或基于诚实信用原则而产生的从给付义务及附随义务，只要其中有一项不符合合同的约定，就构成债务不履行行为，从而有可能承担违约责任。所谓"协作履行"原则，是指当事人不仅应适当履行自己的合同义务，同时还应基于诚实信用原则的要求，协助对方履行合同义务。

(一)违约责任的承担方式

根据《合同法》第一百零七条、第一百一十四条的规定，违反合同责任的承担方式主要有如下几种：实际履行(又叫继续履行)，支付违约金、滞纳金，恢复原状，赔偿损失以及采取必要的补救措施等。除"恢复原状"在物业服务合同中不适用以外，其他三种较常见。

实际履行的救济方式必须是在违约方仍然能够履行其义务时始得适用，若违约方已经不能履行其合同义务，则不能要求其实际履行，而只能采取其他救济措施。

支付违约金、滞纳金要以当事人在合同中有违约金条款的规定为前提条件，若合同中没有违约金条款，则不能要求对方支付违约金、滞纳金。至于违约金、滞纳金的数额，则完全取决于合同的约定，无须证明实际损失。因为违约金的性质即为预定损害赔偿,以减轻当事人的证明责任,但是合同中所约定的违约金不能过高或过低,否则当事人可以请求法院予以酌量增减。对此,《合同法》第一百一十四条第二款明确规定:“约定的违约金低于造成的损失的,当事人可以请求人民法院或者仲裁机构予以增加;约定的违约金过分高于造成的损失的,当事人可以请求人民法院或者仲裁机构予以适当减少。”

赔偿损失是最普遍、最常见的违约责任方式,承担损害赔偿的违约责任必须具备三个要件:有违约行为、债权人有损失(债权人的损失应当包括财产损失与精神损失两者,并不限于财产损失)、损失与违约行为之间存在因果关系。

(二)履行物业服务合同中常见的违约情形

1. 业主拒绝缴纳物业服务费用问题。

在业主拒绝缴纳物业服务费用时,物业服务企业应当及时与业主沟通,了解拒绝缴纳的原因。如果是由于企业的原因,应当及时解决,避免双方矛盾升级;如果是业主的原因,物业服务企业可以采取相应的措施催缴,或请业主委员会帮助催缴,或者依照合同的约定,由业主委员会代偿。但物业服务企业不能采取诸如断电断水、不准进入管理区域等强制措施,因为物业服务合同属于民事合同,物业管理是一种民事行为,而不具有行政性质的强制管理,再者,业主对物业享有所有权,物业服务企业不是水、电等合同的当事人,无权采取上述停水、停电措施,否则会构成侵权,需承担相应的责任。

2. 物业服务企业正确行使物业管理权问题。

由于物业服务合同属于民事合同,物业管理是一种民事行为,物业服务企业进行物业管理,业主遵守有关的规章制度,都属于平等主体之间的民事行为,任何一方都没有强制他方作为或不作为的权利。物业服务企业在管理过程中发现业主违反了法律或规章的有关规定时,有权要求业主停止有关行为。在业主不听从劝告时,可以请求业主委员会进行沟通,还可以向相应的行政主管部门报告,由其依法处理,但物业服务企业不能直接采取强制措施,或予以处罚。

《城市新建住宅小区管理办法》第十四条规定,房地产产权人和使用人违反本办法规定,有下列行为之一的,由物业管理公司予以制止、批评教育、责令恢复原状、赔偿损失:

(1)擅自改变小区内土地用途的;

(2)擅自改变房屋、配套设施的用途、结构、外观,毁损设施、设备,危及房屋安全的;

(3)私搭乱建,乱停乱放车辆,在房屋共用部位乱堆乱放,随意占用、破坏绿化、污染环境、影响住宅小区景观,噪声扰民的。

3. 业主在不认可物业服务企业的服务时如何处理。

当业主认为物业服务企业的服务达不到要求的质量或标准时,往往会采取一些不理智的措施,如拒绝缴纳管理服务费用、阻止相关管理活动等,造成业主与物业服务企业之间的矛盾和冲突。实际上,合同的履行是依靠双方的真诚合作才能完成的,在出现问题后,业主应当积极向物业服务企业提出意见和建议,或者要求业主委员会提意见和建议,通过业主委员会协调双方矛盾。在认为物业服务企业确实侵犯了业主权利的情况下,还可以通过政府行政主管部门的行政执法来解决,直至提起民事诉讼。

4. 物业管理小区内的企业垄断问题。

物业服务合同的受托方只能是一个物业服务企业,该企业在接手物业管理后,有时会采取一些垄断措施,排斥其他物业服务企业向物业管理区域内的单个业主提供个别专门服务。根据物业服务合同的约定,物业服务企业主要是向全体业主提供物业服务,要针对特定物业提供管理服务的,只有在合同特别约定的情况下,受托方向业主自用部分的设备设施提供有关服务才受合同的约束。物业服务企业与单个业主之间的委托行为,以业主做出委托为前提,也就是说,业主具有选择的权利,在业主选择了由其他服务企业提供单独服务时,本小区内的物业服务企业应当给予配合,而不能为了自己的利益拒绝其他企业进入管理区域从事服务业务,或通过收取所谓的管理费等方式排斥竞争,否则就属于管理服务越位,构成违约。

5. 关于物业服务企业代缴水、电等费用而产生的纠纷。

实践中,许多住宅小区的水、电、气、热等费用往往由物业服务企业代收代缴,由此产生纠纷在实践中也较为常见。主要有如下几种情形:

一是由于物业服务企业代有关部门收取水电费,遇到部分业主不缴纳的情况时,水、电等部门以整个小区的费用缴纳不足为由,停止供应小区的水、电,由此产生纠纷。

二是因物业服务企业未及时上缴已代收的水、电等费用,致使水、电等有关部门停止业主的水、电、气、热等供应,因而产生纠纷。此种情况下,由于物业服务企业违反了其与业主之间关于代收代交的约定,并造成了损害,因而应当承担违约责任。

三是业主拖欠物业服务费用时,物业服务企业以停止水、电、气、热等方式催交费用。由于水、电、气、热并非物业服务企业提供,此类费用也不同于物业服务企业的服务费用,因此,以停水、电、气、热等方式催交物业费用的,属于侵权行为,应当承担相应的民事责任。

《物业管理条例》第四十五条规定,物业管理区域内,供水、供电、供气、供热、通信、有线电视等单位应当向最终用户收取有关费用。物业服务企业接受这些部门委托代收前款费用的,不得向业主收取手续费等额外费用。

从法律关系来看,供水、供电等部门应直接向最终用户即业主收取费用,物业服务企业只是起到代收代缴的作用,但现行体制下,代收代交的做法将有关部门费用收缴中的风险转嫁到物业服务企业身上,严格说来这是不公平的。问题的发生,一方面是由于供水、供电等部门长期以来的垄断地位和计划经济体制下沿袭下来的官僚主义作风使然;另一方面也有技术上的原因,如整栋小区一个电表,或几户共用一个水表、电表,无法分户控制。

6. 关于小区内车辆丢失或者毁损纠纷。

这是目前物业管理中争议较大的一类纠纷。一般来讲,物业服务企业在小区内设有停车泊位,并对停放的车辆收取泊位维护费用或车辆管理费用。因车辆丢失或毁损而引起纠纷的处理可以分为两种情形:一是双方签订了停车管理服务协议,此种情形下,应当按照双方签订的停车管理服务协议确定赔偿责任;二是双方没有签订停车管理服务协议,此种情形下,应当根据物业服务企业的过错程度、收费高低等因素合理确定赔偿责任。

7. 关于小区内其他财物丢失或毁损纠纷。

这类纠纷分为两种情形:一是物业服务合同约定有财物保管服务。此种情形下,在发生财物丢失或毁损时,业主可以直接依据保管合同要求物业服务企业承担相应的赔偿责任。由于保管责任是一种结果责任,因此,只要发生保管物品失窃的结果,保管人就要承担责任。二是物业服务合同没有约定财物保管服务。此时,物业服务企业只有在其未尽到安全防范义务并对财物丢失或毁损有过错的情形下,才承担相应的赔偿责任。

8. 因电梯事故而产生的纠纷。

实践中,一些小区电梯事故屡有发生,严重危害业主生命健康和财产安全。事故发生后,物业服务企业与电梯生产商往往互相推诿,不愿承担责任。从理论上分析,这涉及产品质量责任与物业服务企业应承担法律责任的区分问题。也就是说,如属于电梯没有按照国家有关标准及时向业主大会和业主委员会提出进行更新或改造的,或电梯驾驶员违规操作,或者发生险情没有及时排除的,或发生电梯事故没有及时救助的,物业服务企业应承担赔偿责任。关于电梯的使用性能是否达到报废标准,或者发生电梯事故后,对事故原因的分析,当事人应向国家规定的特种设备检测中心或房屋设备检测检验所及国家电梯质量监督检验中心申请鉴定。如鉴定结果表明,物业服务企业没有过错,事故原因为电梯质量不合格所致,则应由产品的制造者、销售者承担民事责任。

物业服务企业有管理维护电梯、保证其正常运转的义务。实践中,为了切实维护业主的权益,一旦小区电梯发生事故,损害业主人身、财产权益的,物业服务企业就应当承担赔偿责任。如果事故原因系电梯本身的质量问题,物业服务企业在承担责任后,可以向电梯生产商追偿。

9. 关于物业服务企业的保安责任。

《物业管理条例》第四十七条规定:物业服务企业应当协助做好物业管理区域内的安全防范工作。发生安全事故时,物业服务企业在采取应急措施的同时,应当及时向有关行政管理部门报告,协助做好救助工作。物业服务企业雇请保安人员的,应当遵守国家有关规定。保安人员在维护物业管理区域内的公共秩序时,应当履行职责,不得侵害公民的合法权益。依此,承担居住小区及小区内物业的保安服务是物业服务企业的基本职责。近年来,各地小区内屡屡发生治安事件,如盗窃、人身伤害等,业主以物业服务企业未尽到保安义务为由,要求物业服务企业承担民事赔偿责任。

从责任的法律性质来说,保安责任为行为义务而非结果义务。所谓行为义务,是指义务人只要尽到作为的义务,即为完全履行了法律义务,不要求有法律上特定结果的发生(或不发生);结果义务则不仅要求义务人的作为,还要求特定结果的发生(或不发生)。从保安义务的内涵来看,应为行为义务,因此,不能认为只要发生了盗窃或人身伤害事件即为违反了义务,应承担责任;保安责任为过错责任而非结果责任,业主应证明保安存在疏忽、懈怠或未尽职责的其他过错行为,否则,物业服务企业不应承担责任。

物业服务企业在管理中如果没有履行保护安全责任,承担的应当是有限的违约责任,而并非全额赔偿责任。因为:

第一,物业公司和小区业主之间属于服务合同的法律关系。根据《物业管理条例》的有关规定,物业服务企业只需按照物业服务合同的约定,对房屋及配套的设施设备和相关场地进行维修、养护、管理,维护相关区域内的环境卫生,保障小区内的安全秩序,并不是对治安负全责。

第二,保安不能等同于保镖。物业安全服务的性质是一种有限的安全防范服务。保安负责维护的安全不是广义上的社会安全,而是一种群防群治的、有限的安全防范服务。物业服务企业的安全义务是指其在物业管理活动中所实施的一系列安全措施,包括值班保安对犯罪分子的威慑力量、物业工作人员对已经发现的不安全情况的遏止作用、接到报警信号采取及时处理措施等。保安不能等同于保镖,物业服务企业对业主人身、财产安全的保护义务主要来源于合同的约定或者法律、法规的直接规定,我们不能把物业服务企业的安全防范服务等同于国家行政、司法机关的保证公民生命和财产安全、维护社会主义秩序的职能。

第三,物业区域内发生的案件应该具体情况具体分析,不能要求物业服务企业承担全部责任。因他人犯罪造成业主人身、财产损失的,物业服务企业承担的是违约责任而不是侵权责任。如前所述,物业管理的性质属于服务合同,如果物业公司出现了值班保安擅离职守、工作人员对已发现的不安全情况置若罔闻、接到报警信号没有及时采取应对措施等过错行为,就可以认定物业公司未能履行物业服务合同的约定。如果因此导致业主人身、财产安全受到损害，就应当依法承担相应的违约责任，而不是全部责任。因为毕竟业主的人身、财产损失是因为他人犯罪行为而引起的，因此，犯罪分子除了应受到刑法制裁外，还应承担附带民事赔偿责任。我们只能要求物业公司承担因管理不善造成的违约责任，而不能要求其承担全部的赔偿责任。因此，如果物业服务企业已履行了服务合同所约定的相关保安义务，业主不能证明其管理上存在过错的，就不能要求物业服务企业承担损害赔偿责任。

第四，物业服务企业只承担未能履行物业服务合同或履行物业服务合同过失的责任。

第六节　物业专项维修资金的管理与使用

《物业管理条例》第五十四条对专项维修资金的缴纳、归属和使用等问题做了规定："住宅物业、住宅小区内的非住宅物业或者与单幢住宅楼结构相连的非住宅物业的业主，应当按照国家有关规定交纳专项维修资金。专项维修资金属业主所有，专项用于物业保修期满后物业共用部位、共用设施设备的维修和更新、改造，不得挪作他用。专项维修资金收取、使用、管理的办法由国务院建设行政主管部门会同国务院财政部门制定。"可见，所谓专项维修资金，是指根据法律法规规定建立的专门用于住宅共用部位、共用设施设备保修期满后大修、更新、改造的资金。

一、缴纳物业专项维修资金的义务人

物业专项维修资金的受益人是全体业主，因此，根据"谁受益、谁负担"的原则，缴纳维修资金的义务人是全体业主。根据《物业管理条例》的精神，可以把业主分为三种情况：第一种是住宅小区内的住宅物业的业主；第二种是住宅小区内的非住宅物业的业主；第三种是住宅小区外与单幢住宅楼结构相连的非住宅物业的业主。应该注意区分的是第三种业主，该类业主不在小区之内，甚至没有享受到小区内的物业服务，似乎不需要承担缴纳责任，但是专项维修资金不是物业服务费用，它和服务无关系，它承担义务的理由是该物业的结构与单幢住宅楼的结构紧密相连，也就是说，和住宅楼存在共用部分，如果住宅楼的结构出现问题，得不到及时维修，该非住宅物业的结构也会相应地受到影响，而住宅楼获得维修、更新、改造的好处，该非住宅物业却能同样受益。根据受益与负担相一致、权利和义务相一致的原则，与该单幢住宅楼结构相连的小区外的非住宅物业业主同样也要承担缴纳专项维修资金的义务。

二、物业专项维修资金的收取、管理、使用应由业主约定

物业专项维修资金是基于不动产所有权人的财产权设立的，根据所有权特征，理当由所有权人决定该项财产的交付、收取、管理及使用事宜。业主委员会作为业主大会的执行机构，理应负起管理之责。对物业维修资金的使用，也由业主会议决定。《物权法》规定，“筹集和使用建筑物及其附属设施的维修资金，应当经专有部分占建筑物总面积三分之二以上的业主且占总人数三分之二以上的业主同意”。

三、物业专项维修资金的使用对象及时间界定

物业专项维修资金是用于住宅区域内共用部位、共用设施设备保修期满后大修、更新、改造的资金。所谓共用部位，是指住宅主体承重结构部位；所谓共用设施、设备，是指住宅小区或单幢住宅内，建设费用已分摊进入住房销售价格的共用上下水道、落水管、水箱、加压水泵、电梯、天线、供电线路、照明、锅炉、暖气线路、消防设施、绿地、道路、路灯、沟渠、池、井以及公益性文体设施和共用设施、设备使用的房屋。所谓大修，是对共用部位、共用设备设施的大规模的维修。所谓更新和改造，是对共用部位、共用设备设施中坏、旧部分的更换，以使其保持正常的使用，或者不断提高其使用效能，或使其具有新的效能。

建设单位按照国家规定的保修期限和保修范围，承担物业的保修责任。《中华人民共和国建筑法》第六十二条和《建设工程质量管理条例》第三十九条均明确规定了建设工程实行质量保修制度。建设工程承包单位在向开发商提交工程竣工验收报告时，应当出具质量保证书。该质量保证书中应当明确建设工程的保修范围、保修期限和保修责任等。《建设工程质量管理条例》第三条规定，建设单位、勘察单位、设计单位、施工单位、工程监理单位依法对建设工程质量负责。鉴于业主是与建设单位订立物业买卖合同，因此，建设单位应当承担物业质量保修的首要责任。建筑工程的保修范围包括地基基础工程、主体结构工程、屋面防水工程和其他土建工程（地面、楼面工程，门窗工程等），以及电气管线、上下水管线的安装工程，供热、供冷系统工程等项目。

《建设工程质量管理条例》第四十条的规定，在正常使用条件下，建设工程的最低保修期限为：①基础设施工程、房屋建筑的地基基础工程和主体结构工程，为设计文件规定的该工程的合理使用年限；②屋面防水工程、有防水要求的卫生间、房间和外墙面的防渗漏为5年；③供热与供冷系统为2个采暖期、供冷期；④电气管线、给排水管道、设备安装和装修工程为2年。如果是因为勘察单位、设计单位、施工单位、工程监理单位的原因造成的物业质量问题，可以依法要求这些单位分别承担相应的责任。即施工单位未按国家有关规范、标准和设计要求施工，造

成的质量缺陷,由施工单位负责返修并承担经济责任。质量缺陷是指工程不符合国家或行业现行的有关技术标准、设计文件以及合同中对质量的要求。由于设计方面的原因造成的质量缺陷,由设计单位承担责任。因建筑材料、构配件和设备质量不合格引起的质量缺陷,属于施工单位采购的或经其验收同意的,由施工单位承担经济责任;属于建设单位采购的,由建设单位承担经济责任。因使用单位使用不当造成质量缺陷,由使用单位自行负责。施工单位接到保修通知书后,必须及时到达现场,与建设单位明确责任方,并确定返修内容和时间。

根据建设部颁发的《商品住宅实行住宅质量保证书和住宅使用说明书制度的规定》,房地产开发企业在交付商品住宅时,必须提供《住宅质量保证书》和《住宅使用说明书》。房地产开发企业应当按《住宅质量保证书》的记载,承担住宅的保修责任。住宅的保修期从开发企业交付用户使用之日起计算。但是,如果用户违反《住宅使用说明书》的提示,使用不当或者擅自改动物业的结构以及装修不当,由此造成的质量问题,房地产开发企业不承担保修责任。如果物业是由于第三人的人为损坏,不论是否超过保修期,均由第三人负担赔偿责任。专项维修资金不能用于住宅自用部位和自用设备的维修养护,该部分的维修、更新的费用由业主自己承担。

第七节　物业服务的收费

物业服务费,即业主应当向物业管理公司交纳的物业服务费用。物业服务合同作为双务有偿合同,业主最主要的义务(即物业服务企业最主要的权利)是支付物业服务费,因此,物业服务费应当由双方当事人在物业服务合同中约定。物业服务合同首先应当规定服务费用的计算标准,其次应当规定物业服务费用的交纳期限,例如,有的物业服务费用是按月交纳,有的则是按季交纳,有的费用是采取预收的形式,有的则是事后核实计收。

一、物业服务收费应遵循的原则

《物业管理条例》第四十一条规定:“物业服务收费应当遵循合理、公开以及费用与服务水平相适应的原则,区别不同物业的性质和特点,由业主和物业服务企业按照国务院价格主管部门会同国务院建设行政主管部门制定的物业服务收费办法,在物业服务合同中约定。”可见,物业服务收费是由物业服务企业与业主委员会或业主具体协商确定。

(一)合理原则

合理原则是指在物业管理实际操作中,核定收费时应充分考虑物业服务企业的利益,既要有利于物业服务企业的价值补偿,也要考虑业主的经济承受能力。

以物业服务发生的成本为基础,结合物业管理公司的服务质量、服务深度进行合理核定,使业主的承受力与物业管理实际水平、服务深度相平衡。

(二)公开原则

公开原则要求物业管理公司公开服务项目和收费标准,规范物业管理公司对用户提供特约有偿服务,并实行明码标价,定期向业主公布收支情况,接受业主监督。

(三)质价相符原则

质价相符原则是指物业服务的收费标准应与服务质量相适应。也就是说,物业服务收费标准高,服务的项目就多,所提供的管理水平和服务质量也高;物业服务收费标准低,所提供的服务内容就少,服务的要求就低。

(四)合法竞争原则

物业服务作为一种有偿服务,国家支持和促进物业管理行业公平、公开、合法的市场竞争,维护正常的价格秩序,对价格活动实行管理、监督和必要的调控。

(五)政府监管原则

按《物业管理条例》的规定,政府相关部门制定物业收费的具体实施办法,并负责监督和处理相关的投诉。建设部与国家发展和改革委员会根据《中华人民共和国价格法》和《物业管理条例》,制定了《物业服务收费管理办法》,于 2004 年 1 月 1 日起正式实施。根据《物业服务收费管理办法》的规定,各级价格主管部门会同同级建设行政主管部门负责物业服务收费的监督管理工作。

该办法涉及物业服务价格管理的主要内容有:

(1)物业服务费可采取政府指导价和市场调节价两种方式。

(2)物业服务企业应明码标价,在管理小区的显著位置将服务内容、标准和项目进行公示。

(3)物业服务企业向业主代收水、电、气费时,不得加收手续费等任何额外费用,已竣工但尚未售出的房屋,其物业费由开发建设单位全额缴纳。

(4)物业共用部位、共用设施设备的大修、中修和更新、改造费用,应当通过专项维修资金予以列支,不得计入物业服务支出或者物业服务成本。

(5)实行物业服务费用酬金制的,预收的物业服务支出属于代管性质,为所交纳的业主所有,物业服务企业不得将其用于物业服务合同约定以外的支出。物业服务企业根据业主委托提供合同约定以外的服务,收费由双方约定。

(6)物业服务企业应当向业主大会或者全体业主公布物业服务资金年度预决算,并每年不少于一次公布资金收支情况。业主或者业主大会对预决算和收支情况提出质询时,物业服务企业应当及时答复。采取酬金制方式的,物业服务企业或者业主大会可以按照合同约定,聘请专业机构对年度预决算和收支情况进行审计。

(7)利用物业共用部位、共用设施设备进行经营的，应当在征得相关业主、业主大会、物业服务企业同意后，按规定办理有关手续。业主所得收益应当主要用于补充专项维修资金，也可按业主大会的决定使用。

二、交纳物业服务费的义务人

《物业管理条例》第四十二条规定："业主应当根据物业服务合同的约定交纳物业服务费用。业主与物业使用人约定由物业使用人交纳物业服务费用的，从其约定，业主负连带交纳责任。已竣工但尚未出售或者尚未交给物业买受人的物业，物业服务费用由建设单位交纳。"具体介绍如下：

(1)在物业已经出卖并交付给业主的，业主是交纳服务费的义务人。

(2)当业主将物业交予他人使用时，由于物业使用人并非合同的当事人，因此，除非经由业主与使用人双方约定债务承担外，物业使用人一般不负有交纳服务费的义务。

当业主与物业使用人约定由物业使用人交纳物业服务费的，根据《合同法》的规定，由债务人与第三人签订合同进行债务承担的，应当经债权人同意才能生效，因此，若未经债权人(即物业服务企业)同意的，不构成债务承担，此时业主与物业使用人的约定对物业服务企业不生效力，但是该约定在业主与物业使用人之间仍然有效。

(3)当物业尚未出售或虽已出售但是尚未交付给业主时，物业管理合同的当事人是物业服务企业与房地产开发单位(即条例所称的建设单位)，所以物业服务费应当由房地产开发单位支付。

(4)业主特约服务的费用按《物业管理条例》第四十四条的规定，由业主与物业服务企业单独订立委托合同，就服务的种类、标准、服务费用的数额及其支付的方式时间等做出具体的约定。

(5)物业管理区域内公众性费用按《物业管理条例》第四十五条规定，供水、供电、供气、供热、通信、有线电视等单位应向水、电、气、通信、有线电视等公用事业服务的最终用户收取相关费用，而非物业服务企业。

《物业管理条例》第四十五条第二款规定了物业服务企业代收电费等费用时不得收取手续费等额外费用，应当是指不得向业主等用户收取额外的手续费。因为，供电等单位是收取电费的权利人，用户则是交纳的义务人，物业服务企业不是合同的当事人，因此既不享有权利也不负有义务。

三、物业服务收费的项目和标准

我国大多数城市都没有制定物业管理费收费的项目和标准，这主要是考虑到具体管理的小区不同、业主需求各异，很难形成一个统一的标准模式。不少城市都取消了政府定价，实行政府指导价。《物业管理条例》还规定，主要由业主和物业公司协商约定收费项目和收费标准。

（一）物业服务收费项目

1996年2月9日国家计委、建设部颁布的《城市住宅小区物业服务收费暂行办法》规定，服务收费的费用构成包括：①管理、服务人员的工资和按规定提取的福利费；②公共设施、设备日常运行、维修及保养费；③绿化管理费；④清洁卫生费；⑤保安费；⑥办公费；⑦物业管理单位固定资产折旧费；⑧法定税费。

其中，第②项和第⑥项费用支出是指工资及福利费以外的物资损耗补偿和其他费用开支。

要注意的是，上述物业服务收费与以下几种费用不同，即专项维修资金、业主个人费用、代收代缴费用。业主的水电费、煤气费、有线电视费、电话费可以约定由物业服务企业代收代缴。物业服务企业自身不具有承担收取这些费用的责任，所发生的费用应与服务收费项目相区分。

（二）物业公司收取物业管理费的时间

关于物业公司何时才能开始收取物业管理费的问题，实践中，物业公司收取物业管理费一般从购房人验收房屋、签字认可后，开始计取物业管理费；也有的物业管理公司以住户办理入住手续时开始计取管理费的。

（三）空置房的物业管理费

关于开发建设商的空置房是否应交纳物业管理费，目前没有明文规定。但从行业惯例来看，开发商的空置房都交纳了物业管理费，至于交纳管理费多少，可在房屋使用、管理、维修公约中约定。实践中，空置房的业主一般都需要交纳物业管理费，但不是全额交纳，一般是按全额的40%～60%交纳。

（四）物业管理费的计费面积

物业管理费的计费面积应以房产证上标明的建筑面积为准。这个建筑面积包括两个部分：一部分是套内建筑面积，另一部分是公用分摊面积。对于还没有取得房产证的房屋，以开发商与购房人签订的购房合同上的销售面积为准。

（五）公共区域的照明费用

公共区域的照明一般是指楼房的楼梯、门厅、走廊等地方的照明，这部分能源费用应由受益人承担，一般惯例是，按单元门分摊费用。因此，住户除了交纳本户所用能源费用外，还应交纳应分摊的能源费用。有些省市不分摊公共区域的照明费用，而把它纳入物业管理费中。

（六）低层住户的电梯费用

电梯是楼内全体产权人的共用财产，电梯运行维护费用理应由楼内全体产权人共同承担。但考虑到低层住户使用电梯比较少，所以实践中不少物管小区适当减少对低层住户的电梯收费。

思考题与练习题

1. 业主委员会成立以后,解聘了原物业公司,重新选聘了新的物业企业,没有业主反对,但物业公司认为其违法,你作为行政主管部门怎么看? 怎么办?

2. 物业服务企业在物业住宅小区管理中提供的是管理还是服务? 收到是管理费还是服务费?

3. 业主个人自用部位、自用设备或毗邻部位的维修养护及其他特约服务发生等费用能否用物业专项维修资金列支?

4. 物业服务企业为业主代收代缴水电费、煤气费、有线电视费、电话费的过程中能否收一些服务费用?

5. 有的开发商在卖房时承诺免第三年物业管理费,你作为业主认为这样行吗?

DI SHIYIZHANG 第十一章 房地产经营管理信息化

对于目前房地产行业发展中必须应对的各种问题,很多企业开始探索用信息技术改造传统的运作模式,我国房地产企业在政府的推动和市场竞争的压力下,开始大规模利用现代信息技术,建设智能化小区和网络小区,积极应用房屋销售、租赁、置换等软件,房地产企业上网数量不断增加。信息技术正在猛烈地冲击着房地产行业传统的经营理念、营销策略、管理模式、业务流程和运作方式。知识经济时代要求以知识和信息为增值的主体和对象,要求知识和信息成为企业具有竞争力的核心要素,要求企业的所有员工都要高度重视知识和信息的作用,这就迫使企业去进行信息化建设,信息化又提供了一个知识和信息被获取、被增值的平台。

当前,房地产企业竞争力的高低完全取决于对信息的获取和处理能力。企业的生存和发展要靠正确的决策,而决策的基础就是信息。房地产企业要准确、快速地获取和处理信息,信息化是必然的选择,它可大大减少人力资源,提高效率,加快信息处理的速度,提高信息的准确性和可靠性。房地产企业信息化可以通过辅助管理和辅助决策,准确及时地把握市场信息,从而获得更多的商机;还可以提高企业对市场的反应能力,提高决策的正确性和预见性,从而大大提高房地产企业的竞争力。因此,房地产经营管理信息化将成为未来的发展方向。

房地产经营管理信息化是指房地产企业利用现代信息技术,通过对信息资源的深化开发和广泛利用,不断提高房地产企业决策、开发、经营、物业管理的效率和水平,进而提高房地产企业的经济效益和市场竞争力的过程。

第一节 房地产项目建设管理信息化

一、概述

随着计算机的普及,人们将信息系统方法引入项目管理,提出项目管理信息系统，这使项目管理理论和方法的应用走向了更为广阔的领域，扩大了工程项目建设管理的应用深度和广度，包括合同管理、界面管理、项目风险管理、项目组织行为和沟通方法。计算机的广泛应用加强了决策支持系统、专家系统和互联网技术在房地产项目建设管理中的应用。市场经济的逐渐完善，生产社会化程度的提高，人们对项目的需求也愈来愈多，项目的目标、计划、协调和控制也更加复杂，这将促进房地产项目建设管理手段和方法的进一步发展。房地产项目建设管理信息化使管理科学化、精确化、高效化，规范标准化。

房地产项目建设管理有极其丰富的内容，通常将之归纳为合同管理、进度管理、费用(投资)管理、质量管理、安全管理、组织协调，这些是由项目管理的三大目标衍生出来的。一个相对完整的房地产项目建设管理信息化系统主要包括合同管理子系统、进度管理子系统、费用(投资)管理子系统、质量管理子系统、安全管理子系统、组织协调子系统。

二、房地产项目建设管理信息化的优点

房地产项目建设管理信息化能给开发商提供更直观、准确和快速的信息，可推动房地产项目管理的标准化、规范化进程。房地产项目建设管理信息化的优点有：①资料集中管理，不易流失；②简单易懂的图形用户界面；③使房地产项目建设管理工作标准化；④随时准确地为业主提供咨询服务；⑤数据查询快速准确，图文并茂；⑥有效地辅助管理人员制订工作计划；⑦数据处理分析方便，提高了管理效率；⑧项目管理的可视化，虚拟现实。

三、房地产项目建设管理信息化过程

信息的收集和加工是一个系统管理控制的过程。信息是流动的，根据信息的状态及映射关系，可分成四个平面，即：目标平面、信息平面、报告平面和用户平面。房地产项目建设管理信息化过程如图 11－1 所示。

(一)目标平面

根据项目管理学的基本理论，项目的目标需要分解，最终成为一个层状的目标系统。目标平面是指将项目的三大目标进行分解，在项目实施的五个阶段都有六方面的任务，即明确三十大块的任务。目标分解的方法有四种：第一种是根据阶段或过程，把目标分解为设计准备阶段、设计阶段、采购阶段、施工阶段和动用前准备阶段，形成各阶段的目标控制。第二种是按项目，即把房地产项目分解成若干个子项目，并明确子项目的控制目标。第三种是按实施单位，把阶段的目标和子项目的目标分别落实到各个实施单位。第四种是过程中的活动，这是由各组织单位完成的，因此，控制者最基础的控制单元是有关单位的有关活动。

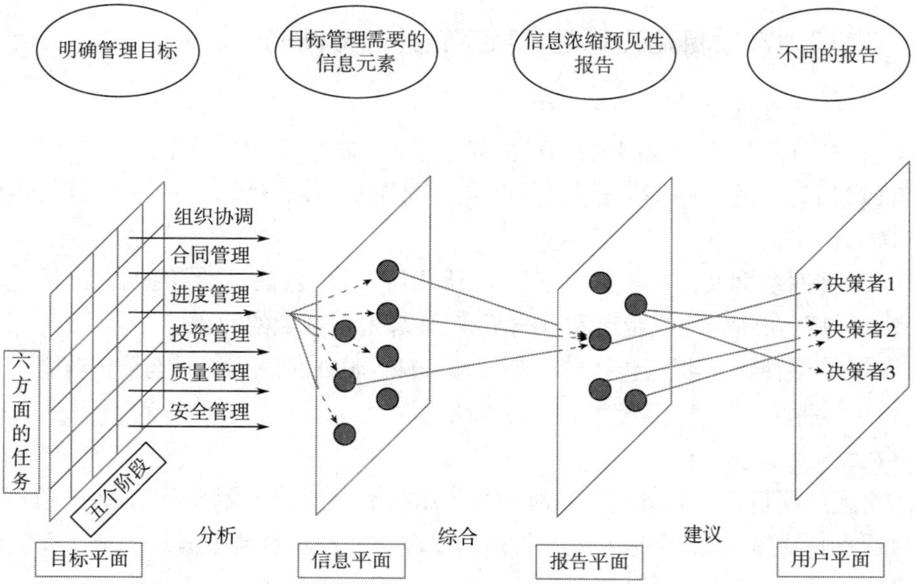

图 11－1　房地产项目建设管理信息化过程

对目标进行分解并把各个层面的目标实施效果的信息收集起来,分析加工后反馈到决策层,这是控制者的一个重要任务。

(二)信息平面

为实现项目的目标,需要大量的信息,目标控制所需要的信息元素组成了项目控制的信息平面。信息平面是指把与整个项目目标有关的信息收集起来,包括规定基础信息的范围和信息量;各实施单位报告信息的时间和内容;统一的信息分类及编码;中央数据库及计算机网络的使用统一规定。

(三)报告平面

项目控制的任务是对目标控制所需要的大量信息进行分析,将信息元素进行浓缩,产生预见性报告。报告平面是指浓缩信息。控制者利用 IT 技术分析项目实施情况,综合项目实际信息,找出偏差,编制有价值的控制报告作为决策的依据。

(四)用户平面

项目控制报告的对象是业主方最高决策者,不同决策者获取各自需要的控制信息,不同层面的决策者根据控制者的控制报告及决策者个人的知识和经验进行决策。

控制者对项目的控制构成了一个控制系统。信息流的四个层面——目标平面、信息平面、报告平面和用户平面反映了信息的映射关系,是信息处理系统的四个过程。

四、房地产项目建设管理信息系统的总体结构

（一）功能要求

（1）用计算机进行控制项目管理，能够增加、删除、编辑控制信息。

（2）对地图的一些特征进行操作，包括对图形进行任意放大、缩小、漫游、分层（类）显示等。

（3）能对空间实体和实体间关系进行几何量算，包括：计算两点之间的直线距离，计算两点间的曲线距离和折线距离，计算选定区域的面积。

（4）有多种查询功能，包括空间查询、多条件逻辑查询、多种统计与分析功能。

（5）房地产项目建设管理信息的可视化。

（二）总体结构

房地产项目建设管理信息系统的总体结构图如图 11－2 所示，房地产项目建设目标来自决策信息，房地产项目管理信息和房地产项目地理信息构成了系统的信息流入部分，房地产项目管理信息系统的数据来自数据库。根据房地产项目建设管理理论，建设管理信息系统分为组织协调子系统、合同管理子系统、进度管理子系统、投资管理子系统、质量管理子系统、安全管理子系统六个模块。

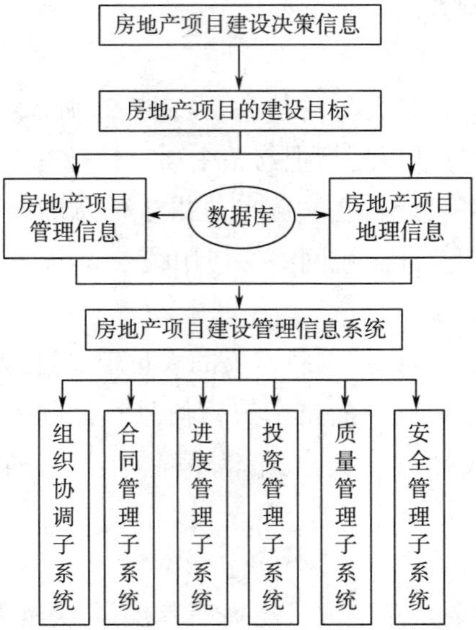

图 11－2　房地产项目建设管理信息系统总体结构

（三）管理信息系统数据库

1. 数据库的作用。

数据库是系统各项功能得以实现的数据基础，可喻为系统的"血液"。在系

统数据库管理中，有效地将各种数据按照一定的结构组织、存储和管理，以便于提高系统的信息查询和处理效率是系统数据库的关键。对于一个实际应用的信息系统而言，数据库系统是其最基本的组成单元。数据库在房地产项目管理信息系统中的作用主要有：

（1）数据的分析和预处理，即收集系统开发所需的各种数据、文件、标准等基础资料，并对这些资料进行必要的分析和预处理。例如：整理原始数据，并按系统输入数据格式的要求进行数据格式转换、归纳、分类与操作，为下一步工作做准备。

（2）数据输入，即把数据以记录的形式存贮在数据库中。数据库包括数据结构和内容两部分，数据结构在数据库中由数据库定义语言完成，而内容必须通过数据的输入来完成。

（3）查询分析。查询分析的实质就是进行数据的分析处理。无论进行什么样的统计和应用模型分析，都必须有可靠的数据做支持，才能得出准确的结果。

（4）数据的输出。因为系统分析和查询结果存贮在数据库中，进行结果数据的输出必须调用数据库中各种形式的数据（包括图形数据、表格数据、文字说明等）。系统的可视化对象实际上首先是调用数据库中的数据，然后在用户交互界面显示输出。

2. 系统数据结构。

（1）空间数据结构。空间数据也叫图形数据，适用于所有呈现二维、三维和 N 维分布的关于区域现象的数据，地图数据就是一种特殊的空间数据。在空间数据模型中，地理要素的数据及相互关系表示为地理实体的空间几何属性、空间关系、地理实体属性以及实体属性与几何元素的构成关系。管理信息系统的空间数据按分层组织，根据系统的功能要求，地图图层结构分为两部分：基础底图和控制专题层（如图 11－3 所示）。

基础底层	控制专题层
地界四至层	行政区域层
独立地物层	楼盘位置层
居民底层	公共交通层
管线层	房地产公司层
水系层	承包公司层
土质层	设计单位层
地貌层	监理单位层
地名层	建设行政主管层
测量控制点层	
植被层	
等高线层	

图 11－3　空间数据结构

（2）属性数据结构。属性数据表示地理物体的本质特性，是地理实体相互区别的质量准绳。它和空间数据一起“从本质上对地理物体作相当全面的描述，可看作多元信息的抽象，是地理物体的静态信息模型”。一个地理实体一般应具有一个地理属性。属性数据通常可分为定性和定量两种。定性数据包括实体的名称、类型、特征等；定量数据包括数量和等级等。系统中属性数据采用关系数据库进行管理，因此数据结构是指数据库中数据表的结构（如图 11－4 所示）。

合同管理数据信息：

项目名称 建设工程招标保管理办法 建设工程施工合同管理办法
建设监理合同 建设工程勘查合同 建设工程施工承包合同 合同变
更协议 签证单 中标通知书 投标书和招标文件 合同模式 合同
文件修改 合同变更分析 索赔报告审查分析 索赔通知 索赔报告
合同信息统计……

进度管理数据信息：

项目名称 时间定额 项目总进度计划 项目目标分解结构
进度控制工作流程 进度控制工作制度 进度控制的风险分析
施工进度记录 实际开始日期 计划工程量 已完成工程量
实际结束时间 时间偏差 进度时间比较……

投资管理数据信息：

项目名称 各种投资估算指标 类似工程造价 造价指数 概算定额
预算定额 建设项目投资估算 设计概算 设计预算 合同价
工程进度款支付单 竣工结算与决算 原材料价格 土地费用
前期工程费用 房屋开发费 间接开发费 销售费用 管理费用
财务费用 不可预见费 计划费用 实际费用 已完计划费用
费用局部偏差 绝对偏差 相对偏差……

质量管理数据信息：

项目名称 国家质量政策和质量标准 项目建设标准 质量目标分解
结构 质量控制流程 质量抽样检查结果 分项工程名称 优良项数
合格项数 分部工程质量评定 隐蔽工程内容 已经验收 承包商
单位工程质量观感评定 评定项目 分值 观感验收等级 室外工程
室内工程 屋面工程 配套工程 管线工程 评定负责人 质量保证
资料 质量保证资料核查……

图 11－4　属性数据结构

（3）多媒体数据结构。多媒体数据主要是指图片资料、图像资料、声音、影像资料，如效果图、户型图、楼盘内外环境录像等，一般都以文件形式存放。在数据库中，可以通过文件名进行管理。多媒体数据结构如图 11－5 所示。

文件编号 文件名 文件类型（文件后缀） 存放路径 描述 …

图 11－5　多媒体数据结构

（四）房地产项目建设管理信息子系统

限于篇幅和重要性的原因，此处仅对合同管理子系统、进度管理子系统、投资管理子系统、质量管理子系统做详细介绍，而且只分析到模块划分层面。

1. 合同管理子系统。

合同管理是一项复杂的工作。合同管理一般由多个部分组成，工作跨越多个组织，需要通过一定的管理流程来控制。合同履行不仅要完成质量、工期、投资、安全等目标，而且要全面完成合同约定的责任、义务、权利及相关的一切房地产项目目标。合同目标控制过程常常受到内外环境的干扰，同时合同目标本身也在不断变化，如工程变更或合同变更等。所以，合同目标控制必须是一个动态循环的过程，随着合同目标不断地变化而变化。每一个循环控制过程都要经过输入、转换、反馈、对比、纠正等步骤。控制工作的每一次循环结束，都有可能使工程合同管理呈现一种新的状态。通过不断地修订计划、调整目标，使这种新的状态不断地发展下去，推动合同管理工作走向深入。正是通过合同管理子系统，使得合同管理方便、快捷、有效。

（1）合同管理子系统的功能及结构。合同管理子系统是通过公文处理以及合同信息统计等方法，辅助项目管理人员进行合同的起草、签订，以及合同执行过程中的跟踪管理。为此，合同管理子系统应具有以下功能：①提供常规合同模式，以便于项目管理人员进行合同模式的选用；②编辑和打印有关合同文件；③进行合同信息的登录、查询及统计；④进行合同变更分析；⑤索赔报告的审查；⑥反索赔报告的建立与分析。

根据上述功能，合同管理子系统的逻辑结构如图 11－6 所示。

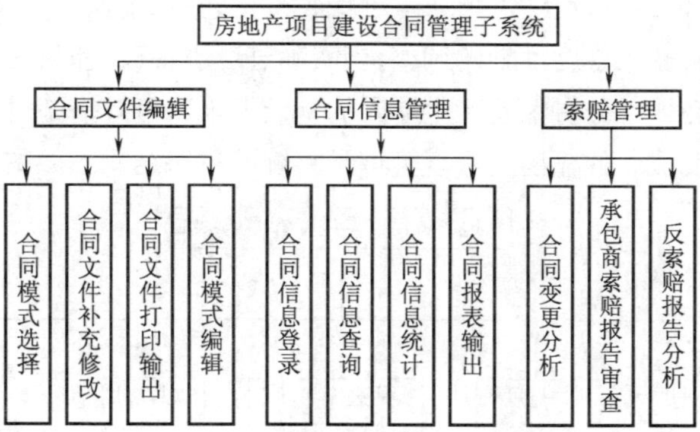

图 11－6　合同管理子系统逻辑结构

（2）合同管理子系统的组成。合同管理子系统可分为合同文件编辑、合同信息管理和索赔管理三部分。

第一，合同文件编辑。合同文件编辑，就是提供和选用合同结构模式，并在此基础上进行合同文件的补充、修改和打印输出。合同文件编辑又包括以下各项：①合同模式选用。系统中存有FIDIC《土木工程施工合同文件》《建设工程施工合同》及普通合同文本等多种合同模式，它们各有适用对象和范围，可以根据房地产项目的性质和特点选用合适的合同模式。②合同文件补充修改。当选定合同模式后，可根据具体工程的特点对有关合同条款进行修改或补充。③合同文件打印输出。合同文件必须打印输出，经双方协商一致，签字盖章后才能生效。④合同模式编辑。主要是进行合同模式的增加、删除和修改。

第二，合同信息管理。合同信息管理，就是对合同信息进行登录、查询及统计，以便于项目管理人员随时掌握合同的执行情况。

第三，索赔管理。索赔管理是合同管理中的一项极其重要的工作，该模块应能辅助项目管理人员进行索赔报告的审查，业主自己的反索赔报告的建立，从而为项目管理人员的科学决策提供可靠支持。

2. 进度管理子系统。

房地产项目进度控制子系统不仅要辅助项目管理人员编制和优化房地产项目的进度计划，更要对房地产项目的实际进展情况进行跟踪检查，并采取有效措施调整进度计划，以纠正偏差，实现房地产项目进度的动态管理。

(1)进度管理子系统的功能及结构。进度管理子系统应具有以下功能：①输入原始数据，为房地产项目进度计划的编制及优化提供依据；②根据原始数据编制进度计划；③进行进度计划的优化；④房地产实际进度的统计与分析，即随着房地产项目的实际进展，对输入系统的实际进度数据进行必要的统计与分析，形成与计划进度数据有可比性的数据；⑤实际进度与计划进度的动态比较，即定期将实际进度数据同计划进度数据进行比较，形成季度比较报告，并从中发现偏差，以便及时采取有效措施加以纠正；⑥季度计划的调整，当实际进度出现偏差时，为了实现预定的开发周期目标，就必须在分析偏差产生原因的基础上采取有效措施对进度计划加以调整；⑦各种图形及报表的输出。进度管理子系统的逻辑结构图如图11－7所示。

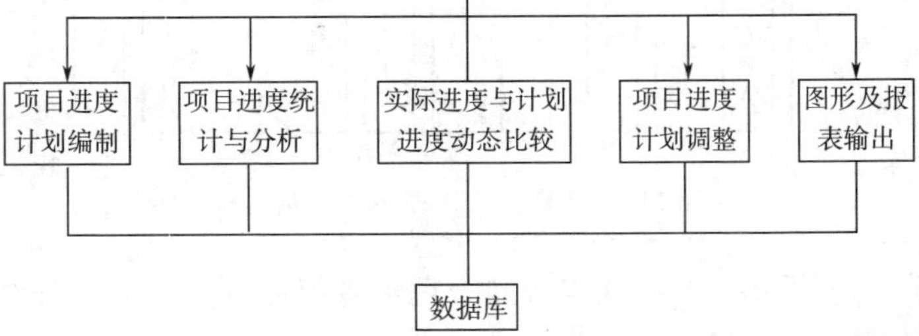

图11－7　房地产项目建设进度管理子系统逻辑结构

（2）进度管理子系统的组成。进度管理子系统一般由以下几部分组成：

第一，项目进度计划的编制。根据输入系统的原始数据，编制横道计划或网络计划（对于大型复杂的房地产项目，还应编制多级网络计划系统），然后在此基础上，根据实际需要，通过不断调整初始网络计划进行网络计划的优化，最终求得最优进度计划方案。

第二，项目进度统计与分析。在统计实际进度数据的基础上检查目前房地产项目的进展情况，判断项目总时间及后续工作是否会受到影响。在分析判断总工期及后续工作是否会受到影响时，其主要根据是原网络计划中有关工作的总时差和自由时差。

第三，实际进度与计划进度的动态比较。即将计划进度数据和实际进度数据进行比较，从而产生进度比较报告和横道图、S形曲线、香蕉曲线等进度比较图。

第四，项目进度计划的调整。通过计划进度和实际进度的动态比较，当发现实际进度有偏差时，就应在分析原因的基础上采取有效措施，对项目进度计划进行调整，其调整原理与进度优化基本相同。

第五，图形及报表的输出。以图形和报表的形式输出房地产项目进度管理过程中所产生的大量信息，根据所需输出的结果得到图形及报表输出。

3. 投资管理子系统。

项目建设阶段的投资管理工作主要包括：①编制投资计划和工作流程图，落实管理人员的职能和任务。②熟悉设计图纸和设计要求，把投资控制观念渗透到各项设计和施工技术措施之中。③实施管理中的问题，包括不适当的控制程序，投资管理中存在的问题，预算外开支；投资责任不明，实施者对投资没有承担义务，缺少费用（投资）方面限额的概念，又没有节约费用的奖励措施；工人频繁的调动，劳动效率低，施工组织混乱；采购了劣质材料，材料消耗增加，浪费严重，发生事故，造成返工；周转资金占用量大，财务费用高；合同不合适，在合同执行中存在缺陷等。

（1）房地产项目投资管理子系统的功能及结构。投资管理子系统用于收集、存储和分析建设项目投资信息，在项目实施的各个阶段制订投资计划，收集实际投资信息，并进行计划投资与实际投资的比较分析，从而实现房地产项目投资的动态控制。为此，投资管理子系统应具有以下功能：①输入计划投资数据，从而明确投资控制的目标。②根据实际情况调整有关价格和费用，以反映投资控制目标的变动情况。输入实际投资数据，并进行投资数据的动态比较。③进行投资偏差分析。④未完工程投资预测。⑤输出有关报表。

投资管理子系统实现上述功能的逻辑结构如图11－8所示。

（2）投资管理子系统的组成。投资管理子系统包括以下几个组成部分：

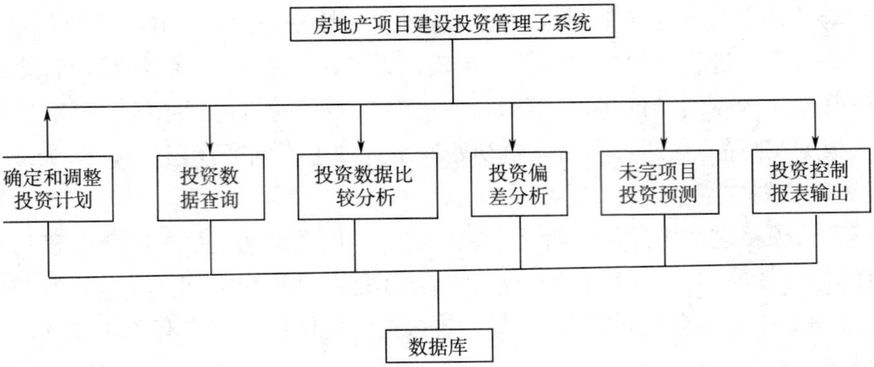

图 11－8　房地产项目建设投资管理子系统逻辑结构

第一，确定与调整投资计划。输入投资计划数据，并根据实际情况对其进行调整。

第二，投资数据查询。查询房地产项目的概算数据、预算数据、估算数据、合同价数据以及实际投资数据，其中，合同价数据和实际投资数据还可以分别按项目、按合同和房地产企业进行查询。

第三，投资数据比较分析。将投资使用计划与实际投资进行比较与分析，将资金使用计划与资金投入计划进行比较与分析。

第四，投资偏差分析。对投资偏差的大小、程度、类型、偏差原因、发生的频率及影响程度等进行分析。

第五，未完项目投资预测。选择各种适宜的预测方法对未完工程的投资进行预测，并对不同方法的预测结果进行分析与比较。

第六，投资控制报表的输出。输出投资计划、实际投资、投资数据比较和偏差分析等报表。此外，还可以输出有关投资曲线。

4. 质量管理子系统。

房地产项目建设质量管理是指采取有效措施确保实现合同（设计承包合同、施工承包合同、材料供应合同等）商定的质量要求和质量标准，并避免出现常见的质量问题。房地产项目质量控制应做到：项目设计必须符合设计承包合同规定的质量要求，并且投资额、建设规模应控制在批准的设计任务书范围内；设计文件、图纸要清晰完整，各相关图纸之间不矛盾；项目的设备选型、系统布置要经济合理、安全可靠；环境保护、三废处理、能源利用要符合国家和有关部门的规定指标；施工过程要与技术要求相一致，与技术规范相一致，与设计质量要求相一致，符合合同要求和验收标准。

（1）质量管理子系统的功能及结构。项目管理人员为了实施对房地产项目建设质量的动态管理，需要质量管理子系统提供必要的信息支持。为此，质量管理子系统应该具有以下功能：①存储有关设计文件及设计修改、变更文件，进行设计文件的档案管理，并能进行设计质量的评定；②存储有关工程质量标准，为项目管理人员实施质量控制提供依据；③运用数理统计方法对重点工序进行统计与分析，并绘制直方图、控制图等管理图表；④处理分项工程、分部工程、隐蔽工程及单位工程的质量检查评定数据，为最终进行房地产项目质量评定提供可靠依据；⑤建立计算机台账，对主要建筑材料、设备、成品、半成品及构件进行跟踪管理。

为实现上述功能，质量管理子系统的逻辑结构如图 11－9 所示。

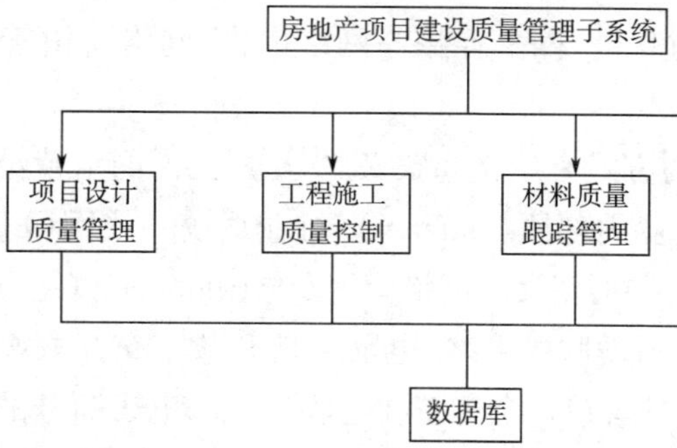

图 11－9　房地产项目建设质量管理子系统的逻辑结构

(2)质量管理子系统的组成。质量管理子系统包括以下几个组成部分：

第一，项目设计质量管理。记录设计文件的交付情况，并将设计文件及设计修改、变更等文件存放在计算机中，以便于查询与统计。此外，还要根据有关设计质量标准对设计质量进行评定。

第二，工程施工质量控制。项目管理人员要重点控制房地产项目质量，具体内容包括：①工程质量控制规程；②工序质量统计分析；③质量检验评定记录；④房地产项目质量报表输出。

第三，材料质量跟踪管理。对主要建筑材料、成品、半成品及构件等进行跟踪管理，具体包括：①现场材料验收情况；②材料验收情况；③材料分配记录。

第四，质量分析报表输出。对设计质量、施工质量、材料质量以及质量事故处理等质量事项建立指标，生成统计图形并存储在数据库中，以报表形式输出各类统计图形以及质量分析报告、监理周/月报、工程质量周/月报、质检报告等各类报告。

第二节　房地产网络营销

一、概述

网络营销是企业营销实践与现代信息通信技术、计算机网络技术相结合的产物，是指以互联网为传播手段，采用现代化的信息技术，结合传统营销的诸多策略，通过对市场的循环营销传播，以新的方式、方法和理念在互联网上开展的各种营销活动（包括网络调研、网络新产品开发、网络促销、网络分销、网络服务等）的总称。它不仅是一种技术手段的革命，而且包含了更深层的观念革命。网络营销是目标营销、直接营销、分散营销、顾客导向营销、双向互动营销、远程或全球营销、虚拟营销、无纸化交易、顾客参与式营销的综合，包括网上市场调查、网上消费者行为分析、网络营销策略制定、网上产品和服务策略、网上价格营销策略、网上渠道选择与直销、网上促销与网络广告、网络营销管理与控制等内容。

网络营销根据其实现的方式有广义和狭义之分，广义的网络营销是指企业利用一切计算机网络[包括企业内部网（Intranet）、行业系统专线网（EDI）及国际互联网（Internet）]进行的营销活动；狭义的网络营销专指国际互联网络营销。约翰·弗劳尔认为，“网络营销”是借助联机网络、电脑通信和数字交互式媒体的威力来实现营销目的的。总之，网络营销是全球正在蓬勃兴起的电子商务的重要组成部分，是互联网技术与传统营销活动相结合的产物。

房地产网络营销是将网络营销方式应用于房地产领域的新型营销手段，房地产公司或其营销者将自己的营销活动方法全部或部分建立在互联网基础之上，就具备了网络营销的特性。具体来说，房地产网络营销就是通过调查和对购房者行为的分析，建立自己的网站或网页，并借助一定方式（平面或电视广告等）让社会各界人士广泛知晓企业在互联网上的域名地址，购房者可根据自己的需要浏览房地产企业的网站或网页，通过网页了解正在营销的房地产项目，同时向房地产营销网站反馈一些重要的信息，并可通过网上支付的货币手段，在网上签订购房合同的营销手段。这种网络营销方式最大的特色，即在于“顾客不出门，尽选天下房”，购房者不需要从一地赶到另一地选房看房，可跨越空间障碍，仅在工作单位、家中或房地产中介公司，即可利用互联网了解整个房地产项目的规模和环境，进行各种类型房屋的查询和观看，购房者所关心的一切重要信息，如房屋的外观、房间的布局、周围的社区环境和基础设施等在网络上就可知道。在对各种房地产项目进行了全面而审慎的选择和比较后，购房者即可找到符合自己要求的理想房屋。与过去耗费时间、口舌和精力的选房过程相比，在网络营销的环境下，购房变得十分轻松、有趣、迅速、快捷。

房地产网络营销是传统营销的继承和发展，房地产网络营销充分利用互联网的技术优势和效率优势，拓展了房地产营销的空间，突出了房地产项目的特色，全面地提供房地产信息，有针对性地向消费者推出房地产商品，提高从事咨询、开发、中介等房地产业务的企业的竞争能力，从而更好地服务于消费者。

二、互联网在国内房地产营销中的应用现状

传统房地产业的点子营销、平面营销、活动策划、全程策划等，都难以回避目标群定位模糊、广告效果难以预测、消费者盲目被动、促销成本居高不下等非常现实的问题。随着网络环境的逐渐成熟，所有的开发商将会正视网络营销的发展现实，房地产专业门户网站的建成正引导房地产营销向着网络营销时代迈进。

（一）运用网络技术挖掘房地产潜在消费者

大数据、云计算、区块链等互联网技术的飞跃发展改变了客户的信息获取渠道和消费行为模式，房地产企业运用互联网技术通过对客户消费数据或兴趣关注点数据的分析，定位到有潜在需求的消费群体，对这类人群展开精准的营销定位活动，向他们推送符合购买倾向、消费偏好的房地产，促进产品的销售。

（二）利用互联网实现“一对一营销”的客户关系管理

房地产消费者分为若干层次的特点决定了消费者的偏好差异较大，不但不同地区的商品房市场需求偏好不同，而且同一地区不同年龄阶段、收入水平、受教育程度的消费者的偏好都相差很大。如何分析和把握复杂的消费者偏好和市场，对房地产企业越来越重要。针对市场需求的特点，应用“个性化营销”是较为恰当方法。在个性化营销中，消费者本人对购买行为负更大的责任，他已不再被动接受推销员的说服，而是与生产厂商直接对话，使得生产商考虑提供“定制”产品的服务。这种消费模式客观上需要房地产销售者进行客户关系管理（CRM）。对开发商来说，要了解、满足客户的各种个性化需求，传统的做法一般只做项目的前期可行性分析及项目的销售全程策划，这样不仅需要较高的专业水准和操盘经验，而且无法及时迅速地解决客户需求。在与客户接触交流的过程中，如何收集、掌握分析客户的需求特征，及时采取相应的对策，如何积累客户资料，跟踪现有客户，挖掘潜在客户，分析未来客户的特点，房地产开发商需要一种新型营销方式达到迅速沟通的目的。

对消费者而言，住宅是一种复杂产品，消费者购买房地产时需要获得大量的信息，要仔细考虑的问题包括房屋产权合法性、销售合同的签订与公证、产权证的办理；考虑居住地段的适宜性、住宅设计合理性、装修标准满意度、工程质量标准、公共设施完备性和物业管理情况。最重要的一点是住宅售价是否能承受，以及付款方式按揭付款计算等。对消费者的需求，商品提供者提供的信息越全面、越细致，越有利于把握消费者。

互联网的 24 小时服务方式不但满足了消费者的这种沟通愿望，而且为卖方提供了便捷的客户关系管理工具，而这将为销售者降低销售成本，提供个性化的需求，满足消费者的差异性要求，提高客户满意度，并通过满意的消费者带来新的消费者。

（三）网络广告在房地产网络营销中的运用

网络对房地产营销的影响突出表现在网络广告方面的优势。从传播学角度看，由于传播方式发生了根本性的变动，放弃传统广告沟通“推”的模式而采取“推”“拉”结合的模式，体现了互动性、快捷性、表现手段丰富、可控性、经济性。

传统广告的评价与控制比较困难，因为无法确切地知道有多少人接收到了你所发布的广告信息。而网络广告却能很容易及时统计每条广告被多少用户看过，以及引起用户浏览这些广告的时间分布、地理分布和反映情况等，企业和广告商可以及时评估广告效果，进而审查某广告策略的合理性。另外，网络广告收费可根据有效访问量进行计费，广告发布者可以有效评估广告效果，并按效果付费，避免过去传统广告的失控性和无效性。

相对而言，在同等广告效应的前提下，网络广告的发布费用较传统广告要低得多。网络广告的有效千人成本远低于传统广告，而且网络广告还能以较低的成本进行修改更新。另外，通过互换广告等形式，企业花钱在网上做广告的同时，也可以在自己的网页上通过 BANNER、链接等方式为其站点企业做广告，从而获得利益，网络广告自身能够以收抵支，降低了企业的负担。

三、房地产企业网络营销的优势

如何充分利用网络技术制定有效的创新市场营销模式，是房地产经营者必须切实关注的新焦点。根据房地产营销的特点，房地产企业网络营销具有以下优势：

第一，降低房地产营销活动的费用和交易成本。在互联网上进行广告宣传，费用低、时间长、范围广，置业者无须亲自到现场就能获取大量信息，节省了大量人力、物力和财力。网络营销成本低，房地产网络营销如果采取建立互联网上的 WEB 站点方式，其成本主要包括设立站点的成本、网络服务器软硬件费用、网络使用费和日常维护费用（包括网页的设计和维护费用），与开设专门销售店面的昂贵租金和装饰费用等相比，其营销费用将大幅降低，如果直接向网络服务提供商（ISP）租赁网页空间，则成本更为低廉。同时，在互联网上从事房地产营销活动，将大幅度降低房地产广告信息制作和发布成本。

第二，广泛发布信息。以网络为媒体的专事营销服务计算机系统能实现 24 小时服务。只要不受黑客和病毒攻击，3W（WORLD WIDE WEB）站点能够全天 24 小时、全年 365 天不知疲倦地持续工作，随时响应来自全国各地甚至全球消费者的要求，这给平时白日工作繁忙的消费者带来了极大的便利。互联网是一种新的媒体，可以大容量、高密度、高速度地传递信息。互联网的发布对象为广大网民，数量之巨，无法估量。

第三，网络消费者可以互动地参与营销活动，改善产品性能和客户服务。网络降低了企业同客户沟通的地域和时间概念,可以和客户直接在网上交流,节省服务成本,提高服务效率。在精心设计的网络站点上,消费者可以方便地把自己的意见及时反馈给营销者,可以在网页上留言,可以填写网页上的市场调查表格,进行购买需求登记。而且每一个消费者都可以在网页上得到他所需要的详细资料,同时,网络营销的管理者也可以收到各个消费者的反馈信息,并相应地调整网络营销行为,使网络营销活动更有效。这种沟通是交互式双向的,在给予消费者有关营销者和房地产商品信息的同时,也回收了消费者的反馈信息,通过这些信息,企业可以得到很多关于产品和服务的宝贵的真实信息,这对改善产品性能和服务质量极为有益。

第四,利用多媒体功能全面介绍房地产项目。与电视广告片段、小篇幅的报刊广告相比,房地产网络营销可以做到立体式全景信息展示,能更加生动地表现房地产商品的特质,做到有声有色、图文并茂。互联网软件技术集现有各种媒体的功能于一体,结合文字、图形、图像、声音等多种形式传播信息,甚至利用计算机虚拟现实技术让消费者能"身临其境"地体验自己选择的房屋的大小、光线的明暗、周围的环境等。至此,互联网上传播的不再是简单的文字信息和价格数字,而是有声有色、活灵活现的多媒体信息,在声音和图像等多种媒体的综合渲染下,精心构思和设计的 3W 站点会给每一位访问者留下深刻的印象,激发潜在购房者的购买欲望。

第五,网络营销拓宽了房地产营销的活动空间。由于房地产为不动产,具有地域的固定性,因此,传统的房地产营销活动一般在房屋所在地进行,而现在和今后的商品房的出售,特别是高档别墅的出售,往往打破了地域的界限,随着商品经济的发展,商品房销售对象不再局限于某些地区和某些部门,因此,作为房地产营销企业,要想把自己建造的各类商品房让全国各地甚至境外的购房消费者都知道,完全可以通过借助互联网这种远程信息传递方式,详细地介绍商品房设计方案、装饰材料、设施功能、交通环境、价格、付款、购买方式等信息,及时连通国际市场,让原本地区性极强的房地产营销活动的空间拓展到全球范围,突破房地产营销活动的地域特征,使房地产的营销活动在更广阔的舞台展开。

21 世纪的中国房地产市场是一个长期的买方市场,由于总供给大于总需求,同时消费者购房也越来越理智,竞争势必更加残酷,房地产开发商如一味地仿效别人的生产和营销策略,则难以成功,只有走创新营销之路,形成传统促销策略与网络技术的有效结合,才能真正得以生存与发展,房地产网络营销是必然趋势。

四、房地产网络营销整合模式的构成

(一)房地产网络营销整合模式框架

房地产网络营销整合模式从结构上主要包括:企业信息化模块、个性化购房模块、网络直复采购模块、网络数据库营销模块、网上多方位营销模块。房地产网络营销整合模式构成从系统的角度对以上五种营销模块进行统筹考虑，为客户提供统一的服务模式和操作规程，同时也有利于客户在同一个网络平台上完成多种业务，有效地提高工作效率。房地产企业利用房地产网络营销整合模式有利于对不同业务的客户进行统一的信息管理（见图 11－10）。

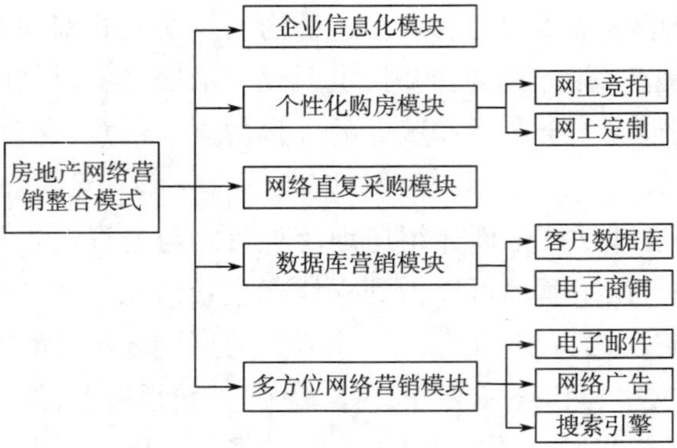

图 11－10　房地产网络营销整合模式框架

（二）房地产网络营销整合模式的特点

1. 方便快捷的选购过程。

房地产网络营销整合模式的最大特点是打破了空间、地域的限制，仅在房地产中介公司里或自家电脑上，利用互联网，就可了解整个小区的规模和环境，进行各种房屋的查询和查看。同时，对购房者来说，通过网上拍房，购房者除了能够亲自体验电子商务，享受到网上竞拍的乐趣，还有机会得到低价优惠，同时参拍房源经专业网站的筛选和推荐，项目证件全，信誉好，购买更放心。购房者也可以通过网上定制，满足个性化要求。购房者所关心的一切重要信息，如房屋的外观、房间的布局、周围的社区环境、公园、学校等只要用自己的手指轻轻一击就可了解。在对各种房地产项目进行全面而审慎的选择、比较后，购房者能够找到理想的房屋。

2. 全面高效的客户服务。

房地产网络营销整合模式通过数据库营销模块，建立大量数据资料，进一步拓展房地产营销的空间，突出房地产项目的特色，更加全面地提供房地产信息，更加有针对性地向消费者推出房地产商品，提高从事咨询、开发、中介等房地产业务的企业的竞争力，从而高效地服务于消费者。

3. 全程成本控制。

通过房地产网络营销模式，能够全程降低成本。首先，开发商通过网上直复营销模块，可以使建材供需双方在网上直接进行选货、讨价还价、订货、支付，从而降低成本，减少中间环节，实现信息畅通。其次，购房者通过网络营销模式，在购房时减少了许多环节,降低了成本。

五、房地产网络营销整合模式的功能

(一)房地产网络营销整合模式功能模块

房地产网络营销模式主要整合了企业信息化模块、个性化购房模块、网络直复采购模块、网络数据库营销模块、多方位网络营销模块五大功能。

1. 企业信息化模块。

(1)信息化模块的组成。信息化模块是一种层次性的结构,由概括性首页到各个组成部分,而每个组成部分也是类似的由概括性页面到具体内容页面的嵌套式的结构。这种结构适宜于各类对信息需求详细程度不同的用户的需求。企业信息化模块由以下几个主要部分组成:

①主页。主页也叫企业的形象页面,包括企业名称、标志、对站点内容进行简单有效导航的菜单或图标、着重标明最重要的新闻或修改内容,以及客户与公司联系的地址等。

②产品(或服务)页面。产品页面采用信息分层、逐层细化的方法展示公司的产品或服务。所谓信息分层,就是将它放在不同详细程度的页面上,从而允许用户能自上而下地找到最适合它们需要的信息层。

③员工页面。员工是企业最宝贵的资源和财富,每个网上企业通过创建员工页面,可以吸引潜在客户,更重要的是,网上用户可以通过浏览员工页面了解公司的技术实力,由此增强对公司的信心。

④客户支持页面。许多用户上网并不是要购买,而是寻求帮助,企业站点应尽其所能地为客户提供服务和技术支持,由于满意的顾客服务能更好地满足客户需求,这种投资必定会获得回报。所以在设计客户支持页面时,应尽可能地让自己站在客户的角度,预料每种潜在方法,为客户提供有用信息。

⑤市场调研页面。互联网即时互动的特性决定了它是一个有利的市场调研工具。企业可以通过市场调研页面的制作收集顾客及其对产品、服务的评价、建议等信息,由此建立起市场信息的数据库,作为营销决策的量化基础。

(2)企业信息化模块的功能。作为房地产电子商务平台,把企业的业务提高到网络资讯的水平,利用所供信息新、快、多的优势,为房地产交易服务拓展新的市场空间。作为房地产信息互换平台,快捷、高效地反映了广大消费者意向,实时信息反馈系统能接受来自各方访问者的咨询信息,消费者个人可以很轻松地在网上搜索房地产信息,这就极大地增加了房地产交易机会和交易成功率,减少了信息不对称条件下的盲目性。另外,信息化模块作为房地产媒体监督平台,加强了与管理部门的联系。一方面,管理部门在房地产网站上发布动态信息、政策法规,方便消费者了解房地产系统办事机构、办事程序、服务指南、税费标准等资料;另一方面,及时收集整理产业内数据资料和网上信息，与有关房地产管理机构以及政府管理部门进行正向信息交流，这就将房地产市场的微观运行与国家的稳定调控有机地结合在了一起。

企业信息化模块应包括房地产企业产品、价格、位置、销售情况及有关房地产的知识与新闻等。网络虽然不能代替现场看房，但能为消费者提供丰富的信息，有利于优化房地产市场的信息环境。

(3)企业信息化模块中房地产企业网站的推广和品牌的建立需要结合传统营销方式才能得以实现。网站作为消费者与企业最终产品之间的中介，首先必须把自己推销出去，引导消费者进入网站，这样才能使他们接触到最终产品信息，传统媒体的广告促销是有力的帮手。在宣传网站的同时，还必须把网站同企业的品牌形象紧密结合在一起，吸引真正有需求的目标消费者，以免虚耗宣传资源。

2. 个性化购房模块。

个性化购房模块可分为网上竞拍和网上定制两种模式。

(1)网上竞拍。房地产信息网站提供的网上竞拍形式种类多样，主要分为商品房竞拍和二手房竞拍等。为了吸引消费者参与网上竞拍，房地产信息网站应利用与网络媒体及传统媒体的良好关系，利用新闻发布会、媒体广告、软广告、信息网站等多种手段宣传竞拍活动及参拍项目，在保证竞拍活动成功的同时，提升参拍项目的形象及知名度。

(2)网上定制。网上定制模式满足了客户的个性化购房要求，客户通过专业网站与专家以及各种专业人士面对面沟通，先进行网上定制，通过专业网站，用户可以参与从“选黄金地段”至“售后服务”九个环节的工作。

先选黄金地段，再定建筑风格，加上审房屋结构，挑户型平面，这些都是用户自己来做。一切都满意了，最要紧的是要咨询投资预算，就可以实现在线订购了。订好房子后，还需要离线去签一份购买合同。在房子动工后，随时查询房子的施工进度，进行质量监督。入住后，可以通过专业网站享受“管家服务”里的各种家庭服务。这种方式是利用网络将房屋建造相结合的概念来实现网上定制的(如图 11－11 所示)。

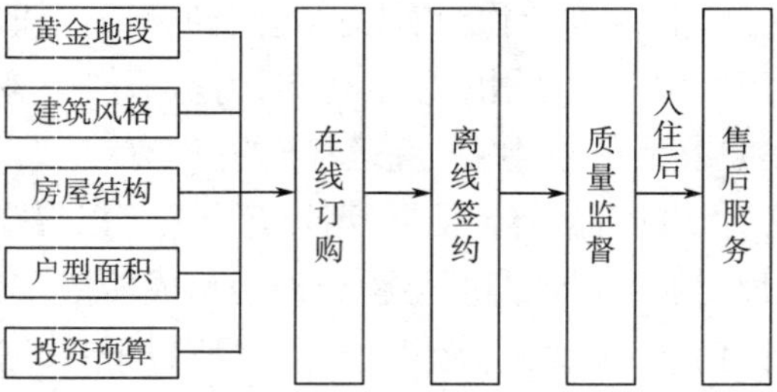

图 11－11　房地产网络定制流程

上述九个环节合理地将网络和房屋建造有机地结合起来，利用网站的这一独特创意，进行网上定制流程，不仅缩短了工作时间，提高了工作效率，而且合理降低了开发成本。这种定制方式既全面又合理，可作为房地产网上开发建设的一个重要组成部分。但由于技术与成本的矛盾，客户到网上浏览，却没在网上完成定制，只有完整的配套体系才能实现九个环节的网上定制。

3. 网络直复采购模块。

网络直复采购模块是在网络直复营销理论的基础上建立的。直复营销是指取消生产者和消费者之间的各种中间环节，在商家和顾客之间建立直接的互动。"直"，表现为建立生产者与消费者之间的直接联系，节约中间分销渠道耗费的资源："复"，是指二者之间联系的回复、互动和沟通。网络营销实现了彻底的"直复营销"（direct and response）。

房地产开发商利用互联网，可使建材供需双方在网上直接进行选货、讨价还价、订货、支付。其特点是成本低，减少中间环节，信息畅通。房地产开发商也可以通过资讯共享、联合采购和融资互动，在网上参与在线招标/投标的信息发布，并可获得订单/项目跟踪管理、价格共享以及网上资金结算/转账等服务。

网上建材采购则使分散在各地的供需双方在网上直接合作，选货、讨价还价、订货、支付都可以在网上完成，为建材生产行业与最终消费者之间建立了长期稳定的合作关系。

4. 网络数据库营销模块。

数据库营销是利用企业经营过程中收集、形成的各种顾客资料，经分析整理后作为制定营销策略的依据，并作为保持现有顾客资源的重要手段。网络是建立强大、精确的营销数据库的理想工具。因为网络具有即时、互动、开放等特性，可以使营销数据库实现动态的修改和添加。拥有一个即时追踪市场状况的营销数据库，是公司管理阶层做出动态理性决策的基础。

房地产网络营销站点上常设的数据库主要有：

（1）客户数据库。客户数据库是网络营销过程中重要的数据库之一。它主要存储的内容除了通常客户数据库的内容外，还包括客户的 E－mail 地址（或网址）、客户购买住房地产品/商品和询问、有关商品/产品信息的情况、客户对产品的需求和不满意的意见或建议等信息。

（2）产品/商品数据库。产品数据库存储的主要内容，除通常产品数据库的内容外，还包括相关产品、配套产品、相关的用户网址等信息。

（3）从其他网络中下载的相关产品供需信息数据库。即将其他一些大型商务网站中与本企业产品或经营相关的供需信息保存到数据库中，以便本企业内部经营管理人员参考。

利用信息技术管理客户数据库，让网站成为客户与房地产中介沟通的界面，让网站成为客户与房地产商沟通的界面。在实施上,数据库设计应与传统业务紧密结合,无论是一手房、二手房,还是其他客户服务,都要做到网络与门店两种形式共同推进,强调"把店当成是网络的延伸,把服务延伸到能触及客户的地方"(如图 11－12 所示)。

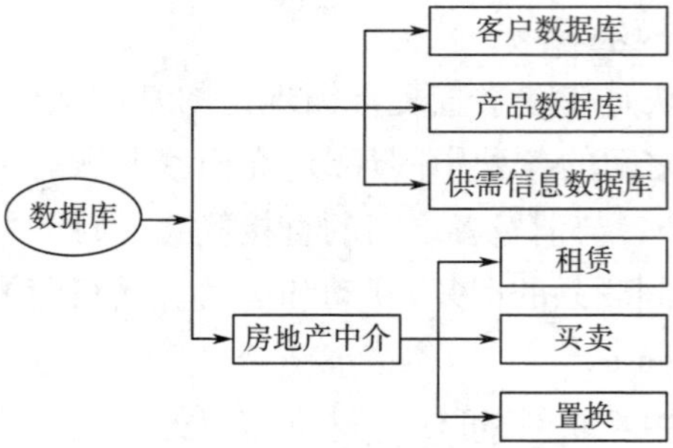

图 11－12　房地产项目数据库营销模块

5. 多方位网络营销模块。

多方位网络营销的特性是等待消费者根据自己的需要,主动地选择多种网络媒体形式。多方位网络营销必须站在消费者的立场上,为消费者提供详尽、准确且有价值的信息和内容。为了吸引消费者,多方位网络营销提供了传统广告所不能提供的增值服务和多种视觉效果,当消费者对商品产生兴趣和购买欲望时,采用一定的手段将购买欲望迅速变为购买现实。多方位网络营销的内容主要包括:电子邮件营销、网络广告、搜索引擎营销。

(二)房地产网络营销策略

网络营销涉及企业营销活动的各个层面,由各项具体网络营销活动组成,如网站建设、网站推广、网上销售等。房地产企业要进行网络营销活动,首先要进行网络营销总体战略规划。房地产企业应该结合自己产品的特点,在充分的市场调查的基础上确定合适的网络营销目标,根据网络营销目标来确定网络营销预算,建立营销机构,选定营销人员来进行营销信息的控制和客户管理,并在此基础上制订网络营销计划。

1. 确定网络营销目标。

房地产网络营销的目标主要是在网上建立自己的品牌形象,加强与顾客的直接联系和沟通,建立顾客的品牌忠诚度,为顾客提供网上联机服务。通过网络营销整合传统营销手段,全面降低营销费用,改进营销效率,改善营销管理,提高企业竞争力。

房地产企业网络营销的基本内容包括网络营销管理部门的建立和财务预算、网络营销方案的设计及执行、反馈信息的管理、保持企业网上形象的一致性等。

目前,房地产企业网络营销的主要目标集中在楼盘广告和企业品牌宣传上。在实际应用中,各房地产企业可以根据自己公司的实际情况选择适合公司现阶段状况的网络营销目标。

2. 制订网络营销计划。

房地产企业制订网络营销计划时必须考虑企业的营销目标、规模、产品类型、竞争地位等因素,如果是针对楼盘个案产品的营销,要考虑产品的类型。同时还要考虑公司是否能支持技术投资,以及决策时的技术发展和应用情况等。

制订网络营销计划包括下列步骤:①对本企业的营销环境进行分析评估,对网络营销实施的优势和劣势进行分析,做出可行性分析说明,分析实施网络营销能否促进本企业的市场增长,通过改进实施策略实现收入增长和降低营销成本。②根据本企业的营销目标,参考企业网络营销环境的实际状况,制订可行的实施战略和步骤。网络营销是通过新技术来改造和改进目前的营销渠道和方法,它涉及公司的组织、文化和管理各个方面,如果不进行有效规划和执行,该战略可能只是一种附加的营销方法,不能体现战略的竞争优势。③根据具体的网络营销计划实施,并对营销效果进行评估。

3. 房地产网络营销组合策略。

房地产网络营销组合策略是利用网络进行品牌营销以加大品牌的传播力度,提升企业形象;运用各种手段,向市场提供适销对路的产品,以满足消费者的需求,提高经济效益;采取各种灵活多变的定价策略,使价格与市场营销组合中的其他因素更好地结合,促进和扩大销售,提高企业的整体效益;通过最有效的方式和最直接的途径将房地产信息传达到目标市场的特定消费者,从而在目标市场中构筑联系房地产商和购房者的通路,使房地产企业在一定的广告预算范围内发挥效能的极大化;提供各种网络促销手段,将项目的信息传递给潜在购房者。

第三节 房地产企业客户关系管理

一、客户关系管理(CRM)产生的背景

对于目前房地产行业发展中必须应对的各种问题,很多企业开始探索用信息技术改造传统的运作模式,迎接电子商务时代的到来。我国房地产企业在政府的推动和市场竞争的压力下,开始大规模利用现代信息技术,建设智能化小区和网络小区,积极应用房屋销售、租赁、置换等软件,房地产企业上网数量不断增加。一切表明,信息技术在猛烈地冲击着房地产行业传统的经营理念、营销策略、管理模式、业务流程和运作方式。房地产开发经营是通过满足客户的有效需求来获得

利润的。如何了解、满足客户需求，增加客户的满意度与忠诚度等对房地产企业异常重要。

在网络经济已成为潮流的今天，企业在寻找并确立与电子商务的高速扩张模式相匹配的经营发展战略时，需要把客户的价值提升到一个前所未有的高度。微观上，企业的各职能部门，如销售、市场、客户服务、技术支持等，都需要能实现业务自动化的解决方案，以打造一个面向客户的前沿平台；宏观上，企业需要先进的管理系统为自身奠定成功实现电子商务的基础，并帮助企业顺利实现以电子商务为基础的现代企业模式的转化。电子商务为房地产开发经营的客户关系管理提供了新的视角和手段，对房地产企业而言，它是指用信息化的手段有效地改善市场、销售、服务环节的流程，缩短销售周期，降低销售成本，增加收入，寻找扩展业务所需的新市场和渠道，提高客户的价值、满意度、营利性和忠实度，从而提升企业的核心竞争力，使得企业和客户的关系与企业盈利都得到最大化。因此，客户关系管理与房地产企业的结合将成为未来的发展方向。

事实上，客户关系管理是在早期的数据库营销中发展和完善起来的。在早期的数据库营销阶段，企业已经意识到掌握丰富的客户信息能够为他们带来巨大的效益，于是纷纷投巨资用于建立客户资料数据库，获取客户信息。同时，为取得客户的“忠诚度”，企业或通过消费积分或通过价格折扣等营销活动换取客户忠诚度，但是并没有取得令人满意的效果。因此，成功的营销商已经意识到，营销的关键在于通过长期引导客户行为、强化企业与客户的联系，建立并有效地管理客户与企业的关系。这是一种营销方式，但已经超出了营销的范围，是在企业和客户之间建立一种双向的关系，并从客户利益和企业利润两个方面实现这种双向关系，以获得客户和企业的价值最大化。

在以“客户为中心”阶段，随着现代生产管理思想的发展和生产技术的提高，产品的差别越来越小，产品同质化现象也越来越明显。通过产品差异来细分市场从而创造企业的竞争优势也就变得越来越困难。企业开始意识到客户个性化需求的重要性，认识到一种产品只能满足有限的客户。因此，企业的生产运作转为完全围绕以“客户”为中心来进行，以满足客户的个性化需求。

客户关系管理被描述为利用现代技术手段，使客户、竞争、品牌等要素协调运作并实现整体优化的自动化管理系统。其目标定位于提升企业的市场竞争能力，建立长期优质的客户关系，不断挖掘新的销售机会，帮助企业规避经营风险，以获得稳定利润。总之，客户关系管理的产生是市场需求和管理理念更新的需要，是企业管理模式和企业竞争力提升的要求，是电子化浪潮和信息技术支持等因素推动和促成的结果。

二、客户关系管理(CRM)的发展及含义

(一)客户关系管理的发展

客户关系管理(CRM)的演变过程依次经历了三个阶段:以"产品为中心"、以"市场为导向"和以"客户为中心",如表 11-1 和表 11-2 所示:

表 11-1　客户关系管理的演变过程

阶段	特征	企业关注点	手段
以"产品为中心"	产品匮乏	企业更注重产品质量管理	企业生产以生产商为主导
以"市场为导向"	产品开始出现过剩	企业把注意力转移到市场需求上来,注重对销售途径的管理	通过市场调查对市场行为进行研究和分析,以了解市场需求
以"客户为中心"	产品间的差异越来越小 产品同质化越来越明显	企业注重客户的个性需求	实行"一对一"营销

表 11-2　客户关系管理发展历程

时间	发展阶段	名称	用途
1980	萌芽阶段	CM(Contact Management)	收集客户与公司联系的所有信息
1990	初级阶段	SFA(Sales Force Automation)	销售自动化
1992	发展阶段	CSS(Client Service System)	广泛应用于制造业、零售业、医药行业等各种商业部门和政府部门
1996	融合阶段	CC(Call Center)	集销售、服务于一体化的呼叫中心
1998	拓展阶段	eCRM	基于网络技术的客户关系管理

20 世纪 80 年代初产生了所谓的"接触管理"(Contact Management),专门收集客户与公司联系的所有信息;90 年代初期,客户关系管理发展为销售力量自动化系统(SFA)和客户服务系统(CSS);到 1996 年,发展为集销售、服务于一体化的呼叫中心(Call Center);从 1998 年起,随着电子商务的兴起,CRM 开始向 eCRM 方向发展。

(二)客户关系管理的核心思想

在当前环境下,市场竞争的焦点已经从产品的竞争转向品牌的竞争、服务的竞争和客户的竞争。与客户建立和保持一种长期的、稳定的合作伙伴关系,掌握客户资源,分析客户需求,提供优质的客户服务,赢得客户信任等客户关系管理的核心思想在实践中的具体运用是企业提高市场份额、拓展市场空间、获取最大利润的关键。客户关系管理的核心思想主要包括以下几个方面:

第一,客户让渡价值是建立高质量客户关系的基础。客户让渡价值是指客户购买产品或服务的总价值与客户购买该项产品或服务付出的总成本之间的差额。

客户实现购买的总价值是指客户购买产品或服务时所获得或期望获得的一系列利益,包括产品的价值、服务的价值、人员的价值和形象价值等。客户购买总成本则是指客户为购买该项产品和服务所消耗的时间、精神、体力以及所支付的货币资金等的总和。客户在选购产品时,总希望将成本降到最低,同时又希望从中获得更多的实际利益,即以客户让渡价值最高的产品作为优先选购的对象。

第二,重视客户的个性化特征,实现一对一营销。随着信息技术的发展,企业之间的竞争日益激烈,客户对产品的选择空间也越来越大,企业要想赢得客户,必须针对客户的个性化需求提供相应的产品或服务,即对每一个客户实现"一对一营销"。所谓"一对一营销",是指企业根据客户的特殊需求相应调整自己的经营策略的行为。它要求企业与每一位客户建立一种伙伴型关系,尤其是那些对企业来说价值最大的客户。

第三,不断提高客户的满意度和忠诚度。随着产品的同质化,企业越来越认识到客户是企业取得成功的关键因素,客户满意度和忠诚度变得至关重要。客户满意度是指客户通过对一个产品或服务的可感知的效果与期望值相比较后所形成的愉悦或失望的感觉状态。较高的客户满意度能使客户对产品品牌在心理上产生稳定的依赖和喜爱,也正是这种满意度,创造了客户对该产品品牌的高度忠诚。提高客户忠诚度的重要手段是提供个性化的产品和服务,或根据客户的不同需求提供不同内容的产品,客户再次光顾的可能性才会大大提高。

第四,客户关系始终贯穿于市场营销的全过程。最初,客户关系的发展领域是服务业。由于服务的无形性,注重客户关系可以明显地增强服务的效果,为企业带来更多的利益。之后,客户关系不断地向实物产品的销售领域扩展。当前客户关系已经贯穿于市场营销的各个环节,即客户关系存在于客户购买前到购买后的全过程之中。

(三)客户关系管理的定义

在传统商务活动模式下,客户关系管理直接向企业管理、技术和销售人员提供有关市场、产品、技术的信息和新知识,再由企业管理人员、技术人员和销售人员利用这些信息和知识进行相应的商务活动。随着电子商务模式的迅速发展,客户关系管理所提供的信息核心知识可以直接成为电子商务活动的控制信息流。客户关系管理使企业全面观察客户,全面利用所有客户信息,从而成为现代企业商务活动的巨大信息资源,企业所有商务活动所需要的信息几乎都来自客户关系管理,它将成为企业信息技术和管理技术的核心。

"客户关系"是公司与客户之间建立的一种相互有益的、互动的关系,并由此把 CRM 上升到企业的战略高度,技术在 CRM 中起到重要的驱动作用。在此,从营销理念、业务流程和技术支持三个层面将 CRM 定义如下:CRM 是现代信息技术、经营理念和管理思想的结合体,它以信息技术为手段,通过对以"客户为中心”的业务流程的重新组合和设计，形成一个自动化的解决方案，以提高客户的忠诚度，最终实现业务操作效益的提高和利润的增长。

（四）客户关系管理的内涵

“以客户为中心”是客户关系管理的核心，客户关系管理的内涵主要包含三个主要内容，即客户价值、关系价值和信息技术，如图 11－13 所示。客户关系管理的目的是实现客户价值的最大化和企业效益的最大化之间的平衡，实现客户与企业的“双赢”。关系价值是客户关系管理的核心，而管理关系价值的关键却在于对关系价值的识别和培养。企业是一个以营利为目的的组织，企业的最终目的都是为了实现企业价值最大化。因此，在建立客户关系时，企业必须考虑关系价值，即建立和维持特定客户的关系能够为企业带来更大的价值。从逻辑上讲，企业的总价值应等于所有过去的、现在的或将来的客户的关系价值的总和。关系价值高，所创造的利润就高，企业应该将精力放在这种客户的身上。而对那些价值较低，不具有培养前景，甚至会带来负面效应的客户关系，企业应该果断终止。

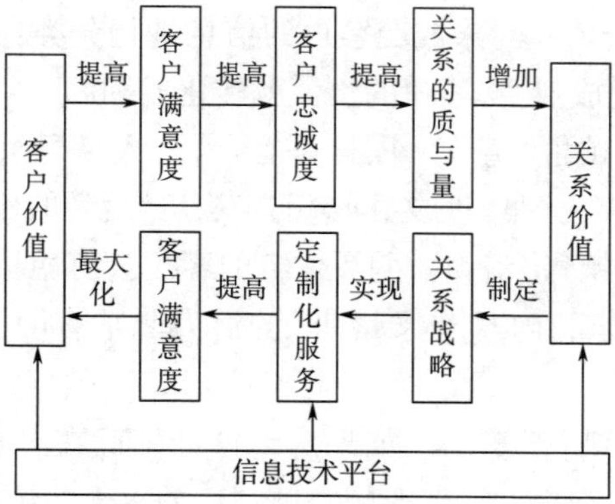

图 11－13　客户关系管理的内部关系

客户关系管理的目的是实现客户价值的最大化和企业利润最大化之间的平衡。坚持以客户为中心，为客户创造价值是任何客户关系管理战略的出发点和理论基石。为客户创造的价值越多，就越会尽可能地增强客户满意度，提高客户忠诚度，不断地获得新客户、维系老客户，增加客户为企业创造的价值，使企业收益最大化。

信息技术是客户关系管理的关键因素，信息技术的发展使得企业能够准确、及时地分析客户数据，积累和共享客户信息，根据客户的不同喜好和要求提供相应的服务，从而提高客户价值。同时，信息技术也可以辅助企业识别具有不同关系价值的客户关系，对不同的客户关系采取有针对性的措施，实现客户价值最大化和企业利润最大化之间的平衡。

如图 11－13 所示，在客户价值和关系价值之间存在着互动，这种互动关系也反映了客户价值最大化和关系价值最大化这对矛盾统一体之间的平衡和互动。通过对关系价值的管理，企业将资源和能力集中在关系价值最高的客户身上，为其提供高质量的产品和服务，满足其需要，进而实现客户价值的最大化。同时，从客户的角度而言，客户价值能够提高客户的满意度，促进其对供应商的忠诚，进而促进关系的质（如客户消费更多、更广）与量（如关系生命周期的延长）的全面提高，这样，对企业来说，客户关系价值得以提高。信息技术不仅支持了客户价值最大化和关系价值管理这两项活动，而且支持了两者之间的互动过程。

三、房地产客户价值的实现

（一）房地产客户价值

在衡量房地产客户价值时，既要从客户带来的销售收入这个直接效益的角度看待，又要从客户潜在价值的角度，甚至从品牌建设、理念传播等多种角度来看待。全面衡量房地产业的客户价值，必须包括以下内容：

（1）潜在客户的价值。对未成交客户的信息进行分类，为他们提供有价值的信息，使他们能够转化成业主，客户的价值就转化成利润。

（2）客户的"链式销售"潜力。同样是客户，一人是只买了一套房，另一人除了自己购买之外，还介绍亲戚、朋友、同事前来购房，后者的价值远远大于前者。

（3）客户的"交叉销售"潜力。购买住宅的客户会有租赁物业的需求，而租户也会有购买住宅的需求，客户"交叉销售"的潜力非常有助于实现客户的租售业务互动。

（4）客户的"向上销售"潜力。如果房地产开发商在客户一次置业时就重视其这一潜在价值，争取客户二次置业的丰厚利润就事半功倍了。

（5）特殊客户的价值。从企业"品牌经营"的角度，一个业主非常热爱文娱活动，能够将业主们组织在一起，活动开展得有声有色，还得到了当地政府的表扬，即使可能他不会再买房子了，他体现的却是另外一种更重要的价值。

（二）通过客户关系管理实现客户价值

对房地产企业而言，客户关系管理（CRM）实现客户的价值和企业利润，主要从以下几个方面体现出来：

（1）增加现有客户支出。实施 CRM，使企业能够站在将"存量客户"作为战略性资产的角度来理解"向上销售"，从而将"向上销售"作为增加"存量客户"价值的最重要的手段，并且落实到具体的销售业务过程之中，落实到对销售人员的考核之中。除了"向上销售"之外，房地产企业实现"增加现有客户支出"的策略还有"交叉销售"策略。从当前房地产企业所提供产品的角度来看，交叉销售可以分成这样三个层面：跨项目的"交叉销售"、跨区域的"交叉销售"、跨产品的"交叉销售”等。

(2)准确挖掘高价值的客户。来自众多房地产商的实例显示,客户生命周期理论在房地产行业是适用的,而且也是有价值的,树立企业品牌的一个重要原因就是使得客户在其生命周期之中能够不断地购买房地产商的产品。

(3)使营销的方式更加行之有效。通过 CRM,能够细分客户类型,正确地评估客户的价值,从而根据客户价值采取相应的服务手段,在相同投入的情况下,解决客户问题的效果要比以往有极大的提高。

(4)提升发展商的运营能力。CRM 系统借助信息化手段,能够动态地帮助房地产商收集、整理、更新客户数据,以保证运营的高效。

衡量产品或服务的价值不仅要从为企业带来了多少利润的角度来分析,更要从客户的角度来分析。当企业的产品或服务能帮助客户降低成本,扩大收益,并达到极致时,企业的竞争力才能得到增强,发展空间才能得到拓展,这才是企业持续生存的根本所在。

四、实施客户关系管理的主要信息技术

房地产客户关系管理系统应用环境方案涵盖服务终端、各楼盘、房地产开发企业等不同用户端,形成了统一体系。客户关系管理技术系统部署见图 11-14。

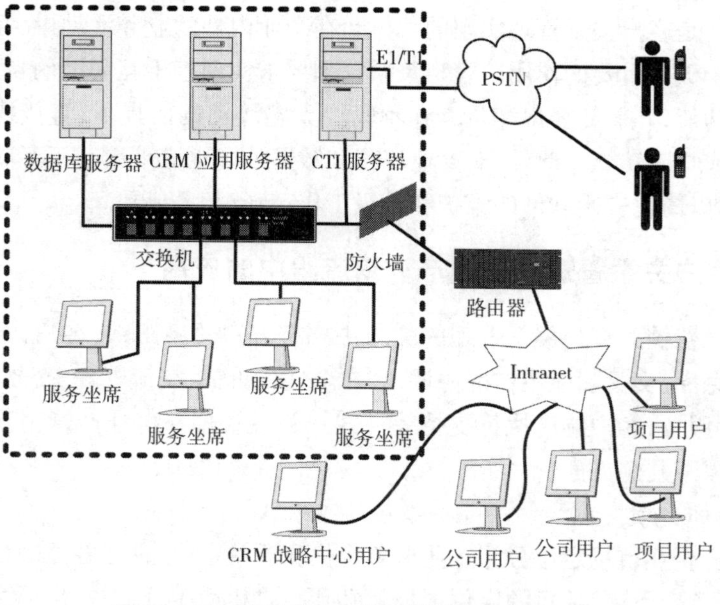

图 11-14　房地产客户关系管理技术系统部署

(一)计算机、电话、网络集成技术

客户关系管理允许客户以电话、电子邮件、传真等各种形式与企业进行沟通,

因此,必须要求企业采用计算机、电话和网络集成技术提供客户服务。基于互联网的 CTI 技术是客户关系管理的基本技术。用于呼叫中心的业务图形化编辑器技术已有成熟的商品化软件,语音合成和语音识别技术也有了新发展。计算机、电话、互联网的有机集成不仅降低了通话成本,而且弥补电话终端仅能传送语音信号的弱点,通过计算机终端访问企业网站,在呼叫中心座席人员的指导下浏览网页的图形信息,进一步通过视频通信,建立面对面的服务。

(二)商务智能技术

商务智能技术(Business Intelligence,BI)也是客户关系管理的基本技术,为客户数据的分析和决策提供了重要支持。由于客户关系管理中包含了大量的现实客户和潜在客户的各种信息,只有通过商务智能技术才能对成本和赢利的相关业务活动进行分析和预测,帮助决策者做出及时、可靠的决策。

(三)数据仓库和数据挖掘技术

客户关系管理的基础是企业与客户交易的历史数据。因此,构建数据仓库(Data Warehousing,DW)是客户关系管理的基础工作。数据仓库的开发利用要采用数据挖掘技术。数据仓库技术完成客户关系数据的基本设计,而数据挖掘技术则要对现有数据仓库中的相关信息进行总结、分析、判断,做出客户需求的预测分析,以便为客户提供个性化服务,同时为决策者提供决策参考。

(四)基于互联网的应用技术

互联网是客户关系管理实现的载体。在企业内外的业务活动中,互联网技术已经起到了极为重要的作用。客户关系管理要求实现基于互联网的自助服务、自助销售等功能,并能使客户和员工在不需要太多培训的前提下,直接通过互联网浏览器完成相应功能。此外,对商业流程和数据处理也应采用基于互联网的集中管理方式,以简化应用软件的维护和升级工作,节省相关成本。

五、客户关系管理在房地产营销流程中的应用

房地产营销对客户关系管理的需求主要有客户关系跟踪、客户沟通、一体化共享的信息库、交叉功能工作的协调、客户个性化价值、交流管理、交易处理、流程管理、自助服务、客户响应执行支持等。客户关系管理在房地产营销流程中的应用主要有以下几个方面。

(一)市场定位

房地产企业市场定位分为企业形象定位和项目定位,且二者之间是相辅相成的,一旦形象定下来,项目的定位选择就必须与它相适应,形象定位通过项目定位来实现。传统经济中,开发商先做市场调查,常用的有实地观察、专家讨论、问卷调查、实验等方法;然后再做市场定位,常采用市场细分法,先把住宅与办公营业建筑分开,再按消费者收入分为不同档次,最后在同一档次客户中按心理特征划

分为现代型、古典型、自然朴实型、豪华奢侈型等。在网络时代,企业可利用客户关系管理系统中的网站进行市场调查,向潜在客户群发电子邮件、跟踪客户网上购物以了解他们的消费偏好等。企业不仅要知道目标客户所期望的地域、楼层、朝向、面积,还应知道他们对交通、绿化、建筑风格、儿童游乐设施、邻居身份、小区的社会形象等各方面的要求。此外,客户关系管理系统对原有客户群的积累记录也是一笔宝贵的信息(如图 11－15 所示)。

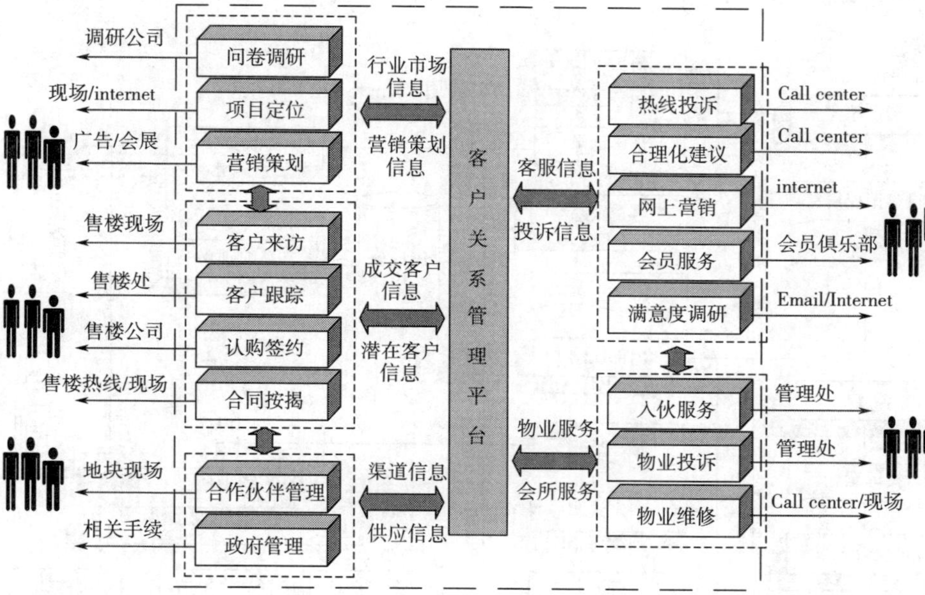

图 11－15　客户关系管理在房地产市场定位中的应用

网络时代的项目定位同样包括市场定位、功能定位、身份定位。市场定位是确定目标客户群;功能定位是确定小区或楼盘的各功能细节,它应遵循市场定位、竞争需要和街区功能,网络时代客户要求便捷、高效的获取和随时发送信息,物业功能也不断变化,如 SOHO 模式的房子一定程度上改变了人们的生活方式;身份定位在突出个性时更要得到社会的认同。以上操作都可在信息收集完后利用分析型的客户关系管理系统进行数据的分析处理,最后预测市场需求并做出市场定位决策。

(二)施工建设

由于房地产施工建设周期长,少则一年,多则几年,而网络时代人们的需求在不断地变化,因此,在施工建设过程中必须跟踪分析客户的需求变化,以便及时做出相应的设计更改。

（三）销售及营销管理

这是客户关系管理的主要用武之地，围绕房地产业务流程，从与潜在客户的第一次沟通、来访接触，到不断进行客户关怀、客户跟踪，直至下订金、签订认购协议、签订正式购房合同，客户交付全部房款或办理公积金、按揭，最后到客户入住和物业管理等全过程。同时，不断完善客户信息，不断制定客户关怀策略，并使其过程更加流程化、自动化，从而提高客户满意度，获取客户最大价值。房地产营销业务流程如图 11 – 16 所示。

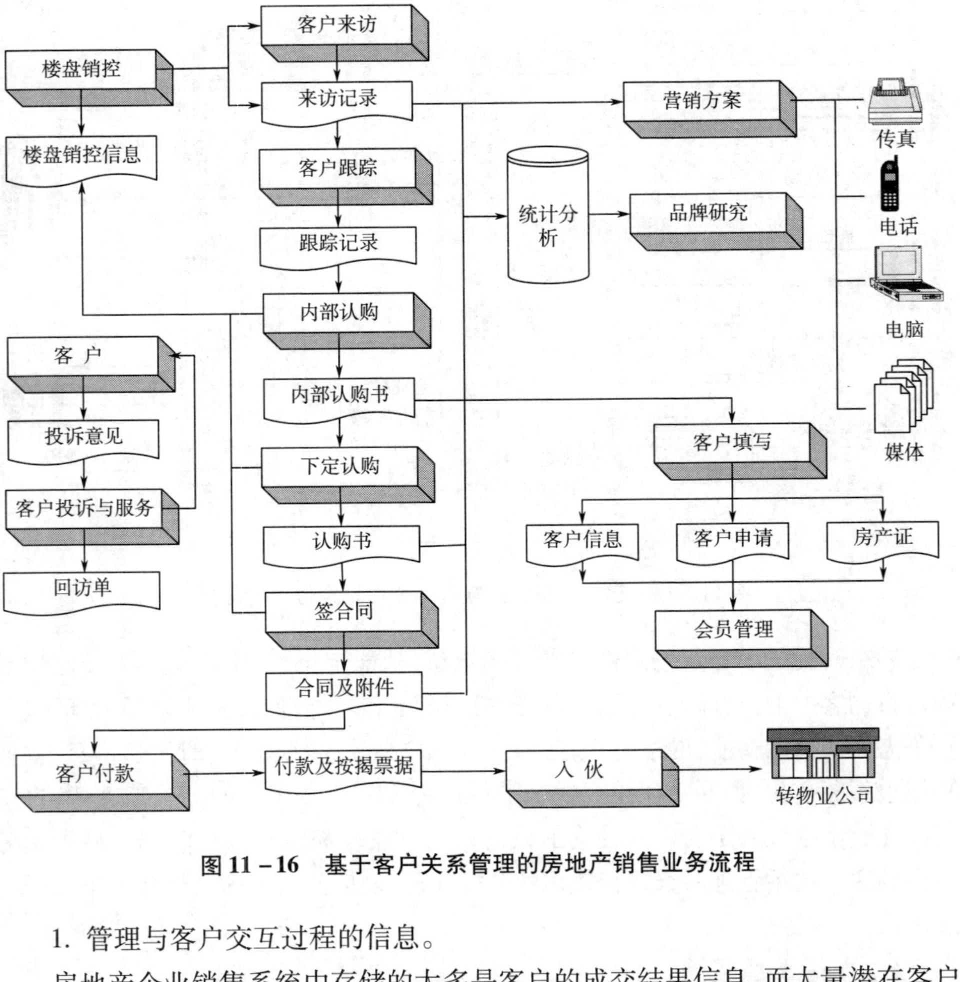

图 11 – 16　基于客户关系管理的房地产销售业务流程

1. 管理与客户交互过程的信息。

房地产企业销售系统中存储的大多是客户的成交结果信息，而大量潜在客户基本信息、过程信息，通过采用 CRM 系统，能够获得客户完整、统一的资料数据。

（1）第一次客户接触。销售人员通过和客户的第一次客户接触，迅速获得客户的基本资料，从而形成一个销售机会，为与客户建立良好关系奠定了基础。

（2）客户关怀和跟踪。客户关怀和跟踪贯穿于整个销售过程，这是一个与客户的互动过程。客户关系管理将完整地记录销售员每一次客户关怀的过程、客户最新需求信息、下一步安排活动、个人计划等信息。

(3)签订内部认购书。通过一段时间的客户关怀和跟踪活动,最终引导客户签订内部认购协议,客户提交定金后,房号即被客户关系管理系统锁定并签订内部认购协议主要条款,系统将继续对客户进行个性化的关怀和跟踪,督促客户完成相关手续,签订正式购房协议,并不断完善客户跟踪的结果信息。

(4)签订正式销售合同书。签订正式销售合同阶段将完成正式购房合同的签订过程,客户关系管理系统将提供合同预警、合同跟踪、放款交付预警等功能。销售员将继续为客户提供贷款的申请、购房法律咨询等服务。待客户交完全部房款,销售人员的工作才真正结束,继而销售业绩得到确定。此时,该客户的生命周期并没有终结,而只是转变成企业的老客户。

2. 指导新楼盘的设计和推广。

房地产企业应该设计和规划符合当前消费主流的新楼盘,新楼盘的设计、确定目标客户群、楼盘的推广营销活动等过程应当统一考虑。新楼盘的设计、目标客户群的确定往往需要通过客户关系管理系统对以往客户资料信息、客户历史交易信息进行分析、挖掘来制定。这样,楼盘的营销推广、媒体广告宣传通常就能做到有的放矢,并能够实现市场营销方案的预测和评估,避免做“地毯轰炸式”的营销。

3. 提高客户服务满意度。

好的服务是提高客户满意度、增强客户忠诚度最直接的手段和途径。采用客户关系管理的服务应用,建立立体化、多层次的客户服务体系,具体包含以下内容:基本服务、一站式投诉、互动服务、终身会员服务。

4. 拓展客户交叉销售机会。

好的服务便能产生好的口碑,好的口碑便能带来更大的客户推荐机会。采用客户关系管理销售、服务、市场一体化应用,服务部门、市场部门、销售部门能够共享统一的客户数据库。服务人员和市场营销人员能够在日常工作当中不断地捕捉新的销售机会,并将它们自动转发给销售部门,从而增加了企业总体的交叉销售机会,也使服务部门、市场部门能够产生盈利点。在客户关系管理系统中,销售机会的产生具体体现在以下几个方面:投诉服务中、物业服务中、会员服务中、营销联谊活动中、媒体广告宣传中,从而最终使整个企业从各个部门均体现出“以营利为最终目标”的企业策略。

5. 全方位挖掘客户知识。

只有充分地了解客户,了解自己,才能制定个性化的、有针对性的销售策略。对于收集到的大量的客户信息,需要进行充分的、全方位的、多角度的分析,从而挖掘出大量的客户知识,如客户基本信息分析、客户服务综合分析和销售预测等,这些都需要应用客户关系管理系统来完成。

(四)为销售人员的业绩考核提供保障

从事房地产销售行业的人都知道,销售人员的报酬都是由销售业绩所决定的,房地产公司和销售人员之间常常因为报酬发放不合理而发生矛盾。客户关系管理应用于房地产公司就完全解决了这个问题,因为在整个客户流程中,每一步紧密衔接,都有详细记录。

(五)完善物业管理

售后服务是优良品牌的延伸,房地产商可以从数据库中将客户的详细信息交给物业管理公司接手,利用这一个性化的手段把精品管好、盘活,才不会损害房地产项目的声誉。同时,呼叫中心可延伸到智能化社区和社区热线呼叫系统,更好地发挥呼叫中心的作用。

(六)为以后的项目开发提供分析信息

房地产行业变化的不确定性,令人较难全面把握。诸多项目一期成功,二、三期后期滞销表明,发展商主观上是市场主导,而客观上是以产品为导向,没有准确把握项目开发过程不断发展和变化的信息。"市场研究——风险控制——决策分析——调整控制"是理性投资和有效营销的基础保障。通过经营房地产获得预期收益,随时对时机、空间、市场和价格进行透彻的分析和评判,关注消费者的心理需求,把创新性的营销理念纳入 CRM 系统。

以客户为中心的理念贯彻房地产整个开发、策划、销售、服务全过程,以客户价值、客户满意作为企业决策、业务计划、服务推出的出发点,在客户关系管理理念的指导下建立完整的房地产企业客户管理体系,从而整合企业内外部资源,优化企业资源,提高企业经营效率,为企业客户提供周到的、一站式的全面服务。

六、房地产企业客户关系管理系统模型

房地产企业客户关系管理模型要满足企业层次的需求、组织协同层次的需求和部门层次的需求。根据这三个层次的需要,房地产企业客户关系管理系统模型应有相应的功能。房地产企业客户关系管理系统主要由以下六个模块组成,每个模块体现了不同的功能,每个功能结合成一个有机的整体,完成房地产企业客户关系管理的各个环节。(如图 11 - 17 所示)

(一)销售管理模块

销售管理模块主要是围绕客户和联系人的全面管理,针对客户的商机展开一系列的跟踪活动,最终促成签单,同时提供产品信息查询和产品报价,为销售员提供个人日历助理,计划总结日常活动,提供费用统计报告。销售管理模块包括以下功能模块,如图 11 - 18 所示。

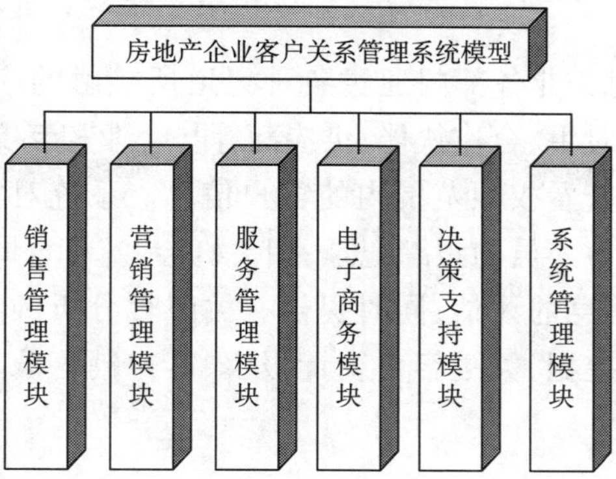

图 11－17　房地产企业客户关系管理系统功能模型

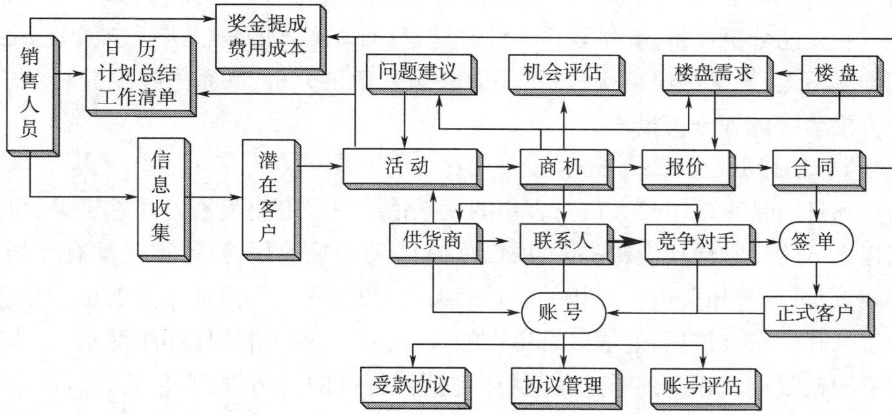

图 11－18　销售管理业务流程

1. 商机管理。

商机管理模块除了管理诸如置业意向、推荐楼盘、意向楼盘、影响因素和竞争楼盘等基本信息外，还管理从客户来访到签订认购协议，再到签订合同和最后入伙的全部客户交户过程和机会状态的变化记录，帮助销售人员把握和跟踪销售机会，改进销售方法，还可以为销售人员的业绩考核提供依据。商机管理对来源于销售人员录入、互联网、呼叫中心（Call Center）和其他渠道的各种商机信息进行统一管理。根据登录系统用户的不同权限，管理相应的机会信息，充分体现销售团队的协同工作，实现对机会相关的客户、联系人、竞争对手、合作伙伴的各类信息的全面记录，同时对商机的评估和关键问题加以分析，从而实现对商机的合理分配，提高商机的成功率，提供机会的报价和相关附件管理。同时提供有关商机线索跟踪情况的分析、包括商机销售阶段的分析、竞争频率分析、销售机会排行、销售计划统计、销售趋势分析、关键问题分析、销售签单丢单分析等图表与报告。

2. 账号管理。

账号管理模块对企业各部门通过各种渠道所接触的广义的客户资料进行统一管理，包括竞争对手、合作伙伴、供应商等与企业相互交往的企业实体。通过登录用户的权限，查看权限范围内的客户信息。系统对客户等级的划分、客户基本信息、企业销售人员的跟踪记录、相关机会、签订合同协议、产品报价、注释建议等提供账号信息的评估，同时提供有关账号分析的有关图表，包括客户构成分析、客户构成挖掘、关键客户统计报表、客户销售统计、客户销售趋势分析等功能。

3. 联系人管理。

联系人管理是对包括客户、竞争对手、合作伙伴、供应商以及介绍人等的所有联系人进行全面管理。记录与联系人相互活动的情况与相关商机、账号情况，以及对联系人的分析评价，提供联系人注释建议；对联系人的角色进行全面分析，挖掘关键联系人；提供组织结构分析、关键联系人角色分析、联系人作用分析、联系人销售机会统计等分析报告。

4. 活动日历。

活动日历是跟踪销售人员与客户的联系情况以及商机发展的跟踪记录，可以对销售人员的日常活动设置提醒功能，实现活动的提前预警，使得活动有计划地执行，实现活动与相关机会和相关账号的关联，快速查询与活动相关的机会信息、账号信息和联系人信息；通过登录用户的权限，实现对销售团体小组活动、个人活动的不同权限查询相应的活动信息；还包括销售员的日历管理，包括日、周、月的工作清单，记录销售员的工作计划和工作总结；对活动进行重要性分类，使销售人员能够抓住关键活动展开商机的跟踪，对活动的结果进行评价，产生活动报告；同时提供工作计划报告、工作总结报告、关键活动报告、活动分析报告等多种报告。

5. 报价管理。

报价管理实现与楼盘资料的高度集成，使楼盘资料的通用报价资料、客户个性化报价资料、商机的报价版本资料等相互共享与集成。销售人员只能查看个人的报价信息，销售经理通过小组报价，了解销售团体内各个销售人员的报价情况。通过报价管理可以让销售员对客户每次报价的内容和过程一目了然，缩短产品的销售周期，有效避免报价混乱的局面；针对每个商机和客户的历史信息，便捷查询，同时保证多个销售人员对外报价的一致性。系统与 word 高度集成，实现系统数据直接转化为 word 文档，并能将文档和相关产品附件材料发送到客户的 E－mail 中；实现报价的快速、方便、准确；同时，提供报价差异分析、产品报价趋势分析、客户报价对照、报价版本分析，从而提高报价的科学性和准确性。

6. 费用报告。

费用报告记录销售人员每次活动相关的费用支出情况，提交上级领导审核，实现对费用支出的全面监控。系统提供对费用的自定义分类,实现对各类型费用的统计分析。同时,销售经理可以了解其下属销售人员的所有费用开支情况,并对销售费用进行审核批准。系统自动产生费用的统计报告,销售员可以通过费用报告打印或传给财务部门,进行费用报销。

7. 订单管理。

对跟踪成功的商机产生合同订单,并实现对合同订单的附件管理,包括相关认购协议、付款协议等。同时,销售经理可查看其下属销售人员的订单情况,实现对销售量的全面统计与分析,生成统计图表,包括销售统计报表、销售团体分析报告、销售机会签单分析、销售趋势分析、销区销量分析、产品销售分析、产品结构分析等。

(二)营销管理模块

通过网上调查和其他各种形式的调查活动,收集市场信息、消费者信息、区位消费信息、竞争楼盘信息,并对收集的信息进行筛选和提炼,进行各种模型的分析,对数据进行挖掘,对客户和合作伙伴的信息进行分析。同时,帮助营销部门织营销活动,并对营销活动进行统计分析,自动产生活动报告。系统提供产品销售状况分析、价格定价策略、产品市场分析、竞争产品分析、竞争策略分析、客户需求分析以及各类统计报表,如图 11 – 19 所示。

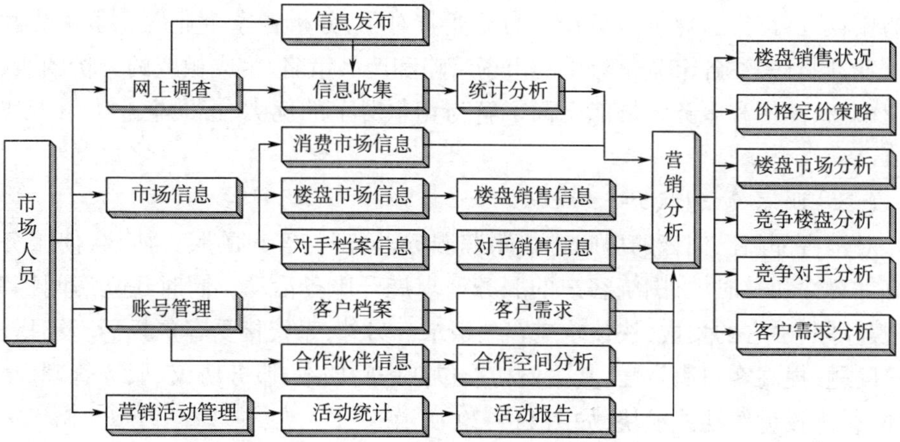

图 11 – 19 营销管理业务流程

1. 网上调查。

通过客户在企业网站的浏览过程获得的个性化客户信息与需求意向信息,通过定制调查表,系统将实现自动将调查试卷发布到网上,网民填写网上调查试卷,直接反馈回公司的信息数据库,快速分析,产生分析图表和分析报告,让企业更清晰地了解客户的需求、意见和建议。

2. 市场信息。

对区域楼市信息进行管理，包括相关楼盘主卖点、区域需求变动、消费群体、潜在用户、市场环境、宏观政策等信息，通过网站、手工录入和其他方式收集各类市场信息，并进行筛选、清洗、提炼、优化，将信息格式化成数据库可以识别和量化的数据信息，对这些数据进行分析和挖掘，产生分析图表和分析报告，为企业各种经营决策提供有力的重要依据。

3. 客户档案。

客户关系管理部通过展会或其他渠道收集潜在客户信息，对客户档案信息、交往记录、报价记录、交易记录、反馈记录等信息进行动态获取和管理，并通过数据挖掘，对客户的构成、购买意向等进行不同角度的透视和分析，产生分析报告和分析图表，使企业多方位地把握客户需求，全面透视客户情况。

4. 营销活动。

对所有市场活动进行管理，包括组织展销会、多媒体广告、平面广告以及其他多种方式的促销等营销活动，系统可定制营销活动和相关的活动信息和统计报表信息，预算营销投入和收效分析，系统自动生成市场活动的有关统计报表，并通过数据挖掘对活动结果和效果进行分析与评价。

5. 竞争对手。

从各种渠道获得竞争楼盘信息并加以整理分析，同时将本企业楼盘与竞争对手的楼盘进行对比，评价最具竞争力的竞争对手，分析各家企业的竞争优势和威胁程度，同时关注各个竞争对手的市场策略和产品策略，生成相应的分析图表，使企业市场、销售和服务人员能全面了解与竞争对手的优劣，帮助企业决策者快速决策。

（三）服务管理模块

对销售部门已销售的房间进行跟踪服务，管理与客户的服务协议，使服务更具有针对性和及时性，围绕客户的服务请求展开服务活动。同时建立房间档案，实现与呼叫中心的集成，快速响应客户请求。另外，系统接受客户投诉，及时处理客户问题，提高客户满意度，其主要功能包括房间档案、服务协议、服务管理、客户关怀、客户投诉等功能模块，如图 11－20 所示。

1. 产品档案。

提供楼盘和相关服务信息管理，包括楼盘档案信息、产品报价信息，实现楼盘信息库在互联网上的扩展，为各级授权访问者提供各种楼盘信息和服务信息，并提供相应的图表打印功能，同时专门为服务部门建立楼盘物业档案、技术档案信息、故障解决方案信息，为解决客户的服务请求做出快速反应，并实现互联网热点问题解答，发布服务请求的各种解决方案，让客户通过企业网站就能及时解决大部分产品故障问题和技术问题，从而降低服务成本。

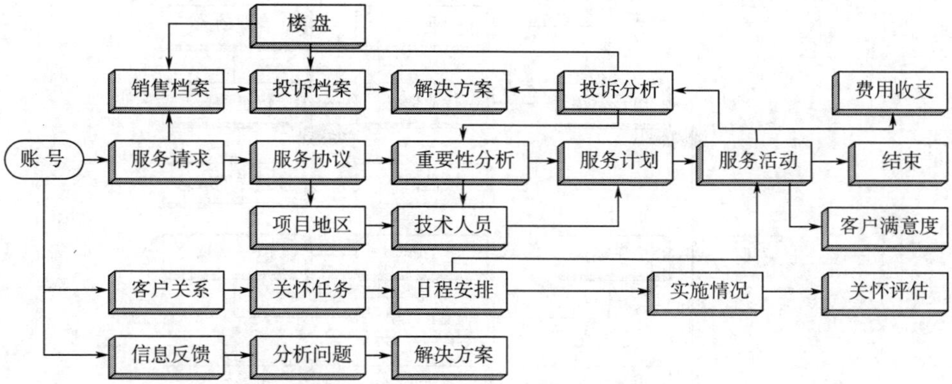

图 11－20　服务管理业务流程

2. 服务协议。

对销售的所有楼盘、与客户签订的各类服务协议进行全面管理，并作为为客户服务的依据，在客户做出服务请求和投诉时，服务人员能够快速、便捷地查询到客户的服务信息，更好地履行对客户的服务承诺，提高客户满意度。同时，大大控制服务的质量和成本。

3. 服务管理。

针对客户的服务请求展开一系列服务活动，实现对服务的零部件分析、收取服务费用等，同时，将客户有代表性的故障信息以及解决方案进行整理，作为楼盘档案进行管理，实现楼盘知识文献的共享。服务管理模块包括服务请求、服务内容、服务网点、服务收费等，详细记录服务全程情况，支持现场服务与自助服务等功能。

4. 客户关怀。

作为提高客户满意度的关键，服务人员必须经常性地进行客户关怀，定期与客户联系沟通，增强客户满意度，特别是在有关节日或客户生日时发送相关的贺信和祝福。了解老客户和新客户的准确信息，并实现批量的信件、E－mail 和传真的发送，既帮助企业减少成本，又提高了客户的满意度。

5. 客户投诉。

客户可以通过呼叫中心或其他方式进行投诉，反馈企业有关楼盘质量、小区物业服务质量等相关的问题，系统详尽记录有关客户投诉，并对客户意见和投诉及处理过程进行记录，及时快速解决客户提出的楼盘质量、服务管理等相关问题。

（四）电子商务模块

实现与公司网站集成，发布产品信息和其他动态信息，使用网上订单和网上楼盘资料，通过网站与客户进行接触和沟通，快速响应客户的个性化要求。电子商务模块的主要功能包括电子商店、电子营销、电子支持（如图 11－21 所示）。

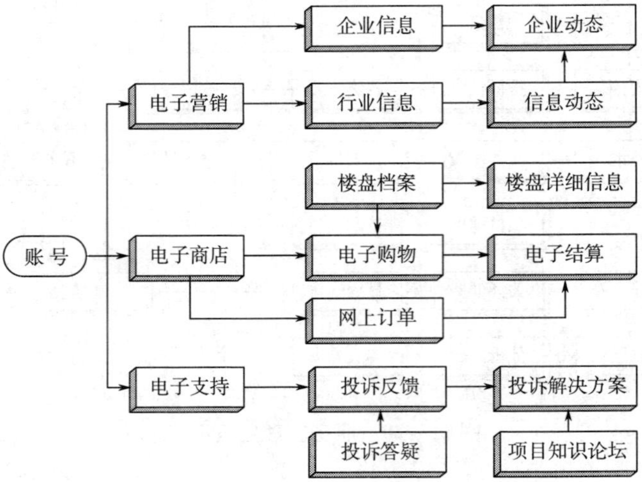

图 11－21 电子商务业务流程

1. 电子商店。

帮助公司建立和维护网上商店,实现网上销售楼盘和提供服务。系统与后台的楼盘档案资料集成,在后台的 CRM 系统中维护产品资料,系统自动将产品资料信息直接发布到网上,公司能根据认购协议为客户提供个性化的解决方案。

2. 电子营销。

实现网上企业宣传、产品宣传和服务宣传,系统通过前端与网站的接口,实现客户个性化需求在企业网站上的延伸,它提供了企业网站与客户信息库的接口。

3. 电子支持。

与后台楼盘档案信息库和服务资料库集成,查询认购协议状况,解决疑难问题,实现与电话服务中心的集成,实现回复功能。

(五)决策支持模块

房地产企业 CRM 模型中的辅助决策模块根据各种数据对楼盘营销发展方向提供分析和预测,它们将为用户制定楼盘营销策略提供辅助信息,提供基础的统计功能、支持模型分析、销售预测。具体包括以下内容。

1. 客户统计分析。

动态分析客户的流失情况,图形显示变化趋势,细分客户销售习惯,有针对性地开展市场营销,提供客户价值度分析模型,分析最有价值的客户,分析客户交易信用程度,建立良性交易循环。具体包括:

(1)客户概况。分析客户的消费层次、信用风险程度、爱好、习惯等。

(2)客户忠诚度分析。即分析客户对公司、企业品牌的忠实程度、持久性、变动情况等。

(3)客户利润分析。即不同客户所认购的房屋的边际利润、总利润额、净利润等。

(4)客户性能分析。即不同客户所认购的产品按种类、渠道、销售地点等指标划分的销售额。

(5)客户未来分析。即客户数量、类别等情况的发展趋势,争取客户的手段。

(6)客户产品分析。包括房屋设计问题,建筑材料、装饰材料、设备设施问题及其同本公司所开发房屋整体质量的相关性以及供应关系等。

(7)客户促销分析。即广告、宣传、让利等促销活动的管理。

2. 销售预测。

提供不同的预测模型分析历史数据,预测未来销售情况,评估预测结果,修正预测精确度,根据突发事件提供干涉法则。具体包括:

(1)配置每月销售份额,每月应完成的收益任务。

(2)管理层可根据时间、业务人员、销售经理、产品来察看每月的销售预测情况。

(3)根据利润、领域、优先级、时间、状态等标准,用户可定制关于将要进行的活动、业务、客户、联系人、约会等方面的预测报告。

(六)系统管理模块

客户关系管理系统为系统管理人员提供了一个安全、可靠的系统设置模块,系统管理员通过此模块可以方便、快捷地完成系统的初始化工作。

1. 权限管理。

为企业内使用该系统的每一位人员进行注册,登记人员的姓名、所在部门、职务、系统数据库的权限和一些辅助信息。系统不仅可以对模块的使用权限进行管理,同时通过销售团体的层次进行数据的授权管理,充分体现销售团队的协同工作。

2. 日志管理。

日志对安全来说非常重要,它详细记录了系统每天的使用情况,通过日志,你可以知道哪些销售人员在何时访问了系统的哪些模块,进行了哪些操作等。

3. 数据管理。

对系统数据进行管理,包括历史数据的备份、过期数据清理等,个人数据与企业数据的交互接口,此外还包括网上数据下载的清理、分类等功能。

4. 基础设置。

对初始化的基础数据进行设置,自定义相关的初始化数据,包括销售机构、账号设置、产品设置、机会设置、其他设置等功能。

总之,房地产企业的业务随着电子信息的快速发展向纵向和横向扩展,尤其是在客户关系管理方面,要想充分协调企业与客户之间的关系,其他企业管理系统与客户关系管理系统的数据就必须实现实时的数据交互,使其满足企业的集团应用,让企业以一个整体为客户提供服务,形成营销部门内的销售、市场、服务业务的无缝连接。同时,把房地产企业后台业务和中间层业务向前端电子商务延伸。

从业务的角度,客户关系管理系统可以帮助房地产企业实现企业与客户的互动营销。根据消费行为,前瞻地、全局性地预测未来的销售前景,发掘客户价值,形成一对一有效目标市场。从技术支持、服务角度,客户关系管理系统提供了在线标准问题解答题库、行业解决方案、在线反馈处理,提供在线服务申请、跟踪服务进程,大大提升了企业在技术支持与服务方面对客户的关注力度,使得客户关系管理系统中的客户关怀得到了最充分的演绎。

七、房地产企业客户关系管理系统运行的组织架构

要推动客户关系管理系统有效地发挥作用,需要在房地产企业的组织结构中成立一个专业部门——"客户关系管理部",用以整合整个企业各个部门的服务资源,建立企业级的客户关系管理体系,形成统一的面对客户的窗口。

房地产企业客户关系管理系统整体组织架构主要由电子渠道管理平台、客户关系管理基础平台和外部信息交换平台三部分组成。具体组织架构见图 11－22。

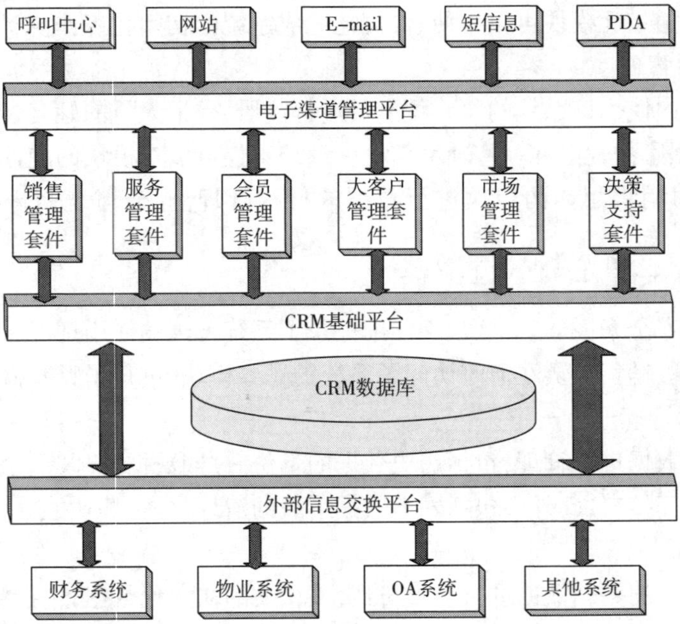

图 11－22　房地产企业客户关系管理系统运行的组织架构

整体组织架构说明:①整体组织架构因经营业态不同(如商业地产、住宅地产等)而存在一定差异,此处以住宅地产为主要对象建立组织架构;②所建立的组织架构基于房地产行业现状和大多数房地产企业采用的常规经营方式。

第四节　房地产预警系统

一、概述

房地产业是国民经济的基础性和先导性产业,在我国经济发展中占有重要的地位,它从投资方面拉动经济增长,从消费方面启动市场,成为经济发展新的增长点。但如果房地产业发展过于迅猛,在房地产市场运行机制不甚完善,还没有形成合理、有序、竞争、高效的市场运行体系的背景下,房地产市场信息传递不畅、信息数据失真、市场行情展示手段落后和市场交易网络封闭等,引起房地产价格持续攀升、房地产泡沫严重,构成了房地产业危机的引发条件,而与房地产相关联的资金链条一旦断裂,极易导致系统性金融风险,对整个国民经济的稳健运行产生冲击直至严重的破坏。因此,需要建立城市房地产预警系统,对反映房地产周期波动特征的变化态势进行监测、评价与预警,尽可能提前采取调控措施,避免不良态势或事件的发生,促进房地产经济的持续良好运行。城市房地产预警系统不仅是政府房地产管理部门科学规划决策、调控房地产市场的需要,也是生产领域的开发商和投资商、流通领域的经营者和消费者进行房地产投资与消费决策的依据。房地产预警系统有助于政府部门根据经济运行异常态势的事先预报,使政策调控同步甚至超前于现实经济波动,适时干预,缩短政策时滞;有助于开发商和投资商解决资源配置、提供开发决策的合理依据;有助于经营者和消费者正确认知市场机制,为经营和消费决策提供依据。

房地产预警系统必然与计算机信息技术相结合,以现有的软件系统为基础,抓紧进行信息资源的整合,提升系统现有设备,完善软件服务功能,建立统一的房地产信息收集平台,以满足实际应用的要求。城市房地产预警系统是一种能够通过自动处理、分析、判断输入和存储在计算机中的城市与房地产经济密切相关的各种信息,能够对城市房地产经济发展中可能出现的各种异常态势,即经济过热、偏热、偏冷、过冷等经济警情发出预先警告的计算机信息系统。

二、房地产预警基本理论

(一)基本概念

房地产预警是指在掌握房地产周期波动的成因和规律的基础上,监测和分析房地产运行状况,预测房地产运行态势并对其做出评价,按预先约定的预警准则和信号灯获取机制,及时预报将要出现的警情,从而为政府采取调控措施和投资者做出决策提供依据,同时尽量避免不良态势或事件的发生,最大限度地促进房地产业持续良好的运行。

房地产预警必须具备三个条件:其一,必须对预警对象的运行规律有深入的了解;其二,对事物的发展态势和程度在一定的时间和空间范围内有准确的把握;其三,有警情的判断准则和预警信号的获取方法。通常房地产预警系统的组成要素包括警情、警源、警素、警兆、警限和警度。

(1)警情也叫警义,是在预警时确定需要监测和预报的内容,具体是指由于房地产发展速度过快,超过了国民经济和社会发展的承受能力,造成房地产业内部结构严重失衡和商品房不合理空置。警义主要体现在三个层面,房地产业发展和国民经济总体的协调程度、房地产业与相关产业的协调发展以及房地产业发展的内部结构、速度和规模。

(2)警源是指警情产生的根源,包括内生警源和外生警源。内生警源是房地产业内部投资规模、结构与成本以及需求规模、结构等内部因素的变化;外生警源是对房地产有影响的宏观经济形势和政策、自然、环境等外部因素所作用的效应,如通货膨胀、税率等。

(3)警素是指警源包括的一个或多个影响警情变化的因素,具体表现为预警的指标体系。在自然系统中,警素一般为单指标;而在经济系统中,需要考虑经济内部结构、经济效益及社会效益等多方面的影响,因此,警素要采取多指标。

(4)警兆是警素精炼的结果,是在对房地产警源的描述和归纳的基础上,通过一定的方法挑选出来的最能反映警情指标变化的警素。无论是景气警兆指标还是动向警兆指标,都反映着警义指标的变化情况,具有对警情变化的先导作用。

(5)警限包括两个含义,一是警兆指标的变化范围;二是多个警兆指标按一定的方法综合以后的预警指标、指数相对于房地产整体或分类市场的警限,也可称为警级。

(6)警度即警情的程度,警度的预报是根据多个警兆指标进行综合计算得到的综合预警指数和警级标准,对警情进行判断,并预报警度。

房地产预警系统的实施步骤大致可归纳为:确定监测预警的对象,寻找警情的产生根源,选定警兆指标,确定警限,核算综合预警指数,划分警级,预报警度。其中,明确警情是预警的前提和基础;寻找警源、分析警兆、确定警限是对警情的定性定量分析;预报警度则是预警的目的。

(二)概念辨析

为了加深对房地产预警概念的理解,有必要辨析相近概念的差别。

1. 预测与预警。

经济预警是指围绕经济周期波动这一特定的经济现象所展开的一整套经济

监测、经济评价、经济预测和政策选择的理论与方法体系。在这套体系中自然会运用各种预测理论与方法。但是,经济预测和经济预警的最大区别在于:经济预测是在对经济变量的自身变化规律和某一变量与另一些变量之间的变化规律的基础上,利用数学模型,对经济变量的变化趋势做出量的估计。它除了利用各种统计检验方法对所预测的变量值的可靠性做出优劣评价外,基本不从经济意义上评价这种变量变化趋势的好坏。而经济预警除了具有经济预测的上述功能外,它还给出了一个对预测值在经济意义上好坏进行评价的区间,使决策者能够非常直观地对预测值进行经济价值的判断与选择,因此可以说,经济预警是更高层次的经济预测。

2. 预警与反馈。

预警和反馈是经济领域中监督经济运行过程的两种监督模式。建立预警系统的根本目的在于根据事物的某些先兆信息对未来可能发生的不利因素进行预警,以便为管理者提供决策依据进行超前控制,防患于未然。由于社会经济系统运行过程中广泛存在的时滞因素,要求决策者必须不断根据社会经济环境信息的变化适时调整其决策。也就是动态管理学派所认为的:当决策已经超越了原有的置信时间区间之外而变得不再准确时,必须要求决策者对原有的决策进行调整和修正,以形成新的决策,亦即新调整后的决策置信时间区间的平移。从某种意义上说,也就是延长了整个决策的置信时间区间,这种决策过程的不断修正和不断滚动构成了一种反馈的过程。

反馈监督模式是指在某项经济活动结束后,对其是否符合监督标准以及符合程度进行检查、评价和鉴定的监督模式。而预警监督模式不同于反馈监督模式,它是通过一定的方式和方法,预先揭示监督客体的运行态势或运行特征,从而尽可能地采取事先监督的措施,使监督客体的运行处于监督目标区域。其基本思路是:预警 = 预测 + 警报,通过预警进而达到预先控制系统的目的。

(三)基本理论

1. 房地产周期波动理论。

与宏观经济运行过程中的周期波动一样,房地产业在发展过程中也客观存在着周期波动现象,房地产业的周期波动是房地产业在经济运行过程中周期性扩张与收缩的波动现象。房地产周期作为宏观经济周期的重要组成部分,是经济周期在房地产领域的表现,同时也是房地产业经济水平周期性起伏波动的反映。

房地产周期是指房地产经济水平起伏波动、周期循环的经济现象,具体表现为房地产业在经济运行过程中交替出现扩张与收缩两大阶段,复苏—繁荣—衰退—萧条四个环节循环往复。尽管房地产周期波动在波动幅度、波动频率、持续时间等方面都存在明显区别,但是就其在连续运行过程中周期性出现的扩张与收缩重复出现、波峰与波谷相继交替的本质特征而言,各具特色的房地产周期波动又是相同的，表现出相似的周期性涨落、重复性再现的特点。这种有规律的产业波动构成了房地产周期，它反映了房地产经济波动的相似性和规律性（如图11－23所示）。

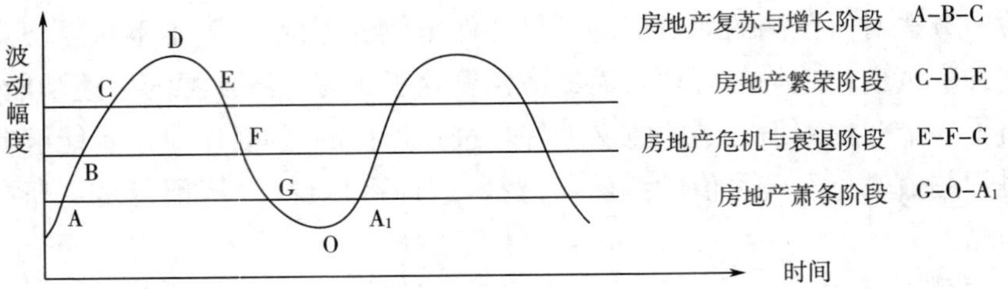

图11－23 房地产周期波动过程

对于房地产周期波动的描述参数主要有周期频率、周期平均长度、波动系数、周期波动振幅、周期平均涨落比及周期阶段长度比等。房地产周期以房地产波动为基本形式，这种呈现周期特点的波动就是房地产周期波动（循环波动）。和其他经济现象的波动相似，房地产波动也是由包含循环波动在内的四种波动形态组成，可以表示如下函数关系，即：

房地产波动＝f（长期趋势，季节波动，循环波动，随机波动）

影响房地产周期波动的因素分为两类：外部因素主要有经济增长率、国民收入和消费水平、通货膨胀率、投资政策和金融政策，内部因素主要有房地产市场结构、房地产市场行为、供求关系及行业运行特征等。

2. 预测理论。

预测主要是运用统计和数学的方法，对实际数据或信息资料进行分析处理，以探讨经济现象的内在规律，并科学地预计未来可能出现的发展趋势或所能达到的水平。预测主要采取定量分析的方法，通过严密的逻辑推理和数学模型来发现未来，获得结论。成功的预测通常包括六大要素：决策环境、预测目标、预测说明、预测水平、信息集、预测模型与方法。

（1）决策环境。预测是为决策服务的，好的预测有助于好的决策，充分认识和把握决策环境是设计、使用和评价预测模型的关键。损失函数是定量地判断预测好坏的重要工具，定量分析不同类型、不同规模的预测误差的成本或损失，以实现最优预测。

（2）预测目标。在经济领域，典型的预测目标有事件结果、事件发生时间和时间序列。其中，时间序列预测最为常见，因为大部分经济数据都是时间序列数据，可以根据历史数据对未来值进行预测，而且时间序列的预测和评估技术相对完善。预测的目标就是某种形式的数据系列，可用数据的数量和质量对建立预测模型十分重要。

(3)预测说明。时间序列预测需要明确预测的结果是一个最优猜测值(点预测)、未来值的合理区间(区间预测)或者未来值的概率分布(密度预测)。密度预测、区间预测和点预测所传递的信息依次减少,而由于受到计算方法复杂程度以及获取信息成本的影响,实践中,上述三种预测的应用程度依次增加。

(4)预测水平。预测水平主要是指从现在到预测区的时间跨度。预测随预测水平的变化而变化,最优预测模型也随预测水平的变化而变化,预测模型刻画了序列变化的动态特征,不同的模型适用于不同的预测(短期、中期或长期)。

(5)信息集。预测的好坏与信息的数量与质量息息相关,任何预测都离不开信息,无论清晰还是模糊,信息集是建立良好预测模型的基础,对评价预测结果也至关重要。信息集包括单变量信息集和多变量信息集。

(6)预测模型与方法。根据特定的预测任务选择合适的预测模型方法十分关键。在预测模型与方法的选择过程中,需要遵循简约原则和收缩原则。常见的方法有:回归分析预测法、时间序列预测法、经济计量模型法。

3. 房地产预警系统构建思路。

房地产监测预警的经典传统思路是,通过选择和建立一套能够反映房地产经济运行总体规律和局部特征之间的联系的指标体系,并对指标体系进行科学的计算、分析及预测,再根据房地产经济运行的基本规律(景气波动)设定单个指标或综合指标的预警界限,达到对房地产业今后走势做出正确预期、评价和监督调控的目的。这一思路源于中国宏观经济预警理论(黄色预警中的统计预警),基于景气循环波动理论,在国外(如美国、日本)以及中国香港、中国台湾等地均存在类似的系统。这也是目前我国国内一些房地产预警系统的主要构建思路。

该方法的核心思想是:评判指标的确定、警情警兆指标的定量分析及评判标准的确定。系统基本运行流程如图 11-24 所示。

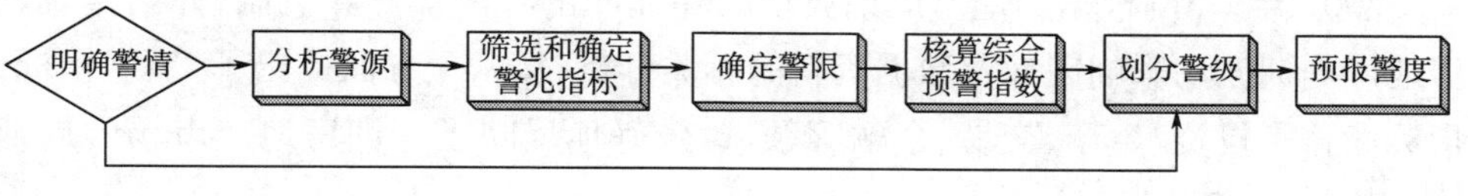

图 11-24 房地产预警系统运行流程

三、房地产预警系统指标体系

警情要素是描述房地产周期波动原因的因素,是分析房地产市场走势、预报房地产警情的观测点,是房地产市场预警系统的基础。警情要素一般用指标体系表示,目前我国有几套房地产预警系统,分别提出了各自建立的房地产预警系统指标体系。

房地产预警指标体系设计的基本思路是：首先对比原有房地产指标体系，确立预警指标的选取原则；然后在现有统计指标的基础上，结合房地产经济运行的特点，进行预警指标的初步筛选；最后，利用多元统计分析方法对预警指标进行定量分析，如时差相关性分析、聚类分析和灰色关联分析等，并结合专家咨询意见对指标体系及其分类进行调整。

（一）国内部分房地产预警系统指标体系对比

目前，对于房地产预警及景气指标体系的分类主要有两种，一是根据预警指标的功能时序差别分为：先行指标、同步指标和滞后指标；二是根据预警指标对房地产业影响程度的大小分为：同国民经济协调关系指标、同市场协调关系指标和产业内部协调关系指标。

1. 中房预警系统指标体系（1995 年）。

搜房研究院研制开发了中国房地产预警系统，并从 1997 年 2 季度起试发布房地产预警报告，其预警指标体系包括房地产经济活动的外部相关影响因素（宏观经济和产业发展）和内部相关指标（涉及房地产开发全过程），被分为先导指标、同步指标和滞后指标三大类（见表 11－3）。

表 11－3　中房预警系统指标体系

先导指标		同步指标	滞后指标
全社会固定资产投资	商品房开工面积	国民生产总值	商品房竣工面积
房地产投资实际完成额	商品房施工面积	商品房实际销售面积	商品房空置面积
基本建设贷款利率（3 年）	泸深房地产综合指数	商品房销售额	
建筑装潢材料类物价指数	抵押贷款利率	商品房销售均价	
		城镇从业人员	

2. 深圳房地产波动景气指标体系。

2001 年，谭刚根据房地产周期波动的外部冲击和内部传导机制，并结合我国房地产周期波动影响因素及数据资料的相关分析，从六个方面提出了 17 个指标，指标涵盖了投资、生产、交易、金融等领域，较好地反映了深圳房地产市场的周期波动趋势（见表 11－4）。

表 11－4　深圳房地产波动景气指标体系

房地产业总量指标	GDP	房地产交易类指标	商品房销售面积
	房地产业增加值		商品房空置面积
房地产投资类指标	商品房开发完成投资	房地产金融类指标	个人住房存款、贷款
	房地产企业实现利润		房地产开发企业贷款
			房地产企业自由资金

续表

房地产生产类指标	房地产用地面积	房地产价格类指标	商品住房价格指数
	房地产施工面积		商业用房价格指数
	房地产竣工面积		办公楼用房价格指数
	土地开发面积		住宅建安材料费用指数

3. 武汉房地产预警指标体系。

2002 年,丁烈云选用房地产业直接指标和相关指标来构架预警指标体系,其中,直接指标又分为总体指标、投入指标、生产指标、交易指标四类(见表 11 –5)。

表 11 –5 武汉房地产预警指标体系

房地产业直接指标	投入指标	房地产开发投资	房地产业相关指标	国内生产总值
		全社会住宅投资		人均可支配收入
		年平均从业人数		水泥消耗量
	生产指标	房屋建筑施工面积		第三产业产值
		全社会房屋竣工面积		消费价格指数
	交易指标	房产交易面积		基建投资
		交易成交额		土地出让面积
		住房价格指数		建筑业施工产值
		房产出租面积		人均居住面积
		房产租金收入		
		房地产税		
	总体指标	房地产业增加值		

上述房地产指标体系从不同的侧面反映了房地产市场的运行状况及其产业地位。

(二)房地产预警基本方法

根据房地产周期波动的特点以及一般的预测模型及方法,本书先介绍以下三种房地产预警模型方法。

1. 景气循环法。

景气循环法也叫景气指数法或指数预警法,是依据综合性的循环指标扩散指数 DI 所提供的预警信号进行预警的方法。这种方法以周期分析为基础,将整个经济运行过程区分为景气区间和不景气区间,通过分析,预测经济活动何时进入景气区间或不景气区间。景气循环法中的预警信号由先行指标扩散指数提供,而同步指标扩散指数和滞后指标扩散指数可以分别用来判断当前的房地产景气状况。

2. 综合模拟法。

综合模拟法也叫景气警告指数法或统计预警法,采取类似于交通管制信号系统的方法来反映经济状况及其变化趋势。这种方法首先根据灵敏性、超前性、稳定性等原则选取一组指标体系，然后将房地产经济波动划分为几个判断区间，临界点就是判断各指标及综合指数的数量标准，最终将所有指标综合成一个数量评价，通过所属区间来判断房地产景气状态。

3. 调查分析法。

房地产行业面向广泛的接触对象，各个对象从各自不同的角度做出对于市场的评价、预测及调控措施建议，对市场准确的警情判断十分有益。可选取政府机构、房地产开发商、消费者、房地产领域专家、金融系统人员、房地产媒体及中介咨询人员等作为问卷调查的对象，以获取他们对于房地产市场的主观警情判定。

在以上方法预警分析的基础上，可采用定性定量结合的综合评判模型，得到对于房地产市场的综合判断。

四、房地产预警系统构架

（一）房地产预警系统设计要求

借鉴宏观经济周期与预测预警的方法和理论及现有房地产周期预警，选择科学合理的指标体系，采用多模型与方法辅助分析手段，建立定量分析与定性分析相结合的框架，并结合计算机信息技术进行系统设计。

（1）从建立房地产经济的基础数据库入手，创建数据库管理信息系统，为预警过程中的各种定量分析提供不可缺少的数据支持。数据库中存贮的数据不仅尽可能地包含城市房地产经济的各类经济统计指标，而且应存入宏观经济中与房地产相关性较强的经济统计指标。数据库应该具有较强的独立性，可以方便地更新扩容。

（2）建立预警辅助信息库，存贮非量化的预警信息和相关知识，使预警人员的定性分析更合理，有利于提高预警系统的预警精确度。

（3）利用房地产预警理论和方法的成果，结合计算机技术，建立各种预测、预警模型并程序化，组成模型库管理系统、模型库中模型与数据库的接口技术、模型自动识别与优化建模。

（4）通过友好直观的人机对话方式，交互地为预警的定量分析补充定性分析的信息。应用可视化设计工具，设计出友好的用户界面，轻松自然地实现计算机与用户、预警专家的交流，利用专家的智慧、知识、经验和分析判断力，代替计算机完成那些在预警过程中计算机难以实现的复杂的分析和判断。

（二）房地产预警系统的设计逻辑

房地产预警调控系统的宗旨是客观地对房地产经济运行态势及其发展趋势进行推测和评判，并对有可能出现的警情寻求合理的调控对策，必须形成一套思路清晰、逻辑严密的设计思路，如图 11－25 所示。

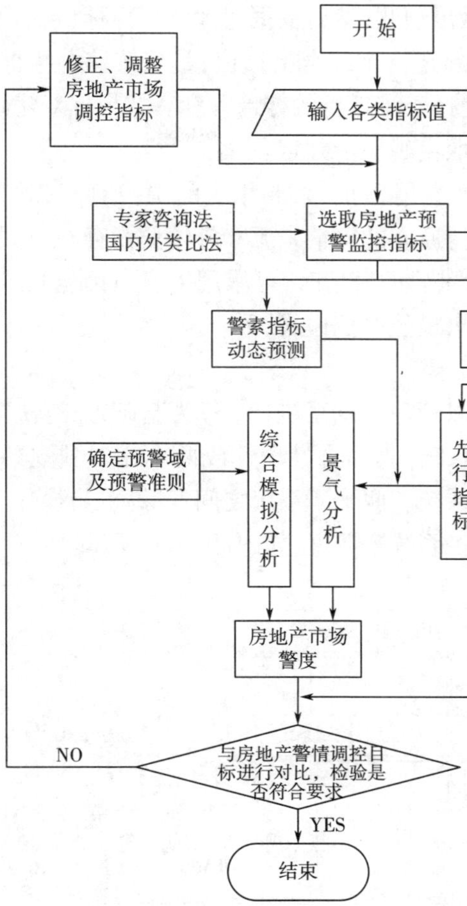

图 11－25　房地产预警系统设计逻辑

(1)分析影响房地产周期波动的各种因素,结合统计事实、定量分析和专家咨询的结果,确定房地产预警系统的指标体系,建立预警系统的数据库、知识库,并对各指标数据进行整理,消除数据序列长期趋势、季节波动和随机波动的影响,建立景气循环波动分析的数据基础。

(2)用计量经济分析技术和数理分析方法,在知识库、数学模型库和自学习模型的支持下,确定房地产警情要素的预警域和各自的权重。

(3)选择合适的房地产警情程度预报方法。警度预报方法主要有:①根据房地产警兆分析警情状况。首先,借助模型库的支持,结合房地产经济运行的基本特征,将预警指标体系划分为先行指标、同步指标和滞后指标;然后分析各类指标的运行状况,确定房地产各类指标之间的时差关系,并找出先行类指标值与各警区的对应关系和预警域;最后由房地产警情指标值确定房地产经济运行的警情程度。②根据对房地产市场状况的预测分析警情。首先对各房地产警情要素的未来状况，借助预测模型的支持做出预测；然后依据房地产各指标值的预测结果，采用综合模拟法或依据扩散指数确定一个综合指标值；最后按综合指标值的高低，依据一定的预警准则，确定房地产经济运行的警情程度。③根据对房地产相关从业人员和消费者的问卷调查获取主观警情判定。

(4)根据房地产经济运行的警情预报，采取相应的调控对策，对无警状态即适度发展状态的市场可继续保持原有的警情来源和警情要素存在方式；当房地产运行有可能或开始出现“冷”或“热”的警情时，可采用人机对话方式，适当调整警素指标值，观察警情的变化，寻求最佳调控模式。

(三)房地产预警系统结构

房地产预警系统本质上是以管理信息系统(MIS)为基础，兼有决策支持系统(DSS)功能的计算机预警信息系统，故可将之设计成两个相对独立的子系统：数据库管理信息系统和模型管理系统。两个子系统之间、计算机与操作人员之间数据和信息的传递由人机交互总控系统来调度，如图 11 –26 所示。

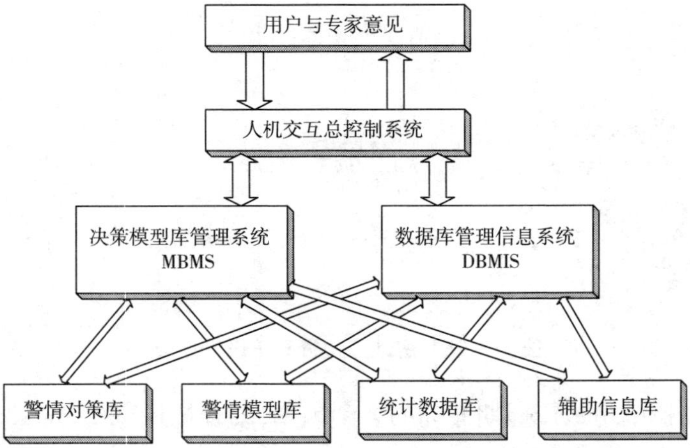

图 11 –26　房地产预警系统结构

为增强系统的可维护性和拓展性，房地产预警系统采取事件驱动的方式，并结合面向对象与结构化程序设计，遵循的原则有：统一的编程约定；内部程序按功能单元模块化；确保系统内部程序之间的数据通信畅通无阻；访问数据库尽可能使用 SQL 技术；界面直观友好，人机交互轻松自然；预留可扩充接口，提高系统更新升级能力等。

(四)房地产预警系统界面设计

按照功能的不同，可以把房地产预警系统划分为系统维护、数据管理、信息查询、经济预警、报表打印及帮助系统等功能模块，系统功能结构图如图 11 –27 所示。其中，预警功能是整个系统的核心，房地产预警系统不仅能进行年度、季度、月度数据的预警，而且可以采取多预测模型和多预警方法来分析、比较、预警，预警方法有综合模拟法、扩散指数法等。此外，采用友好的人机对话方式，在整个预警过程中提供强大的数据分析功能和大量形象化的图表显示功能。

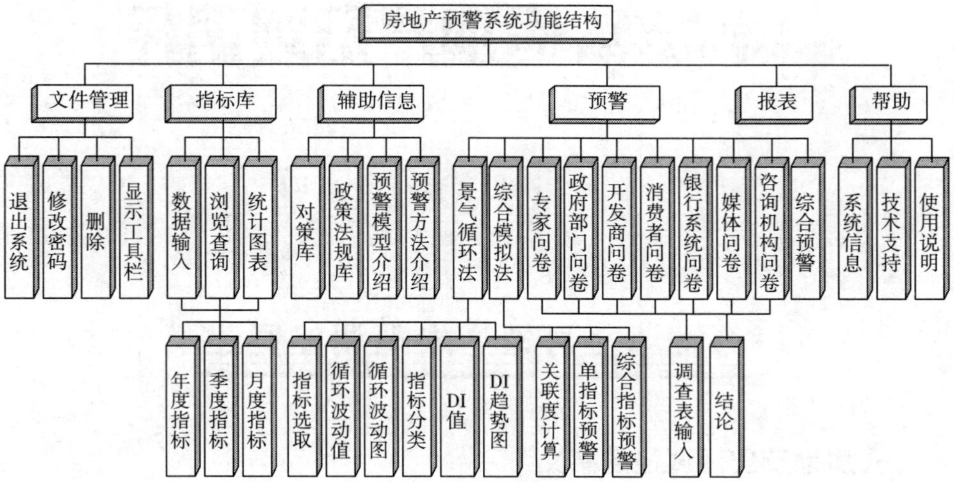

图 11-27　房地产预警系统功能

思考题与练习题

1. 房地产建设项目管理信息系统有哪些优点？
2. 房地产建设项目管理信息系统有哪些功能要求？
3. 什么是网络营销？它与传统的营销模式有什么区别？
4. 房地产网络营销的功能和优势是什么？
5. 查阅国内部分房地产企业的网络营销系统，试比较它们的功能有哪些异同？
6. 客户关系管理是如何演变的？客户关系管理的内涵是什么？
7. 查阅国内部分房地产客户关系管理系统，试比较它们的功能有哪些异同？
8. 什么是房地产预警？
9. 对比国内部分房地产指标体系，试分析各体系从什么角度来反映房地产市场的运行状况？
10. 查阅国内部分城市房地产预警预报系统，并比较它们的功能有哪些异同？
11. 查阅国内还有哪些其他房地产经营管理信息化系统？

DI SHIERZHANG 第十二章 房地产宏观调控

第一节　房地产宏观调控概述

一、房地产宏观调控的意义

房地产作为一种可交换的商品而存在已经有相当一段时间，它的供给者和需求者也普遍存在，房地产市场正在逐步发展和完善中。目前，房地产业在国民经济发展中已经占有了特殊重要的地位，是经济和社会发展的重要组成部分。因此，房地产宏观调控对经济发展和资源利用以及房地产市场本身的完善都具有十分重要的意义，具体表现在以下几个方面（如图 12－1 所示）。

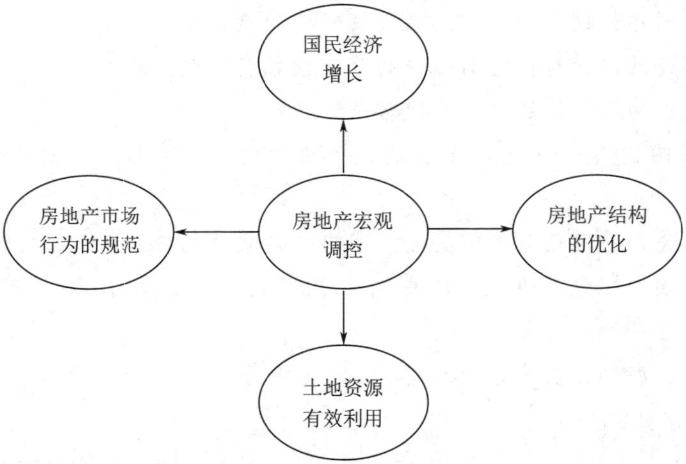

图 12－1　房地产宏观调控的意义

(一)协调房地产与国民经济增长的关系

房地产业的发展与国民经济的发展密切相关。许多国家的发展经验表明，一个国家经济景气，率先发展的是房地产业，相伴而行的是建筑业；反之，一个国家出现经济萧条时，首当其冲的也是房地产业和相伴的建筑业。由于房地产业在国民经济中的先导地位，各行各业的发展必须由房地产业提供基本的物质条件，所以房地产业的发展速度可超前于国民经济的发展速度。但这种超前既要符合房地产业自身的发展规律，又要与其他产业的发展相适应，适应国民经济的承受能力并促进国民经济快速健康发展。也就是说，房地产业的发展要适度。

要做到房地产业与国民经济协调发展，除了要考虑房地产业的发展规模、速度与国民经济发展水平相适应外，还要考虑房地产业内部的结构协调和供需协调。内部结构协调是指房地产业内各类物业及其相互间的关系保持合理比例；供需协调是指通过加大或缩小新增房地产的投放量，通过刺激或抑制对房地产的投资和消费需求来达到房地产业供给总量和需求总量的大体平衡。这些都要通过房地产宏观调控才能做到。

(二)促进土地资源的有效利用

在特定的社会经济条件下，土地是一种稀缺的自然资源，不能根据需要增加供应的数量，而对房地产业来说，土地是其存在和发展的前提，因此，对房地产业的宏观调控在一定程度上是基于土地利用，而且土地资源的永续利用也是房地产业持续健康发展的基本前提，房地产宏观调控对土地资源的有效利用是有促进作用的。

目前来看，土地利用规划对生态环境变化的影响和需求以及社会的变化和需求考虑得不多、对土地利用的代际公平研究过少，另外，土地管理的相关活动缺乏有效的规范。所以，通过房地产宏观调控中土地利用的一些措施调整，对于解决上述问题、促进土地利用效率的提高无疑是非常重要的。

(三)优化房地产结构和规范房地产市场行为

房地产结构的优化主要是根据社会消费水平和市场当期需求，合理确定各种类型、不同档次商品房之间的供应数量，重点保障广大中低收入者经济适用住房的供应，提供并满足社会多层次住房需求。房地产宏观调控的一个主要内容就是结构调控，通过房地产结构的优化，使房地产商品适销对路，实现有效供给。

另外，房地产宏观调控通过制定完善的法律法规体系等，对房地产市场主体的行为进行规范和管理，使企业、政府、中介机构和消费者都依法办事，降低市场交易费用，提高房地产市场交易效率，保障房地产市场运行的健康与公平。同时，房地产宏观调控还可以引导房地产需求，促进和调节收益的合理分配，从总体上维护房地产市场主体的合法权益。

二、房地产宏观调控的目标

房地产业与国民经济的关系非常密切，在国民经济中占有非常重要的地位。房地产投资对国民经济的增长具有直接的影响，同时房地产的关联产业，比如建材、机械、化工、家具、运输等，也对国民经济的增长具有影响。目前，房地产市场的问题成为整个社会经济生活中最引人关注的大问题，无论是中央政府还是广大民众，对房地产市场发展的关注都十分密切，房地产宏观调控就成为必然。

正是由于房地产业与整个国民经济的关系非常密切，以及房地产市场盘根错节的利益关系，使得房地产宏观调控的目标也非常复杂。比如，促进国民经济的健康发展、避免房地产泡沫、促进土地的有效利用、促进房地产结构的优化、规范房地产市场行为以及调节房地产市场行为主体的收益等。但从宏观调控措施的时效来看，可以将房地产宏观调控的目标分为以下三种，即短期目标、中期目标和长期目标。这三个层次的目标及其所围绕的内容可以通过图 12 - 2 来表示。

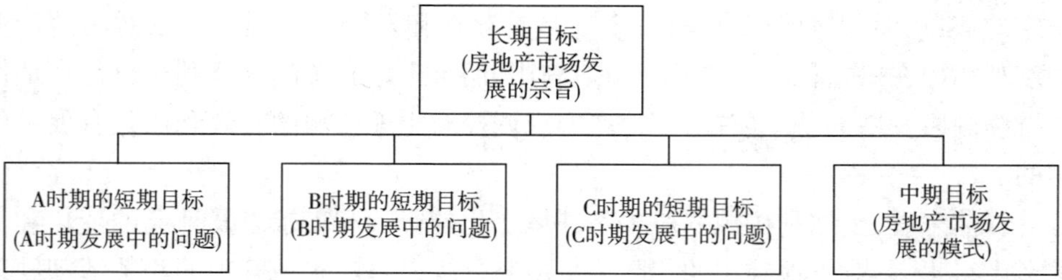

图 12 - 2　房地产宏观调控的目标及其所围绕的内容

（一）短期目标——解决一定时期内房地产市场的突出问题

房地产宏观调控的短期目标主要是针对一定时期内房地产市场出现的一些突出问题进行调控。比如，1993 年，主要是针对海南、北海等地房地产投资过热的问题，目的是整顿房地产市场秩序；而 1997 年东南亚金融危机之后，中国出现了严重的失业问题和内需不足，因此从 1998 年开始，中央实施了以扩大内需为主基调的扩张性宏观调控政策，将房地产业作为新的经济增长点和新的消费热点；近几年国内房地产市场的突出问题是房地产价格快速上涨，房地产投资急剧增加，2004 年，房地产价格进一步冲高，房地产泡沫逐渐显性化，这一时期房地产宏观调控的主要目标就是控制房地产价格和遏制房地产投资，所以紧缩“地根”和“银根”成为房地产调控的两大重点；2005 年，房贷优惠政策取消，调控开始涉及消费层面,“国八条”出台,调控上升到政治高度;2007 年,央行 5 次加息,从金融层面调控房地产发展;2010 年 4 月,国内各大城市房价狂飙,在一季度 GDP 增长超过 11% 的前提下,中央对房地产市场进行史上最严厉的宏观调控《关于坚决遏制部分城市房价过快上涨的通知》(“国十条”);2011 年,上海和重庆开始房产税试点;2016 年,中央经济工作会议提出要坚持“房子是用来住的、不是用来炒的”的定位,综合运用金融、土地、财税、投资、立法等手段,加快研究建立符合国情、适应市场规律的基础性制度和长效机制。2017—2018 年,我国宏观调控“因城施政”明显,楼市政策连环发布(含各地和央行等部门),据《中国住房发展报告(2018~2019)》统计,2018 年以来,全国房地产调控次数已经高达 405 次,比 2017 年同期上涨接近 80%。2019 年,在房地产市场总体平稳背景下,中央经济工作会议再次重申,要坚持“房子是用来住的、不是用来炒”的定位,促进房地产市场平稳健康发展,提出要加大城市困难群众住房保障工作,加强城市更新和存量住房改造提升,大力发展租赁住房。可见,在不同的发展时期,房地产市场发展的问题不同,就会产生不同的房地产宏观调控目标。

(二)中期目标——建立和健全房地产市场的发展模式

房地产宏观调控的中期目标主要是致力于建立和健全我国房地产市场的发展模式,促进我国房地产业的健康发展,因而调控措施应该具有长效性和可持续性。比如,我国目前房地产宏观调控的中期目标主要在于制定一部公正、公平、有效的房地产物业税;调整住房结构,改变目前市场产品结构;建立良好的房地产市场发展模式;建立住房保障体系;等等。

(三)长期目标——确立和贯彻房地产市场发展的宗旨

房地产宏观调控的长期目标往往是将中国房地产市场发展的宗旨用法律的形式固定下来。比如,在美国,其《住宅法》明确规定,房地产市场发展的基本宗旨就是要生产居民居住舒适安全、绝大多数居民有支付能力的住房。中国作为社会主义国家,房地产政策更是应把国家的房地产市场用法律形式落实到国内绝大多数居民居住权上来,并通过这种居住权的落实,让国内每一个民众都分享中国社会主义市场经济发展的成果。因此,从这个意义上来说,中国的房地产市场发展长期目标就得围绕着上述宗旨来进行。2016 年之后,“房住不炒”成为我国房地产市场长期发展必须坚持的定位。

三、房地产宏观调控的内容

(一)总量调控

土地是房地产开发的基础,土地供应控制在合理的范围内,房地产的总体供应量就不会脱离市场需求太远,不会形成大规模的积压,造成社会资源的巨大浪费。房地产市场的区域性以及级差地租原理决定了总量控制是按照各地的具体情况而定的。

房地产总量调控主要是城市政府要对土地一级市场实施垄断和总量控制,并根据经济发展规模、速度和效益等综合指标,保持土地供给与国民经济增长的协调。同时,需要加强对土地出让管理,严格控制土地供应总量。具体说来就是坚持六个必须:必须按用地计划进行数量控制;必须按规划审批;必须与建设项目相结合;必须有明确的开发期限和进度要求;必须有基础设施配套条件;必须按权限审批。

(二)价格调控

价格调控体现在两方面:一是地价调控。对土地一级市场进行调控是政府宏观调控最直接的方式,它通过对商品住宅用地增量的控制,直接影响住宅的供给,提供明确的市场信号。政府可根据各个时期经济社会发展速度并结合本地土地资源的特点制定合理的地价,调节引导房地产开发。对行政划拨和非经营性土地进入房地产市场,政府除了要建立严格的准入机制外,对这些土地要进行地价补收,这也是地价调控手段之一。此外,通过土地招标拍卖的底价和实际成本价的地价差,引导和影响市场开发的限度,政府利用拟订的市场地价高低,一定程度上同样可以起到调控房地产市场的作用。

二是房价调控。通过控制房价来限制社会的投资欲望,促进供需均衡。这两方面的互动对房地产市场的良性发展、消除可能产生的房地产经济泡沫意义是非常大的。尤其是当房地产价格过高、偏离居民收入水平的比例时,政府通过减免各种税费、调控与房地产相关的原材料等配套产品价格,以及征地、拆迁补偿等费用,能达到降低开发成本、平抑房价的效果,从而刺激有效需求。有学者建议切实加强地价管理,建立公开的地价评估机构,根据各地的地理条件和投资环境等因素,制定具体的基准地价,并报经国家房地产主管部门备案或批准。还有学者指出,城市政府需要制定指导性地价,对市场地价进行必要的调控,引导土地交易公平、公正、公开,杜绝“协议价格”“关系价格”“隐性价格”。只有在国家的有效管理下,才能做到以市场为真正裁判。

(三)结构调控

房地产结构调控在我国主要是通过经济适用房政策来实现的。经济适用房是我国住房分类供应体系的重要组成部分。自 1998 年国务院发布《关于进一步深化城镇住房制度改革加快住房建设的通知》以来,各地采取了多种形式组织经济适用房建设。随着经济适用房建设规模的扩大,其满足中低收入家庭住房需求、平抑大中城市住房价格的作用逐渐显露。从根本上讲,经济适用房政策是行政性的抑制政策,是一种非市场的行为方式,其实质是政府对低收入阶层的财政补贴。政府通过土地划拨免收土地出让金和减免配套费等,降低经济适用房售价,确保中低收入家庭有房可买;同时可以整体起到平抑商品房价格过高的作用,有效控制商品房价格不合理的上涨趋势。

第二节　房地产宏观调控手段

房地产宏观调控的手段主要包括经济手段、行政手段、法律手段三个方面。具体来说,经济手段主要包括有税收、金融、价格、投资、财政及货币等手段;行政手段主要有土地利用规划如国土规划、区域规划、土地利用总体规划和城市规划等,还包括一些具体的管理活动,如产权管理等;法律手段则主要是针对房地产发展而对房地产法律法规体系逐步完善的一些活动。这里主要介绍几种具有代表性、相对比较灵活而且常用的房地产宏观调控手段,如税收政策、金融政策、土地供应政策以及住房政策等。

一、税收政策——调控房地产供求双方的税费成本

房地产税是国家税收体系的重要组成部分,是指以房产和地产为课税对象或者以房地产开发经营流转行为为计税依据的税赋。调整向房地产供给者征税的种类、税率会使房地产商的销售成本增加或减少,从而在其他条件不变的情况下,影响房地产企业的利润,从而引起房地产的供给量上升或下降。同样,对房地产需求者征税的调整也会使房地产取得的代价发生变化,从而导致房地产需求量上升或下降。

(一)我国房地产税种设置的演化过程

中华人民共和国成立之初,我国房地产税种有4种,包括契税、印花税、城市房地产税、工商统一税。到1973年减少为3种,即契税、城市房地产税、工商统一税。到1994年,我国现行的房地产税制在分税制改革的基础上形成,主要税种有12种:耕地占用税、城镇土地使用税、土地增值税、房产税、城市房地产税、契税、城市维护建设税、企业所得税、外商投资企业和外国企业所得税、营业税(2016年改为增值税)、固定资产投资方向调节税(2000年1月1日停征)、印花税。我国现有的房地产税收种类复杂,包括开发环节的耕地占用税和土地增值税,交易环节的企业所得税、个人所得税、印花税、契税、增值税、城市维护建设税和教育费附加,以及保有环节的城镇土地使用税和房产税。

我国现行的房地产税收体系以流转税和所得税为主体,其他各种税相结合。根据我国现行税法的分类,按照征税客体作用与性质的不同,房地产税收可分为流转税类(包括增值税、城市维护建设税和土地增值税,此外还有教育费附加,由税务机关征收)、所得税类(包括企业所得税和个人所得税)、财产税(包括房产税、城镇土地使用税、耕地占用税和契税)以及行为税(包括印花税和固定资产投资方向调节税)。

（二）近年来我国房地产税收政策的调控方向

随着税收体制改革，房地产行业全面推行营改增，降低房地产企业的经营成本，另一方面又通过加强对房地产开发经营业务企业所得税的征收，规范企业纳税行为。针对消费者不同购房需求，采取区别税率征税，也出台优惠税收政策鼓励廉租住房、公共租赁住房增加供给，此外，还有个人住房征收房产税试点等，可见，近年来我国房地产税收政策方方面面都在探索中不断发展完善。

1. 顺应国家税收体制改革，营业税改征增值税。

2016 年 3 月 24 日，财政部、国家税务总局向社会公布了《关于全面推开营业税改征增值税试点的通知》。自 2016 年 5 月 1 日起，中国全面推开营改增试点，房地产业也被纳入营改增试点，征收营业税被征收增值税所取代。2017 年 10 月 30 日，国务院常务会议通过《国务院关于废止〈中华人民共和国营业税暂行条例〉和修改〈中华人民共和国增值税暂行条例〉的决定（草案）》，标志着实施了 60 多年的营业税正式退出历史舞台。营改增后，税率由原来的营业税 5% 改为增值税 11%。单从税率方面看，税率有较大提高，但是由于增值税存在抵扣链条，只对增值额征税，而营业税是对全部营业额征税，所以从理论上讲，最终会降低企业整体税负，有利于房地产行业健康稳定发展。

2. 执行契税新政。

契税是土地、房屋权属发生转移时对产权承受人征收的一种税。2016 年 2 月 22 日起，我国执行财政部、国家税务总局、住房城乡建设部三部门联合发布的《关于调整房地产交易环节契税、营业税优惠政策的通知》。通知根据个人购买家庭唯一住房或个人购买家庭第二套改善性住房等不同情况，规定按不同的税率征税，对减少投资性购房、改善房地产市场需求结构起到重要作用。

3. 加强房地产企业企业所得税征税管理。

2009 年 3 月 6 日，国家税务总局令第 31 号发布《房地产开发经营业务企业所得税处理办法》（以下简称《处理办法》）。《处理办法》根据《企业所得税法》及其实施条例、《中华人民共和国税收征收管理法》及其实施细则等有关税收法律、行政法规的规定制定，适用于中国境内从事房地产开发经营业务的企业，加强了从事房地产开发经营企业的企业所得税征收管理，规范了从事房地产开发经营业务企业的纳税行为。

4. 出台相关税收优惠政策。

为了促进廉租房、经济适用房制度建设和住房租赁市场的健康发展，2008 年 9 月 18 日，财政部、国家税务总局发布《关于廉租住房经济适用住房和住房租赁有关税收政策的通知》，支持廉租住房、经济适用住房建设和住房租赁市场的发展。2015 年，国家针对公共租赁住房出台税收优惠政策，根据《财政部国家税务总局关于公共租赁住房税收优惠政策的通知》，在规定的期限内对公共租赁住房的多个税种给予税收优惠。

5. 探索征收个人住房房产税。

房产税是指以房屋为征税对象,以房屋的计税余值或租金收入为计税依据,向产权所有人征收的一种财产税。鉴于房产税全国推行难度较大,试点从个别城市开始试点。2011 年 1 月 28 日,上海、重庆开始试点房产税,分别发布《上海市开展对部分个人住房征收房产税试点的暂行办法》和《重庆市人民政府关于进行对部分个人住房征收房产税改革试点的暂行办法》。沪渝的改革试点虽然取得了一定效果,仍在很大程度上不如预期,致使我国房产税试点推广工作陷入停滞,造成了整个房产税改革动作的推迟。总体而言,房产税的征收与我国建立健全现代财政制度改革息息相关,但在具体实施上,目前还存在较大的争议。

二、金融政策——影响房地产市场上供求双方的资金需求

(一)房地产金融政策的调控形式

房地产金融政策是指从资金盈余者手中吸收资金,通过各种融资渠道转让给资金短缺者的金融运行机制,其实质是房地产资金融通模式。房地产金融政策为房地产业的运行、资金筹集与资金分配做出指导性规定。所以,房地产金融政策应该与一个国家的房地产业和金融业的发展相适应。

金融政策对房地产的宏观调控实际是利用房地产对资金需求和供给的调控来控制房地产市场的实物供给和需求。房地产金融政策调控的基本形式主要有以行政控制为主的贷款限额管理和贷款质量控制的直接调控,以及包括货币供给总量控制和货币需求总量控制等的间接调控。货币供给总量控制以准备金率和基础货币为主;货币需求量控制以各种利率手段为主。20 世纪 90 年代以来,中央政府、中央银行颁布了一系列房地产金融政策,包括开发信贷、消费信贷、住房公积金、土地储备、市场规范和监管、抵押证券、住房置业保险、金融深化、LPR 改革等,这些政策促进了房地产业和房地产金融业务的快速发展。

(二)房地产金融政策的发展过程

为规范房地产金融业务,1994 年末以来,有关部门出台了多项房地产信贷政策和规则。同年 12 月,中国人民银行、国务院房改办和财政部联合颁布《政策性住房信贷业务管理暂行规定》,对政策性住房金融的业务范围等问题做出了规定。1995 年,中国人民银行颁布了《商业银行自营性住房贷款管理暂行规定》,对商业银行自主发放住房贷款做出了规定,它标志着以商业银行自营性住房信贷业务和委托性住房贷款业务并存的住房信贷体系基本确立。1995 年,《中华人民共和国商业银行法》和《中华人民共和国担保法》先后颁布与实施,商业银行在中华人民共和国境内不得从事信托投资和股票业务,不得投资于非自用不动产,不得向非银行金融机构和企业投资。中国人民银行加大了规范商业银行经营的力度,正式

出台了《贷款通则》，商业银行的经营活动进一步走向规范化，在房地产金融领域，推进住房制度改革，促进住房消费，改善居民住房条件。

我国金融政策的主要制定发布机构是中国人民银行和银保监会，对房地产宏观调控起着重要作用。1998 年，房地产市场启动后，为健全市场制度，中国人民银行发布《关于规范住房金融业务的通知》等文件，全面规范住房金融业务。2003 年，中国人民银行发布《关于进一步加强房地产信贷业务管理的通知》，提高高档商品房、第二套商品房首付款比例，抑制房地产市场过热。2005 至 2007 年，为稳定住房价格，限制外资进入，中国人民银行调整商业银行自营性个人住房贷款政策，多次上调金融机构人民币贷款基准利率等。2008 年金融危机后，中国人民银行扩大了商业性个人住房贷款利率下调幅度，银监会发布《关于进一步加强按揭贷款风险管理的通知》，加大对自住型和改善型住房的信贷支持。2010 年后，中国人民银行和银监会严格执行差别化的信贷政策，调控住房需求结构。2014 年，为了稳增长、去库存，中国人民银行、银监会公布《关于进一步做好住房金融服务工作的通知》（“930”新政），中国人民银行多次下调存贷款基准利率和存款准备金率。

2019 年 8 月 17 日，中国人民银行发布改革完善贷款市场报价利率（LPR）形成机制公告，个人商业性住房贷款定价基准从贷款基准利率转换为 LPR 广受关注。同年 12 月 28 日，中国人民银行发布公告称，为进一步深化 LPR 改革，商业银行应自 2020 年 3 月 1 日起正式切换存量浮动利率贷款定价基准，原则上存量贷款利率定价基准切换工作要在 2020 年 8 月 31 日前全部完成。房地产行业步入 LPR 房贷利率时代。

（三）支持型房地产金融政策和限制型房地产金融政策

我国房地产金融政策作为房地产宏观调控的重要手段，从 1994 年开始起步，此后又经历了 1998 年支持型的房地产金融政策到 2003 年向限制型房地产金融政策转变的过程，2008 年曾因为应对金融危机带来的经济下行压力而放宽，之后随着经济过热，又进入了限制型房地产金融政策。纵观我国房地产调控历史，房地产金融政策并非一成不变，而是根据实际情况或支持或限制，从而保障房地产行业乃至国民经济平稳健康运行。

1. 支持型房地产金融政策。

2008 年，受美国金融危机的影响，以及之前紧缩型房地产金融政策的调控，各地房地产市场需求不旺，整个国内需求不景气。为拉动需求，紧缩性的房地产金融政策出现了转向。首先是央行自 9 月 5 日以来，在不到两个月的时间连续三次降息。2008 年 10 月 30 日，住房和城乡建设部发出《关于调整个人住房公积金存贷款利率等有关问题的通知》，下调了个人住房公积金贷款各档次利率。

2014 年 9 月 30 日，央行、银监会公布《关于进一步做好住房金融服务工作的通知》,通知明确规定调整房贷政策,二套房认定标准由“认房又认贷”改为“认贷不认房”。通知要求:对于贷款购买首套普通自住房的家庭,贷款最低首付款比例为30%,贷款利率下限为贷款基准利率的0.7倍,具体由银行业金融机构根据风险情况自主确定;对拥有一套住房并已结清相应购房贷款的家庭,为改善居住条件再次申请贷款购买普通商品住房,银行业金融机构执行首套房贷款政策;银行业金融机构要缩短放贷审批周期,合理确定贷款利率,优先满足居民家庭贷款购买首套普通自住房和改善型普通自住房的信贷需求。

2. 限制型房地产金融政策。

为控制固定资产投资递增,防止经济过热,2006年4月28日和8月19日,央行分别上调人民币贷款基准利率各0.27个百分点。两次加息之后,五年期以上贷款利率已达6.84%,虽然个人住房贷款可享受0.85倍最低利率,但是个人住房贷款最优惠利率已经比上一年提高了0.3个百分点。2007年1月至2008年6月,央行连续十五次上调了银行准备金率,使其达到17.5%。2007年9月27日,中国人民银行、银监会联合下发《关于加强商业性房地产信贷管理的通知》,对已利用贷款购买住房又申请购买第二套(含)以上住房的,贷款首付款比例不得低于40%,贷款利率不得低于中国人民银行公布的同期同档次基准利率的1.1倍,有效地抑制了非刚性购房需求,减少了投资性购房,对于囤房不售的开发商是致命的打击。

中央严控房地产金融业务,加大监管力度,防范金融风险,2016年11月,中央多次发文表示严控房地产金融业务,加大房地产金融监管及审查力度。金融领域加强楼市调控也成为地方房地产调控的重要措施。比如,2016年11月3日,上海市市场利率定价自律机制发布了《关于切实落实上海市房地产调控精神促进房地产金融市场有序运行的决议》,进一步要求各商业银行严格落实上海市房地产调控政策,维护房地产金融市场秩序,同时强调要继续加强对首付资金来源的审查,切实防止信贷等各类资金,尤其是理财资金违规进入土地市场。2016年11月8日,上海银监局下发文件,要求辖内商业银行严格执行房地产市场调控政策,全面加强个人信贷风险管理。上海从金融领域加强楼市调控,有助于防范房地产行业金融风险。

三、土地供应政策——调控房地产供给者的用地需求和成本

我国正式提出运用土地政策参与宏观调控是2003年,而且首先是以土地政策参与房地产市场、稳定住房价格作为重点展开的。自2004年以来,国家颁布了一系列土地政策,这些政策旨在通过加大对土地市场的监管力度,从源头上进一步规范房地产市场的供给,防止土地的盲目开发以及房地产价格的过快增长。现实的经济形势表明,正确运用土地政策参与宏观调控,对制止部分行

业盲目投资和低水平扩张具有釜底抽薪的效应，是国家宏观调控措施凸显成效的关键。

利用土地供应政策进行宏观调控，其实质是以中央政府为主的国家各级政府通过对全国或本辖区内土地资源的供应总量和结构的干预，对一定范围内宏观经济总体运行进行引导和调节的过程。纵观我国近几年来的土地供应政策，主要是从土地供应方式、土地供应总量和土地供应结构三方面对房地产市场进行宏观调控。

(一)土地供应方式的调控

1. 出让与划拨。

目前，我国土地供应主要存在两种主要的方式，即国有土地使用权出让和国有土地使用权划拨。对于国有土地使用权出让，《土地管理法》《城市房地产管理法》《城镇国有土地使用权出让和转让暂行条例》等法律法规做出了详细的规定(2019 年 8 月 26 日，十三届全国人大常委会第十二次会议表决通过关于修改《土地管理法》《城市房地产管理法》的决定，自 2020 年 1 月 1 日起施行)。如《城市房地产管理法》第二章第一节对土地使用权出让的定义、条件、程序、方式、年限等相关问题都做了详细的规定，具体内容如下：土地使用权出让是国家以土地所有者的身份将土地使用权在一定年限内让与土地使用者，并由土地使用者向国家支付土地使用权出让金。城市规划区内集体所有的土地，经依法征收转为国有土地后，该幅国有土地的使用权方可有偿出让，但法律另有规定的除外。

对于国有土地使用权划拨，国土资源部颁布的《划拨用地目录》规定了国家机关用地和军事用地、城市基础设施用地和公益事业用地、国家重点扶持的能源交通水利等项目用地以及法律法规规定的其他用地，可以通过土地使用权划拨的方式取得土地。土地使用权划拨是指县级以上人民政府依法批准，在土地使用者缴纳补偿、安置等费用后将该幅土地交付其使用，或者将土地使用权无偿交付给土地使用者使用的行为。以划拨方式取得土地使用权的，一般没有使用期限的限制。

从土地供应的两种主要方式来看，在土地供应总量确定的前提下，出让与划拨的多少对房地产市场的供应结构产生明显影响，出让土地多意味着商品房供应总量增加，划拨土地多意味着经济适用房供应总量增加。因此，土地供应方式的调整会直接影响房地产市场的供应结构。

2. 土地出让的市场化。

随着我国土地要素市场化的进展和宏观经济形式的变化，国有土地使用权出让政策不断发展和完善。1999 年至今，国有土地使用权出让的“招挂拍”制度经历了从提出到执行到推广再到不断完善的过程。

1999 年 1 月 27 日，国土资源部发布了《关于进一步推行招标拍卖出让国有土地使用权的通知》，提出除按《土地管理法》和《城市房地产管理法》规定可以行政划拨供地的以外，其他建设用地必须以有偿方式提供，同时提出要严格限制协议出让国有土地使用权的范围。特别要指出的是，商业、旅游、娱乐和豪华住宅等经营性用地，只要有条件，都必须以招标、拍卖方式出让国有土地使用权。

2002 年 5 月，国土资源部出台《招标拍卖挂牌出让国有土地使用权规定》（简称《规定》），明确了招标拍卖挂牌出让国有土地使用权的组织实施程序，包括拟定计划、编制出让文件、发布公告的方式和内容、标底和底价的确定、投标开标程序、拍卖会和挂牌的程序等。针对实践中普遍存在的以协议出让方式取代或规避招标拍卖挂牌方式出让国有土地使用权的问题，《规定》对应当以招标拍卖挂牌方式出让国有土地使用权而擅自采用协议方式出让的，规定了严格的法律责任。可见，土地出让方式在逐步地市场化。

2004 年的土地政策则出现了历史性的转折。2004 年 3 月，国土资源部、监察部发出《关于继续开展经营性土地使用权招标拍卖挂牌出让情况执法监察工作的通知》，要求各地严格按国家有关政策规定界定《招标拍卖挂牌出让国有土地使用权规定》实施前的历史遗留问题，不得擅自扩大范围，也不得弄虚作假，变相搭车。2004 年 10 月，国务院发布《关于深化改革严格土地管理的决定》，提出要严格控制划拨用地范围，经营性基础设施用地要逐步实行有偿使用，要运用价格机制抑制多占、滥占和浪费土地。除按现行规定必须实行招标、拍卖、挂牌出让的用地外，工业用地也要创造条件，逐步实行招标、拍卖、挂牌出让。

从成效来看，上述调控政策要求严格执行“招拍挂”制度，规范了房地产市场秩序。2003 年以来，经营性房地产开发用地“招拍挂”制度得到全面实施，土地价格更为显化，地价与房价的关系得到了理顺，从而规范了房地产市场秩序，创造了公平竞争的市场环境。比如，2003 年以来，住宅价格指数与住宅用地价格指数的变化趋势和变化幅度存在一定差异，房价的涨落幅度不仅高于地价，而且有些时段甚至背离地价，而地价的涨落幅度相对平稳，这说明进一步完善房地产开发用地“招拍挂”制度后，地价更趋合理。

为坚持和完善招拍挂制度，2011 年 5 月 11 日，国土资源部下发了《关于坚持和完善土地招标拍卖挂牌出让制度的意见》（国土资发〔2011〕63 号，以下简称《意见》）。此次出台的《意见》是在坚持招拍挂出让制度的基础上，为贯彻中央房地产市场调控政策，将各地开展的招拍挂出让创新方式制度化、规范化，目的是指导各地规范开展招拍挂出让工作，落实民生目标。

（二）土地供应总量的调控

土地供应总量对房地产市场的影响主要表现在两个方面，一是对房地产产品供应总量的影响；二是对房地产投资和消费预期的影响。一般来说，对房地产产品的供应总量的影响，由于房地产开发周期的原因，要在 1 到 2 年之内才能显现出来,但对房地产投资和消费的影响却是当期的。

这一调控措施在自2003年以来的第三轮房地产宏观调控中体现得尤为突出。2003年,国土资源部下发了有关文件,要求严格控制开发区内供应房地产开发用地,严禁以科技、教育名义取得土地后搞房地产开发,严禁用集体劳动土地搞房地产开发;对住宅价格上涨过快的地方,在控制总量和调整结构的前提下适当增加普通住宅用地供应。2004年,国务院和国土资源部都下发了相关文件,暂停审批农用地转非农建设用地,严格控制土地供应程序。

2004年4月,国务院办公厅发出《关于深入开展土地市场治理整顿严格土地管理的紧急通知》,做出了在深入开展治理整顿期间,全国暂停审批农用地转非农建设用地的决定,并从实际出发,对确属急需的重点建设项目用地可报国务院批准。2004年5月,国土资源部发出《关于贯彻落实国务院紧急通知精神进一步严格土地管理的通知》。这两个政策实质上是从源头控制土地供应总量,严格控制土地供应的程序。到2006年则发布了调整新增建设用地土地有偿使用费的政策,通过提高费用,从市场需求层面控制土地的供应量。

从成效来看,通过对房地产开发用地供应总量的调控,房地产投资增速过快势头得到了遏制,土地购置面积持续回落,开发面积比例逐步增大。2000年至2002年,全国房地产开发土地购置面积每年增长30%以上。经过几年的调控,增幅明显回落。2003年,房地产开发土地购置面积同比增长13.8%,2004年同比增长11.5%,2005年,同比减少3.96%。2006年一季度,同比减少9.3%。与房地产购置面积同比增幅逐步减小相对应,自2004年开始,土地开发面积同比增幅呈现反向变动。2005年,在全国房地产开发土地购置面积同比降低3.96%的情况下,土地开发面积20 762.2万平方米,同比增加5.18%,2006年一季度开发面积5 284.13万平方米,同比增加53.3%。作为房地产开发的先行条件,土地购置面积增幅的持续下降表明房地产开发项目用地过快增长的势头受到有效约束。与固定资产投资一致,2004年上半年,房地产开发投资同比增速从一季度的41.1%迅速下降为28.7%。此后,同比增速逐季稳步下降,2004年全年,房地产开发投资11 538.3亿元,同比增长28.1%,增幅比2003年减少1.6个百分点。2005年全年,房地产开发投资15 759.3亿元,同比增长19.8%,增幅比2004年减少8.3个百分点,比固定资产投资增速减少7.4个百分点。2006年一季度房地产开发投资2 793亿元,同比增长20.2%,增幅比2005年一季度减少6.5个百分点,比固定资产投资增速减少9.6个百分点。2005年上半年以来,房地产开发投资同比增速持续低于固定资产投资增速,二者增速差额有进一步扩大的迹象。这表明,上述一系列的土地调控政策使房地产投资增速得到控制。

本章第三节对我国房地产宏观调控发展历程的分析中经常可以看到,土地供应政策一直以来都是重要的调控手段之一,对房地产业的发展影响很大。如

2017 年 4 月，住房和城乡建设部与国土资源部发布《关于加强近期住房及用地供应管理和调控有关工作通知》，加强和改进住房及用地供应管理，以期改善住房供求关系，稳定市场预期，促进房地产市场平稳健康发展。

（三）土地供应结构的调控

土地供应结构对房地产市场的影响主要表现在两个方面：一是土地供应结构直接对应着房地产产品结构，如别墅、公寓、普通住宅等；供应土地对应的房地产产品结构先对不同类别的房地产供需平衡产生影响，对房地产价格产生影响。二是供应土地的区位分布。供应土地的区位分布先影响房地产市场的统计价格，后影响房地产供应的产品结构。

关于土地供应结构的政策，从宏观层面主要有四条：一是停止别墅用地的供应；二是优先满足普通商品住房的用地需求；三是严格控制高档住宅的土地供应；四是加强经济适用住房的用地管理。这些措施使得各地房地产市场出现了一种普遍的现象，即增加普通商品住宅的土地供应，城市边远区位的土地供应量就相应增加。另外，2006 年 12 月，国土资源部、国家发展改革委制定了《限制用地项目目录（2006 年本）》和《禁止用地项目目录（2006 年本）》，与 1999 年出台的供地目录相比，新版目录在很多方面进行了调整，如别墅类房地产开发项目、高尔夫球场项目等 6 个项目被列入禁止用地项目等。2012 年，国土资源部、国家发展改革委再次制定发布了《限制用地项目目录（2012 年本）》和《禁止用地项目目录（2012 年本）》。

从商品房的供地结构来看，2004 年一季度至 2006 年三季度，普通住房供地所占比例基本保持在 50% 的平均水平，上下浮动大约 5 个百分点，经济适用房供地比例也保持稳定。不过，各地对经济适用房的认识和做法不尽一致。各个地区和城市经济适用房供地和建房比例有很大差别。如济南市经济适用房的比例很小，2004 年经济适用房供地仅 58 公顷，2005 年更少，2006 年没有供地。青岛市的经济适用房比例及供地比例也很低，2006 年前三个季度，经济适用房供地分别为 23.11 公顷、6.73 公顷和 18.65 公顷。这也在一定程度上影响了土地调控房地产市场的效果。

从国有土地供应结构来看，2005 年供地总量 64 623.39 公顷，其中，工矿仓储用地 10 537.73 公顷、商业服务业 2 675.88 公顷、住宅用地 10 584.97 公顷，分别占比 16.31%、4.14% 和 16.38%。2015 年供地总量 540 327.28 公顷，其中，工矿仓储用地 127 269.96 公顷、商业服务业 36 949.57 公顷、住宅用地 83 782.66 公顷，分别占比 23.55%、6.84% 和 15.51%。十年前后，住宅用地增长幅度和供地总量基本维持在同一个水平，政府也在依靠土地供应努力平衡着经济发展和民生保障。

由此可见，土地供应政策已经成为国家调控房地产市场包括价格、结构等因素的直接手段之一，它是保证我国房地产市场健康发展的一条重要途径。

四、保障性住房供应政策——调控房地产市场上部分商品房供给的标准、价格与对象

保障性住房通常是指由政府统一规划、统筹，提供给特定人群使用，且限定了建造标准和销售价格或租金标准，起社会保障作用的住房，主要包括各类安置房、经济适用房、公租房以及一些保障性商品房、租赁房。目前，我国保障性住房中最主要的形式是经济适用房和公共租赁住房。

（一）保障性住房的特点

与普通的住房相比，保障性住房有自己的特点，主要体现在以下几个方面：

1. 目的的保障性。

保障性住房与一般住宅最大的不同在于它的"保障性"特质。其建设的目的不是获利，而在于"保障"，即把住房作为一种"必需品"，为特定人群提供"住的保障"，以此在某种程度上实现社会公平和保障社会稳定。

2. "三个限定"。

保障性住房有"三个限定"：限定供给对象、限定设计标准、限定租金和售价。保障性住房针对特定的供给对象，如回迁房主要供给拆迁户回迁使用，购买北京市经济适用房的家庭年收入应在 6 万元以下等；作为必需品，保障性住房不应也不会建造得很豪华，因此需要限定建设标准；租金和售价的限制是保障性住房社会保障作用的直接体现，实际上是对租户和购买者进行补贴。

3. 产权的不完全性。

保障性住房的产权也与一般商品房不同。一般来说，房屋的产权包括完全、充分的占有、使用、收益和处分权。然而，保障性住房所需的土地由政府提供，建造过程中也有诸多费用减免，因此，购买者或者承租人无法获得保障性住房完整的占有权。此外，保障性住房不能自由转让，转让时必须满足一定条件，购买人不具有完全的处分权。并且，无论是居住者还是拥有者，都不能使用保障性住房牟利，从这个意义上，保障性住房没有完整的收益权。

（二）保障性住房供应政策的主要形式

1. 廉租住房制度。

城镇廉租住房是指政府向城镇最低收入家庭提供的租金低廉的普通住房。地方人民政府在国家统一政策指导下，根据当地经济社会发展的实际情况，因地制宜，建立廉租住房制度。廉租住房具体标准由各城市政府确定和执行。实践中，各城市廉租住房的补贴标准在不断提高。

1998 年 7 月，国务院发布《关于进一步深化城镇住房制度改革，加快住房建设的通知》，提出建立多层次的城镇住房供应体系。针对最低收入家庭的要求，提

出由政府或单位提供廉租住房。1999 年,住建部颁布《城镇廉租住房管理办法》,对廉租住房制度做出了具体的规定。2004 年,住建部、财政部等部门又发布了《城镇最低收入家庭廉租住房管理办法》,对 1999 年的《城镇廉租住房管理办法》进行了修订,进一步明确了廉租房保障标准、保障方式和保障对象。2007 年 9 月 26 日,《廉租住房保障办法》公布实施,《城镇最低收入家庭廉租住房管理办法》同时废止。同年,国务院印发《关于解决城市低收入家庭住房困难的若干意见》,提出加快建立健全以廉租住房制度为重点、多渠道解决城市低收入家庭住房困难的政策体系。

廉租住房制度主要有三种具体保障形式:租金减免、租金补贴和实物配租。其中,各城市大多以租金补贴为主。根据住建部的统计:截至 2006 年底,全国 657 个城市中,已经有 512 个城市建立了廉租住房制度,占城市总数的 77.9%。其中,287 个地级以上城市中有 283 个建立了廉租住房制度,占地级以上城市的 98.6%;370 个县级市中,有 229 个城市建立了廉租住房制度,占县级市的 61.9%。从 1998 年到 2007 年底,全国累计用于廉租住房制度的资金为 165 亿元,累计已有 95 万户低收入家庭通过廉租住房制度改善了住房条件。2014 年后,各地廉租住房和公共租赁住房并轨运行,统称为“公共租赁住房”。

2. 经济适用住房制度。

1994 年,国务院颁布的《关于深化城镇住房制度改革的决定》中首次提出在全国范围内建立新的住宅供应体系,并提出“房改的目标是建立和完善以经济适用住房为主的住房供应体系”。其中,向中低收入家庭供应经济适用房。同年,住建部、财政部联合颁布《城镇经济适用住房建设管理办法》,规定了经济适用住房的定义,即“由相关部门向中低收入家庭的住房困难户提供的,按照国家住房建设标准而建设的,价格低于市场价的普通住房”,即经济适用住房制度。

2004 年 4 月,《经济适用住房管理办法》由住建部、国家发展改革委等部门颁布施行,对新形势下的经济适用房政策加以规范,指导各地经济适用住房管理。2007 年 11 月 19 日,住建部、国家发改委、财政部、国土资源部等七部门联合发布了新的《经济适用住房管理办法》,对经济适用房的优惠政策、开发建设、价格确定、交易管理、集资和合作建房、监督管理等做出了规定。经济适用房标准一般以各城市为主确定和供应。例如,上海为了建立和完善本市住房保障制度,改善中低收入住房困难家庭居住条件,根据国务院《关于解决城市低收入家庭住房困难的若干意见》(国发〔2007〕24 号),参照原建设部等七部门《经济适用住房管理办法》(建住房〔2007〕258 号),结合上海的实际情况,制定了《上海市经济适用住房管理试行办法》(2016 年 5 月 1 日正式失效,由《上海市共有产权保障住房管理办法》代替)。

住建部的数据显示,1998～2003年,全国经济适用住房累计竣工面积4.77亿平方米,解决了600多万户中低收入家庭的住房问题。截至2018年底,通过购买经济适用住房等配售型保障房,5 000多万买不起商品住房又有一定支付能力的城镇中低收入群众有了合适的住房,实现了稳定居住。

3. 住房公积金制度。

除廉租住房制度和经济适用住房制度外,我国还实行了有中国特色的住房公积金制度。1991年,上海市借鉴新加坡的做法,率先建立起住房公积金制度。各地方相继效仿实行。1996年,国务院住房制度改革领导小组制定《关于加强住房公积金管理的意见》,规范和指导各地的住房公积金制度改革。1999年,国务院颁布施行《住房公积金管理条例》,提出"房委会决策、中心运作、银行专户、财政监督"的原则,要求各地住房公积金纳入规范化管理。2019年,国务院对《住房公积金管理条例》进行了修改,进一步完善了住房公积金管理办法。

根据国务院《住房公积金管理条例》的规定,住房公积金是指国家机关、国有企业、城镇集体企业、外商投资企业、城镇私营企业及其他城镇企业、事业单位及其在职职工缴存的长期储金。职工住房公积金包括职工个人缴存和职工所在单位为职工缴存两部分,全部属职工个人所有,两部分缴存比例现均为职工个人工资的8%。具体包含以下五个方面含义:①住房公积金只在城镇建立,农村不建立住房公积金制度。②只有在职职工才建立住房公积金制度。无工作的城镇居民不实行住房公积金制度,离退休职工也不实行住房公积金制度。③住房公积金由两部分组成,一部分由职工所在单位缴存,另一部分由职工个人缴存,职工个人缴存部分由单位代扣后,连同单位缴存部分一并缴存到住房公积金个人账户内。④住房公积金缴存的长期性。住房公积金制度一经建立,职工在职期间必须不间断地按规定缴存,除职工离退休或发生《住房公积金管理条例》规定的其他情形外,不得中止和中断。这体现了住房公积金的稳定性、统一性、规范性和强制性。⑤住房公积金是职工按规定存储起来的专项用于住房消费支出的个人住房储金,它具有两个特征:一是积累性,即住房公积金虽然是职工工资的组成部分,但不以现金形式发放,并且必须存入住房公积金管理中心在受委托银行开设的专户内,实行专户管理;二是专用性,住房公积金实行专款专用,存储期间只能按规定用于购、建、大修自住住房,或交纳房租。职工只有在离退休、死亡、完全丧失劳动能力并与单位终止劳动关系或户口迁出原居住城市时,才可提取本人账户内的住房公积金。

住房公积金制度实际上是一种住房保障制度,是住房分配货币化的一种形式。单位为职工缴存的住房公积金是职工工资的组成部分,单位为职工缴存住房公积金是单位的义务,享受住房公积金政策是职工的合法权利。一些单位不给职工建立住房公积金制度的做法侵犯了职工个人应享有的合法权利。

4. 公共租赁住房。

公共租赁住房是指由国家提供政策支持、限定建设标准和租金水平,面向符合规定条件的城镇中等偏下收入住房困难家庭、新进就业无房职工和在城镇稳定就业的外来务工人员出租的保障性住房。大力发展公共租赁住房在2009年《政府工作报告》中首次提出的。2010年6月,七部委联合出台了《关于加快发展公共租赁住房的指导意见》,住建部又于2012年5月28日发布了《公共租赁住房管理办法》,对公共租赁住房的管理、分配、运营与退出机制进行了详细的规定,使公共租赁住房的建设和管理逐渐步入了规范化的轨道。

2013年,住房城乡建设部、财政部、国家发展改革委联合下发《关于公共租赁住房和廉租住房并轨运行的通知》。通知明确,从2014年起,各地廉租住房建设计划调整并入公共租赁住房年度建设计划。2014年以前年度已列入廉租住房年度建设计划的在建项目可继续建设,建成后统一纳入公共租赁住房管理。各地公共租赁住房和廉租住房并轨运行后统称为"公共租赁住房"。

2018年10月,住房和城乡建设部公布,住建部、财政部根据地方自愿原则以及公租房发展情况,确定在浙江、安徽、山东、湖北、广西、四川、云南、陕西8个省份开展政府购买公租房运营管理服务试点工作。住建部公布的《推行政府购买公租房运营管理服务的试点方案》明确规定,试点地区要全面梳理现行属于政府职责范围、由财政支出安排的各类公租房运营管理内容,凡适合市场化方式提供的公租房运营管理服务事项,可通过政府购买服务方式实施。根据该试点方案,购买内容主要有:入住和退出管理事项,主要包括组织选房,租赁合同签订、续签、变更,办理入住手续,采集新入住住户基本信息,建立住户档案,办理退房手续;不得包括对保障资格的准入和取消,租金收缴和房屋使用管理事项,维修养护事项及综合管理事项。

据统计,截至2018年6月底,北京市已启动公租房分配(含市场租房补贴)1.26万套(户),其中,实物房源约1万套,新增市场租房补贴发放2 600户。完成全年政府实事任务分配公租房1.5万套(户)的84%。北京市《关于进一步加强公共租赁住房转租、转借行为监督管理工作的通知》规定,违规转租、转借公租房的家庭,5年内不允许再次申请公共租赁住房(含市场租房补贴)及共有产权住房。2018年11月29日,广州市住房保障办完成799套公租房配租。

5. 棚户区改造。

棚户区改造是中国政府为改造城镇危旧住房、改善困难家庭住房条件而推出的一项民生工程。中国从2009年开始,对中国国内煤炭采空区、林场、农垦及华侨农场中棚户区进行大规模改造。

中国棚户区改造按照"政府主导、市场运作"的原则实施。政府除了鼓励地方实行财政补贴、税费减免、土地出让收益返还等优惠政策外,还允许在改造项目里配套建设一定比例商业服务设施和商品住房,支持让渡部分政府收益,吸引开发企业参与棚户区改造。

2012 年,中国住房和城乡建设部等七部门联合发出通知,要求加快推进棚户区(危旧房)改造。针对各类棚户区改造,七部门给出了完成期限。其中,已纳入中央下放地方煤矿棚户区改造范围的煤矿棚户区,2013 年年底前要基本建成;国有林区棚户区和国有林场危旧房改造中任务较少的省(区、市)要争取在 2013 年年底前完成改造,其他省(区、市)要力争在 2015 年年底前基本完成;还未完成的国有垦区危房改造,力争在 2015 年年底前全面完成,有条件的地区要争取在 2014 年年底基本完成。2014 年,国务院办公厅印发《关于进一步加强棚户区改造工作的通知》,部署有效解决棚户区改造中的困难和问题,推进改造约 1 亿人居住的城镇棚户区和城中村。2014 年(计划)改造棚户区 470 万户以上。

对于棚户区改造,中国政府在财政投入、建设用地、税费和信贷等方面给予了支持。2007 年至 2011 年间,中国政府共安排补助资金 730 亿元,其中,超过 90% 的补助资金投向了中国中西部财政困难地区。2013 年起,我国棚改大规模推进,取得了历史性成效。2013 年至 2017 年,累计改造各类棚户区 2 645 万套,惠及 6 000 多万居民,改造数量和惠及居民数量均比 2008 年至 2012 年翻了一番。截至 2018 年底,全国范围内 1 亿多居民"出棚进楼",住房条件得到极大改善。

上述税收政策、金融政策、土地供应政策和保障性住房政策之外,价格手段也是房地产市场宏观调控的切入点和关键,在一些特殊的发展时期,价格调控起到了非常重要的作用。比如,在本章第三节要讲的第一轮和第三轮房地产宏观调控中,房地产投资和价格都出现急速增长的情况下,价格政策往往能起到非常大的作用。

具体来说,1994 年 11 月 11 日国家计划委员会依据《中华人民共和国价格管理条例》制定发布了《城市房地产交易价格管理暂行办法》,对城市规划区范围内公民、法人和其他组织拥有产权的房屋的买卖、租赁、抵押、典当和其他有偿转让房屋产权等经营活动中的价格及房产交易市场各类经营性服务收费进行管理。2003 年以来,国务院及其相关部门也颁布了一系列的房地产价格管制政策来遏制房价快速上涨的势头。此外,不同城市也根据实际情况对房价进行了限制。如海口市 2017 年 5 月 10 日发布了《关于贯彻落实〈关于限制购买多套商品住宅的通知〉的实施细则》,从明确限购范围、设置限购区域等八个方面对海口房地产调控提出实施细则。2018 年,海口市按照国家住建部和省委省政府要求以及"因城施策、科学定价"原则,根据项目不同品质、规模、配套、造价等因素,对每个项目定一个价,将商品住宅均价稳控在 17000 元/平方米左右。但这也并非意味着今后海口市商品住宅价格会永远不动,而是与海口市地区生产总值、增速,以及物价增长同步。

第三节　我国房地产宏观调控的发展历程

中国房地产市场化的起步阶段时间范围大概由1987年下半年至1991年。从1988年开始，各市县开始建立房地产交易机构与常设的房地产交易市场。1990年，上海房改方案出台，标志着房改出现了“全方位、多方面，综合配套改革”的局面，尤其是住房公积金制度的建立，为筹集住房建设资金提供了一条切实可行的渠道。从1991年开始，国务院先后批复了24个省、自治区、直辖市的房改总体方案，房改开始在全国范围内全面推行，也正是从这个时候开始，我国的房地产市场才真正发展起来。我国针对房地产市场的宏观调控也是伴随着房地产市场的发展而逐步发展变化的。

自20世纪90年代以来，中国房地产有过多次引人瞩目的宏观调控。第一次宏观调控始于1993年；第二次则是东南亚金融危机之后，即从1998年开始的；第三次是从2003年开始的；第四次是为了应对国际金融危机，从2008年开始的；第五次是从2010年开始的；第六次是从2014年开始的；第七次，也就是最近的一次，始自2016年下半年，一直延续至今。

一、第一轮宏观调控（1993年—1997年）

（一）背景

1. 房改全面启动。

1992年，房改全面启动，房改机构开始健全；企业房改率先推进，主要方案包括以优惠价出售公房，大幅提租，房地产经营管理向企业化、社会化、专业化方向转变；住房公积金制度全面推行；1993年房改的主要内容是建立三级住房基金和发行住房债券筹集住房建设资金；1993年底，政府提出了“安居工程”计划，面向中低收入居民的经济适用住房建设得以迅速发展。

2. 房地产投资高速增长。

1992年后，房地产开始成为我国经济发展的一大热点，房地产开发投资高速增长，并持续至1993年上半年。1992年，房地产投资总额比上一年增长了117%，达731亿元；1993年又增长了115%；到1993年7月底，仅国有房地产开发经营机构就达29 625个。

3. 房地产价格急速上涨。

在地方利益的驱动下，不少地方政府滥设开发区，超计划批地，且多以划拨及协议方式出让，导致不少投机资本流入房地产业，炒卖房地产，使房地产价格猛涨。如在深圳，1991年初平均价格为3 000元/平方米，年底涨至4 000元/平方米；1992年6月，海南省的住房价格比上一年同期上涨了100%；珠江三角洲地区上涨了60%以上；其他城市上涨了40%。在高额利润的诱惑下，银行、企业和个人大量资金涌向房地产，导致投资结构出现了失衡，普通住房供给不足，而高档商品住房、别墅和写字楼的建设超过了需求，房地产业出现了过热与泡沫化倾向。

（二）调控措施及成效

针对这一时期房地产市场的波动状况，政府在1993年下半年开始采取宏观调控措施，控制固定资产投资规模，调节房地产经营收益，调整房地产投资结构，规范房地产市场行业。具体包括以下几个方面。

1. 金融政策。

1993年6月，中央召开经济工作会议，中共中央、国务院还下发《关于当前经济情况和加强宏观调控的意见》，其中针对房地产提出，对于挪用资金参与炒房地产的企业要减少乃至停止贷款。

2. 土地供应政策。

中央经济工作会议指出，要严格执行财政部《关于国有土地使用权有偿使用收入征收管理的暂行办法》，购地后一年内投入的开发资金不足购地费25%的，要收回土地，金融机构和土地管理部门一律不得开办开发经营房地产的公司，房地产开发投资必须纳入固定资产投资计划，高档宾馆、写字楼、度假村等要下决心停缓建，等等。1993年11月，党的十四届三中全会通过《中共中央关于建立社会主义市场经济体制若干问题的决定》，提出要规范和发展房地产市场，实行土地使用权有偿有限期出让制度，对商业性用地使用权的出让，要改变协议批租方式，实行招标、拍卖。同时，加强土地二级市场的管理，建立正常的土地使用权价格的市场形成机制。

3. 法律手段。

1994年7月，八届全国人大常委会第八次会议通过《中华人民共和国城市房地产管理法》，自1995年1月1日起施行。该法的出台对加强城市房地产管理、维护房地产市场秩序、保障房地产权利人合法权益、促进房地产业健康发展具有重要意义，它标志着我国房地产市场进入了规范化管理阶段。《城市房地产管理法》共七章七十二条，明确了房地产开发用地、房地产开发、房地产交易、房地产权属登记管理等法律规定。特别是规定国家要实行五项制度：①国家依法实行国有土地有偿、有限期使用制度。②国家实行房地产价格评估制度。③国家实行房地产成交价格申报制度。④国家实行房地产价格评估人员资格认证制度。⑤国家实行土地使用权和房屋所有权登记发证制度。该法首次对房地产中介服务机构的构成、设立条件和资格认证等制度做了规定。另外，《城市房地产管理法》对房地产税收政策和住房政策也有所提及。比如，当时提出了通过开征和调整房地产税费等措施，防止在房地产交易中获取暴利，防止国家收益的流失；控制高档房屋和高消费游乐设施的过快增长；加快城镇住房制度改革，控制住房用地价格，促进住房商品化和住房建设的发展等。

政府的直接干预收到了显著效果，房地产市场明显紧缩，投资增速显著放慢，房地产价格渐趋稳定，经营秩序亦趋于好转。当时国务院调查显示，1994 年全年固定资产投资总额比上年增长 30.4%，增幅比上年回落 31.4%，投资结构有了一定改善，投资效益也好于上年。1994 年，全国房地产开发建设投资完成 1 608 亿元，比 1993 年增长 41.3%，明显低于 1993 年的 124.9%。另外，房地产市场亦从不规范的混乱局面向理性和规范的方向转变。房地产市场体系开始健全，如物业管理市场、中介服务市场的兴起。房地产金融亦不断深化，购房抵押贷款亦逐步地推行。房地产价格构成逐渐理顺，职工工资中的住房消费含量亦逐步增加，住房的市场化正稳步推行。在国家政策的引导下，住房逐步成为新的消费热点和经济增长点。

二、第二轮宏观调控（1998 年—2002 年）

（一）背景

1997 年东南亚金融危机之后，中国出现了严重的失业问题和内需不足，房地产业的发展一度低迷。从表 12－1 和图 12－3 的数据可以看出，房地产开发企业在 1995 年至 1997 年连续出现了营业利润负增长，1997 年到 1999 年连续三年营业利润为负值。这一时期，全国房地产投资和住房建设投资也增长缓慢，1995 年的住房建设投资和 1997 年的房地产投资分别比上年有所下降。新建住宅面积也增长缓慢，其中，1994 年新建住宅面积为 3.57 亿平方米，比 1991 年的 1.93 亿平方米增加 1.64 亿平方米；而 1997 年新建住宅面积仅为 4.05 亿平方米，只比 1994 年增加 0.48 亿平方米。

表 12－1　中国房地产开发企业经营情况（1991 年—2001 年）（单位：万元）

年份	经营总收入	土地转让收入	商品房屋销售收入	房屋出租收入	其他收入	经营税金及附加	营业利润
1991	2 840 325	153 810	2 378 597	39 221	268 697	205 551	275 239
1992	5 285 565	427 420	4 265 938	59 617	532 590	414 435	635 196
1993	11 359 074	839 281	8 637 141	106 348	1 776 304	965 917	1 559 223
1994	12 881 866	959 357	10 184 950	172 817	1 564 742	951 029	1 674 350
1995	17 316 624	1 943 981	12 582 817	257 927	2 531 899	903 047	1 434 087
1996	19 687 850	1 203 378	15 337 647	299 899	2 846 926	927 779	1 798 05
1997	22 184 557	1 032 847	17 552 061	387 878	3 211 770	1 042 143	－103 462
1998	29 512 078	1 322 454	24 084 097	493 192	3 612 325	1 388 134	－106 565
1999	30 260 108	1 032 492	25 550 245	627 408	3 049 963	1 453 611	－350 926
2000	45 157 119	1 296 054	38 968 215	953 237	3 939 613	2 145 704	732 836
2001	54 716 555	1 889 894	47 294 194	1 173 453	4 359 014	2 734 549	1 254 738

数据来源：历年《中国统计年鉴》。

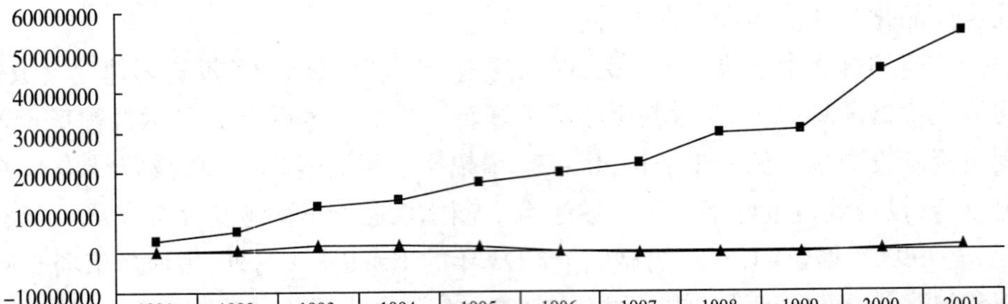

	1991	1992	1993	1994	1995	1996	1997	1998	1999	2000	2001
经营总收入	2840325	5285565	11359074	12881866	17316624	19687850	22184557	29512078	30260108	45157119	54716555
营业利润	275239	635196	1559223	1674350	1434087	179805	-103462	-106565	-350926	732836	1254738

图 12－3　中国房地产开发企业经营收入和营业利润情况（1991 年—2001 年）

（二）调控措施与成效

从 1998 年开始，中央实施了以扩大内需为主基调的扩张性宏观调控政策，将房地产作为新的经济增长点和新的消费热点。

1. 金融政策方面。

1998 年 4 月，中国人民银行下发《关于加大住房信贷投入，支持住房建设与消费的通知》，指出“为促进城镇住房制度改革，把住宅业培育为新的经济增长点，中国人民银行决定进一步加大住房信贷投入，支持住房建设和消费”。要求：一要提高对住房信贷重要性的认识；二要加大住房信贷投入；三要扩大住房信贷业务范围；四要大力促进住房消费；五要积极支持普通住房建设；六要促进空置商品房的销售。规定“从 1998 年开始，人民银行对各商业银行住房（包括建房与购房）自营贷款实行指导性计划管理。只要借款人符合贷款条件，商业银行均可在资产负债比例要求的范围内发放住房贷款”。

2. 住房改革。

1998 年，国务院发布《关于进一步深化城镇住房制度改革加快住房建设的通知》，宣布从 1998 年下半年开始停止住房实物分配，逐步实行住房分配货币化。深化房改的指导思想是：稳步推进住房商品化、社会化，逐步建立适应社会主义市场经济体制和我国国情的城镇住房新制度；加快住房建设，促使住宅业成为新的经济增长点，不断满足城镇居民日益增长的住房需求。深化房改的目标是：停止住房实物分配，逐步实行住房分配货币化；建立和完善以经济适用住房为主的多层次城镇住房供应体系；发展住房金融，培育和规范住房交易市场。

3. 税收政策。

1999 年 7 月，财政部、国家税务总局发出《关于调整房地产市场若干税收政策的通知》，规定对个人购买并居住超过一年的普通住宅，销售时免征营业税；

个人购买自用普通住宅，暂减半征收契税；对居民个人拥有的普通住宅，在其转让时暂免征收土地增值税。1999 年 12 月，财政部、国家税务总局、住建部发出《关于个人出售住房所得征收个人所得税有关问题的通知》，为鼓励个人换购住房，规定对出售自有住房并拟在现住房出售后一年内按市场价重新购房的纳税人，其出售现住房所应缴纳的个人所得税，视其重新购房的价值可全部或部分予以免税。

通过第二次调控，中国房地产得到迅速发展，特别是全国城镇住房建设取得了迅速发展。1997 年，全国城镇房屋竣工面积为 62 490. 19 万平方米，2002 年达到 93 018. 27 万平方米，增长 48. 85%。同时，商品房竣工面积增长更加迅速，1997 年，全国商品房竣工面积为 15 819. 7 万平方米，2002 年达到 34 975. 75 万平方米，增长 121. 09%。商品房竣工面积占城镇房屋竣工总面积的比例也由 1997 年 25. 32% 上升到 2002 年的 37. 6%，全国商品房新开工面积和施工面积增长更加明显。在世纪之交，房地产市场出现供需两旺的局面，房地产开发建设保持较大规模，销售量迅速上升，居民住房得到有效改善，对国民经济的贡献显著提高，并逐渐成为国民经济的支柱产业。

三、第三轮宏观调控（2003 年至 2008 年上半年）

（一）背景

2003 年以后，房地产投资快速增长，房地产价格大幅上涨，住房供应结构不合理矛盾突出，房地产市场秩序比较混乱。2003 年下半年和 2004 年上半年，全国范围内较明显地出现了投资过热，开发区圈占土地热，钢材、水泥等建筑材料价格过快上涨，煤、电、油、运全面紧张等经济过热现象。房地产业关联度高、带动力强，房地产开发投资过快增长产生了对钢材、水泥等建筑材料的大量需求，带动了其价格上涨。2003 年，全国房地产开发投资相比 2002 年增长 30. 33%，是前次宏观调控以来增速最快的一年（见表 12 – 2 和图 12 – 4）。2004 年一季度，全社会固定资产投资同比增长 43%，比上年同期提高 15. 2 个百分点。

表 12 – 2　2000 年至 2007 年房地产开发投资及其增长情况

年份	2000	2001	2002	2003	2004	2005	2006	2007
房地产开发投资额（亿元）	4 984. 1	6 344. 1	7 790. 9	10 153. 8	13 158. 3	15 909. 2	19 422. 9	25 279. 7
同比增长（%）	21. 47	27. 29	22. 81	30. 33	29. 59	20. 91	22. 09	30. 15

数据来源：《中国统计年鉴 2007》和 2007 年国家统计局统计快报数据。

1. 商品房价格居高不下，仍处于增长趋势。

从 2004 年开始，全国商品房和商品住宅平均销售价格一路狂涨。2004 年，全

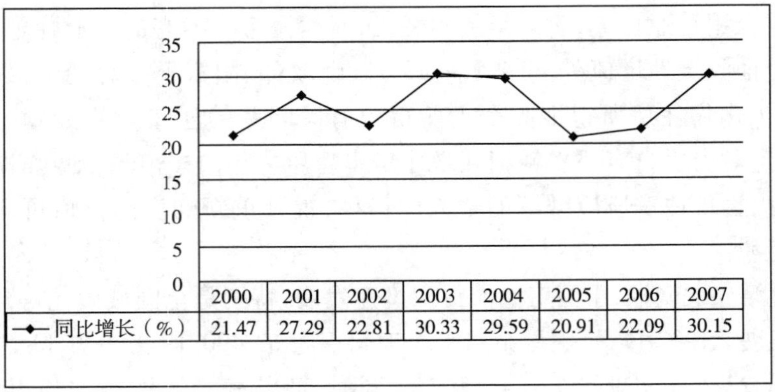

图 12－4　2000 年至 2007 年房地产开发投资及其增长变化

国房价涨幅达 14. 4%，比上年增长 10. 6%；2005 年，仅一季度全国房价平均上涨近 10. 5%。2006 年，全国大中城市除上海外，房屋价格仍然持续上涨，东南沿海部分大中城市商品房价格均上涨 5. 9%，仅北京市一季度涨幅就达 10%。可见，2006 年的宏观调控没有达到稳定房价的目的，房屋价格没有得到有效控制。

2. 房地产投资增长过快。

根据公布的数据显示，2006 年 1～12 月完成投资额 1. 94 万亿元，比上年增长 21. 8%。其中，商品住宅投资比上年增长 25. 3%，而且房地产投资快速增长的态势从东部沿海城市迅速向中西部城市蔓延。房地产投资的规模没有得到有效控制。

3. 房地产开发资金过度依赖银行贷款。

根据公布的官方资料显示，房地产开发商负债率为 75%，即 3/4 的资金来源于信贷。另据央行公布的数据，2007 年 1～2 月新增人民币贷款 9 814 亿元，较 2006 年同比增长 2 700 亿元，新增的贷款增幅达 25. 6%。这与商品住宅投资的增长基本吻合，即新增银行贷款全部用于投资商品住宅。而且这种快速增长是在 2006 年宏观调控下房地产开发商自有资金下降的情况下发生的。由此可见，2006 年国家紧缩银根的政策并未削弱房地产企业对银行的过度依赖。

4. 房地产业普遍存在暴利。

之所以银行贷款大量涌向房地产业，房地产投资热度不减反升，是因为房地产业普遍存在暴利。据有关人员 2004 年对上海外环正在施工的一栋 18 层楼测算重置成本（为长期均衡价格）大约为 4 000 元/平方米，而当时上海的房屋销售均价为 8 241. 5 元/平方米。2006 年 8 月，福州有关部门公布了当地 23 个楼盘成本目录，商品房开发成本为 1 636 元/平方米至 3 094 元/平方米不等，而销售价从 2 500 元/平方米至 5 500 元/平方米不等。经测算，开发商的利润率平均约 50%，最低的约 20%，最高的超过 90%，其中，利润超过 50% 的楼盘有 10 个，呈现出“楼盘越高档，利润率越高”的特点。而根据联合国公布的数据，一般房地产的利润为4% ~8%，最高不超过10%。

（二）调控措施及成效

政府为防止经济过热，着力控制固定资产投资过快增长，进而采取了控制土地供应、加强信贷管理、提高投资门槛、严格项目审批、控制拆迁规模等一系列政策措施，控制房地产投资过快增长。从2003年下半年开始，政府从严把土地、信贷两个闸门入手，控制房地产投资过快增长。从2005年开始，政府强调做好供需双向调节，着力采取有关政策措施稳定房价。从2007年下半年开始，宏观调控的重点转向建立健全城市廉租住房制度，改进和规范经济适用住房制度，进一步采取有关政策措施抑制房地产价格过快上涨。

1. 土地供应政策。

如对土地使用权的出让实行“招拍挂”，明确限价房和经济适用房的土地供应政策。

2. 税收政策。

如对一手房交易征收契税，对二手房交易征收营业税、个人所得税和土地增值税，并对普通住宅和非普通住宅进一步界定适用不同的税率。

3. 信贷政策。

如提高个人购房贷款的首付比例和住房贷款的利率，商业银行将房地产开发投资项目的资本金比例由20%提高到35%以上。

4. 住房供应结构政策。

如增加小户型的建设，提出90平方米、双70%的标准及增加廉租房、限价房和经济适用房的投入。

5. 限制外资进入政策。

如颁布“外资限炒令”，加强对外商投资企业房地产开发经营和境外机构及个人购房的管理。

6. 价格政策。

如对部分地块的经济适用房和限价房实行限价。

从政府出台的宏观调控政策的短期效果来看，我国房地产投资增长速度明显下降，新购置土地面积、土地开发面积、施工面积、竣工面积和销售面积的增幅也有所下降，房地产信贷增长幅度也有所降低，包括土地开发贷款、商业性房地产开发贷款、个人住房抵押贷款的增幅，均出现了明显的下降。具体介绍如下：

第一，房地产投资过快势头得到控制。2005年，全国房地产开发完成投资15 759亿元，同比增长19.8%，比2004年回落8.3个百分点，低于全年城镇固定资产投资增幅7.4个百分点。

第二,房地产开发用地供应总量得到控制,结构有所改善。房地产开发用地供应总量比上年减少了20.2%,但经济适用住房用地供应量所占比例比上年提高了0.7个百分点,房地产开发企业本年购置土地面积比上年减少了4%,完成开发面积比上年增加了5.2%。

第三,房地产信贷增幅持续放缓。截至2005年底,商业性房地产贷款余额达2.77万亿元,同比增长16.1%,涨幅比去年末回落12.6个百分点,其中,个人住房贷款余额为1.84万亿元,同比增长15.8%,涨幅比去年末回落19.4个百分点。从2004年6月起已连续19个月回落。

第四,商品房价格涨幅趋缓。2005年下半年以来,各类房地产价格小幅波动、涨幅趋缓,部分热点城市房价稳中有降。四季度,70个大中城市新建商品住房销售价格比上一年同季上涨7.5%,涨幅回落3.6个百分点。其中,经济适用房、普通住房和高档住房销售价格分别上涨3.9%、6.8%和9.3%,除经济适用房价格涨幅比去年同期高1.3个百分点,普通住房和高挡住房价格涨幅分别回落了4.8和3.2个百分点。二手住房销售价格比上一年同季上涨5.8%,涨幅回落12.6个百分点。非住宅商品房销售价格比上一年同季上涨4.8%,涨幅回落2.6个百分点。房屋租赁价格比上一年同季上涨1.6%,涨幅回落0.4个百分点。截至2007年9月,深圳、广州等城市开始出现房价虽然继续上涨,但成交量明显下降的现象,这使人感到房价上涨已无空间,预期开始发生转变;10月份,高档商品住宅价格开始下跌,某些房地产经纪公司关闭门店或停业,之后媒体大量报道,北京、上海等城市的房价也开始下降,并逐渐蔓延开来。

第五,保障性住房供应方面。2007年,各地普遍开展了低收入家庭住房状况调查,逐步建立了低收入家庭住房档案。绝大多数城市进一步建立健全了廉租住房制度,改进和规范了经济适用住房制度,廉租住房保障资金逐步得到落实,廉租住房和经济适用住房建设用地的供应有了保证。截至2007年11月底,全国累计投入的廉租住房资金为154亿元。其中,2007年1至11月就投入了83.2亿元,超过了2006年以前累计投入资金总额的70.8亿元。通过政府新建、收购、改建等多个渠道,2007年,廉租住房房源也得到很大程度的增加。

四、第四轮宏观调控(2008年9月至2009年)

(一)背景

2008年,美国次贷危机爆发,美国经济下滑,消费者信心不足,对进口的需求大大减少,也引起了全球经济衰退。美国次贷危机和随后的欧债危机迅速向全球蔓延,升级成国际金融危机和世界经济危机,中国经济也受到冲击。不仅如此,国际金融危机还打击了投资者的信心,国际资本大量撤离,中国利用外资总额在2009年下降了3.6%(见表12-3)。

表 12-3　2002 年至 2009 年房地产开发投资及其增长情况

年份	2002	2003	2004	2005	2006	2007	2008	2009
房地产开发投资额(亿美元)	550.11	561.40	640.72	638.05	670.76	783.39	952.53	918.04
同比增长(%)	10.75%	2.05%	14.13%	-0.42%	5.13%	16.79%	21.59%	-3.62%

数据来源:《中国统计年鉴 2010》。

在此背景下,国家推出四万亿元投资计划。2008 年 11 月 5 日,国务院常务会议决定在未来 2 年内投资四万亿元,以刺激经济。中国宏观经济政策第一次采用"积极的财政政策和适度宽松的货币政策"进行描述,并罕见地提出"出手要快、出拳要重、措施要准、工作要实"。

四万亿元投资计划中对房地产有影响的主要有两部分:"加大金融对经济增长的支持力度。取消对商业银行的信贷规模限制,合理扩大信贷规模。""加快建设保障性安居工程。加大对廉租住房建设支持力度,加快棚户区改造,实施游牧民定居工程,扩大农村危房改造试点。"并且 2009 年 3 月的"两会"对保障性住房的规模进行调整,由 2008 年计划投资 2 800 亿元增加到 4 000 亿元。

(二)调控措施及成效

2008 年 12 月,为应对国际金融危机和国内房地产销量下降的情况,国务院发布《关于促进房地产市场健康发展的若干意见》,体现了政府的态度。地方政府纷纷出台救市措施。

1. 管理政策:积极支持房地产业。

面对土地拍卖市场的大逆转、万科的降价销售,2008 年 9 月 27 日,南京市政府打响"救市"的第一枪,出台了《关于保持房地产市场稳定健康发展意见》。11 月,国务院再次把房地产作为"重要的支柱产业"提上台前。

2. 住房供应政策:加大保障房建设。

强调主要以实物方式结合租赁补贴等形式解决城市低收入者住房问题。

3. 金融政策。

加大自住型和改善型住房的信贷支持。自住型住房贷款利率七折优惠,降低贷款首付比,最低两成;宽松的货币政策,下调房地产项目最低资本金比例到 30%,下调法定准备金率至 15.5%。

4. 税收政策。

调整交易税、减免营业税。首次购买 90 平方米以下普通住房的,契税税率下调至 1%,免征印花税、土地增值税;个人销售 2 年以上的普通住宅免征营业税。

这一时期,房价空前暴涨。2008 年和 2009 年,GDP 增长率分别为 9.6% 和 9.2%,保增长目的达到,大量资金流向房地产业,房地产市场触底复苏。2009

年，房价大幅上涨，全国平均房价增长率23.3%，上海达到56.7%，大幅超过城镇居民人均可支配收入的增长幅度。虽然销售面积回到2008年之前的水平，但是投资、开工面积还远远落后于2008年之前的水平。

五、第五轮宏观调控（2010年至2013年）

（一）背景

2009年，中国经济率先从金融危机中复苏，宽松的信贷和投资政策导致2009年房价增长过快。2009年12月14日，国务院出台"国四条"，要求继续综合运用土地、金融、税收等手段来遏制部分城市房价的过快上涨。以此为标志，房地产调控政策从刺激转向遏制。

2010年4月，一方面，"史上最严厉的调控"在"两会"之后拉开序幕；另一方面，对"二次房改"的呼声越来越大，要求加大保障房的建设。在土地供应、市场结构、税收和信贷调控基础上，全面推出限购措施，房地产过热势头得到暂时限制。

（二）调控措施及成效

自2010年4月14日以来，调控措施接二连三地出台，由调控姿态升级到坚决遏制，"国四条"、"国十条"、全面叫停销售定金等高密度政策震惊国内外。

1. 管理政策：遏制价格上涨。

国务院出台多项通知，明确房地产调控以遏制房价上涨和加大保障房建设、增加普通商品住房供给为主要目标。

2. 土地政策：加强土地调控，增加普通住房有效供给。

适当增加中低价位、中小套型住房和租房用地供应，提高土地供应和使用效率。

3. 住房供应政策：重视保障房建设。

在土地、金融政策方面给予保障房积极支持，落实2013年保障房建成470万套、新开工630万套的任务。

4. 金融政策：差别化信贷政策。

首付比例调整到30%以上；二套房首付比例不低于50%，贷款利率不低于基准利率的1.1倍；暂停第三套房贷款；不能提供一年以上纳税证明或社保证明的非居民停发房贷。

5. 税收政策：房产税试点。

营业税免征期限从2年恢复到5年；沪渝开始房地产税试点。

6. 住房需求政策：部分城市开始限购。

北京等一些房价过高的城市颁布家庭限制购房套数政策，上涨过快的二三线城市也要限购。

总体房价过快上涨的势头得到暂时抑制，但区域分化明显；房价仍有增长，但增长已放缓，且有进一步放缓的趋势；最先实施限购的北京的销售面积增长率由2009年的76.9%下降到2010年的-30.6%，房地产市场大幅波动问题突出。

不过，2012年货币政策宽松，使得部分区域房价从2012年下半年开始进入一轮小周期上涨。从2011年底开始到2012年，中央行先后两次降准、两次降息，存款准备金率由2011年底的21.5%下调到2012年中的20%，同期基准利率由3.5%下调到3%。降准降息后，销售和地产投资回暖，2012年下半年，一线城市房价明显回升。

六、第六轮宏观调控（2014年至2016年上半年）

（一）背景

2014年，中国经济再度面临下行压力，稳增长诉求凸显。经济增速换挡，进入新常态。新常态不仅意味着经济增速发生变化，经济发展方式、结构体制等也在不断变化。房地产市场步入"总量放缓区域分化"的第二发展阶段。一二线城市高房价和三四线城市高库存并存。针对国内经济及房地产市场的新形势，住房政策也相应地出现变化，并逐渐把目标聚焦于去库存及分类管理上。

（二）调控措施及成效

中国经济进入新常态，在"稳增长"和"去库存"的政策诉求下，出台了四轮房地产刺激政策，主要是放松限购限贷，加强信贷支持和税收减免。2015—2016年，一二线城市房价暴涨，三四线城市平稳，区域分化明显。

第一轮：2014年5月首次出现70个大中城市新建商品住宅价格环比下跌。2014年6月，呼和浩特首先取消实施三年的限购政策。截至2014年底，除北上广深，大部分实行限购的城市取消了限购政策。

第二轮：2014年9月30日，央行、银监会公布《关于进一步做好住房金融服务工作的通知》（"930"新政），通知明确规定调整房贷政策，二套房认定标准由"认房又认贷"改为"认贷不认房"。通知要求：对于贷款购买首套普通自住房的家庭，贷款最低首付款比例为30%，贷款利率下限为贷款基准利率的0.7倍，具体由银行业金融机构根据风险情况自主确定；对拥有1套住房并已结清相应购房贷款的家庭，为改善居住条件再次申请贷款购买普通商品住房，银行业金融机构执行首套房贷款政策；银行业金融机构要缩短放贷审批周期，合理确定贷款利率，优先满足居民家庭贷款购买首套普通自住房和改善型普通自住房的信贷需求。

第三轮：2015年3月30日央行、住建部、银监会联合发（"330"新政）：二手房营业税免征限期由5年改为2年；二套房商业贷款最低首付比例降至4成；公积金贷款首套房首付比例调整为20%。从2014年11月22日至2015年底，6次下调存贷款基准利率，中长期贷款利率下降至4.9%。多次下调存款准备金率。

第四轮:2015 年 12 月,中央经济工作会议强调“化解房地产库存”。2016 年 2 月 17 日,财政部、国家税务总局、住房和城乡建设部三部门联合发布《关于调整房地产交易环节契税营业税优惠政策的通知》:首套房 144 平方米以上房屋契税由 3% 降至 1.5%;二套房契税由 3% 降至 1%(90 平方米以下)、由 3% 降至 2%(90 平方米以上);购买 2 年以上房屋交易全部免征营业税,不再征收购买 2 年以上非普通住宅的营业税;北上广深仅适用第 1 点,第 2、3 点优惠不享有。2016 年 2 月 29 日,央行再度降准。

2014 年“930”新政和“1121”降息以后,房市开始触底回升。2015 年“330”新政、持续降息降准以及 6 月股灾以后,一二线城市房价、销量开始加速上涨。2016 年 2 月税费减免政策和降准以后,一二线城市房价启动暴涨模式,部分区域房价甚至接近翻倍。值得注意的是,2015—2016 年,房地产市场出现明显的分化,在一二线城市房价暴涨的同时,三四线城市房价稳定并持续去库存,体现了“总量放缓区域分化”的新发展阶段特征。

七、第七轮宏观调控(2016 年下半年至今)

(一)背景

2016 年,房地产市场呈现“一二线城市高房价、三四线城市高库存”的区域分化现象。2015—2016 年,全国一二线城市房价暴涨引来新一轮调控,政策长短结合,短期依靠限购限贷,长期寻求建立长效机制。

党的十九大报告明确指出:“坚持房子是用来住的、不是用来炒的定位,加快建立多主体供给、多渠道保障、租购并举的住房制度,让全体人民住有所。”这段话精炼准确地概括了我国住房制度建设的基本定位、重点任务、发展方向和最终目标。2017 年,中央贯彻落实“房住不炒”的基本理念,对过热的房地产市场进行了一系列的政策调控。从数据表现来看,2017 年,房地产市场表现稳中有降,主要指标增速多数低于 2016 年,市场调控取得初步成效。

在经历了 2017 年“最严调控年”之后,2018 年,房地产市场表现出政府调控与市场供需多方的博弈。具体体现在:住宅投资增速进一步加快,与商办类投资分化进一步加大,房地产开发投资在区域间增长不平衡;土地购置面积、成交价款、平均成交价等指标增速不同程度回落;房屋新开工面积增速上扬、竣工面积增速下降;商品房销售面积增速大幅回落,销售价格增速出现反弹;房地产开发企业到位资金中国内贷款增速及占比双降,房企资金承压上升。2019 年,房地产政策仍将坚持“房住不炒”和“因城施策”原则,加快构建房地产调控的长效机制。

(二)调控措施及成效

1. 行政手段。

一是明确住房的居住属性。2016 年 12 月,中央经济工作会议明确提出要坚持“房子是用来住的，不是用来炒的”的定位，明确强化住房居住属性。这在短期内有利于引导社会形成合理的房屋消费预期，并将对未来更长时间内房地产行业的经济定位、社会定位和民生定位产生深远的影响，更有利于促进形成“居者有其屋”的社会往房体系。二是加快建立长效机制。2016 年 12 月召开的中央经济工作会议指出，2017 年 7 月，中央政治局会议上强调要稳定房地产市场，坚持政策连续性稳定性，加快建立长效机制。三是完善购租并举的住房体系。2017 年 5 月，住建部起草《住房租赁和销售管理条例(征求意见稿)》，2017 年 9 月，住建部印发《关于支持北京市、上海市开展共有产权住房试点的意见》，租购并举的住房制度正在逐步探索建立。

2. 金融政策。

一是完善差异化信贷政策。2016 年 12 月，中央经济工作会议中提出，信贷政策要支持合理自住购房，严格限制信贷流向投资投机性购房，差别化信贷政策将继续发挥重要作用。2017 年 3 月开始，一二线城市调控逐步加力，信贷升级，信贷的收紧和加码较为成功地抑制了过度的投资投机需求，对房地产市场调控起到了立竿见影的效果。二是加强信贷风险管理。2017 年 2 月，央行发布 2016 年第四季度中国货币财政执行报告，要求严格限制信贷流向投资投机性购房，把防控金融风险放到更加重要的位置。三是加强房地产金融监控。中央严控房地产金融业务，加大监管力度，防范金融风险。2016 年 11 月，中央多次发文表示严控房地产金融业务，加大房地产金融监管及审查力度。从金融领域加强楼市调控也成为地方房地产调控的重要措施。

3. 土地政策。

一是强化住房及用地管理。2017 年 4 月，住房和城乡建设部和国土资源部发布《关于加强近期住房及用地供应管理和调控有关工作通知》，坚持“房子是用来住的，不是用来炒的”这一定位，加强和改进住房及用地供应管理，改善住房供求关系，稳定市场预期，促进房地产市场平稳健康发展。二是推进城镇低效用地再开发。2016 年 11 月，国土部召开《深入推进城镇低效用地再开发的指导意见》新闻发布会，意见提出了城镇低效用地再开发的指导思想、基本原则和总体目标，并制定了相应的激励措施，完善了保障措施，进一步细化各项政策规定。

4. 保障房政策。

一是继续加强棚户区改造工作。二是积极试水共有产权住房。住建部印发《关于支持北京市、上海市开展共有产权住房试点的意见》，鼓励两市结合本地实际，在共有产权住房建设模式、产权划分、使用管理、产权转让等方面进行大胆探索，力争形成可复制、可推广的试点经验。

5. 其他政策。

一是继续推动户籍改革。2016 年 10 月，国务院发布《推动 1 亿非户籍人口在城市落户方案》明确提出:城乡区域间户籍迁移壁垒加速破除,配套政策体系进一步健全,户籍人口城镇化率年均提高 1 个百分点以上,年均转户 1 300 万人;到 2020 年,全国户籍人口城镇化率提高到 45%,各地区户籍人口城镇化率与常住人口城镇化率差距比 2013 年缩小 2 个百分点以上。二是加强市场监管。中央与地方各级政府继续加强对房地产行业的监管,对中介服务、家装建材质量、商品房预售、价格申报等方面均做出了明文规定。

从调控政策来看,中央层面对热点城市的房地产泡沫仍保持了充分的理性与克制,并没有针对房地产市场出台"一刀切"式的调控政策,而是强调地方政府稳定房价的主体责任。本轮房地产市场调控形式上仍由地方政府主导。长效机制框架初见雏形,广州等 12 个城市被确定为首批加快发展住房租赁市场的试点城市,广州还明确提出租购房同权;北京将原有自住型商品房升级为共有产权住房。租购房同权首次进入政策层面,为发展住房租赁市场指明了方向,这将对未来房地产市场结构产生深远的积极影响。

附:案例分析

英国通过多种方式解决无家可归者和中低收入家庭的住房保障问题

英国在 20 世纪 80 年代实施住房制度改革,将大量的公房出售后,保障性住房的数量逐渐下降。近年来,随着城市无家可归者和中低收入家庭住房问题的日渐突出,英国政府又逐渐加大了社会性保障住房的供应力度。英国的社会性住房由中央政府、市、区和私人四个层次共同参与,不同城市根据自身实际制定不同的保障目标和详细的阶段性实施计划,通过严格认定,利用三种方式加以实现。

首先,各级政府将城市无家可归者和外来务工暂住人口的住房问题作为住房保障的重点。对离家出走者、由于特殊原因不能住在家里者以及由自然灾害造成的无家可归者等六类群体提供临时住所。通过提供低居住成本租赁房的形式解决外来务工暂住人口的居住问题。

其次,公共房屋管理部门为中低收入家庭提供一定数量的可支付产权房(相当于我国的经济适用房)和可支付租赁房。可支付住房对房屋的大小和位置没有统一的限制,根据家庭实际可支配收入和人口数量的差别进行不同的设计。

可支付产权房的价格比同类商品房低 30% 左右,分为全产权房和半产权房两种方式。半产权方式是居民和房屋管理协会各拥有 50% 的产权,在居民家庭收入、人口等发生变化后,既可以购买另一部分产权,也可以将自身拥有的一半产权退出或转让。

最后,中低收入家庭租住私人机构提供的住房。政府鼓励经过认定后符合住房保障条件的家庭租住私人机构提供的住房,相应比例的租金由当地政府相关机构直接支付给房屋出租人。但这部分住房所占比例较小,由于中低收入人群对所住住房不很爱惜,私人机构大都不愿意将房子租给他们。

对于各类住房保障群体的认定,各城市都有一套严格的程序。通过收入、养老金、保险金、税收等各种账户记录,结合家庭人口数、自身健康状况等多种指标进行综合评定,并最终确定住房保障的标准。

思考题与练习题

1. 我国房地产宏观调控的目标有哪些?

2. 房地产宏观调控主要包括哪些内容?

3. 简述近年来我国税收政策的主要调控方向。

4. 试分析自20世纪90年代以来,我国房地产金融政策的变化趋势。

5. 试分析近年我国土地供应政策主要是从哪些方面对房地产市场进行宏观调控的。

6. 什么是保障性住房?它有什么特点?

7. 我国保障性住房供应政策的主要形式有哪些?

8. 试分析案例中英国的住房保障政策对我国的启示。

参考文献

[1]曹振良,高晓慧．中国房地产业发展与管理研究[M]．北京:北京大学出版社,2002.

[2]曹振良．房地产经济学通论[M]．北京:北京大学出版社,2003.

[3]陈琳,潘蜀健．房地产项目投资[M]．北京:中国建筑工业出版社,2004.

[4]丁烈云．房地产开发[M].2 版．北京:中国建筑工业出版社,2004.

[5]丁烈云,毛鹤琴．房地产开发[M]．北京:中国建筑工业出版社,2004.

[6]丁烈云．房地产开发[M].3 版．北京:中国建筑工业出版社,2006.

[7]刘洪玉．房地产开发经营与管理[M]．北京:中国建筑工业出版社,2004.

[8]刘洪玉．房地产开发经营与管理[M].2 版．北京:中国建筑工业出版社,2005.

[9]刘秋雁．房地产投资分析[M]．大连:东北财经大学出版社,2007.

[10]刘亚臣．房地产经营管理[M]．大连:大连理工大学出版社 2008.

[11]叶剑平．房地产经营与管理[M]．北京:中国农业出版社．2002.

[12]任宏,张巍．工程项目管理[M]．北京:高等教育出版社,2005.

[13]乔志敏．房地产经营管理教程[M]．上海:立信会计出版社,2001.

[14]谭峻．房地产产权产籍管理[M]．北京:中国人民大学出版社,2002.

[15]谭术魁．房地产开发与经营[M]．上海:复旦大学出版社,2006.

[16]谭术魁．房地产项目管理[M]．北京:机械工业出版社,2004.

[17]谭术魁．房地产管理学[M]．上海:复旦大学出版社,2006.

[18]蔺石柱,闫文周．工程项目管理[M]．北京:机械工业出版社．2007.

[19]孙宪忠．论物权法[M]．北京:法律出版社,2001.

[20]孙斌艺．现代房地产市场研究理论和方法[M]．上海:上海人民出版社,2003.

[21]吕萍等．房地产开发与经营[M]．北京:中国人民大学出版社,2001.

[22]张国明,苗泽惠．房地产开发[M]．北京:化学工业出版社,2005.

[23]张红,殷红．房地产金融学[M]．北京:清华大学出版社,2007.

[24]张建坤．房地产开发与管理[M]．南京:东南大学出版社,2006.

[25]符启林．房地产法．[M].3 版．北京:法律出版社,2004.

[26]栾世红．房地产金融与保险[M]．大连:大连理工大学出版社,2008.
[27]王新军,王霞．房地产经营与管理[M]．上海:复旦大学出版社,2005.
[28]王学东．商业房地产投融资与运营管理[M]．北京:清华大学出版社,2004.
[29]李剑阁,任兴州．中国房改:现状与前景[M]．北京:中国发展出版社,2007.
[30]郑瑞琨．房地产交易[M]．北京:北京大学出版社,2007.
[31]瞿富强．房地产开发与经营[M]．北京:化学工业出版社,2006.
[32]楼江．房地产市场营销理论与实务[M]．上海:同济大学出版社,2003.
[33]盛承懋,张尚．房地产营销人员完全教程[M]．南京:东南大学出版社,2006.
[34]余源鹏．房地产实战定价与销售策略[M]．北京:中国建筑工业出版社,2006.
[35]董金社．商业地产策划与投资运营[M]．北京:商务印书馆,2006.
[36]梁蓓．商业房地产投资经济学[M]．北京:中国统计出版社,2003.
[37]潘蜀健,田金信．房地产经营学[M]．北京:中国建筑工业出版社,1996.
[38]高晓辉．房地产开发与经营[M]．上海:上海财经大学出版社,2005.
[39]孔凡文,张沈生．房地产开发与经营[M]．大连:大连理工大学出版社,2006.
[40]龙胜平,方奕．房地产金融与投资概论[M]．北京:高等教育出版社,2006.
[41]兰峰．房地产开发与经营[M]．北京:中国建筑工业出版社,2008.
[42]赵华．工程项目融资[M]．北京:人民交通出版社,2004.
[43]彭俊．房地产投资分析[M]．上海:同济大学出版社,2004.
[44]董藩,周宇．物业管理概论[M]．北京:清华大学出版社,2007.
[45]叶雉鸠．房地产统计[M]．北京:电子工业出版社,2007.
[46]常莉．房地产税收改革对房地产业影响的效应研究[D]．西安:西北工业大学,博士学位论文．2007.
[47]张作祥．物业管理概论[M]．北京:清华大学出版社,2008.
[48]张所地．房地产管理信息系统[M]．大连:东北财经大学出版社,2006.
[49]张泓铭,沈正超．中国城市房地产发展评价和预警(2007年第4卷)[M]．上海:上海社会科学院出版社,2008.
[50]吴德进,李国柱等．房地产泡沫——理论、预警与治理[M]．北京:社会科学文献出版社,2007.

[51]姜旭平. 网络营销[M]. 北京:清华大学出版社,2003.
[52]杨洪涛. 房地产开发企业客户关系管理[M]. 上海:上海财经大学出版社,2007.
[53]杨宝民,江禾,邓力维. 商业房地产开发与管理实务[M]. 北京:清华大学出版社,2006.
[54]建设部住宅与房地产业司,中国房地产业协会. 房地产宏观调控政策及有关法规汇编[M]. 北京:中国城市出版社,2006.
[55]尹卫红. 房地产市场调查与分析[M]. 重庆:重庆大学出版社,2008.
[56]李明哲. 房地产开发项目经济评价案例[M]. 北京:中国计划出版社,2002.
[57]崔振洪,姚伟. 电子商务[M]. 北京:北京航空航天大学出版社,2008.
[58]李显冬,达世亮. 不动产登记暂行条例实施细则实务指南与典型案例[M]. 北京:中国法制出版社,2016.
[59]吕风勇. 房地产与中国宏观经济:历史与未来[M]. 广州:广东经济出版社,2019.